哲學研究叢書・學術思想叢刊

自適與修持
——公安三袁的死生情切

劉芝慶　著

龔序

　　一九九三年我任臺灣中國古典文學研究會會長時，聯合了中央大學文學院、佛光山文教基金會，舉辦文學與佛教關係研討會，並於次年由臺灣學生出局出版同名論文集。會上我發表了〈死生情切：袁中郎的佛教與文學〉一文，破除學界習見的中郎「獨抒性靈、脫棄町畦」之說，指出中郎真正關心的還不是作為慧業文人的文學表現，而是生命歸宿之問題。因思考此一問題，遂令其佛學思想不斷產生變化。當時學界於此實為蒙然，箋注中郎全集的錢伯城甚至連中郎的《西方合論》都沒看過，遑論其他。故我覺得死生問題或許可以重提、晚明思想亦須重勘，乃又寫了論袁小修、焦竑等文，一九九四年就合併其他論晚明者，出版為《晚明思潮》一書。嗣後更上擴下衍，發展為生死學論述，一九九六年與傅偉勳先生等在南華大學成立了生死學研究所。欲窮生命之奧，發古哲之隱，而切有益於身心。

　　如今，這個論域，無論是談晚明還是論生死，都已是頗為熱鬧的場景了。闡幽發微，不乏其人，本書就是一例。

　　過去對此領域之陌生，除了所見不廣以外，主要問題有二。一是革命意識，現今論者是從打倒權威、掙脫束縛、反抗規則的角度去看事情，所以描述晚明是個反禮教、縱情欲的時代，袁氏兄弟是反七子、破法度的真人；二是經濟史觀，一談晚明就從大背景、市民經濟崛起、資本主義萌芽等等講起。我的研究，是要扭轉過來，知人論世，追問這個人、那個人對自家生命有何看法，意義導向又為何。從這生命主體出發去描述其歷程、詮釋其思路，說明每個人治學之路徑及特點。後來講晚明佛教、論晚明諸公勘究死生者，雖然越來越多，

但多數人仍是把它當一個歷史性的客觀現象來研究的。研究者如視越人之腴瘠，因之以說其短長，並不盡如我所說，是一種由被研究對象主體出發，關心其自處自居為何的路數。

　　劉芝慶這部書乃因此而顯得翹然出群！他似乎踵繼了我的思路與方法，而更為細密。不但三袁兄弟都談了，而且一一分析其生命歷程和思致學問之關聯，討論他們如何追求自適、又如何修持以求解脫死生之悲。他們的生命，在不斷淬鍊中輾轉周折，悔而進、進而疑、疑而定，一層又一層。傳統儒者的工夫義，只從理論上說，其實是說不清楚的。只有把他們放回其生命情境中去，看他們如何脫困、如何升進，才能明白生命的學問究竟是怎麼一回事，才能瞭解此中之凶險與抉擇之不易。芝慶對此，處理得很好。三袁的一生，宛如一幕幕影劇，展於吾人面前。歷史的場景，以及諸君刻苦尋求生命真諦的過程，歷歷在目。不由得也引發了我們看文章的人的惕勵感，真覺死生事大，人身難得，不好好審視自身生命也是不行的。古人云讀史足以養心，現在一般論史述事之書其實多做不到這一點。戾氣滿紙，不然就置身事外，大敘事、大套子，劈頭蓋腦，能如劉芝慶這樣的少了。因為序。

龔鵬程

丁酉清明寫於燕京西郊翠湖別業

自序

　　本書為我的博士論文，經修改後出版，指導老師是政治大學中文系林啟屏教授。還記得口試通過後的某個星期五，暑熱依舊，因為一些事情要回到學校，意外地發現家裡附近的高架可接上北二高，直達政大。頗為欣喜，想說日後上課可以更快到校了。一念及此，忽覺神傷，哦，原來我已經畢業，已經不是博士生，不再有修課的機會，即便回到母校，也不是以前的身分。不知不覺間，「政大中文所博士生」的名稱，已不再屬於我，Heraclitus 說人不能兩次踏進同一條河流（No man ever steps in the same river twice），逝者如斯，不舍晝夜，既已抽足，自非前流，數年的博士生涯，紛紛泊泊，就這樣走過，再也回不去了。

　　就讀博班，身處其中，因為不知何時結束，不知畢業是何年，總覺得茫然、不踏實，直至真的畢業了，回頭不是在山時，山外看山，才有了明確的感觸。這幾年，既不是長，也不是短，而是「一時」，一時看似短暫片刻，實則不然，在諸如《長阿含經》的佛典中，常可見到「一時」的記載，意為佛陀在某時某地講經說法，一時，即是當時。在博士生涯裡，其實也有許多的「一時」。修課的當下、學友論學的當下、師生同聚的當下、苦思論文的當下……，當然在時間長流之中，一時只能是當下，當下即逝，已為陳跡，但是我們活在當下，現在就是現在，不是過去也不是未來，古往今來共一時，一時的重量，卻又是那樣的真實。一時，原來也可以長久。

　　回首過往，從輔大進修部歷史系，再到臺大歷史碩班，最後在政大中文所取得博士學位。悠悠晃晃，十年就這樣過去了，十年之前，

我只是個剛退伍的年輕人；十年之後，年過三十，青春夢遠，體型漸寬，衣帶漸窄，早已不是當時年少力壯的小伙子。十年的感觸，實在太多了，十年間遇到的人與事，也稍嫌擁擠了些，執拗地書寫這些過去，倒不是說我對他們有多重要，正如《愛在黎明破曉時》，片中老婦 Natalia 所說：「Like sunlight, sunset, we appear, we disappear. We are so important to some, but we are just passing through.」（就像日升及日落一樣，我們時常出現在他人的生命裡面。我們總以為我們對那些人非常重要，但我們終究只是過客。）邂逅與相遇，在許多的「一時」中，其實我們只是過客，剎那的接近，終究還是要轉身離去。帶著美好的風景以及曾經的擁有，繼續活著，走向未知的旅程，世界運轉依舊，日升日落依舊，而因緣和合，生住異滅，則依他起性，我心我情與物色物景相互映發。我想，誰都一樣，我們永遠只能是自己，不會是他人。即便我們時常出現在他人的生命裡，走過一段風景，卻都只能是他人生命中的過客，也許停留的時間，或長或短，或善或惡，或相親相隔相逢相別。而歲月可念，人事堪驚，我們所能做的，也不過是珍惜當下，透視自己也善待他人，然後變通適緣，隨其變異，物各付物——或許，這就是長久。

此書出版，得到湖北經濟學院研究生處（學科辦），PI 團隊「傳統文化的現代性」計畫，項目編號11024226資助，謹此致謝。

二〇一三年七月二十九日　寫於指南山
二〇一七年二月二十一日、二〇二一年六月二日　修改於湯遜湖畔

目次

第一章
緒論

第一節　關懷生死的晚明思潮

　　托爾斯泰（Лев Николаевич Толстой）在《伊凡・伊里奇之死》裡，曾藉由主角之死，探討面臨死亡的恐懼，與思索死亡的意義。當主角的事業重新開始攀升，正準備享受社會地位帶來的名利的時候，突然身患絕症，變化打亂了計畫。主角的身體漸漸虛弱，當他知道自己快要死了，便經常處在絕望之中：「從他開始患病，第一次去找醫生的時候起，伊凡・伊里奇的生活就處在兩種彼此對立、互相交替的情緒之中：時而是絕望和等待著那不可理解、可怕的死，時而是希望和滿懷興趣地觀察自己體內的活動，時而他眼前只看見暫時偏離自己職守的腎或盲腸，時而又只看見那用任何辦法都不能避免的、不可理解的、可怕的死。」「這兩種情緒從他患病之初便互相交替出現；但是患病的時間越長，關於腎的種種推測就越變得可疑和荒誕，而對死即將降臨的意識卻變得越來真切。」「他哭的是自己的孤苦無援、自己可怕的孤獨、人們的殘酷，以及上帝的棄他於不顧。」[1]當然他並沒有立刻死去，而是被強迫一天天地去認識死亡，愈接近死亡，他對死亡的理解，似乎就愈清晰、愈深刻。他開始回憶起過去「活著」（健康）的歲月，童年時代的單純美好，可是愈接近現在，痛苦似乎就愈多，他發覺到他的公務、他的生活安排、他的家庭，他為了追求

1　〔俄〕托爾斯泰（Лев Николаевич Толстой）著，許海燕譯：《伊凡・伊里奇之死》（臺北：志文出版社，1997年），頁124、頁119。

「體面」與「地位」、為了「名利」與「名聲」的種種作為，或欺瞞或傷害或奉承或口不對心……，他曾經在乎的、曾經追求的、曾經毫不掩飾的，在死亡面前，早已微不足道。他從他妻子的言行中，似乎看到了真相：「她的衣服，她的體態，她的面部表情，她說話的聲音——全部都在對他說著同樣的話：『錯了。』你過去和現在賴以生存的一切，其實都是虛偽和欺騙，她們向你掩蓋了生與死。」[2]最後，他終於醒悟：「他突然明白了，那使他苦惱和不肯走開的東西，正從他的兩邊和四面八方一下子走開了」、「他尋找他過去對於死的習慣性的恐懼，可是沒有找到。死是怎樣的？它在哪兒？任何恐懼都沒有，因為死也沒有。取而代之的是一片光明！」[3]故事的意義之一，就如傅偉勳所言：[4]

> ……一方面顯示了絕症患者面臨死亡所表現出來的恐懼、不安、憤怒、妒嫉、孤離感、消沈、絕望等等極其複雜的負面心理狀態，另一方面也同時揭示，作為「向死存在」的我們自己面臨死亡之際，總會探索死亡的真相與意義。然而我們何必等到最後關頭才去探索？為何不在「最單純平凡」的日常時刻就去探索，而以高度的精神性或宗教性早先超克還未來臨的死亡呢？

《伊凡・伊里奇之死》的故事，告訴我們死亡的猝不及防，若不能揭開如海德格所謂「向死的存在」，則人之於生死，往往是懵懵無知的——「你過去和現在賴以生存的一切，其實都是虛偽和欺騙，她們

---

2 〔俄〕托爾斯泰著，許海燕譯：《伊凡・伊里奇之死》，頁124。

3 〔俄〕托爾斯泰著，許海燕譯：《伊凡・伊里奇之死》，頁136、137。

4 傅偉勳：《死亡的尊嚴與生命的尊嚴——從臨終精神醫學到現代生死學》（臺北：正中書局，2004年），頁69。

向你掩蓋了生與死。」關於病與死、甚至「向死的存在」問題，我們在之後還會提到，此處暫且按下。[5]傅偉勳的說法，則指出了生死思考的重要訊息，在日常生活中早先設想死亡，對死亡先作各種預備與擬想。健康活著的時候，先行一步瞭解死亡，當死亡準備降臨，我們才不會被突如其來的遭遇，導致手足無措，失去了方寸。《伊凡·伊里奇之死》的例子，也說明人在大病重病（倒不一定是不可治療的絕症）之後，往往更能對自己過往的行為，有了較為清醒客觀的理解，藉由這種理解，他反而可以貼近切身的死亡問題。所以不論是在日常生活中設想死亡，還是病時悔不當初、病後痛改前非，都說明了，負荷生死的責任承擔，與超克生死的各種努力，就成了我們在「生」與「死」間，理解自己，理解生命意義，並努力達成「縱浪大化中，不喜亦不懼」[6]的目標與境界。

　　眾多研究者早已指出，中國思想中對「死亡」的探索，為數頗繁。[7]錢穆說人生有死，乃人類惟一大事，中國人哀死之情，往往成為一種禮俗，普遍全社會，事至顯明，義至深厚，只是相較之下，所重仍在生，不在死。[8]諸如《論語》等傳統儒家經典對死亡本身或死後世界的探索，或許不多，卻不代表儒家忽略死亡這個重要的人生課題，畢竟孔子曾說：「未知生，焉知死。」（《論語》〈先進〉）生與死一直都是中國思想史關注的問題，孔子說「焉知死」，也不是逃避問題，而是誠實地面對死亡，因為死後的確定情況，本來就沒有完全客

5　這些狀況在中郎與小修身上可以很清楚地看到，詳見第三章與第四章。

6　〔晉〕陶淵明著，袁行霈箋注：《陶淵明集箋注》（北京：中華書局，2003年），頁67。

7　西方哲學有關生死的討論，當然也是極多。每位哲人對死亡的觀點，也都不盡相同，如文中所引「向死的存在」之類，我們將在接下來的章節裡，因應不同的說法，舉例說明，以作為彼此參照之用。為免文繁，在第一章〈緒論〉裡便不重複引證。

8　錢穆：〈生與死〉、〈樂生與哀死〉，收於氏著：《晚學盲言（下）》（臺北：東大圖書公司，1996年），頁539-559。

觀的描述，所以孔子才要人掌握「生」的意義，來理解「死」的結果，正如錢穆認為：「死生本屬一體，蚩蚩而生，則必昧昧而死。生而茫然，則必死而惘然。生能俯仰無愧，死則浩然天壤。」[9]因為儒家將死視為生的延續，所以往往以安頓生命存在的意義，來面對死亡的困惑與疑懼，正如余英時所言：「儒家講死亡，就是面對它而視為平常，這是真的儒家精神。」[10]而宋代理學家對天人合一的內向超越之境，投以極多的關注與推崇，且就死亡等事，多有談論，只是仍抱持著如「未能事人，焉能事鬼」的態度，認為日常生活之事較為切要，以尋找立身安命處為己任，對於神鬼死後世界等不可知之事，雖可理解尊重，但也不該沉溺，不必發揮太多討論。[11]相較於儒家，佛道對於死亡的解釋與觀察，更為直接與具體。佛教經典雖眾，宗派各有差異，可是對生命的理解，皆認為不只是肉體的存活與死亡而已，更包含無形神識的存有。因為從這個時空到那個時空，生命只是不斷地轉換，不曾也不會斷滅，死亡只是其中的過渡階段。[12]至於佛教解釋的死亡體認，牽涉到業力的流轉束縛，凡人執迷生死途中，因此才要精進修行，徹悟實相，才可能解開對人生執著。[13]道家與道教，老

9　錢穆：《論語新解》（臺北：東大圖書公司，1991年），頁388。

10　余英時著，侯旭東等譯：《東漢生死觀》（上海：上海古籍出版社，2005年），頁17。彭國翔編：《學思答問──余英時訪談集》（北京：北京大學出版社，2013年），頁150。

11　呂妙芬：〈儒釋交融的聖人觀：從晚明儒家聖人與菩薩形象相似處及對生死議題的關注談起〉，《中央研究院近代史研究所集刊》第32期（1999年12月），頁184。不過這是就思想義理的層次來看，若是包括喪葬禮儀、死亡教育在內的生命禮俗來看，儒家當然談得極多，可參郭於華：《死的困惑與生的執著》（臺北：洪葉文化，1994年），第二章。林美惠：《朱子學與死亡倫理現象學》（臺南：復文圖書出版社，2010年），第二章、第五章。

12　釋慧開：〈未知死‧焉知生？讀傅偉勳《死亡的尊嚴與生命的尊嚴──從臨終精神醫學到現代生死學》有感〉，收於傅偉勳著：《死亡的尊嚴與生命的尊嚴──從臨終精神醫學到現代生死學》，頁301。

13　鄭志明：〈第一章　緒論──佛教的生死關懷〉，收於氏著：《佛教生死學》（臺北：文津出版社，2006年），頁1-8。

莊都認為生命不單是生物形態的肉體，更應重視的是精神形態的心靈，如何化解世間成見與有欲，調適而上遂，就得以超脫死亡。基本上老子認為「身」是苦患的根源，當諸如美醜、善惡、寵辱等等的衝突對立，都落在有限的自身時，就會產生傷害，讓人處在驚恐的環境之中，[14]所以老子才要寵辱並談，以作醒世。老子強調「無身」，是不為己身的欲望而欲求不滿、因此汲汲營求。反過來看，若能修身而持盈保泰、寵辱若驚，就能「貴身」，也唯有無身才能貴身。此處的「身」，固然可指身體，但也可以是指自我生命的「自身」，[15]無生貴身，才能不畏死亡，面對生死；又例如莊子認為人只要從價值層面上突破利害等誘惑，才能使人擺脫悅生惡死的執著，然後達至精神上的「逍遙」。只有認清人由生到死乃「自然」，無可奈何而安之若命，體認到其中的合理性，那麼人就不會再以生死為束縛，就可以「自由」地在生死歷程中遨遊逍遙；[16]道教我命我在的養生精神，重道貴生，也正是超克死亡的方法，不論是性命雙修、內丹外丹，又或是道教的神仙信仰、修煉方技、法術禁忌、科儀符號，都與對死亡的理解與體認，息息相關。[17]至於難以強分歸類於三教的民間信仰，舉凡殯葬文化、安寧療護、生死信仰，甚至是臨終關懷等，對於死亡的各種探究與處理，更是所在多有。[18]由此可見，本文一開頭所引托爾斯泰《伊凡‧伊里奇之死》，故事裡頭提出的諸般生命課題，顯然已多為中國思想界留意。

---

14 鄭志明：《道教生死學》（臺北：文津出版社，2006年），頁12。

15 何澤恆：〈老子「寵辱若驚」章舊義新解〉，收於氏著：《先秦儒道舊義新知錄》（臺北：大安出版社，2004年），頁392-394。

16 鄭鈞瑋：《莊子生死觀研究》（臺北：臺灣大學哲學研究所碩士論文，2005年），第四章、第五章。

17 詹石窗：《道教文化十五講》（北京：北京大學出版社，2003年），第一章、第四章、第五章、第七章、第九章。

18 鄭志明：《民俗生死學》（臺北：文津出版社，2008年），第九章、第十章、第十一章、第十二章。

　　這些死亡論述，在不同的時空環境、學術群體中，當然也有不同的解釋與認知。[19]只是到了晚明時期，對死亡議題的關注，相較於之前，似乎已變成一種懷德海（Alfred North Whitehead）所謂的「意見氛圍」（climate of opinions），成為當時士人文人普遍談論的主流議題之一，他們對這個問題極為關注，也針對這個問題提出各種觀點。[20]正如呂妙芬與彭國翔提到的，也可以說是一種「晚明理學家普遍的情懷」、「從以往較為邊緣的話語地位突顯成為當時以陽明學者為代表的儒家學者問題意識的焦點之一」：

　　　　如此看法，到了晚明有了明顯的轉變，晚明許多儒者不但不以追求了脫生死為自私的表現，或不應過分談論鑽研的課題，反而肯定生死課題的探究是人生終極的關懷，更是聖人之教的重點所在。……可見對於生死的關切的確是晚明理學家普遍的情懷。[21]

　　　　……由以上幾個方面可見，儒家傳統諱言生死的情況在中晚明的思想界發生了明顯的改變，生死關切在儒家的問題意識中由「幕後」轉至「臺前」，從以往較為邊緣的話語地位突顯成為當時以陽明學者為代表的儒家學者問題意識的焦點之一。死亡已不再是儒者諱言的問題，而成為關聯於聖人之道的一項重要指標。[22]

---

19 以「生死學」或「死亡學」等相關議題，作為主軸的歷史研究，從先秦到近代，早已累積大量的成果。若依國家圖書館所設臺灣博碩士論文知識加值系統為準，據本文初步查詢，碩博士論文至少已有百餘篇。

20 關於「意見氛圍」的使用，可參楊儒賓：《異議的意義：近世東亞的反理學思潮》（臺北：臺灣大學出版中心，2012年），頁12。

21 呂妙芬：〈儒釋交融的聖人觀：從晚明儒家聖人與菩薩形象相似處及對生死議題的關注談起〉，《中央研究院近代史研究所集刊》第32期，頁185-186。

22 彭國翔：〈儒家的生死關切──以陽明學者為例〉，收於氏著：《儒家傳統：宗教與人文主義之間》（北京：北京大學出版社，2007年），頁131。

兩位學者所言，深刻地指出了中晚明（特別是晚明）的儒學裡，關於死亡思索，是相當流行的。當然，就他們各自論文的主旨來看，兩位的研究固然都是針對儒家而發，不過他們在文中也討論到許多佛教人物與文人群體，因此以廣闊的視野來看，當時儒家不但充斥著大量的相關言論，其它論者之多，身分之眾，更是橫跨三教，士人、文人、僧人、道士等等，也是一應俱全。例如許浮遠、馮夢禎、馮夢龍、管志道、焦竑、楊起元、陶望齡、周汝登、李贄、劉宗周、袁宗道、袁宏道、袁中道、江盈科、尤侗、鍾惺、譚元春、藕益智旭、憨山德清、隱元隆琦……等人，都有對死亡提出自己的看法。他們對生死的探索，或許不盡相同，立場亦異，可是由死生情切激發出的眾聲喧嘩，卻共同建構了晚明時期的重要議題——生死大事。

正如前引傅偉勳所言，在活著的時候，思考死亡，才能在死亡來臨時，有所準備，既不慌亂也不害怕。因為就許多晚明人士看來，人的一生，快則數十年，慢則百年，其間或成就功名，或經歷諸多挫折，「參究性命」、「學道了生死」始終是他們最關心的事，周汝登就說：「生死不明，而謂能通眼前耳目聞見之事者，無有是理；生死不了，而謂能忘眼前利害得失之衡者，亦無有是理，故于生死之說而諱言之者，其亦不思而已矣。」[23]鄒元標也說：「今之學者，不能超脫生死，皆緣念上起念，各有牽絆，豈能如孔子毋意、必、固、我」，[24]耿定向也表示：「先正云：存順寧沒，此是出離生死正法眼，未可以為儒生常談忽也。」[25]在他們看來，生死不再是不可談的禁忌，也不再是佛道的專門學問，因為他們已體認到，生死是最切實於人生，是生命最重要的課題之一，所以屠隆才要勸人「生死事大急回頭」。[26]既然

23　〔明〕周汝登：《東越證學錄》（臺北：文海出版社，1970年），頁210。

24　〔清〕黃宗羲：《明儒學案》（北京：中華書局，2008年），頁570。

25　〔明〕耿定向：〈出離生死說〉，《耿天臺先生文集》（明萬曆二十六年刻本），頁156。

26　〔明〕屠隆：《娑羅館清言》，收於《娑羅館清言・續娑羅館清言》（北京：中華書局，2008年），頁17。

如此，由怕死畏死的心態中，往往也能逼出「學道」的姿態，學道明性命以悟生死，學道的內容，也不限於某家某派，焦竑云：「古云黃老悲世人貪著，以眾生之說，漸次引之入道，余謂佛之出離生死，亦猶此也。蓋世人因貪生，乃修玄，玄修既徹，即知我自長生。因怖死乃學佛，佛慧既成，即知我本無死。此生人之極情，入道之徑路也。儒者或謂出離生死為利心，豈其絕無生死之念也？抑未隱諸心而漫言此以相欺耶？使果豪無悅生惡死之念，則釋氏之書，政可束之高閣。第恐未悟無生，終不能不為死生所動。」[27]楊起元甚至認為聖人之所以濟世，正是起於怕死：「死者，人人所共怕也，聖人亦人耳，謂其不怕死可乎？」「凡聖人所以濟世之具，皆起于怕死而為之圖，此之謂不遠人，以為道也，而聞道以離生死，尤其濟世之大而舟楫之堅者，惟怕死之極，然後有之。」[28]在學道離生死的目標下，偏於陽明學的人，或認可良知了生死之說；偏於佛教的人，或以為因果乃生死之事、研精《楞嚴》等佛典；偏於三一教者，又可能認同九序次第。如陶奭齡便是一例，他認為因果是生死的重要因素：「世惟不明于死生之說，故凶人力為不善，以傲聖賢，曰：『彼亦豈能長留于世，百年之後，同為塵土耳！』後儒又復力排『因果』，以助其驗，良可歎懊。慈湖《先訓》曰：『人皆有一死，而實不知有死，如知之，誰敢為不善。」」[29]譚元春也說鍾惺「年四十八九，始念人生不常，佛種漸失，悲淚自矢，以為讀書不讀內典，如乞丐食，終非自爨，男子住世數十年，不明生死大事，貿貿而去，一妄庸人耳。乃研精《楞嚴》，眠食藩溷，皆執卷熟思，著《如說》十卷，病臥猶沾沾念之，曰：

27　〔明〕焦竑：〈支談中〉，《焦氏筆乘（續集）》（北京：中華書局，2008年），頁312。
28　〔明〕楊起元：《太史楊復所先生證學編》（東京：高橋情報，1991年），頁56b-57a。
29　〔明〕陶奭齡：《小柴桑喃喃錄》（國家圖書館藏，明崇禎間吳寀李為芝校刊本），
　　頁34。

『使吾數年視息人間，猶得細窺妙莊嚴路也』。」[30]又或是深信西方淨土之說，甚至也有人認為酒色不礙菩提，放逸亦可助性命……，如此種種，所在多有。

　　就在這樣生死議題中，公安三袁也深入其中，親身自證，思考反省了生死的問題。略帶誇張地說，公安三袁有關生死的言論，在各自的著作中，幾乎隨處可見，俯拾皆是。他們所談者，又不止是自身觀點而已，同時也牽涉到他們的交友模式與相處狀況，呈現一種多線式的思考網路。況且，即便就他們自己思想內涵來看，也可以看出時代思潮的痕跡，不論是林兆恩的教法，還是陽明後學的良知四句教，又或是佛禪的淨土、因果思想，甚至是當時人追求自由奔放、情欲的正當化等等，這樣的風潮觀念，都反映在他們的思考裡。何況他們的許多言論，事實上也正座落在晚明「三教合一」或「三教調合」的背景之中。只是值得注意的是，合一或是調合，並非只是將三教義理彼此詮解釋義、互引互證而已，更非齊頭式的三教平等，而是指思考者的想法中，是不是有一個（或數個）他熱切關心的問題，他在三教中找尋問題的答案，對於三教思想的運用，也是為了解決這個問題，因此就其生命感受而言，公安三袁的生死之學，顯然就是屬於這一層次。[31]

　　當我們立基在這個層次，可以進一步思考，他們究竟如何利用三教？理解三教？三教在他們的生命感受與安身立命中，是平等的嗎？最終是「合一」的嗎？如果是，又合成了什麼？如果不是，情況又是如何？只是綜觀學界當前研究，對於三人的生死觀的分析，不能說沒

30　〔明〕譚元春：〈退谷先生墓誌銘〉，《譚元春集》（上海：上海古籍出版社，1998年），頁682。

31　關於明末三教會通與融合的問題，徐聖心從另一層面的提示，頗值得參考，他認為與其將三教任意連結，不如多注意三教自覺的立場與對他者的態度，是以重點不在「三」本身的「合一」，而是在各家如何以其特殊立場面對不可忽視的他者。可參徐聖心：《青天無處不同霞——明末清初三教會通管窺》（臺北：臺灣大學出版中心，2010年），頁11-43。

有，卻仍屬不多。對於晚明三教盛行的影響，常常只是作為背景式的處理，他們究竟如何進入三教，深入三教，甚至三教怎麼在他們的思想中摻雜、乃至於融用，或也語焉未詳，未盡之處，勢必再敘。更何況，研究其思想者，相較於文學的研究，更是少之又少。就目前學界的現況來看，即便談到他們對生死的觀點，也多關注在中郎身上（相關文獻回顧請見下節）。當然談公安三袁者，談的最多的還是他們的文學主張，將他們放在文學史的脈絡中，予以解讀，仍是目前主流焦點。可是眾所皆知的，公安三袁在當時非常有名氣，身旁也聚集了許多文人雅士，遍佈三教，如果說他們是當時的文壇焦點與中心，亦屬合理。這樣的文壇焦點，我們自然也必須關注他們的思想，更確切地說，應該是研究他們生命真正關心的問題，他們切身於心、一以貫之的思考重心——生死帶給他們的感受，到底是什麼？他們怎麼理解生死？為什麼這麼理解？是什麼因素，促使他們理解的改變？轉變之後的人生態度，又有何不同？在細觀三人著作，詳加分析之下，會發覺在他們的生死思考，呈現出許多有趣的現象，既有特殊的個人因緣，也有時代思潮的痕跡，這些觀點，並非只是泛泛地、印象式地連接到陽明後學、淨土等等，而是應該要更深入他們的思想，如果說他們受陽明後學影響，又是哪個部分？根據本文的研究，伯修的生死思考，其實與四句教關係最大，那麼，他又是如何理解與應用？再者，伯修如何從林兆恩的艮背法，轉入儒佛？這些觀點，顯然尚未受學界注意，另外，他們與淨土的關係，固然已為學者所重，但是他們的淨土信仰，是怎麼與參話頭、疑情工夫等結合？中郎到底是偏向淨土，還是禪宗？而中郎的文學觀點，又如何與他的生命性格有關？這樣的性格卻跟他的生死體悟，密不可分，原因何在？中郎對李贄的看法，從早年的佩服到中年以後的批評，正如許多學者所指出的，當然與中郎本身思想轉變有關，可是這個轉變到底是什麼？牽涉到什麼樣的觀點？中郎的研究，雖已積案盈箱，但就這方面來講，目前的討論仍嫌

不足，尚有許多再深入的空間。再者，生死絕非只是精神上的冥思、想像而已，生死切身於身體的感受，包括病痛、大笑、哭泣、哀號等等，都可說是身體的表示與展現，若然如此，從身體的思維來看他們（特別是小修）對生死的言論，甚至是他們對遊山玩水的解釋，是否能得出些不同的意義與理解？更進一步來講，小修好山水，其實是出自他個人的身體感受，但是，徜徉山水的舒適感又不同於早年飲酒好色的感覺，這些轉折，他又是如何記錄下來？為什麼身體感跟生死學是有關的？最後，〈珊瑚林〉與《珂雪齋外集》是研究中郎與小修的生平思想，不可或缺的資料，但利用在研究著作之上，仍屬少見，本文希望妥善援引解讀這些材料，以增進對他們的研究深度。

　　以上這些問題，目前學界的研究雖已有注意，但顯然著墨未深，仍待更多更細緻的處理。本文的出發點，就是試圖在學界累積基礎上，以生命歷程式的敘述方式，對上述問題提出嘗試解答，希望也能對當代的相關研究，不論是加深對公安三袁的理解，還是拓寬晚明生死思潮的豐富性，都能略盡心力，作出一己貢獻。

第二節　文獻回顧

　　關於晚明生死思潮的研究，論者不少，上引呂妙芬〈儒釋交融的聖人觀：從晚明儒家聖人與菩薩形象相似處及對生死議題的關注談起〉與彭國翔〈儒家的生死關切──以陽明學者為例〉二文，[32]主要從儒學，特別是陽明後學的角度出發，旁涉佛家人物。而晚明佛教談及生死的部分，已有許多期刊與碩博士論文，專論佛教人物，本章將在論述相關問題時，或有參照引用與討論對話。只是若就大範圍與小

---

32 彭國翔早在博士論文已談到相關問題，兩篇文字雖或有不同，但觀點差異不大，是互相改寫而來，可見彭國翔：《良知學的展開──王龍溪與中晚明的陽明學》（北京：生活‧讀書‧新知三聯書店，2005年），頁463-481。

論題兼具者來講,聖嚴法師的兩本書:《明末中國佛教之研究》(釋會靖)[33]與《明末佛教之研究》,[34]以及陳永革《晚明佛教思想研究》,[35]為不可多得的宏觀作品,對晚明佛教諸多問題,作了清楚的整理,論證亦精,對本文幫助頗多。

就本文三位主角來看,學界對三袁研究極眾,與本文相關者,首推龔鵬程〈死生情切:袁中郎的佛教與文學〉、〈超凡入聖:袁小修的山水遊記〉,[36]文章才氣縱橫,充滿卓見,論述或許不夠完整嚴密,可

---

33 聖嚴法師著,釋會靖譯:《明末中國佛教之研究》。此書為聖嚴法師博論出版,雖主要討論蕅益智旭,但亦能小中見大,旁涉當時佛教道教,乃至於社會政治等情況。

34 聖嚴法師:《明末佛教之研究》(北京:宗教文化出版社,2006年)。聖嚴法師研究蕅益智旭之後,再接再勵,將視野放至整個晚明佛教,引起學界對晚明的重視,頗有開創之功。正如他在〈自序〉所言:「一九七五年春,我在東京立正大學通過的博士論文,題為『明末中國佛教の研究』,實則明末佛教的範圍很廣,那是宋以後中國佛教史上的一個大有為的階段,我的主題研究,僅以明末四大師中最後的一位,蕅益智旭為中心,故在提出學位論文之後,即想著手對於明末的佛教,做廣泛而深入的繼續研究。」「在我的學位論文問世之前,學界對於明末的佛教,尚是一塊等待開發的處女地,嗣後不久,美國州立賓州大學的徐頌鵬博士,提出的學位論文是明末的憨山德清。一九七九年由賓州大學出版了 *A Buddhist Leader in Ming China: The life and thought of Han-shan Te-ching*;美國哥倫比亞大學的于君方博士,撰成的學位論文是研究明末的蓮池大師雲棲袾宏,一九八一年由哥倫比亞大學出版了 *The Renewal of Buddhism in China Chu-hung and the Late Ming Synthesis*。去年(1986)的美國哈佛大學,也有一位美國學者,以紫柏大師為主題研究,通過了博士學位,唯尚未見出版;本(1987)年春臺灣中華佛學研究所的釋果祥,也由東初出版社(法鼓文化前身)出版了一冊《紫柏大師研究》。另有一位苦學勤讀,正在充實學力中的臺大歷史研究所研究生──江燦騰先生,也以明末佛教為其主攻的領域,在國內發表了數篇論文。尚有大陸學者郭朋,於一九八一年以通史體裁寫成《明清佛教》,次年由福建人民出版社出版;日本學者荒木見悟,一九七九年出版《佛教と陽明學》,一九八四年出版《陽明學の開展と佛教》等。可見學術界對於明末佛教的研究,在短短十二年來,已成了國內外及東西方學者間的熱門課題。」見頁1。

35 陳永革:《晚明佛教思想研究》(北京:宗教文化出版社,2007年)。此書為作者博士論文《晚明佛學的復興與困境》改寫出版。

36 龔鵬程:〈死生情切:袁中郎的佛教與文學〉、〈超凡入聖:袁小修的山水遊記〉,收於氏著:《晚明思潮》(宜蘭:佛光人文社會學院,2001年),頁135-240。另外收於同書的〈攝道歸佛的儒者:焦竑〉,也是本文重要參考文獻。

是瑕不掩瑜，啟發性既高且大，凡論晚明生死的研究者，不論是研究公安三袁，還是晚明儒者，多不能避開此二文。

不過龔鵬程並未專論伯修，事實上相較於其它兩位兄弟的研究，以中郎為最多，小修次之，不過已屬少量，至於伯修生死之學的研究，更是稀有。本文第二章的目標，便是冀圖能稍稍彌補此一缺憾。如前所言，論公安三袁生死者，多聚焦中郎，期刊專論亦多，如邱敏捷《修持與參禪：晚明袁宏道的佛教思想》、[37]周群〈論袁宏道的佛學思想〉[38]之類，我們將在內文時，隨時注出參考出處，對於不同意見者，也將有論述說明。在綜論方面，大陸學者的三袁研究較臺灣學界，便熱烈許多，易聞曉《公安派的文化闡釋》、鍾林斌《公安派研究》、周群《袁宏道評傳》，就對公安三袁的死生情切，或有述及，這些著作的特點是作者個人特色強烈（如易聞曉）、論述相對平實（如鍾林斌），以及資料篤實完整（如周群），本文都將引用、辯證，冀能藉此更深入袁氏三兄弟的思維世界。

至於其它未專門研究公安三袁，又或是將重心放在公安三袁的文學觀點，可是在著作中亦略有提及生死議題，如周質平《公安派的文學批評及其發展——兼論袁宏道的生平及其風格》、任訪秋《袁中郎研究》、[39]陳萬益《晚明性靈文學思想研究》、《晚明小品與明季文人生活》、[40]吳兆路《中國性靈文學思想研究》、[41]曹淑娟《孤光自照——

37 邱敏捷：《修持與參禪：晚明袁宏道的佛教思想》（臺北：商鼎數位出版，1993年）。

38 周群：〈論袁宏道的佛學思想〉，《中華佛學研究》第6期（臺北：中華佛學研究所，2002年3月），頁383-417。

39 任訪秋：《袁中郎研究》（上海：上海古籍出版社，1983年）。

40 陳萬益：《晚明性靈文學思想研究》（臺北：臺灣大學中國文學研究所博士論文，1977年）、《晚明小品與明季文人生活》（臺北：大安出版社，1988年）。

41 吳兆路：《中國性靈文學思想研究》（臺北：文津出版社，1994年）。

晚明文士的言說與實踐》、《晚明性靈小品研究》、[42]鄧克銘〈借禪詮
儒：袁宗道之四書說解——以「性體」、「致知格物」為中心〉、[43]左東
嶺《王學與中晚明士人心態》、《李贄與晚明文學思想》、[44]趙偉《晚明
狂禪思潮與文學思想研究》、[45]張維昭《悖離與回歸——晚明士人美學
態度的現代觀照》、[46]賈宗普《公安派文學思想研究》、[47]范嘉晨與段
慧冬合著的《晚明公安派性靈文學思想研究》[48]……等人，這些學者
或討論性靈文學與文人生活，或分析晚明士人心態、狂禪思潮，又或
是以思想史的角度，探究借禪詮儒的現象，都與公安三袁有直、間接
的關係，都是由晚明士人生命體悟與時代感受而發，當也能牽涉到他
們的生死學問。本文的看法與上述諸位雖不盡相同，卻仍是在這些眾
多研究成果之上，繼續開展，希望也能作出一些貢獻。

前已言及，公安三袁的生死思考，涉及儒釋道。因此包括三教融
合在內的相關晚明思想研究，自然也在本文必須參考之列，如鍾彩
鈞、陳來、蔡仁厚對王陽明、特別是四句教的理解，以及 Edward
T. Ch'ien（錢新祖）、彭國翔、吳震、林月惠、楊政顯、黃繼立等人
對陽明後學（如聶豹、王畿、羅汝芳）或晚明儒者的研究（如焦竑、
陶望齡）；鄭志明、何善蒙、趙偉等人對三一教林兆恩的論文專書；

42 曹淑娟：《晚明性靈小品研究》（臺北：文津出版社，1988年）、《孤光自照——晚明
 文士的言說與實踐》（天津：天津教育出版社，2012年）。

43 鄧克銘：〈借禪詮儒：袁宗道之四書說解——以「性體」、「致知格物」為中心〉，
 《文與哲》第16期（高雄：中山大學中國文學系，2010年），頁370。

44 左東嶺：《李贄與晚明文學思想》（北京：人民文學出版社，2010年）、《王學與中晚
 明士人心態》（北京：人民文學出版社，2000年）。

45 趙偉：《晚明狂禪思潮與文學思想研究》（成都：巴蜀書社，2007年）。

46 張維昭：《悖離與回歸——晚明士人美學態度的現代觀照》（南京：鳳凰出版社，
 2009年）。

47 賈宗普：《公安派文學思想研究》（北京：中國社會科學出版社，2011年）。

48 范嘉晨、段慧冬：《晚明公安派性靈文學思想研究》（北京：中國社會科學出版社，
 2009年）。

荒木見悟、江燦騰、楊惠南、廖肇亨，等人對晚明佛教界與中國佛教史的見解，他們討論了淨土思想、唯識學、《華嚴經》與禪宗，還有晚明叢林改革、佛教文化等等。上述諸書都是本文論述時，可能會引用的觀點，在相關處亦有提出。

第三節　研究取徑

如前所言，公安三袁，對於生死問題是相當看重的。就大的相同處來看，三兄弟都經歷了由「放」到「收」的歷程，前者意謂較為輕佻浪漫，後者則是嚴謹檢點。如果用本文題目來講，自適包括了前後者，修持則是專指後者。修持，類似修行、修心的意思，在精神思想與具體行為上，都有著較為克制、內省的工夫意味。相對於「修持」是較為穩定的語義，在本文文脈中，「自適」並不是意涵固定的詞語，而是隨著公安三袁的生命走向，時常給予調整，至於調整後的內容觀點，當然是緊貼文本，以他們各自的理解為主。[49]

---

49 以「自適」或類似詞語的角度研究三袁、甚至整個晚明思潮，當非本文孤明先發，事實上學界已累積許多重要研究成果。以「三袁」來講，易聞曉便以「自適渴望」、「自適存在」、「雙向自適」、「文士情懷的自適」、「雙重情懷的自適」等說法，來理解三袁；周明初則有「袁宏道：適意與避世」；賈宗普是以「適性」稱之；左東嶺也以「公安派的心學淵源與求樂自適的人生價值取向及其人格心態」為題；范嘉晨、段慧冬的觀點則是「自適人生」。以「晚明」來看，黃明理便以「晚明文人所嚮往的人生格調」，分析「生活境界之嚮往——閒適」；黃卓越是以「自適說」為論；李興源的說法是「自得之說」，下分兩種：順性與適世；鄭幸雅的觀察是以「自適態度的構築」，來解釋晚明清言的根本精神之一。其餘有關期刊論文，數量更多。可見易聞曉：《公安派的文化闡釋》（濟南：齊魯書社，2003 年），第三、四、五章。賈宗普：《公安派文學思想研究》，第三章第三節。左東嶺：《王學與中晚明士人心態》，第四章第四節。范嘉晨、段慧冬：《晚明公安派性靈文學思想研究》，第二章第一節。周明初：《晚明士人心態及文學個案》（北京：東方出版社，1997 年），第四章第二節。黃明理：《「晚明文人」型態之研究》（臺北：花木蘭文化出版社，2011 年），第四章第二節。黃卓越：《佛教與晚明文學思潮》（北京：東方

可以這麼說，他們三人早前的詩酒風流，文人習氣，對生死問題的參究，比較像是禪宗說的撥弄話頭，又或是理學家說的玩弄光景。這個時候，不能說他們講的不夠精彩，事實上他們也可以頭頭是道，充滿許多機鋒與睿智，只是後來經過了一些挫折，例如親友的死亡、人事的變遷、經濟的困窘、身體的病痛，他們才真正對早年的行為作出懺悔與反省，走向修持之路。這個時候，同樣是思考生死問題，往往就能夠顯得深刻，有切己之感，伯修說「昔年學得些兒罄折，盡情拋向無事甲裡，依然石浦袁生矣。」中郎說自己「弟少時亦微見及此，然畢竟徇外之根，盤據已深，故再變而為苦寂。若非歸山六年，反復研究，追尋真賊所在，至于今日，亦將為無忌憚之小人矣。」、小修也坦承「生平學道，俱屬知解，現行無明種種，合眼恐即受報，逐世上虛華，都不曾打迭此事，究竟果何所得？哀哉！」顯然都是在反省年少時的自己。年少時的自適，偏於放逸，逐心遂意，不免過度放縱狂傲，心態修正之後，他們對自適的定義，已與早年不同，都走向持謹穩健。兩相對照，即便對「自適」的主張，認為自適才是最真誠的生命態度，這樣的看法始終如一，可是自適的內涵早已有異，昨日之我已離今之我遠矣，對自適的理解與實踐，早年與晚年皆已差距甚遠。像是中郎年少時肆情以快意氣，其後變為苦寂，終於平淡是真，平實是道，這都是他的生命中「自適與修持」的特徵。又例如小修早年認同酒肉不礙菩提，中晚年自悔前非，作有〈心律〉，希望能以遊山玩水的方式，遠離酒色，相較於放逸的自適之道，後來則是以修持為自適。

出版社，1997年），下編第五章。李興源：《晚明心學思潮與世風變異研究》（臺北：花木蘭文化出版社，2009年），第三章第二節。鄭幸雅：《醒世療病》（臺北：文津出版社，2012年），第七章第二節。值得注意的是，正如文內所言，公安三袁在不同的生命階段，也有不同的自適體驗與定義。因此本文即是在前人的先行研究上，繼續探索相關課題，期能對公安三袁的生死感受，作出有貢獻的研究。

　　這些是他們大同之處，可是三兄弟才學個性都不同，即便互有影響，但每個人都有自己獨特的觀點，不與人同。伯修性格「穩實」，卻也有通脫的一面；中郎才性「英特」，屬上根資質，中年以後卻注重鈍根修行，走中下人之路；小修的生命型態，年少時科考不順，於是花天酒地，以為瀟灑，還以此自鳴自得。對於生死問題，他們的入手處，思考模式也都不一樣，伯修曾經學道，有神仙之志，後來偏向於陽明良知學，但也重參話頭、疑情工夫；中郎雖較重淨土與禪學，《莊子》、《華嚴經》也是他的思考資源；小修則希望徜徉在山水之間，藉由身體的感受，斷情離欲，學道參禪。本文的研究，就是希望在他們各有異同的認知下，用類似傳記書寫的方式，既有敘述的模式，也能保有學術論文的引言傳統，著墨他們的生命歷程，順著文中人物成長與衰老，觀看他們在自適與修持之間，如何面對生死課題。縱筆所至，夾敘夾議，或史或文，亦論亦評，可說理亦能抒情，希望既貼近原典，又能依文取義，來分析他們的轉換變化。[50]這類生命

---

50 這種寫法，我們不妨再以盧卡奇（Georg Lukacs）的觀點多作解釋。盧卡奇認為十九世紀初期已出現所謂的歷史小說，即是史考特（Sir Walter Scott）在一八一四年的出版的《威弗萊》（Waverly）。在此之前，就寬鬆定義來看，或有被稱為歷史小說者，但小說成分高，歷史成分少，缺乏對特定歷史環境與背景的深入描繪。盧卡奇認為歷史小說裡的特色，裡頭人物的所思所想，當然必須跟其人的歷史背景思潮息息相關，若缺乏這一重要因素，便不能稱為歷史小說。在真正的歷史小說中，作者關注的歷史事件當然是不可或缺的背景，可是在這個時空中出現的人物，他的詩學悟覺（poetic awakening）更應該是作者要細膩處理的地方。也就是說，作者應該要像歷史現實（historical reality）裡的人物一樣，帶領讀者重新體驗當時人的思考、感受與行動。盧卡奇認為史考特的作品，便擁有這些特性，在著作中，既試圖掌握歷史的原貌，也能適切地、如實地、合情合理地，述說筆下人物的思想，對當下情境作出確切描述；對歷史人物的思考思維，潛藏在行為背後的人性動機、情感推移，也要盡量從歷史層面來理解，提供解釋。盧卡奇說道：「史考特對於歷史的藝術忠誠，……，在各種創作原理中，延展和應用了歷史。而這不僅擴大了主題，將歷史材料吸納進偉大的寫實主義傳統，而且也是根據歷史而對人類和事件作描繪。」簡言之，如江政寬所說，就是「對一個具體的歷史時期作藝術上的描寫。」藝術上的描寫，即是在史料與史料的整合間，有所增飾。不獨歷史小說唯然，即便

史、傳記書寫式的寫法，著重在他們的生命歷程的轉變，因為他們的思想觀點並不是從一而終、固定不變，而是隨著外在的情況、人生際遇，以及自身的內省反思，在內外交相涉的情況下，不斷地作回應，本文願意相信這樣的寫法，可以較完整，也較有效地表達出他們的生死關懷。

除此之外，對自身生死的追問，言論廣及於古今中外，我們當然也可以普遍人性的方式，來對本文處理的人物心態，作出比較觀察，本文第二、三、四章，有時會提及許多中西方學說，便是基於這種視野，希望能對公安三袁的觀點，彼此參照互對，藉此突顯公安三袁各自的思想脈絡。只是仍要說明的，我們也必須坦承，本文的切入主旨，是在眾多研究成果累積的基礎上，繼續耕耘此一課題。也就是說，許多學者已發現晚明廣論生死的情況，本文目的在於更深化這個領域，再作出人物專論式的探研。值得再深思的是，大量議論的出現，為什麼是在晚明（以寬鬆的定義來看，又可說是中晚明），而不

是我們所熟知的史書，亦復如是，寫《伯羅奔尼薩斯戰爭史》的修昔底里斯（Thucydides）自言，他的歷史，部分非親聆口說、親眼所見，乃想像爾。史為過往之陳跡，史家所言，即使親眼所見、親耳所聽，或多或少都涉入了個人意識，這是可避免的主觀性，更何況在眾多史料間取捨去離，然後組織成事，結構為文？畢竟史家非記言也，乃代言也，能具史筆詩心的史家，他筆下的歷史，既是持之有故，言之成理的，也是盡量合乎真實的。史蘊詩心，也往往充滿許多藝術上的描寫與增飾，所以錢鍾書直言：「史家追敘真人真事，每須遙體人情，懸想事勢，設身局中，潛心腔內，忖之度之，以揣以摩，庶幾入情入理」，此言甚確，其實汪榮祖一句話已道盡其中奧妙：「作史者必有所依傍，從事『增飾』（Ausgerbeitet）而已。」本文的書寫方法與研究取徑，便是希望在這些啟發中，既能有敘述的流暢感，也能有學術論文要求的分析性與評論性。可見Georg Lukacs, *The Historical Novel*, tr. Hannah and Stanley Mitchell, N. J. (Altantic Highlands: Humanities Press, 1978)。錢鍾書：《管錐編》（北京：中華書局，1999年），頁166。汪榮祖：《史傳通說》（臺北：聯經出版事業公司，1997年），頁12-13。汪榮祖：〈槐聚說史闡論五篇〉，收於氏著：《史學九章》（臺北：麥田出版社，2002年）。關於盧卡奇的說法，本文主要參考江政寬：〈歷史、虛構與敘事論述〉，收於盧建榮編：《文化與權力──臺灣新文化史》（臺北：麥田出版社，2001年），頁214-216。

是其它時代？研究者雖多已指出這種現象，可是現象產生的原因，至今仍未見細緻分析。以思想史的脈絡來看，或如廖俊裕所言，晚明眾多儒者的生死思考，上追溯至王陽明，王陽明自龍場悟道後，以良知造化與絕對性，消解宇宙無常的必然現象（死亡），超克了時空的限制，人一旦觸及永恆，就可以解除死亡的陰影，不再為死亡感到焦慮。[51] 若是如此，則非儒者的晚明人士，同樣存在著大量的死亡「話語」，王陽明的良知之說，可能也是啟發他們的對象之一，卻不是唯一，因為像是文人、道士、僧尼等等，他們也樂於談論死亡，為自身死亡解惑，思考的資源也不同於儒者。因此又該以什麼的角度，替這種現象作出溯源？許多文人，他們共聚一堂，參禪學道，彼此間的思想資源，三教皆有，也可能影響到其它人，對於這種情況，又該如何著手？另外，彭國翔也指出，外在政治的險惡，以及儒道佛的互動，是促使儒者深入生死的重要機緣：「中晚明陽明學的另一特點或基本問題所在便是對於生死問題的格外關注。這既與明代險惡的政治生存環境有關，佛道二家對於生死問題的強烈眷注，顯然也構成這一問題意識在儒學中得以突顯的重要誘因。」[52] 他所針對的是陽明學（者），而不屬於陽明學者，或是亦儒亦道亦佛、非儒非道非佛的其它人，對於生死的思考，又該如何溯其源流，知其然亦知其所以然？他們的言論，是如何開花散葉地影響到他人？若放到當時的社會現象，諸如商業的發達、縱樂的困惑、佛學的復興、道教的養生說法等等，是否也是促發的條件？如果答案是肯定的，我們又該追問，這種引導是基於何種因素，逼出了死亡的思索？若非籠統、印象式的因果連接，我們

51　廖俊裕：〈儒學的生死學——以晚明儒學為文本〉，《成大宗教與文化學報》第4期（2004年12月），頁230-233。

52　彭國翔：《良知學的展開——王龍溪與中晚明的陽明學》，頁27。彭國翔：〈儒家的生死關切——以陽明學者為例〉，收於氏著：《儒家傳統：宗教與人文主義之間》（北京：北京大學出版社，2007年），頁131。

又該以怎麼樣的角度,將死亡課題的「意見氛圍」之形成,與時代社會的條件作出對照?兩者間的相關性,是否可以有深刻的論述?

本文的研究,在以三袁為主體的研究之中,探索他們的思想淵源,發現他們談論生死問題,既有上承的歷史縱深、也有平行的時代因素,既有佛釋道的思考資源,也有社會風氣的原因,更重要的還是他們生命性格的表現,讓他們對生死的理解,都有了屬於自己的特殊意義。就公安三袁的生死問題來看,本文當然希望能就各方面予以釐清,冀能持之有故,言之成理。可是若就(中)晚明與生死議題思潮的因果關係,本文或許已略有觸及這類問題,但對於真正能解決這個問題,直至細緻與完整,仍遠遠不夠。況且,對於晚明大量「死亡意見」的產生溯源,雖然頗為重要,卻非本文所要處理的主軸,乃屬題外之題。以上這些問題,自然都要進一步梳理。可是有聞闕疑,在此亦不妨提出,有待日後進行更多討論。[53]

最後將論文各章節內容,簡述如下:

第一章,〈緒論〉:主要介紹晚明注重生死的思潮。說明在這種思潮之下,本文希望以何種取徑切入主題,以及相關文獻回顧。並指出公安三袁在晚明注重生死的普遍情懷中,具有什麼樣的重要性,而對三人的研究,又有何可再拓深與延伸之處。

第二章,〈在良知與因緣之間:袁伯修〉:本章主角為袁伯修,本章以時間進程為主軸,從伯修的身世談起,論及他的生命歷練與學道歷程,因為親人師友等緣故,最早他喜好道教,以呼吸養生之道入手,經歷艮背行庭之法,又接觸佛教淨土、禪宗等學說,最後又重新回到儒學。換言之,伯修從年少到死去,他對於生死的體悟,到底發生了怎樣的改變?他又如何從道教呼吸養氣、林兆恩艮背法,轉而為儒釋,進而以良知學,統攝佛教因緣觀與參究念佛?本章希望能藉由

---

53 課題的未來展望,以及相關的延伸看法,可見第六章結論。

傳記式的敘述，觀看伯修的生命感受與成長變化。

第三章，〈見山又是山：袁中郎的生死之學〉：中郎自幼穎悟，與伯修類似，年輕時便暴得大名，科舉或略有小挫折，大體而言仍是頗為順利。早年以天才自居，飛揚灑脫，中年以後，竟變為持謹，其後更以平淡、平實為貴。本章同樣是以時間為敘述的模式，探究中郎參究生死的經歷。「見山又是山」，即是意謂中郎在「自適」的為學數變中，從任才肆性，再變而為苦寂，最後終於平凡，安身立命，終於找到他的歸宿。

第四章，〈最後的「活著」：袁小修〉：與前兩章不同之處，在於小修作為本章重點，不依前兩章的正敘方式，而是插敘、倒敘兼有之，直接以小修性命之學的轉變為起始，分析原由，再追述他轉變之前的生命型態，最後才論述他中晚年的生死觀點。相較於前兩章的標題，重在思想特色與生命體驗，「最後的活著」是指存歿狀態而言，本文認為這樣正可以標誌出小修的重要轉變。兩位兄長與父親，還有諸多師友都早於小修離世，相較於死去的諸人，「活著」的小修，此情此景，感觸極深，也影響他中晚年以後，對了脫生死的企求，更有壓力與焦慮。所以小修才努力消除情習，於是徜徉於山水之間，探山水之樂，尋山水之理。身體與大自然的親近接觸，化情息妄，汰煉身心，自適於間，以求延年，以求無生，以明生死。後來終於榜上有名，進士登第，出仕為官，只是早已不同於年少情性，昔日之浪骸，已是昨日黃花，年少青春已過，換來的是耽情山水，念佛參禪的中年小修。小修最後的自適生死之道，就在他的懺悔與修持之中，逐漸定型。

第五章，〈生死之道：對生命的認識〉：本章採綜論的方式，分析公安三袁藉由生死情懷所產生的行為準則，以及觀看世界的方式。意在指出，他們對死亡的焦慮、對性命之學的體悟，不止是「就生死談生死」這麼簡單而已。本章的出發點，便是抽取他們幾個重要的觀點，來分析他們如何看待這個世間，生於其中，又該如何處世？他們

自適人世,修持入道的人生觀與世界觀,又是如何?本章之作,旨在回答這些問題。

第六章,〈結論:在自適與修持之間的死生關切〉:對全文作一歸納式的總結,除了總理主旨之外,最後也指出值得再深拓或開發的研究展望。

除本文六章之外,另又添加附錄兩篇,一為〈公安三袁年表〉,對公安三袁經歷作出整理;二為曾發表過的論文:〈李贄的生死之學〉,分析李贄對生死的看法。因為環境困頓與人事離別的緣故,李贄從四十歲開始接觸儒釋道。這種接觸,不同於之前為科舉、為士人的求學心態,而是李贄藉此希望明瞭生死,尋求生命的解釋,他稱之為「學道」或「求道」。一方面,他企圖說明生死的意義;另一方面,則是可以為此解脫生死。畢竟就李贄看來,人生充滿了苦難,俗事塵網,淪肌浹髓,導致他講生死,著重的是生之苦,而不止是死之悲。所以他傷生,所以他感歎有身則有患,為了要脫離這種困境,他參佛、學儒、論道。可以這麼說,對他而言,探索三教是立基於生存的感受,他念茲在茲的,都是對生死之學的關懷。那麼,他究竟如何在三教中探求「自家性命下落」?在這層意義之下,他最後的死亡,又該怎麼樣看待?如何解釋?〈李贄的生死之學〉,即是試圖回答這樣的問題。這兩篇附錄,都是希望能對本文的主題,有更多的參考與旁證作用,更添完善。

第二章
在良知與因緣之間：袁伯修

第一節　凡人聰明者，多欠真實

　　袁宗道（1560-1600），字伯修，號石浦，公安縣長安里人。袁家本姓元，先祖由黃州移籍公安。根據小修〈石浦先生傳〉的記載，他們的曾祖父袁瑛，以武勇聞名於鄉里，明武宗正德年間，群盜橫行，袁瑛組織鄉間自衛隊抵抗，盜賊因此不敢入境。縣令得知此事，命他緝捕盜匪，後來有數百名盜賊趁機突襲，袁瑛帶領隊伍，雙方血戰於雙田，袁瑛盡殲之，水為之赤。[1]袁瑛之子袁大化，雖不如父親武勇，但謙謙退讓君子之風，則遠過之，造橋鋪路、樂善好施，也是極有聲望的人物。大化之子袁士瑜，便是伯修等三兄弟的父親，袁士瑜少有文才，只是中了秀才之後，屢試不第，[2]後來娶了河南布政史龔大器的女兒，他的三個兒子也相繼考上科舉。從此之後，袁家才開始走向了仕宦階層。

　　袁氏三兄弟自幼皆受良好教育。其中伯修十歲能詩，十二歲入縣學，十九、二十歲成為舉人，其間雖曾落榜，略經波折。經父親勸說之後，萬曆十四年（1586）又再赴京，結果中會試第一人，二十七歲進士及第，入讀中秘書。舉業順利，鄉人皆以其為榮。可是在順遂風

1　〔明〕袁中道：〈石浦先生傳〉，《珂雪齋集》（上海：上海古籍出版社，2007年），頁707。

2　《公安縣志》：「袁士瑜，號七澤，年十五即童子試，為諸生，食廩糧，場屋屢躓，未嘗有沮色。」〔清〕周承弼等編修：《公安縣志》（臺北：臺灣學生書局，1969年），頁747。

光的背後，卻充滿了許多迂迴曲折、矛盾衝突的人生歷程，每當喜慶
傳來，卻憂患亦起。小修說世人皆知伯修少年得意，卻不知伯修實
苦。這種苦，是福禍相倚、憂喜相生的痛苦，成功來得太快，悲劇卻
又猝不及防，伯修十二歲入鄉校，不數年生母龔氏亡卒；十九歲薦鄉
書，二十歲得秀才，之後卻大病致身，糾纏連年，萬死一生，病體稍
復之後，妻子卻又逝世，留下兩兒一女，嗷嗷待哺；二十七歲中會
試，幾年後兩個兒子又相繼而亡；三十六歲致位宮坊，三十八歲充東
宮講官，正式官名為右春坊右庶子，正五品，就在仕途看好，宦途正
盛之際，伯修唯一的女兒卻又死於難產。連年的噩耗，生死倏忽，伯
修悲苦已極，他在給母舅的信中說：「甥止有一女耳，且極慧，父母
視之，何翅掌珠。而今一旦委諸塵土矣，傷哉！甥一生遭際，與吾母
舅無不似者，似舅即賢甥，亦何必如此似耶！」[3] 對此，小修不無感
慨地說：「外之所謂榮者，浮名也；兄（芝慶按：指伯修）之所自受
者，實憂也。浮名顯而實憂暗，故人皆謂兄之處亨，而不知其不盡然
也。功德天，黑暗女，半步肯相離哉！」[4] 人世無常，福禍難料，外

3　〔明〕袁宗道：〈母舅遜亭先生〉，《白蘇齋類集》（上海：上海古籍出版社，1989
　　年），頁218-219。

4　〔明〕袁中道：〈告伯修文〉，《珂雪齋集》，頁788。關於功德天與黑暗（闇）女，
　　在《大般涅槃經》便有記載：「是女端正顏貌璟麗，以好瓔珞莊嚴其身，主人見已
　　即便問言：『汝字何等係屬於誰？』女人答言：『我身即是功德大天。』主人問言：
　　『汝所至處為何所作？』女人答言：『我所至處能與種種金銀琉璃頗梨真珠珊瑚虎
　　珀車磲馬瑙象馬車乘奴婢僕使。』主人聞已心生歡喜，踊躍無量，我今福德，故令
　　汝來至我舍宅，即便燒香散花供養恭敬禮拜。復於門外更見一女，其形醜陋衣裳弊
　　壞，多諸垢膩，皮膚皴裂，其色艾白，見已問言：『汝字何等係屬誰家？』女人答
　　言：『我字黑闇』，復問：『何故名為黑闇？』女人答言：『我所行處能令其家所有財
　　寶一切衰耗。』主人聞已即持利刀作，如是言：『汝若不去當斷汝命。』女人答
　　言：『汝甚愚癡，無有智慧。』主人問言：『何故名我癡無智慧？』女人答言：『汝
　　舍中者即是我姊。我常與姊進止共俱。汝若驅我亦當驅彼。』主人還入問功德天：
　　『外有一女，云是汝妹，實為是不？』功德天言：『實是我妹，我與此妹行住共俱
　　未曾相離，隨所住處，我常作好彼常作惡；我常利益彼常作衰。若愛我者亦應愛

在的榮名，世故的倦態，包裹了滿滿的憂傷，生命不諧，迷惘悵然，故語多哀婉也。

　　一方面，是事業順利，功名得意；另方面，卻又面臨親人死別，悲痛難抑，這就促使早慧聰明的伯修真切地思考生命的本質：死亡是什麼？活著又有什麼意義？對於那些死去的人，我們確實地生活著，若然如此，在生與死之間，又該如何自處？生命無常，有太多的意外與限制，伯修親行親證，嚐遍了聚散離合，月隔而幽明頓異，夕隔而悲歡倏變，痛疾哀苦，亡失憂聚；歷經了悲歡交錯，淚痕斑駁，突起突落，泡沫風燈，轉益自憐。正因為有此經歷，所以伯修的生命感受更顯得深刻、真摯，說生論死，亦非只是口頭三昧、遊戲文字而已。他稱讚他的朋友李長庚（孟白）[5]既聰明，又真實，並說：「凡人聰明者，多欠真實。」聰明者容易看輕天下事，以己度測，過度自信，不免口若懸河，結果紙上談兵、玩弄風景，與自身不類，說得愈多，反而離生命愈遠：「說得天花沒膝，恐亦與本分事不相干涉也。」[6]伯修又在另一封信中，規勸友人不要再漫談無根，失去自家性命：「奉勸吾兄，不如且撥置此事，作些有用生涯。到處努眼張牙，浩浩談說，博得學道之名，招得泥犁之實，則何益矣。」[7]「泥犁」，或作「泥黎」，梵語，是指地獄的意思。浩談漫說，卻無深切認知，在外或許可能博得學道的名聲，究其實裡，則根基浮淺，體驗不深，對自家性

彼，若見恭敬亦應敬彼。」意即福禍利弊不相離，有善便有惡，難分難捨。「黑暗女」也有（害怕）死亡的涵義，《華嚴七字經題法界觀三十門頌》：「黑暗女，喻人之怖死也」，小修此處以功德天、黑暗女為說，當然也包括了伯修兒女逝世的意思。二書分別收入《大正藏》第12、45冊（臺北：新文豐出版公司，1983-1988年），頁434C與頁697C。

5　李長庚，字酉卿，麻城人，後孟白，萬曆二十三年進士，《明史》有傳。

6　〔明〕袁宗道：〈梅開府〉，《白蘇齋類集》，頁218。

7　〔明〕袁宗道：〈答友人〉，《白蘇齋類集》，頁227。

命實有大礙。[8]在〈答汪提學靜峰〉一信中，他也批評「宦學犖犖，品望日重」的汪可受（字以虛，號靜峰），「今復得手教，名言滿紙，益修密行，不被人覷破，尤是妙語。」[9]譽為妙語，似是美言，實足不然。因為他認為對方話得渾涵，看來圓融周轉，可是若真要修密行，就必須身、口、意三方面皆須互相呼應。每持一咒，用手結印，是為身密；口誦咒文，句句清楚，條理分明，則是口密；每念一咒，都能觀想菩薩，便是意密。若能三密相應，修持行者就能不起妄念，澄清心識。可是伯修認為汪靜峰尚無此體知境界，說得再多，「兄意不過欲遮護得十分完好，此於作官及應酬世人甚妥，打發生死，尚覺未穩。」[10]修行學道，超脫世俗，結果一間未達，只落成「此於作官及應酬世人甚妥」，意在遮護己欲、合理化自己的行為，這種人只能說是聰明，但不真實。由此可見，既聰明，又真實，固然是伯修對他人的讚歎，又何嘗不是說自己？畢竟就伯修看來，也唯有同一類人，涸澤之魚，才能相濡以沫，共學適道，他曾說他與三四朋友，數日輒會，會時「惟以生死事大，無常迅速，自警警人。警省一番，精進一番，此近日功課也」，可惜會中諸友，有資性聰慧者，亦有發心真實者，但兩者往往只能的得一，「大抵不能相兼」，[11]死生事大，真能深

8　伯修給李贄的信中，也談到近世學佛學道人，口說為了澈性命，實際上卻是籌計家私，百般計算；又或只是堆積一肚子佛法，鑽研故紙，這些人當然是學道無份，難以通悟生死的。偏偏這種人又極多，故怕死友難尋，也是無可奈何之事：「今世學人，其上者堆積一肚佛法，包裹沉重，還嫌禪學疏淺，鑽研故紙不休。此等人正是為有，何曾為空乎？又有一種口裡說我學禪學道，其實昏昏兀兀，接客之暇，籌計家私；飽飯之後，算量資體。三乘十二分教，一字不看，一千七百則公案，一語未聞。若此種人，晦昧則盡晦昧矣，但是晦昧為有，不是晦昧為空耳。茫茫宇宙，覓一晦昧為空者，且不易得，而況絕學無為者哉！」〔明〕袁宗道：〈李卓吾〉，《白蘇齋類集》，頁210-211。

9　〔明〕袁宗道：〈答汪提學靜峰〉，《白蘇齋類集》，頁203、頁204。

10　〔明〕袁宗道：〈答汪提學靜峰〉，《白蘇齋類集》，頁203。

11　〔明〕袁宗道：〈李宏甫〉，《白蘇齋類集》，頁223。

入其中，既聰明，又真實者，有資性聰慧者，亦有發心真實，兩者兼具，體知深厚者，實在甚少，也讓伯修感歎不已。

「本分事」、「作些有用生涯」，講的就是自家生命問題，可是人生問題這麼多，伯修念茲在茲的，又是哪個部分呢？在上述引文裡，伯修已經明確地告訴我們答案了——「惟以生死事大」、「打發生死」。他最關心的，就是生死問題，這也正是伯修一心參究的性命之學。[12]因此他自己養生、學道、念佛，「不佞畏怖生死，發心參學」；[13]同時也尋找志同道合的人，一同參究性命、說生道死，除了中郎、小修兩位弟弟之外，他與李贄、陶望齡、焦竑等人，都是共論生死的同道中人，例如王輅（字以明，中郎舉業師）：「十歲能屬文，稍長，即契無生之旨，中郎、小修皆肄業其門，一時如李卓吾、陶石簣、袁伯修俱為性命交」、[14]「（陶望齡）在詞垣，與同官焦竑、袁宗道、黃輝，講性命之學，精研內典」。[15]俱為性命交，共講性命之學，尋得知心學友，當然是極為難得的緣分。跟眾多友朋比起來，這種緣分當然是珍貴，也是稀少的，他不禁感歎：「茫茫宇宙，尋素心友易，尋怕死友難」，[16]平常友朋易尋，尋得素心知己當然也不容易，相較之下，共參性命的同道怕死友更是難求。[17]

---

12 伯修在〈雜說〉裡，也引用過他人的話：「我知人人都是要死去的」、「所謂自家事，是死時將得去者」，可見伯修的死生情切。〔明〕袁宗道：〈雜說〉，《白蘇齋類集》，頁298、頁299。

13 〔明〕袁宗道：〈答駱儀部〉，《白蘇齋類集》，頁225。

14 〔清〕丁宿章編輯：《湖北詩徵傳略》，收入《續修四庫全書（第1707冊集部詩文評類）》（上海：上海古籍出版社，2002年），頁672。

15 〔清〕錢謙益：《列朝詩集小傳》，頁622。

16 〔明〕袁宗道：〈答汪提學靜峰〉，《白蘇齋類集》，頁203。

17 話雖如此，可是我們從引文中可知，其實袁家三兄弟還是有一群好友，時常往來論學，參究性命生死，龔鵬程就說：「晚明李卓吾、焦竑、袁氏兄弟這個交遊圈，在思想史最大的意義，就在顯示了當時有這批這樣的人，其核心關懷與存在之焦慮，是生死問題；他們也努力地運用其三教知識去處理這個問題。」龔鵬程：〈超凡入聖：袁小修的山水遊記〉，收於氏著：《晚明思潮》，頁223。

　　生與死，正如陶淵明所云：「天地賦命，生必有死，自古賢聖，誰獨能免？」[18]有生必有死，是人們必定面臨的開始與結果，聖賢如此，凡民亦如是。就邏輯上來講，我當下活著，就不能經驗到死亡，當我死亡時，我已不再存活，就更不可能對死亡有任何體驗可講。生不是死，死了便無法訴說，若然如此，又何必憂慮死亡？這段論證據說是出自希臘哲學家伊比鳩魯（Epicurus）之手，生就不是會死，死了不會再生，這樣的敘述自然是合乎邏輯程式的。[19]只是實情並不如此簡單，首先，我們是有可能接觸死亡，即便我們日後仍然活著，這在醫學上稱之為「瀕死」。雷蒙・穆迪（Raymond A. Moody）早在一九七五年出版《死後的世界》（*Life After Life*）一書時，就已經指出那些具有瀕死經驗的人們，他們所經歷的現象，諸如感覺到溫暖、穿過黑暗隧道、看到亮光、遇見神祇等等，有些場景因宗教立場而不同，有些卻頗為相似（例如遇到一陣亮光）。[20]不管如何，這些都是他們對死亡的親身接觸，也是最真實的資料。[21]更何況死亡不止是「自身」

18　袁行霈：《陶淵明集箋注》（北京：中華書局，2003年），頁529。

19　〔英〕齊格蒙・包曼（Zygmunt Bauman）著，陳正國譯：《生與死的雙重變奏——人類生命的社會學詮釋》，頁4-5。

20　〔美〕雷蒙・穆迪（Raymond A. Moody）著，林宏濤譯：《死後的世界》（臺北：商周出版社，2012年），頁59、60、89、90、94、106。

21　當然也有不同的解釋，就生理學的角度來看，許多人將瀕死所經驗的現象，視為是一種大腦運作被擾亂後的生理反應，他們認為所謂的瀕死經驗，其實就是大腦感受到死亡創傷與威脅時，所引發的感覺。例如瀕臨死亡的人們常常會看到一道光，是因為大腦用來處理亮光的細胞死亡所產生的影像。不管如何，見光與瀕死已成為重要的瀕死經驗要素，有學者就以《中陰大聞解脫》為參照，指出臨終時的死亡之光，或第一、第二光明顯現時間，都是呼吸將斷未斷之際時所出，最後識陰消融之時，死亡之光呈現。常人處於悶絕狀態，只有意識清醒具禪定能力的瑜伽行者而認持，常人無修行之功，本不能見此光明，但瀕死者由於因緣際合，往往能體驗光明，正也足以說明密法在死亡教導上有一定的正確性與科學性。可參李函真、陳繼權：〈《中陰大聞解脫》卷與死亡研究內容之探討〉，《新世紀宗教研究》第5卷第3期（2007年3月），頁109-155。

的事，因為我們更可能親見他人之死，同樣會讓我們對於生命的思考，有了更不同的感受。湯恩比（Arnold Joseph Toynbee）就認為死亡往往是「雙人的事件」，死去者留給活著的痛苦難過。湯恩比雖以夫妻（couple）為例，本文擴而大之，就情感的處理而言，親人友朋實亦可包括在內，不必非是夫妻不可。[22] 上述所引伯修的親人死亡，甚至日後伯修之死帶給中郎、小修的震撼與驚駭（詳見第三、四章），顯然都可以是死亡經驗的一部分。更重要的是，他們將這種經驗感受形諸文字，讓我們得以更深入理解他們的思想。進一步來講，「經歷死亡」既然存在，我們就不難理解死亡與當下（活著）的關係，兩者不是絕對的二分法，而是一種互滲、甚至可以說是若即若離的相對性，就如佛經上說的「如兩束蘆，互倚不倒。」保羅・田利克（Paul Tillich）便說：「在每一生命之中，死始終是現存的；打從懷胎的一刻到瓦解的瞬間，它即在身子與靈魂裡頭工作。在吾人生命的伊始至他們的結束之際，它便存在了。在我們誕生的片刻之際，我們即開始死去，我們天天不斷這麼作，以終吾人一生。生長即是死亡，因為，它暗傷生命的條件，即使他正在遞增著生命。不過，不生長就是即刻的死亡。我們所有人都站在對生的眩惑並死的焦慮之間，而時而是佇立在對生的焦慮與死的蠱惑之間。」[23] 在每一生命之中，死始終是現存的，從這層意義來講，生長即是死亡。換個方式說，即便生長代表著生命的遞增，事實上卻也是漸漸逼近死亡，當生長停止，就是死亡的即刻來臨。死亡，造成了生的眩惑、焦慮，滲進了當下的存在。當撥開死亡的面紗，正視死亡，才發現我們的活著，原來正是一種海德格所說「向死的存在」（das Sein zum Tode）。[24] 伯修感歎「月

22　Arnold Joseph Toynbee, "The Relation Between Life and Death," *Man's Concern with Death* (St. Louis: McGraw-Hill).

23　〔美〕保羅・田利克（Paul Tillich）著，陳俊輝譯：《新存有》，頁79。

24　關於海德格的說法，第三章論及中郎時，將另有說明。

隔而幽明頓異,夕隔而悲歡倏變,生人之趣,何無常乃爾!」[25]「莊
生之戚,遂俱罷之,同林宿鳥,及晨而散。泡沫風燈,轉益自憐
矣!」[26]「女竟不祿,可傷悼甚!居官數年,喪卻兩子一女。一身蕭
然,此懷何堪?」[27]不止如此,其外大父、外大母,其舅其妗亦相繼
離世,年壽不永:「不意六七年間,一哭吾外大母,再哭吾外大父,
再哭吾兩妗,今未幾又哭吾舅。一門之內,繯絰頻易,素車屢駕。滴
淚為川,酸噓成風。甥獨何心,能不含荼哉!」[28]顯然都是由死亡所
引發,產生出對生活、生命的存在感受,這種眩惑、焦慮之感,這種
蕭然、無常之思,或許正是伯修對「本分事」的「真實」涵蘊。彳亍
人世,經生歷死,藉由這種「真實」的感受,也讓伯修對生死有了更
多的體會,於是他不但要理解生死,更要超脫生死,所以他發心參
學,以學道者自居。

　　只是伯修關切生死的修道歷程,充滿了許多轉折。其間經歷,對
於伯修思想的變化,影響亦甚大。

第二節　道緣漸熟俗緣輕:伯修的學道歷程

　　小修〈石浦先生傳〉說伯修出生的那晚,祖母余氏夢見一顆美人
頭從天上飛來,仔細一看,竟有天人菩薩之飾,寶絡交垂,燦爛可
觀。夢醒之際,伯修已誕生於人間。[29]中郎曾有詩記此事:「記兄初生

---

25 〔明〕袁宗道:〈外大母趙太夫人行狀〉,《白蘇齋類集》,頁162。

26 〔明〕袁宗道:〈祭鄒姻家汪孺人文〉,《白蘇齋類集》,頁165-166。

27 〔明〕袁宗道:〈寄三弟〉,《白蘇齋類集》,頁229。

28 〔明〕袁宗道:〈祭冀鴻臚吉亭母舅文〉,《白蘇齋類集》,頁173。根據易聞曉的研
　　究,外祖父冀大器卒於萬曆二十四年,外祖母趙氏卒於萬曆十九年。易聞曉:《公
　　安派的文化闡釋》,頁94。

29 〔明〕袁中道:〈石浦先生傳〉,《珂雪齋集》,頁708。

時，大姑兆奇瑞。麗人躍空飛，姑也承以袂。」[30]這則故事，除了以
祥瑞徵兆以示生者不凡，屬「非常人」又一例證之外，或許中郎與小
修也企圖告訴我們，伯修自幼與佛祖（教）有緣。以伯修、甚至袁家
三兄弟日後行事思想觀之，佛教，確實是他們生命的重要部分之一。
不過他們最初並不以佛學為宗，而是依循一般士子科考之路，歷經許
多挫折與波折，才在佛學與儒、道中找到自己的安身立命。在前一節
中，說到伯修二十歲中舉，來年（萬曆八年，1580）與舅舅龔仲敏
（字惟學）赴京，在書店裡，士子爭相搶購考試的相關書目，舅舅皆
不屑一顧，獨取大儒語錄與佛書。同年伯修落榜，在回途旅舍中，舅
舅忽然向伯修大發感慨：[31]

> 舅忽向我歎榮名之浮虛，身命之脆促。不肖蹶然起，喚奈何：
> 「名虛身脆，我何歸乎？」舅亟取前所市書示我：「若無憂，
> 第諦觀此，七尺百年，不能限也。」

龔惟學究竟買了哪些「大儒語錄及一二竺典」，我們不得而知。但這
些書顯然引起他關於生命的感受，讓他對「無常」似乎有了切己的體
驗。[32]榮名的浮虛、身命之脆促，亡失憂懼之情，發乎真摯，親近人
性，體貼人生，頗讓在場的伯修感同身受。伯修又回憶說自己二十歲
時，聽聞此言，始知人生的另種層次境界，後來持續鑽研修道，再過
了十七年，更能領會舅父的意思：「不佞廿載醯雞，知瓶甌外別有天

---

30 〔明〕袁宏道：〈途中懷大兄詩〉，《袁宏道集校箋》（上海：上海古籍出版社，2008
　　年），頁871。

31 〔明〕袁宗道：〈嘉祥縣誌序〉，《白蘇齋類集》，頁135。

32 龔惟學為學一生，又非以儒家為主而已，伯修曾說他「少年經術兼詞學，中歲空門
　　又道家。服藥前身應許遜，博聞宿世定張華。」由此可見，博學多聞是他的特徵，
　　儒釋道自然也是他的思想內涵之一。〔明〕袁宗道：〈孝廉舅惟學〉，《白蘇齋類
　　集》，頁29。

地,自茲日始,鑽磨至今,十又七年,始從覆中聳身而出,見日月光。其鈍也如此。」[33]「醯雞」是生長在酒甕中的一種酒蟲,《莊子・田子方》裡曾藉孔子之口,說明孔子追求的道,不過窗中觀月,坐井觀天,不見天地之大全:「丘之于道也,其猶醯雞與!微夫子之發吾覆也,吾不知天地之大全也。」[34]伯修引用比喻,說明自己當時就像醯雞,始知酒瓶外更有大世界大天地,經過後來十數年的努力,才終於從瓶口爬出,見到日月。不過即便是感同身受,卻沒有讓伯修立刻有此覺悟,開始修身養性,因為他在落第歸家之後,反而益讀先秦兩漢之書,對於當時流行的李攀龍、王世貞詩風,更能模仿形肖,何況詩酒風流,常常夜以繼日,玩心娛目,結果「踰年,抱奇病,病幾死」。這時有道人教伯修靜坐息心、呼吸運氣之法,[35]伯修按法修煉,

---

33 〔明〕袁宗道:〈嘉祥縣誌序〉,《白蘇齋類集》,頁135。

34 〔清〕郭慶藩:《莊子集釋》(北京:中華書局,2004年),頁716-717。

35 民間(或道教)靜坐運氣之法,中國自古已有之,且在日本與韓國也頗為流行,馬昌淵也《宋明時期儒學對靜坐的看法以及三教合一思想的興起》與艾皓德(Halvor Eifring)《東亞靜坐傳統的特點》二文已有述及,讀者可參看。二文收於楊儒賓等編:《東亞的靜坐傳統》(臺北:臺灣大學出版中心,2012年),頁1-25、63-102。靜坐在明代當然也是極為盛行的,姑且以《戒庵老人漫筆》與《山志》為例,《戒庵老人漫筆》作者李詡卒於萬曆年間,年歲大於伯修,《山志》作者王弘撰,明末清初人,生於明天啟二年(1622)。我們不妨以他們所言,來看當時運氣養氣的具體方式,或可說明我們對伯修修行此道的了解。李詡在《導引保真法》一條說:「王喬、赤松古稱仙術,修丹煉汞,世有奇書,然無補元真,何羨雲丹五色。苟有補天本,只求獨臥一床,故採納分工,引申罔益,敬錄數款,銘茲座右。則近取諸身,法約而功倍,行之日用,力逸而可久,又何必伯山甫之神方,衛叔卿之異術耶?
　一、靜坐,將兩手指擊頭後枕骨九次,以鳴天鼓。
　一、用嘻噓呼吸各九次,以調元氣。
　一、叩齒三十六,以集元神。
　一、將兩手大指摩熱,各拭眼二十四,以啟元明。
　一、將兩手大指摩熱,拭耳鼻兩旁二十四,以培元息。
　一、將兩手摩熱,擦兩耳腔二十四,以達元聰。
　一、將兩手摩熱,摩面三十六,以潤元顏。
　一、將兩手順摩腰眼腎經二十四,以固元精。
　一、將兩手擦腳底湧泉穴,左右交互,各二十四,以壯元力。

似乎頗有效用，於是「始閉門鼻觀，棄去文字障，遍閱養生家言。是
時海內有譚（芝慶按：談）沖舉之事者，先生欣然信之，謂神仙可坐
而得也。」「沖舉」就是飛升成仙之道，伯修專修此道之後，頗有奇
遇，更讓他深信此法，原來就在萬曆十一年（1583），二十四歲的伯
修本已無意於科考，卻因為父親的關係，勉強應試。但到了黃河又折
返回去，在荊門投宿，夜半夢間神人要他快點起床，連續好幾次：
「先生醒，復寐。神人又語之曰：『公何不起？吾老人為公特來，何
得不見念也？』微以杖敲其足，足隱隱痛，擁被大呼而出。甫出屋
崩，床碎為塵。人以此識先生非常人。然先生亦幡然若有所悟，曰：
『吾其以幾死之身，修不死之道也』！」以幾死之身，修不死之道，
又有奇遇降焉，伯修更是深信不疑了。同時靜坐修行愈久，體氣愈
充，[36]後來高中進士，與同年汪可受，同館王圖、蕭雲舉、吳用賓等

　　一、將兩肩膂助大聳動三十六，以運元筋。

以上十件功完，口中津液茲生，即用嗽滿，分作三咽，意期流入丹田，以養元
真。」王弘撰則說調息與長生有關，他認為人皆有元氣，元氣非呼吸吹吐之氣，而
是人在胎中便已具備：「此氣非呼吸吹噓之氣，人在胎中，先受此氣，九竅四肢，
次第而成，人象具足。此氣正在空虛之間，若能御氣，則鼻不失息。食生吐死，可
以長生。鼻納氣為生，口吐氣為死也。朱子不非調息之說，蓋有以也。」在《道
術》裡，他指出運氣法雖出於道家（教），實與儒理無礙，且對養生治病大有幫
助，具體運行之法是：「夜半後生氣之時，東向端坐。先于鼻內微納清氣，口內呵
出腹中舊氣，一九止。定心閉目，停息存神，扣齒三十六次，以大拇指拭目，大小
九過。以中指按鼻左右，令表裡俱熱，謂之灌溉中岳。次以兩手摩令極熱，閉口鼻
氣，揩擦面額連髮際，謂之修天庭。又摩耳根、耳輪，謂之修城郭。皆不拘遍數。
次以舌柱上顎，存息少時漱口，中津液滿口，徐徐作三咽下之。如此三度九咽。
《黃庭經》云『漱咽靈液體不乾』是也。如子後不及，但寅前為之亦可，臥中為之
亦可。惟枕勿令甚高也。白日無事閑坐，腹空時為之亦自有益。此起居法雖出道
家，但于儒理無礙。行己便兀然放身，心同太虛，萬慮俱遣，久之當有效也。」見
〔明〕李翊：《戒庵老人漫筆》（北京：中華書局，1997年），頁340。〔清〕王弘
撰：《山志》（北京：中華書局，1999年），頁27、124。

36　中郎就說伯修：「少日念歡場，鳴泉奔渴驥。一臥三年茵，肌消如寒蜩。從茲稍譚
　　仙，習靜學觀鼻。朝坐一絲香，暮禪半幅被。闔門杜色聲，精神轉強銳。」〔明〕
　　袁宏道：〈途中懷大兄詩〉，《袁宏道集校箋》，頁871。

人，皆有志于養生之學，這時又習得林兆恩艮背行庭之旨。[37]己丑年
（萬曆十七年，1589）之後，伯修又相繼結識焦竑、深有和尚、李贄
等人，他們或儒或佛，開啟伯修眼界甚多，因此小修說伯修「研精性
命，不復談長生事矣」，後又復讀孔孟諸書，更知至寶原在家內，不
必一味外求，於是以禪詮儒，更知兩家合一之說。[38]

　　目前學界論伯修思想者，對於這段重要歷程，大多著重在焦竑、
李贄等師友的啟發，對於他從道轉佛釋的轉折，或也言焉不詳，或是
按下不表，尚覆之處仍多，難免有些缺憾。就以專論公安派的著作來
講，易聞曉《公安派的文化闡釋》、鍾林斌《公安派研究》皆未及深
論，至於周質平《公安派的文學批評及其發展》、范嘉晨與段慧冬合
著《晚明公安派性靈文學思想研究》等書，多專注於公安派文學思
想，對於伯修與林兆恩之關係，都只能草草滑過，或欲說還休，或捨
之則藏。倒是賈宗晉《公安派文學思想研究》，強調林兆恩文論對伯
修的啟發，指出林兆恩以聲論文，推出時代性與詩文應該代代不同，
各有殊勝，因此產生發展變化的文學史觀，就對伯修的文學主張頗有
影響。[39]賈宗晉此說，頗具慧見，但是否如此，或可多再討論。[40]倒

---

37 伯修等人追奉林兆恩，在當時引起頗大的迴響。許多賢達勝流，皆爭奉之。可參賈
　　宗晉：《公安派文學思想研究》，頁166。附帶一提，伯修在自萬曆十四年（1586）
　　會試第一，成為會元之後，名播海內，授官翰林，成為掌文壇的重要人物之一，再
　　加上時盛行的禪悅與養生之風，伯修與同年同館的唐文獻、王圖、蕭雲舉、吳用賓
　　等人，志同道合，彼此共修養生、吟詩論藝，也代表了在京師已形成以翰林為中心
　　的新型文人群體。何宗美：《文人結社與明代文學的演進（上）》（北京：人民出版
　　社，2011年），頁388。

38 〔明〕袁中道：〈石浦先生傳〉，《珂雪齋集》，頁708。

39 賈宗晉：《公安派文學思想研究》，頁166-168。

40 依據賈宗晉的分析，林兆恩的文學觀，重在以聲論文：「詩文之聲，世顯知之，而論
　　詩者只曰：『此詩人也，能作大曆以前語；彼非詩人也，不能作大曆以前語。』論
　　文者亦曰：『此文士也，能作西京以前語；彼非文士也，不能作西京以前語』。」又
　　說「詩取諸聲而已。所謂聲者，天地自然之音，而可歌可詩者也。故凡天籟地籟
　　與夫蛙鳴禪噪者　亦皆有自然之音矣。今之為詩者，不知有聲，亦惟以唐人為鵠

是他從文學的面向，指出兩者的關係，則值得注意。不過他的主軸畢竟仍在於文學觀念，對於思想淵源與生命歷程，並未著墨太多。其實伯修早年學道靜坐、艮背行庭，對於他進入淨土、陽明良知學的世界，實大有幫助，不宜草草帶過。

一　艮背行庭之旨

　　前面曾提過伯修曾習靜坐之法，可是若依林兆恩的功法來看，他其實是反對靜坐的。林兆恩認為運氣、靜坐不過是修行的一種，執指見月，不可以指為月，若要得道，光靠靜坐運氣是絕對不夠的，「兀然空坐，于道何益？」[41]、「心靜則氣自運矣，而顧有在于運氣以反傷

爾。」「氣從竅而出者，聲也，氣從竅而入者，亦非聲也。至於風之撼木、水之激石，以金戛金，以木考木，莫非氣也，莫非聲也。然盈天地皆莫非氣也，而莫非我之氣也。莫非聲也，莫非我之聲也。」林兆恩認為，天地宇宙皆氣，氣從竅出入，皆是聲。而天地自然之聲，就是歌詩所重者，況且萬物之聲亦不能同，鳳之鳴與鶴之唳各有特色，亦皆天地之聲，不必求同，故求大曆以前以後語，以判為詩人與否，不免大謬。乍看之下，確實與伯修，甚至公安三兄弟文學的主張：「各時代各有特色」（詳見第三章），或有類似，賈宗普因此說「林兆恩這個思想（芝慶按：以聲論文）對袁宗道有很大影響，可以說是袁宗道〈論文〉上下篇的一個重要思想淵源。」但林兆恩以聲論文，是真的以聲音（時代之聲、自然之音）而論，伯修則非如此，他在〈論文〉上篇一開頭雖以方言與街談巷語舉例，重點仍放在文字，而不是聲音，所以伯修並不是以聲論文，故伯修才說「……今語異古，此亦一證。故《史記》五帝三王紀，改古語從今字者甚多，疇改為誰，俾改為史，格奸為至奸，厥田厥賦為其田其賦，不可勝記。左氏去古不遠，然傳中字句，未嘗肖《書》也，司馬去左亦不遠，然《史記》句字，亦未嘗肖《左》也」，講的都是文字，而非聲音語言。伯修並藉此反對「以古為雅」的觀點與風潮，強調胸中所見，有才有識，才是詩文的正道：「若使胸中的有所見，苞塞于中，將墨不暇研，筆不暇揮，兔起鶻落，猶恐或逸；況有閑力暇晷，引用古人詞句耶？故學者誠能從學生理，從理生文，雖驅之使模，不可得矣。」賈宗普之說，見賈宗普：《公安派文學思想研究》，頁167-168。〔明〕袁宗道：〈論文〉，《白蘇齋類集》，頁283-286，引文見283、286。

41　〔明〕林兆恩：〈醒心詩〉，《林子全集・貞部》（北京：書目文獻出版社，1988年），頁1186。

其氣乎？」、「心靜則息自調矣，而顧有在于調息之功以反爽其息乎？」[42]過於看重運氣與靜坐，則不免誤入歧途，修行愈久，離道愈遠，林兆恩說：[43]

> 十二月，教主往武夷修止止庵及珠簾洞，登接筍峰，見翁離陽劉古松二人運氣。教主曰：「不運氣氣自運，運氣反令氣不順。君不見蒼蒼上浮之謂天，北辰居，五氣宣，夫何為哉？任自然，世人既無口授與心傳，胡為乎窮年矻矻守殘篇，徒誦順成人逆成仙，豈知太極一立自然倒顛，上升下降無休歇，天地日月都迴旋，為無為，玄更玄。」二人默然。教主又至建陽城外嶽山庵，有萬雲陽道人倡人日夜空坐，教主曰：「靜不在坐，坐豈能靜？心一無他，是為主敬。」雲陽大悔，隨至城中光孝寺受業。

不運氣氣自運，才是正道，運氣反而會令氣不順。靜坐也是如此，靜不必坐，坐又未必絕對可靜。值得注意的是，這段話的脈絡是林兆恩針對「日夜空坐」，以及刻意引導調氣的方法，倒不是反對靜坐與運氣本身。鄭志明就說：「足見林兆恩對於靜坐、運氣不是全有、全無的價值判斷，而是希望架構出更周延妥當的修行方式，來表現宗教的功能作用，與顯發宗教的超越精神，發展出其理想性『天道性命相貫通』的內聖成德之教。」[44]伯修靜坐調氣雖頗有所成，但他後來顯然對靜坐也開始懷有戒心，頗類似林兆恩所反對的空坐。因為伯修也認

42　〔明〕林兆恩：〈心聖直指〉，《林子全集‧貞部》，頁1103。

43　〔明〕盧文輝著，〔明〕陳衷瑜編：《林子本行實錄》（錦江尚陽書院本，1939年）。
　　轉引自鄭志明：《明代三一教主研究》（臺北：臺灣學生書局，1988年），頁113-
　　114。

44　鄭志明：《明代三一教主研究》，頁115。

為閉目靜坐，念念不生，看似空靈，其實卻是昏沉。要以靜坐來修道，則無異於擔雪填井，只是徒勞無功罷了，他甚至說自己之前靜坐，是被「邪師所誤」，後悔不已：「今之用心于學者，多於靜處做工夫，閉目默坐，坐起即擬放下。少得片時念不生，便以為快，不知正是昏沉耳。無異擔雪填井、運石壓草，正所謂二乘除糞之道也。吾數年前，被邪師所示，幾誤一生」。[45]

至於艮背行庭之旨，「行庭」即是指周天，是身體運氣的法門。以林兆恩九序修行的次第來講，第一道工夫便是艮背。艮背行庭，在於以內聽真息來以念止念，返歸本真，重在洗心退藏於密：[46]

> 《易》曰：「艮其背」，背字從北從肉，北方水也，而心屬火，若能以南方之火，而養之于北方之水焉，《易》之所謂「洗心退藏于密」者是也。其曰以念止念者，蓋以內念之正，而止外念之邪也。然聖人貴無念，而內念雖正，是亦念也。豈程子所謂內外兩忘耶？此蓋以妄離妄，以幻滅幻，而古先聖人所相傳受之心法也。故必先忘其外，而後能忘其內，學之序也。
>
> 夫為學之人，即從心之實地上做工夫，不亦善乎？而必先于念之路頭上者，又何也？蓋以內而忘外，以善而去其不善，以漸複其心之本體者，教之序也。

艮背的「艮」，即為「止」。《易》「艮其背，不獲其身」，林兆恩說：「艮者，止也，謂下手之初，先須默視于吾身之背中而止之。」不獲其身，在於擺脫外物的束縛與本身的偏見，[47]以忘己的工夫，內聽真息，由內而忘外，外念為妄，故以善去其不善，以內念之正，來止外

45　〔明〕袁宗道：〈說書類〉，《白蘇齋類集》，頁251。

46　〔明〕林兆恩：〈九序〉，《林子全集·元部》，頁96。

47　鄭志明：《明代三一教主研究》，頁421。

念之邪。不過內念是善，只是相對於外念，畢竟只要是「念」，都可能是妄念的一種，所以才要內外俱忘，自反於本真：「艮背之功，以念止念心法也，以其念之逐于外焉者，妄也，今則返之于內矣，……。凡屬有念者，皆妄則皆非也，而何分為內外耶？故以念而止念者，以妄而離妄也，以妄而離妄者，以夷而攻夷也」。[48]除此之外，林兆恩更將「艮其背」與「洗心退藏于密」具象化、實體化，成為身形的胎息養生之法，企圖在變化萬端、生滅無定的現象中，藉由身體的養生轉化，自反於己，使得體內的心腎相交、水火相濟，收束放心以艮之於背：「北方水也，而心屬火，若能以南方之火，而養之于北方之水焉」、「若夫以心之火之南而藏之于背之木之北，豈惟水不能乾，火不能滅，而亦且能交相養，而互用者，其神之所為乎！」[49]就具體程序來看，此法規定只傳教內弟子，初習者須先念「三教先生」四個字，三教先生即是指孔子、老子、釋迦牟尼，他認為孔子之時中、老子之清淨，以及釋迦之寂定，皆有助於心靜，故隨時隨處皆念三教先生，彷彿侍三先生在側，不敢須臾有違。因此要念熟到念念在背的境況，「初從口念，而至于背之腔子裡，久則念念只在于背，念念只在于背，則心常在背矣。念即心也，念起于心而非心之外，復有能念也。」[50]念誦不光是口念心念而已，更代表了接受三教先生的洗禮，觀想先生言容舉止，以三教先生之法，消除本身的雜念妄想：「然豈曰口念之云乎哉？而耳之所聽，聽于無聲，殆有如孔、老、釋迦之法言之在吾耳也。目之所視，聽于無形，殆有如孔、老、釋迦之法容之在吾目也。心之所存，存而無體，殆有如孔、老、釋迦之真心，而無異于吾之心也。夫如是，則諸凡有不正之耳、不正之目、不正之心，

---

48 〔明〕林兆恩：〈心聖直指〉，《林子全集・貞部》，頁1103。
49 〔明〕林兆恩：〈艮背行庭〉，《林子全集・貞部》，頁113。
50 〔明〕林兆恩：〈艮背行庭〉，《林子全集・貞部》，頁114。

有不即時而消鑠者乎！」[51]這就是林兆恩以念止念的方法，集中精神，虔誠地口念心誦三教先生之名，來擺脫聲色外在的誘惑。[52]

林兆恩此法，當不限於養生延年，而是要超脫生死。九種修行次第分別是：一、艮背以念止念以求心；二、周天效乾法坤以立極；三、通關支竅光達以煉形；四、安土敦仁以結陰丹；五、採取天地以收藥物；六、凝神氣穴以媾陽丹；七、脫離生死以身天地；八、超出天地以身太虛；九、虛空粉碎以證極則，最後達成：「又進而上之，則天地不能囿，而吾心之仁，與太虛同體，而身太虛矣。又進而上之，則所謂百尺竿頭更進一步，虛空粉碎，方露全身，不惟身太虛，而且忘太虛。」[53]身為太虛，仍尚未穩，更要虛空粉碎，從身太虛到忘太虛。最後修道成真，優入聖域，就不必再為生死所累，「時有以羽化飛騰之術，長生不死之訣，訪于林子，林子曰：『兆恩嘗考三氏之書，黃帝住世百十有一年，釋迦七十有九，老聃九十，孔子七十有三，都無羽化飛騰之術，又無長生不死之訣，顧兆恩何人也，焉能獨異？天惟命之，我惟全之，朝競夕惕，不逸不豫，庶幾或能于身死之際，如黃帝之儼去，帝堯之殂落，一點清靈，在天不昧，此則兆恩羽化飛騰之至術也。至于歸天之神氣，期與天地相為炳煥，相為往還，而闡明三教之微昌，又期與黃老孔釋相為存亡，相為始終，此則兆恩長生不死之要訣也』。」[54]以此法養生治生，倒不是可以因此長生不死，或是羽化成仙，而是可以身心健康、延年益壽、精神不死。林兆

---

51 〔明〕林兆恩：〈艮背行庭〉，《林子全集・貞部》，頁114。

52 趙偉：《林兆恩與《三教開迷歸正演義》研究》（北京：中國社會科學出版社，2012年），頁96-97。

53 〔明〕林兆恩：〈九序〉、〈太虛天地〉，《林子全集・元部》，頁96-98、180-184。引文見〈九序摘言跋〉，收於〔明〕林兆恩：《林子三教正宗統論》（出版地不詳，現藏於臺灣大學圖書館，1970年），頁662-663。

54 〔明〕林兆恩：〈夏語〉，《林子三教正宗統論》，頁341-342。

恩一再提醒他的跟隨者：[55]

> 故居易行法，修身以俟，不惟不貳心于生死之際，亦且不貳心
> 于疾病之間，以善吾生，以善吾死，而作聖之功，夕死之可，
> 亦不外是矣。若夫大而不釋然于生死之際，而以生死累其心，
> 小而不釋然于疾病之間，而以疾病累其心，內無所生，安能適
> 道？殆非余之門弟子也。

由此可知，林兆恩的艮背行庭心法不只是釋然於疾病、心性修養工夫
而已，更包括了運氣調息，希望藉此攝物歸心，修藏於密，最後感通
地天，達成一種心靈境界的超越，以此擺脫生死的拖累。林兆恩之所
以用妙湛圓寂、浩浩淵淵等之類的形容詞語，便是要說明這種超越的
感受，他說：「誠也者，本體也」、「本體則本自廣大，故曰浩浩，本
體則本自靜深，故曰淵淵」、「本體則無色無空，本體則無人無法，本
體則妙湛圓寂，本體則體用如如。即時豁然，還得本心，則本體之障
蔽徹矣。」[56]他講本體（誠），視為靜深廣大、無色無空、無人無法，
其實跟將良知視為無善無惡的心之體，或有同處；也跟佛教講的真
知，藉此離妄返真，覺破迷情的說法，頗為類似，用意都在於描述生
命的層次境況，希望得以了究生死。畢竟以他看來，不論是陽明學良
知與佛禪真知，就「未發之中」而言，洗心退藏於密，都是將「無」
或是「本體」看成是圓融成熟的境界層面，故本體障蔽，則本心不
純、有染。[57]只是林兆恩的觀點，其獨特之處，在於仍須歸於運氣心
法、還有他的九序修行。再者，就其修行法門來看，確實也充滿了許
多三教的思想，鄭志明與趙偉曾分析林兆恩如何利用三教來建構己

---

55 〔明〕林兆恩：〈九序摘言跋〉，《林子三教正宗統論》，頁653-654。

56 〔明〕林兆恩：〈本體教〉，《林子全集・貞部》，頁148、149。

57 關於儒佛的說法，本章第三節將有細論，此不贅述。

說，林兆恩所謂的「孔門心法」（也就是「三教九序心法」，艮背行庭即其一）便是將王學良知的學說，配合運氣心法，再加上佛教、道教思想資源，形成一種宗教式的「道」，以返歸本體初心的方式，內向而超越，調適而上遂，體道成聖。「道」即為三教的共同本原，分流之下，產生各自的表現形態，這就是「教」。若只是將「教」孤立來看，偏執一說，就不能見「道」。[58]

　　伯修在病痛纏身數年之後，先習靜坐，又遍閱養生家言，亦曾對沖舉之說深信不疑，而在他接觸在林兆恩更具體、更細膩的說法之後，似乎又讓他打開了眼界，以至於勤下工夫，修行不輟，小修便說他：「先生勤而行焉」；對這段修習歷程，亦可見諸於一再提及當年修道的道友，他除了緬懷當年的友情歲月之外，[59]也稱讚他們「本色學道人」、「性命見解日進」：[60]

　　　　王衷白是一本色學道人。此外又有蕭玄甫、黃慎軒、顧開雍諸
　　　　公，皆可謂素心友。

其中王衷白[61]與蕭玄甫（蕭雲舉）[62]即伯修「艮背舊侶」，〈答汪提學靜峰〉：[63]

58　趙偉：〈林兆恩與《三教開迷歸正演義》研究〉，第二章。鄭志明：〈林兆恩與晚明王學〉，收於淡江大學中文系編：《晚明思潮與社會變動》（臺北：淡江大學中國文學系，1987年），頁89-127。

59　「篝燈讀兄書，愛我憶我，更私箴我，乃知世外交遊，鍾情更甚，豈比塵市朋伴，朝而握手，暮即掉臂者哉！」「吾二人心神契合，起念共知，出語同賞，有如形影，跬步同之。古人所稱膠漆，方吾二人，尚未親切也」。可見〔明〕袁宗道：〈答蕭贊善玄圃〉、〈答王衷白太史〉，《白蘇齋類集》，頁220、221。

60　〔明〕袁宗道：〈李卓吾〉，《白蘇齋類集》，頁209。

61　王圖，字則之，號衷白，耀州人，萬曆十一年進士。《明史》卷二百十六有傳。

62　蕭雲舉，字允升，號玄甫，宣化人，萬曆十四年進士。可見〔明〕袁宏道：《袁宏道集校箋》，頁233。（錢伯城箋釋）

63　〔明〕袁宗道：〈達汪提學靜峰〉，《白蘇齋類集》，頁203。

> 艮背舊侶，獨一蕭玄甫、王袁白。歲月幾何，良朋難得，茫茫
> 宇宙，尋素心友易，尋怕死友難。即如玄甫、袁白二兄，性命
> 見解，較艮背時固大進，而生死恐怖，較艮背時則漸退矣。

歲月忽逝，光陰如箭，在短短的人生中，能得良朋，自是難得。可是
素心友易找，怕死友難尋。〈答汪提學靜峰〉是伯修回信給汪可受的
書函，本章一開頭曾引述過，伯修在信中暗諷汪可受話說得渾涵，不
被人覷破，其實不過是遮遮掩掩，只是為了應酬世人跟官場而已，真
要打發生死，在自家本分事上參求，是遠遠不足的。伯修特地提出兩
位艮背舊侶，認為他們才是本色學道人，歷經多年之後，性命見解固
已當大進，對生死的恐怖畏懼之情，也已較當年消退。這樣的說法，
是為了突顯汪可受的的缺失。而前引林兆恩修行法時，已知其目的正
在於消除生死的束縛，不為生死恐怖累心，顯然生死也正是林兆恩教
法裡關注的焦點之一，所以伯修並才就性命見解與生死恐怖兩方面
下筆。

　　但是，伯修即便舉艮背舊侶為證，卻不代表他仍同意艮背法，事
實上他離此道已漸行漸遠。這當然不是說艮背法對伯修無效，畢竟原
因仍在伯修修道歷程的變化，他對生死恐怖有了更不同的理解，相較
當年修習艮背法時候的想法，如今已有轉折，今日之伯修，早非當年
之伯修了。反過來講，在修煉功法上，伯修與艮背行庭法固然是漸行
漸遠，但義理上受其啟發甚大。可以這麼說，有了這些認知，當他結
識焦竑、深有、李贄等人，發現他們所論，與自己之前所習似有同處，
但相異亦多。而對他個人的體會來講，儒釋所言，卻又幫助更大。可
是因為已有之前的學習經歷，因此他以同處入手，更深入去理解相異
的地方，發現原來儒釋更吸引他，與他的生命感受更為契合。[64]因此，

---

64 當然這也與林兆恩融用三教的內涵有關。除文中所引鄭志明與趙偉的研究之外，何

林兆恩艮背法固然替伯修開了一片天地，但伯修並未就此專研下去，他順著這樣的啟發，走著走著，竟然離艮背法愈來愈遠，對於性命見解卻愈來愈篤定，對於生死恐怖的探索，著重亦深，體驗亦切。終於，就他自己看來，「道緣漸熟俗緣輕」，他似乎已走出一條屬於他自己的生命道路──這樣的體悟，部分原因則來自於其它的學友。

　　小修在〈石浦先生傳〉曾說過，伯修修習艮背法之後，在己丑年（萬曆十七年，1589）問學於焦竑、瞿汝稷，「共引以頓悟之旨」。值得注意的是，焦竑同樣也重視艮背法，但與林兆恩所言，又有異同。焦竑也重視反歸於心的工夫，但林兆恩論息心，是就形體胎息的養生之法來說的，重在調氣運心，體內水火相濟，循此而往，便能洗心退藏於密。但焦竑講的卻是伐意、滌情、歸性、制情忘情，其中又以性最為他看重：「心者，七情之根，有喜、有怒、有哀樂，非心體也。滌情歸性，謂之洗心。心不離情，精純自注，謂之退藏于密」，[65]「意者七情之根，情之饒，性之離也。故欲滌情歸性，必先伐其意。意亡而必、固、我皆無所傳，此聖人洗心退藏于密之學也。」[66]「語云：『能制一情者，可以成德；能忘一情者，可以契道。』制情者，絕之始萌也。然制情情存，第不造于惡而已。忘情者，情未萌也。情既不萌，忘何所忘？情忘心空，道將來契。斯孔門之所謂仁也」，[67]洗心在於滌情，滌情歸性，謂之洗心。「性」在焦竑的觀念裡，既是思辨解

善蒙也認為林兆恩是以心學為基礎，以儒家綱常人倫立本，以道教修身煉性為入門，以佛教虛空本體為極則，以世間法與出世間法一體化為處世原則，融用諸方，養生修道。而道為一，分為三教，反過來說，就是三教一致，皆可通于道，又以歸儒宗孔的方式，融用佛道，完成自己的學說理路。何善蒙：《三一教研究》（杭州：浙江大學出版社，2011年），第八章、第九章。我們可以說，有了這層緣故，伯修也可能藉由林兆恩之法，接觸三教思想，其後深入佛儒本身，再回歸到個人的生命思考，促進伯修對性命生死的理解。

65　〔明〕焦竑：〈支談中〉，《焦氏筆乘（續集）》，頁289。
66　〔明〕焦竑：〈讀論語〉，《焦氏筆乘（續集）》，頁254。
67　〔明〕焦竑：〈讀論語〉，《焦氏筆乘（續集）》，頁275。

悟的對象，也是工夫著力之處，知性就是明白自身性分的方向，
Edward T. Ch'ien（錢新祖）就認為焦竑思想的特點，在於一套以性
為中心，且自成體系的心性之學。[68]因此焦竑說歸性、盡性、明心的
時候，都是將性視為自我性分的發展，順著仁義之路走，故性趨於
善，[69]歸性洗心即意味著將情純化，才能制情，可是制情又非完成，
最終要能忘情才好，情空心空，道將來契，才能不被生死所縛，才能
脫離死亡的焦慮。[70]

　　據小修所言，除焦竑、以及「博學無所不窺，尤邃于內典，一時
推為多聞總持」[71]的瞿汝稷之外，又有李贄高足深有，他們數以見性
之說啟發伯修，於是伯修遍閱大慧宗杲、中峯明本語錄，「讀參求之
訣」，伯修「久之，稍有所豁。先生于是精研性命，不復談長生事
矣。」[72]伯修之所以不再勤行林兆恩艮背法，便是這段經歷的緣故。
不止如此，伯修還向兩位弟弟（中郎、小修）傳述此理，中郎與小修
曾參究張子韶與大慧宗杲論格物，似有所悟，關於大慧宗杲與張九成
之語，原文為：[73]

　　紹興初，成狀元及第，授鎮東軍簽判，遷著作郎。未幾，除宗
　　正少卿兼刑部侍郎，趙鼎罷相，成因再章求去。丁巳秋，大慧
　　宗杲說法于徑山，成閱其語要，歎曰：「是知宗門有人，恨不

---

68 Edward T. Ch'ien, *Chiao Hung and the Resturing of Neo-Confucianism in the Late Ming*
　　(New York:Coloumbia University Press,1986), pp. 213-226.

69 梅廣：〈錢新祖教授與焦竑的再發現〉，《臺灣社會研究季刊》第29期（1998年3
　　月），頁27。

70 關於焦竑對生死的看法，可參龔鵬程：〈攝道歸佛的儒者：焦竑〉，收於氏著：《晚
　　明思潮》，頁73-128。

71 〔清〕錢謙益：《列朝詩集小傳》，頁628。

72 〔明〕袁中道：〈石浦先生傳〉，《珂雪齋集》，頁709。

73 〔明〕朱時恩輯：《居士分燈錄》，收入《卍續藏經》（臺北：新文豐出版公司，
　　1997年），第86冊，頁604c。

一見。」遂往謁。一日問格物之旨，杲曰：「公只知有格物，而不知有物格。」成聞之頓領微旨，題于壁曰：「子韶格物，妙喜物格，欲識一貫，兩個五百。」

伯修在〈說書類〉也提及此事：[74]

> 昔張子韶至徑山，與馮給事諸公議格物。妙喜曰：「公只知有格物，而不知有物格。」子韶茫然，妙喜大笑。子韶曰：「師能開喻乎？」妙喜曰：「不見小說載唐人有從安祿山者，其人先為閽守，有畫像在焉。明皇幸蜀見之，怒令侍臣以劍擊其首。時閽守在陝西，首忽墮地。」子韶聞之，遂大悟，題不動軒壁曰：「子韶格物，妙喜物格，欲識一貫，兩個五百。」

中郎、小修參究公案，伯修知其意，三人更因此領悟：至寶原在家裡，又何必一味外求？「乃知至寶原在家內」，就是指儒學，於是「始復讀孔孟諸書。」[75]然後更進一步，儒佛既然同旨，「欲識一貫，兩個五百」，於是伯修「試以禪詮儒，使知兩家合一之旨，遂著《海蠡篇》。」[76]而《海蠡篇》[77]雖是以禪詮儒，但伯修亦非不分二者，強

---

74 〔明〕袁宗道：〈說書類〉，《白蘇齋類集》，頁240。
75 〔明〕袁中道：〈石浦先生傳〉，《珂雪齋集》，頁709。
76 〔明〕袁中道：〈石浦先生傳〉，《珂雪齋集》，頁709。
77 根據鄧克銘的考證，《海蠡篇》應為伯修三十一歲至三十四歲間寫成。另，他也指出：「今人錢伯城標點袁宗道之《白蘇齋類集》二十二卷，謂現存二十二卷本刻于，萬曆四十二或四十三年，距其卒年（萬曆二十八年）已有十四、五年，係目前最早、最完全的袁宗道詩文集。其中卷十七至卷十九之〈說書類〉，包括卷十七之〈讀大學〉、〈讀論語〉，卷十八之〈讀中庸〉，卷十九之〈讀孟子〉，實際上與袁中道〈石浦先生傳〉中所載其兄宗道之《海蠡篇》為同一作品。然而清乾隆四庫館臣卻於《子部·雜家類存目二》中謂《海蠡篇》二卷，袁士瑜（號七澤）即袁宗道之父所撰。今人李健章對此已有辨證，認為是袁宗道所著，李健章之說法應屬可信。

混為一，而是在知其差異的情況下，探求其同，中晚明以來的三教調合論，在伯修身上，得到印證，[78] 此正伯修〈說書類〉所說：「三教聖人，門庭各異，本領是同。所謂學禪而後知儒，非虛語也。」

二　龍潭問學

關於伯修以禪詮儒，又明辨二家學說的情況，與伯修論良知與因

除李氏所述外，在萬曆四十年代刊刻之大部頭的四書批註《刪補微言》、《皇明百方家問答》裡均列有袁七澤之《海蠡篇》。又明末張岱（1597-1680）之《四書遇》博採二百餘家，也曾採用袁七澤的批註，查對其引用袁七澤的文字，與《白蘇齋類集》中之〈說書類〉僅小有差異。由此可知，明末《海蠡篇》作者義被誤為袁七澤。《海蠡篇》當初係單行本，據李健章推測可能因袁七澤批註後自署其名，傳抄時誤為作者所致。」鄧克銘：〈借禪詮儒：袁宗道之四書說解──以「性體」、「致知格物」為中心〉，《文與哲》第16期，頁370-371。鄧克銘與李健章兩位學者，考證已精，解說也很明白，不過目前《白蘇齋類集》卷十七至卷十九的〈說書類〉是否就是《海蠡篇》全貌，似仍未有絕對定論。《海蠡篇》兩卷與〈說書類〉三卷的關係為何，有待繼續探究，若就思想層面來講，兩者極為相近，是同一立場下的作品，則是可以肯定的。

78 〔明〕袁宗道：《白蘇齋類集》，頁237。三教本領是同，中郎也有相近的言論，他說：「一切人皆具三教。饑則餐，倦則眠，炎則風，寒則衣，此仙之攝生也。小民往復，亦有揖讓，尊尊親親，截然不紊，此儒之禮教也。喚著即應，引著即行，此禪之無住也。觸類而通，三教之學，盡在我矣。悉必遠有所慕哉？」〔明〕袁宏道：〈德山麈譚〉，《袁宏道集校箋》，頁1290。明代、特別是中晚明以來，三教交流的各種言論，頻繁互動，多不勝數，錢新祖在以焦竑為基礎的研究上，就認為以綜合性與融合性來看，明代遠比之前時代更具特色。本文認為伯修的思想，也涉及到三教的彼此融合與各自的異同。可見Edward T. Ch'ien, *Chiao Hung and the Resturing of Neo-Confucianism in the Late Ming.* 余英時曾對錢新祖的觀點提出批評，錢新祖亦有答覆，見Ying-Shihm Yü, "The Intellectual World of Chiao Hung Revisited: A Review Article," *Ming Studies* 25(1988), pp.24-62; Edward T. Ch'ien, "Neither Structuralism Nor Lovejoy's History of Ideas: A Disidentificaion with Professor Yü Ying-shih's Review as a Discourse," *Ming Studies* 31(1991), pp. 42-86. 余英時的書評已有中譯本，余英時著，程嫩生譯：〈重訪焦竑的思想世界〉，收於氏著，羅群等譯：《人文與理性的中國》（上海：上海古籍出版社，2010年），頁68-102。

緣有關，詳見下節，此暫不述。值得注意的小修又接著說伯修這「七八年間，先生屢悟屢疑。癸巳，走黃州龍潭問學，歸而復自研求。」龍潭，即是指李贄。據記載，袁家三兄弟曾三訪李贄，分別是萬曆十八年、十九年、二十一年。[79]小修說的「癸巳」即第三次的萬曆二十一年（1593）。這幾年間，李贄、耿定向論爭不斷，李贄從衡州到武昌，再重返麻城。[80]李贄與伯修，甚至袁氏三兄弟頗有類似，就是他們都經歷過許多親人之死。李贄二十九歲喪長子，三十四歲父親死去，又歷經倭亂，生活幾乎無法自存。三十八歲祖父、次男逝世，後又因貧困，導致二女三女病死。四十歲以後，與長官同僚相處不睦，自覺仕途已無望。親人的相繼離去，更讓他的心境產生極大變化，他也在此時開始深入接觸三教人物與思想，其後他參佛、學儒、論道，「凡為學皆窮究自己生死根因，探討自家性命下落」。[81]生死根因與自家性命是同義複詞，顯都是同個意思，這在袁氏三兄弟的言論中，幾乎俯拾皆是。因此袁氏三兄弟與李贄的交往，許多議題都聚焦在生死性命的問題，這就是他們所謂的「學道」。[82]

　　關於學道，伯修曾與李贄有以下對話：[83]

79　鍾林斌：《公安派研究》（瀋陽：遼寧大學出版社，2010年），頁76。

80　關於公安三袁與李贄會面的情況，以及李贄帶對他們的影響，學界專論已多，不擬一一列舉。主要可參許蘇民：《李贄評傳》（南京：南京大學出版社，2006年），頁130-138。左東嶺：《李贄與晚明文學思想》，頁242-254。鍾林斌：《公安派研究》，頁34-46。

81　江燦騰：〈李卓吾的生平與佛教思想〉，收於氏著：《明清民國佛教思想史論》（北京：中國社會科學出版社，1996年），頁190-199。

82　劉芝慶：〈李贄的生死之學〉，《新世紀宗教研究》第10卷第1期（2011年9月），頁112-114。溝口雄三就曾以李贄與公安三袁的交往，來探討袁氏三兄弟思想轉變的過程。〔日〕溝口雄三：〈公安派の道〉，《入矢教授小川教授退休紀念中國文學語學論集》（京都：京都大學文學部，1974年），頁619-634。

83　〔明〕袁中道編：《柞林紀譚》，收於李贄：《李贄文集（第七卷）》（北京：社會科學文獻出版社，2000年），頁333-334。

> 伯修問：「自己根性軟弱，不得自了，恐終無學道分。」叟
> （芝慶按：即李贄）曰：「公來得穩，所謂悟遂實悟，參遂實
> 參。」伯修移幾近曰：「畢竟要師指示一條路徑。」叟作色
> 曰：「這等便齷齪不可當！」

李贄說伯修「來得穩」，是就伯修的性格來講的。他曾比較伯修與中郎個性的差異，認為「伯也穩實，仲也英特，皆天下名士也。」[84]若單就字面上看來，「穩實」就是穩重、實際，就是持謹、實在。當然伯修也充滿許多狂放的一面，他喜歡呼朋引伴，飲酒談說，視為人間樂事，〈對酒〉詩：「都門仕宦者，獨有二樂事。第一多美酒，第二饒朋輩。欲得不思歸，呼朋時一醉。」[85]〈答陳徽州正甫〉：「藉令兩兄並賤兄弟三人者，得朝夕聚首，縱口劇談，豈非人間第一樂事」；[86]又說自己「厭將禮法繩腰骨」；[87]在〈冀壽亭母舅〉信中，更表示「且年來放浪詩酒社中，腰骨漸粗，意態近傲。昔年學得些兒罄折，盡情拋向無事甲里，依然石浦河袁生矣。前偶有詩曰：『狂態歸仍作，學謙久漸忘』，蓋情語也。」[88]意態近傲、縱口劇談、呼朋時一醉、放浪詩酒社中、厭將禮法繩腰骨，似乎都很難跟「穩實」的印象聯結起來。正如易聞曉所指出，這種放浪與狂態無疑是伯修性情自適的表現，在這種自適的精神形態中，得到了生命的快樂與滿足，易聞曉認為「性情自適始終維繫於個體的自我存在。自適的主體精神乃是個體一己之性情，自適所指向的對象只是一己所好的物色形相，而自適所獲得的快樂亦只是生命個體的自我快感。自適，乃是生命存在的必然要求與

84 「李子語人，謂伯也穩實，仲也英特，皆天下名士也。」〔明〕袁中道：〈吏部驗封司郎中中郎先生行狀〉，《珂雪齋集》，頁756。

85 〔明〕袁宗道：〈對酒〉，《白蘇齋類集》，頁12。

86 〔明〕袁宗道：〈答陳徽州正甫〉，《白蘇齋類集》，頁208。

87 〔明〕袁宗道：〈春日閒居〉其三，《白蘇齋類集》，頁56。

88 〔明〕袁宗道：〈冀壽亭母舅〉，《白蘇齋類集》，頁202-203。

個體性情的自然流注，它具有不可抑制的自發性。」[89]范嘉晨、段慧冬也指出自適的特點：「自適就是順適自我性情的一己之樂，或者說是自我安適」、「但與世俗而言，它指向了感性欲望的享受；於性靈文人而言，它除了感性欲望的滿足之外，還包含著詩、文、山、水、禪、道等對精神享受的追求。」[90]這些學者們著重於伯修通脫狂放、簡傲疏散的特點，認為這是伯修自適精神的表現。確實，感性生命的流蕩，性情恣意的放縱，當然可以說是一種自適，[91]可是自適固然有著享樂、狂浪的「放」，同時也可能蘊涵著自制、節制的「收」。「適」可以是放縱，卻也可以是持謹，關鍵在於如何理解與處理自己的生命態度，而一放一收，恰如其分地掌握分寸，隨心所欲而不逾矩，以自適來適世，正是伯修一再強調的重要思想。

　　「自適」的問題，留待稍後再作討論。從李贄的評論與伯修的自白，兩相比對，一曰穩實一曰狂浪，一則穩重一則傲謔，看似矛盾，實則未必，兩者共同並存於伯修的性格裡，但究竟該如何合理地解釋，顯然尚未為學者留意。首先，穩實也好，狂浪也罷，都可以是伯修性格的一面，畢竟人生歲月十數年，不同的環境場合，想法性格有所改變，本屬正常，難以一言以蔽之。再者，李贄所謂的「穩實」，未必是「放浪」的反面，兩者或皆屬伯修性格行為，卻不一定是同個面向，因為兩者面臨的問題與環境都不一樣。「放浪」是指伯修參與飲酒劇談的性格舉止，意態近傲；「穩實」卻可以是伯修面對參道學悟的心態行為，因為伯修對於有強烈生命感受的問題，往往坐而言起而行，修行工夫，甚為篤定踏實，不妄進妄為。前述曾談到他靜坐調息、遍閱養生家言、對於民背行庭「勤而行焉」，都是他這些「穩

89　易聞曉：《公安派的文化闡釋》，頁84-85。

90　范嘉晨、段慧冬：《晚明公安派性靈文學思想研究》，頁23、27。

91　這種自適的態度，當然也與晚明強調尚真、本我、深情的思潮有關。可參曹淑娟：《晚明性靈小品研究》，頁241-243。

實」性格的展現。只是當伯修自省，自己因某些放浪表現，狂態不定，往往有礙於求道，「昔年學得些兒磬折，盡情拋向無事甲裡，依然石浦河袁生矣。」對於自己這種根性軟弱的行為，感到愧疚與悔恨，以為自己終無學道分。李贄卻反過來告訴他性格中的穩實篤行的一面，是他的優點。只是他仍未找到自己的路，以至於路途未明、生命有惑而已，所以李贄才告訴他必須是實悟方可，有實悟才可實修實參。李贄此說，正是指出伯修以往雖有修行，卻仍一間未達，並未找到真正適合自己的路數，參求再多，也不過是枝葉而已，未見根本，「叟謂伯修曰：『公如何只在枝葉上求明白？縱枝葉上十分明白，也只是枝葉』。」[92]可是當伯修又再問及，是否可以指示一條路徑時，李贄卻不告訴他答案了。因為法無定法，以指見月，不可執指以為月，真正的答案，必須伯修自己走過一遍，自己去找才對。

　　透過李贄的啟發，伯修更明白地發現，所謂「路徑」云云，必有賴於自明自得，明己本心。自明自得的關鍵當然在於自己，明白自己要什麼，不要什麼；明白自己是什麼，不是什麼；明白自己可以怎麼做，不能這麼做；知道自己該往哪裡走，我才會像我，如此才有可能走出適合自己的求道之路。李贄曾提示他：[93]

　　　　伯修問曰：「學道必須要做豪傑否？」叟曰：「這等便是死路，
　　　　不是活路。人人各有一段精彩。學既成章，自然是豪傑矣。豈
　　　　定有豪傑可學耶！」

「學既成章，自然是豪傑矣！」豪傑不會只有一種模式，豪傑不是鐵板一塊，只學人怎麼做豪傑，以為便可入道，這是死路。[94]因為人人

92　〔明〕袁中道編：《柞林紀譚》，收於李贄：《李贄文集（第七卷）》，頁331。

93　〔明〕袁中道編：《柞林紀譚》，收於李贄：《李贄文集（第七卷）》，頁332。

94　在當時思潮裡，「豪傑」也象徵做出一番事業，挽狂瀾於既倒的英雄人物，龔益智

各有精彩，人人都有自己的活路可走。也就是說，唯有當我們深入探索，省察己身，真正做到「自適」的時候，隨心所欲而不逾矩、看似無法卻有法時，自然就可以是豪傑、可以學道而見道了。自適，必有賴於實悟實修；自適，就必須先明白「人人各有一段精彩」。

三　伯修的自適

　　當然自適不全是李贄的啟發，[95]伯修其實也頗為強調此點，只是著重點卻大有不同。前面已提到過伯修的放浪言行，當然也是一種自

　　旭就說豪傑是聖賢之基址，是佛祖之階梯，在他眼裡，豪傑、聖賢、佛祖是同等性質的大人物，他說：「夫豪傑者，聖賢之基址也。聖賢者，佛祖之階梯也。不能為豪傑，而能為聖賢，吾所不信；不能為聖賢，而能為佛祖，吾尤不信。然真豪傑，絕不以豪傑自局；真聖賢，絕不以聖賢自滿；真佛祖豈復以佛祖自命哉！」〔明〕蕅益智旭：〈示劉訒昭〉，《蕅益大師全集》第16冊（臺北：佛教書局，1989年），頁10516。

95 李贄自己也是極為強調自適的，李贄曾以《論語》「志於道，據於德，依於仁，游於藝」為證，依境界階次的方式，說明他對自適的理解投射：「志道據德，依仁游藝，今之學宮區以名齋，人人只是信口讀過，不肯理會聖人吐心吐膽為人處，遂使懇切要領之言，翻為區額剩贅無意味語，殊可笑耳！夫志道如志的，的在百步之外，尚爾遙遠。據德則己得而據之，然日夜惶惶，猶恐侵奪，終非己有，與我猶二也。依仁則彼我不二矣，然猶未忘一也。到游藝時，然則如魚游水，不見其水；如水裡魚，不見有魚。自相依附，不知其孰為依附；尚無所依，而何據何志之有？尚無有仁，而何德何道之有？到此則遺價給由，種種皆藝也；由給價遺，皆游也。豈不平常！豈不奇妙！日用應緣，但如此做去，則工夫一片；工夫一片，則體用雙彰；體用雙彰，則人我俱泯；人我俱泯，則生死兩忘；生死兩忘，則寂滅現前。真樂不假言矣。孔子告顏子不改其樂，不改此也。程夫子尋孔、顏樂處，尋此處也。此樂現前，則當下大解脫，大解脫則大自在，大自在則大快活。世出世間，無拘無礙，資深逢源。故曰：『魚相忘乎江湖，人相忘乎道術。』故學至游藝，至矣，不可以有加矣。管見如此，幸與諸友商之！」游藝人生，無拘無束，自在快活，這就是李贄對自適的想法。左東嶺更以「自適與真誠」的標題來形容李贄，認為「他的選擇是個體自我的主動選擇，他的目的是求取順適受用的人生之樂，就是說其最終的落腳點在於個體的自我」。〔明〕李贄：《續焚書·與陸天溥》，《李贄文集（第一卷）》，頁138。左東嶺：《王學與中晚明士人心態》，頁566、579。

適，不過自適還有另外的層面，就是自知自制。就伯修看來，因為得以自適，所以才有矯情的人物，如桓溫在新安設下大軍，而謝安卻處之從容；淝水之戰獲勝，謝安下棋不輟。態度一派輕鬆，其實就在於矯情，因為矯情正是「自適」的表現：「今乃知安石妙處，正在矯情。」矯情需要知己、需要定力，譬如懸河之辨，突然緘口，一石之量，忽然止酒，能止能止，能行則行，才是高明。否則的話，若只是出於自然，又或是不得不然，又有何難？「若口吃而不言，惡醉而不隱，其誰不能乎！」因此自古英雄未不有矯情而成功者，「怯者矯之，以至于勇。勇者矯之，以至于怯。拂之乃成，順則罔功，此類甚眾，難以悉數。」伯修甚至用佛家的無生法忍來解釋，忍者，矯也，貧者必憂，矯以樂；富者必僭，矯以禮；人易自高，矯以下；人易為雄，矯以雌，並認為這是「聖人之道也。」[96]除此之外，因為得以自適，才會出現神仙遊戲人世的人物，如張良、李游遊戲世事：「兩公蓋神仙游戲人世者也，非濁骨能幾也。」[97]何況自適不只是「知己」這麼簡單，同時更包括審時度勢，冷眼看世間，清心望塵世，明白外在環境情況，才有可能做出「自適」的抉擇與決定，陶淵明就是最好的例子：「然自古高士，超人萬倍，正在見事透澈，去就瞥脫。何也？見事是識，去就瞥脫是才，其隱識隱才如此，其得時而駕，識與才可推也。」[98]有識有才，聞見才能圓通、融洽，不以己度人，也不

96　〔明〕袁宗道：〈論謝安矯情〉，《白蘇齋類集》，頁291-292。

97　〔明〕袁宗道：〈論留侯鄴侯蹤跡〉，《白蘇齋類集》，頁291。

98　〔明〕袁宗道：〈讀陶淵明傳〉，《白蘇齋類集》，頁293。從另個角度來講，因為自適，才可以長壽。伯修在〈易太孺人八十壽序〉中讚美易子易的母親，年高壽全，旁人驚訝易老太太何以致壽？「或曰：適也。孺人春秋彌高，而意加適。適則神全，神全則榮衛安和，而血氣無結轖之患。」除精滿神足之外，子孫賢孝，事業順利，更使易老太心情愉悅，開心度日，無煩憂之患，則更加適矣，「孺人聞不佞祥刑之語，當又加適矣」〔明〕袁宗道：〈易太孺人八十壽序〉，《白蘇齋類集》，頁120、121。

會誤判形勢，這才是自適、才是真我的境界。[99]他說：「學未至圓通，合己見則是，違己見則非。如以南方之舟，笑北方之車，以鶴脛之長，憎鳧脛之短也。夫不責己之有見，而責人之異見，豈不悖哉！」[100]這段頗具《莊子》味道的話（也確實使用了《莊子》的典故），伯修藉由這種相對性的比照，說明偏頗的局限，有所偏有所迷，即無法自明，若不能自知，又如何能自適呢？

　　至於在官場上的表現，伯修也努力尋找自適之道。正如許多研究者所指出，在隱跟仕之間，伯修充滿了許多掙扎與矛盾。[101]他就曾跟他的舅舅抱怨：「甥情性粗直，骨體不媚，且轉喉觸諱，甚不諧于友朋。兼之屢遭骨肉之變，魂銷神傷，仕宦一念，豈翅嚼蠟。」[102]味同嚼蠟，卻又不能離去，苦痛之情，溢於言表。但不能離開，未必全是不能，而是不願。伯修一方面想離開官場，隱居於家，另方面父親又希望他出來作官，[103]他自己也不能盡除名利之心。正如他的〈詠懷效白〉詩所講：[104]

> 人各有一適，汝性何獨偏？愛閑亦愛官，諱譏亦諱錢。一心持兩端，一身期萬全。顧此而失彼，憂愁傷肺肝。人生朝露促，世福誰能兼？

99　當時也有人用類似的角度，指出陶淵明自適亮節，認為他已超脫生死，了卻人生一大事。所以有真情必有真詩，故其詩流傳久遠，不可磨滅，如王思任就說：「蓋先生齒頰之餘，不第芬清可剔，其朝聞夕死之悟，言言聖諦，可以澹生，可以饗日，可以解勞，可以驅怖，了得此一大事，乃貫頂海音，不容思議，故足述也。」〔明〕王思任：〈律陶序〉，《王季重十種》（杭州：浙江古籍出版社，2010年），頁399。

100　〔明〕袁宗道：〈讀陶淵明傳〉，《白蘇齋類集》，頁226。

101　易聞曉：《公安派的文化闡釋》，頁85-88。鍾林斌：《公安派研究》，頁86。

102　〔明〕袁宗道：〈母舅壽亭先生〉，《白蘇齋類集》，頁219。

103　「我甚欲歸田，但為大人年未六十，歸計太早，恐親心不悅。」〔明〕袁宗道：〈寄三弟〉，《白蘇齋類集》，頁231。

104　〔明〕袁宗道：〈詠懷效白〉，《白蘇齋類集》，頁6。

伯修愛閑,但也愛官。一心持兩端,一身期萬全,固然是難上加難,容易顧此失彼。可是伯修確實是想「世福能兼」的,宦途煩累,「宦海多風濤,絕勝洪河浪」,[105]雖然不免抱怨:「世情到口厭,名障人心輕」,[106]但他還是兢兢業業,努力尋求自適之道,所以固然「四十方強已厭官,催人頭白是長安」,卻又「冷淡何須厭一官,烏紗叢裡好偷安」。[107]那麼,要如何才可世福得兼?他認為在官場上,在俗世上,是什麼就得像什麼,但又不能太入迷,以至於陷落其中,以免沉溺,不可自拔。因為人生就是戲場,戲場有戲場的規矩,便是「禮」。不在其位固然不謀其政,但身在其位就得做好該做的角色,這就是自適、就是適世,他說得很清楚:[108]

> 來教云:「乾坤是一大戲場,奈何齷齪為,繫人于苛禮。」此論甚高。不佞竊謂禮者,世界所賴安立,何可易談?且就兄所稱戲劇喻之,扮生者自宜和雅,外自宜老成,官淨自宜雄壯整肅,丑末自宜跳躂恢諧。此戲之禮,不可假借。藉令一場之中,皆傅墨施粉,踉蹌而叫笑,不令觀者厭嘔乎?然此作戲者真認己為某官某夫人,而忘卻本來姓氏,則亦愚騃之甚矣。

中郎曾說伯修「兄性溫而真」,[109]確是相當傳神的。「溫」的太過,不免失去個性自我,可是「真」的太徹底,又不免肆情快意。既溫且真,才是伯修適世的特色。換句話說,扮生扮淨扮丑,扮演好自己的社會位置與角色,這就是世界賴以安立的「禮」。能守禮者,就能適

---

105 〔明〕袁宗道:〈過黃河〉,《白蘇齋類集》,頁1。
106 〔明〕袁宗道:〈月下蕭升允、顧開雍福集小齋賦此〉其二,《白蘇齋類集》,頁53。
107 〔明〕袁宗道:〈初春和陸放翁韻〉其一、其二,《白蘇齋類集》,頁58。
108 〔明〕袁宗道:〈答同社(第二封)〉,《白蘇齋類集》,頁224-225。
109 〔明〕袁宏道:〈出燕別大哥、三哥〉,《袁宏道集校箋》,頁101。

世，可是適世既不是曲學阿世、委曲逢迎，也不是誤將浮名當成真正
的生命，而是必須心清如水，自知自明，「總之，皆局中人內事也」，
如此才能自適地處世。否則的話，「涉世如局戲，有出手便錯者，有
半局而蹶者。有局將終，勢將贏，而一著便差，前功俱廢者。又有終
局不錯一著，獲全勝者」，[110]人入戲局中，或贏或輸，或半途而或大
獲全勝，結果盡皆不同，此則有賴於勘得明白，自知者明，自適則
清。可是若就現實面來講，人既涉世，當然不免會有諸多衝突、諸多
紛爭。畢竟人在江湖，身不由己，是是非非，更難絕對劃分，所以伯
修的官場適世原則是「士先器識而後文藝」：「夫士戒乎有意耀其才
也」、「夫惟杜機葆貞，凝訂于淵默之中，即自發其才，卒不得不顯，
蓋其本立，其用自不可秘也。」[111]他以種植花樹為例，花華茂盛，原
因在於灌溉其根，滋養根部才是正本；屋樑楹棟，華美氣派，自然是
先從地基打起，而不是一開始就裝飾房子。因此器識必先於文藝，而
識又尤其重要，「蓋識不宏遠者，其器必且浮淺，而包羅一世之襟
度，固賴有昭晰六合之識見也。」[112]潛龍於淵，不輕發亦不妄動，而
是站穩腳跟，培器養識，如此自能錐處囊中，趁勢而行，「良玉韞于
石，不待剖而山自潤，明珠含于淵，不待摘而川自媚，莫邪藏于匣，
不待操而精光自爍。人不可正睍者，何也？有本在焉，其用自不可秘
也。」[113]這樣強調杜機葆貞，潛行淵默的做法，就是「戰戰兢兢」。
自古成大事者，往往皆從戰戰兢兢中來，伯修認為君子若欲有用於天
下，則必先貴其所養，所養者何？「用欲其恢弘，恢弘者，無所不可
為；養欲其收斂，收斂者，有所不輕為。」[114]因此要以收斂為本，養

110　〔明〕袁宗道：〈答友人〉，《白蘇齋類集》，頁225。

111　〔明〕袁宗道：〈士先器識而後文藝〉，《白蘇齋類集》，頁91。

112　〔明〕袁宗道：〈士先器識而後文藝〉，《白蘇齋類集》，頁92-93。

113　〔明〕袁宗道：〈士先器識而後文藝〉，《白蘇齋類集》，頁91。

114　〔明〕袁宗道：〈真正英雄從戰戰兢兢來〉，《白蘇齋類集》，頁79。

其恢弘，「夫收斂者，所以為恢弘，而有所不輕為者，乃其無不可為者也。」伯修的結論是：「則自無一時一事不出于戰兢，而其養深，其全用立顯，又何所愧夫世之稱真正英雄者乎！」[115]

強調靜默自養，不刻意出鋒頭、不惹人注目，戰戰兢兢，如履薄冰，先器識而後文藝，這些其實正是伯修性格中「穩實」的一部分。這種心態的背後，目的仍在於「有用於天下」、自許為英雄，成為器識文藝兼具的人物，這就是伯修的狂氣與傲氣。這些東西，皆出自於他對於「自適」精神的開展與發揮。所以在官場中，正是最好修養身性、尋求自適的地方，他對劉光州說：「公性識慧朗，既可悟入。氣韻沉涵，又堪保住。即今車馬棼喧，正陶心煆性之地，自度度人，適維此日。三複來劄，已見一斑。政事有源，即學問有用。」[116]政事與學問合一，既能悟入，又可沉謹，政事有源，即學問有用，伯修既如此贊人，亦如此自許。

伯修這樣講「自適」，當然很精彩。對於性命之學，卻無太大幫助。他這些「自適」的看法，往往都放在社會的脈絡之中，不論是官場處世之道的謙退，還是飲酒劇談的歡愉，強調的是現世的利害與享樂、著重的是人際的現實與關係，但就他念茲在茲的性命之學，反而著墨甚少，他常說自己「昏昏度日」、[117]「近來學道者，多半是虛脾，大率欲人說他志氣高遠，有道氣，便作官而已。……。弟塵緣不斷，好名好官，都是眼明作祟」，[118]雖不免有自謙之詞，確實也是他某種程度的自覺，李贄希望他「悟遂實悟，參遂實參」、「人人各有一段精彩」，或也是著眼於此。因此，即便伯修明白這些自適的道理，但將「自適」與「實修」、「實參」等學道事結合在一起的，仍歸於李

115 〔明〕袁宗道：〈真正英雄從戰戰兢兢來〉，《白蘇齋類集》，頁80。

116 〔明〕袁宗道：〈答劉光州〉，《白蘇齋類集》，頁226。

117 〔明〕袁宗道：〈答汪提學靜峰〉，《白蘇齋類集》，頁203。

118 〔明〕袁宗道：〈答編修吳尚之〉，《白蘇齋類集》，頁202。

贅諸師友的啟發之功。至於自適的內涵，其實際思想又是為何？這就是伯修企圖以良知與因緣之說，解決他性命生死的關鍵了。

第三節　良知的真實，因緣的虛妄

一　參話頭與疑情工夫

在上節中，我們談到伯修曾習林兆恩的修行法，而林兆恩是融用三教，歸教於道，其中便包括了良知與真知、淨土[119]之說。可是當伯修對於儒佛接觸更深，他對於艮背行庭之旨，已是漸離漸遠，受到焦竑、深有與李贄等人的影響，他開始趨向陽明良知與佛教淨土學說，前面說到伯修「試以禪詮儒，使知兩家合一之旨，遂著《海蠡篇》。」便是一例。

前已言之，關於靜坐，伯修曾親涉此道，並且頗有成效，靜坐愈久，體氣愈充。只是他後來卻反對一味地靜坐，認為靜坐若只是強調閉目默坐，每當念起則須放下，那不過是「昏沉」而已，無益於道。伯修轉變的原因，自然是因為初入翰林時，接觸艮背之說所致。不過他思想轉變之後，反對靜坐的方法，自然不會再是林兆恩的教法，而是佛教的看話禪的疑情工夫，這從他遍閱大慧宗杲語錄，以及曾與中郎小修論「格物」、「物格」說便可得知。所以他在談靜坐時，接著便說：[120]

　　（靜坐）今之學此者，亦不少也，曷自反曰：「是誰克伐？是誰怨欲？」則覓克乏怨欲了不可得，更欲教誰不行耶？

---

119 林兆恩對淨土的融用與理解，偏向於自力往生，重在本心的自我超拔，可參鄭志明：《明代三一教主研究》，頁122。

120 〔明〕袁宗道：〈說書類〉，《白蘇齋類集》，頁251。

「是誰克伐？是誰怨欲？」中的「是誰」。這種思維模式，出自於看
話禪中的疑情工夫，是一種反問自省的不斷追索。看話禪出自北宋大
慧宗杲，所謂的「看話禪」（或稱「話頭禪」、「看話頭」），主張從禪
門公案中，在當時人物對話與相處的情境裡，拈出某些對話或言行，
作為「話頭」。然後參究話頭，以醒真心，藉此掃蕩世俗的偏解思
量，得到真正的禪悟。例如大慧宗杲舉出「狗也無佛性」，這則公案
出自趙州從諗禪師。大慧宗杲要參禪者注意裡頭的「無」字，以此說
明主客雙泯，相對亦不存，甚至人法俱忘的境界層次。而參話頭時，
最重要的是質疑，千疑萬疑，要在話頭疑破，此則為「疑情」：「千疑
萬疑，只是一疑。話頭上疑破，則千疑萬疑一時破。話頭不破，則且
就上面與之廝厓。若棄了話頭，卻去別文字上起疑、經教上起疑、古
人公案上起疑、日月塵勞中起疑，皆是邪魔眷屬。」[121]疑話頭、參話
頭，在話頭上疑破，正可由此觀。大慧宗杲的看話禪工夫，晚明佛教
甚為推崇，雲棲袾宏就說：[122]

> 公案者，公府之案牘也。所以剖斷是非，而諸祖問答機緣，亦
> 只為剖斷生死，故以名之，總其問答中緊要一句，則為話頭，
> 如「一歸何處」、「因甚道無」、「念佛是誰」之類是也。千七百
> 則，乃至多種，皆悉如此。

不管是「一歸何處」、「因甚道無」，還是「念佛是誰」，最終的「疑」
都是指向自己。這正是伯修強調「是誰克伐？是誰怨欲？」的佛教思
想史背景。而看話頭與疑情工夫，以及參究念佛，事實上也正是晚明

---

121 楊惠南：《禪史與禪思》（臺北：東大圖書公司，1995年），頁172-175。
122 〔明〕雲棲袾宏：《正訛集》〈公案〉，《蓮池大師全集》（上海：上海古籍出版社，
    2011年），頁1536。

淨土[123]與禪宗的共通法門。又或是者說，在許多教徒與文人士子身
上，更多的體現是禪淨同詮的現象，荒木見悟認為：「而明代以後這
種禪淨合流的潮流，不應該只是單獨從禪的純度來判定；而應該視為
因應不同的根器，創導不同的開悟之道等艱苦博鬥的痕跡⋯⋯。」[124]
參究念佛，即是以看話頭的方式（參究是指參話頭），將疑情工夫中
的「念佛者誰」與淨土念佛結合，在持名（稱名）念佛的過程中，[125]
反省自覺，醒悟本心。憨山德清便說：[126]

> 禪淨二行，原無二法，永明大師示之于前矣。禪本離念，固
> 矣；然淨土有上品上生，未嘗不從離念中修，若日念佛至一心
> 不亂，豈存念耶？但此中雖是無二，至于下手做工夫，不無巧
> 拙，以參究用心處，最微最密。若當參究時，在一念不生，若
> 云念佛，則念又生也，如此不無兩橛。念就參究念佛處，打作
> 一條，要他不生而生，生即不生，方是永嘉惺寂雙流之實行
> 也。何耶？若論參究提話頭，堵截意根，要他一念不生，如此

---

123 中國佛教淨土信仰頗多，有彌勒淨土（亦稱兜率淨土）、彌陀淨土（亦稱西方淨
土）、唯心淨土等。晚明最為流行的是彌陀淨土，又稱西方淨土，以稱名念阿彌佛
陀之名，往登西方極樂世界。陳永革：《晚明佛教思想研究》，頁127。

124 〔日〕荒木見悟著，廖肇亨譯：《明末清初的思想與佛教》（臺北：聯經出版事業
公司，2006年），頁235-241。引文出自頁235。

125 雲棲袾宏曾解釋四種念佛方法，分別是持名、觀像、觀想、實相：「四種如前序中
說：一持名，二觀像，三觀想，四實相。持名者，即今經（芝慶按：《阿彌陀
經》）；觀像者，謂設立尊像，注目觀瞻，如《法華》云：『起立合掌，一心觀佛，
即觀相好光明現在之佛也。』若優填王，以栴檀作世尊像，即觀泥木金銅鑄造之
佛也，故云觀像；觀想者，謂以我心目，想彼如來，即《觀佛三昧經》、《十六觀
經》所說是也；實相者，即念自性天真之佛，無生滅有空能所等相，亦復離言說
相，離名字相，離心緣相，是名實相，所謂我欲見極樂世界阿彌陀佛，隨意即見
是也。」關於持名念佛的定義與解釋，可參印順：《淨土與禪》，頁57-64。

126 〔明〕憨山德清：〈示沈大潔〉，《憨山老人夢遊集》（北京：北京圖書館出版社，
2005年），頁148-149。

雖是參的工夫，古人謂之抱樁搖櫓，只這要他不生的一念，即
是生也，豈是真不生耶！只如念佛，若只將一聲佛號，掛在心
頭，念念不忘，豈是真一心不亂？古人教人參活句，不參死
句，正在生處，見不生意。

念佛不能只是將一聲佛號，掛在心頭，念念不忘，雲棲袾宏也說：
「世有念一歸何處，因甚道無之類，或連聲念提，或拖聲長念，喚作
疑情，此訛也。疑是參究體察之意決定要見此竟何歸著，……因今有
疑，乃後有悟，若直念直無疑，無疑則無悟也。」[127] 參念佛者，不能
直念，因為直念直無疑，無疑則無悟，而是要結合禪淨二行，參究與
念佛合一，打作一條，則應首就疑情工夫來做，憨山德清指出：[128]

> 如今參究，就將一句阿彌陀作話頭，做審實的工夫。正當做
> 時，先將自己身心世界，並從前一切世諦俗習語言、佛法知
> 見，一齊放下，連放下亦放下，放到無可放處，則當下空空寂
> 寂，不見有一念生矣。就從此空寂中著力，提起阿彌陀佛，歷
> 歷分明，如此提一聲兩聲，三五七聲，正當提起時，直下看
> 覷，審實此念佛的是誰？重下疑情，審之又審，疑之又疑，疑
> 情少松，又似前提，又審又疑，單看此念佛的畢竟是誰？向何
> 處起落，向何處去，如驢覷井，覷來覷去，疑來疑去，疑到心
> 思路絕處，如銀山鐵壁，無轉身吐氣處，是時忽然磕著觸著，
> 真無生意忽然猛的現前時，則通身汗流，如大夢覺。到此方信
> 生即無生，無生即生，參即是念，念即是參，元無二法。回頭
> 一看，始知向來如在含元殿裡覓長安也。如此做工夫，最怕將

---

127 〔明〕雲棲袾宏：《正訛集·公案》，《蓮池大師全集》，頁1536。
128 〔明〕憨山德清：〈示念佛參禪切要〉、〈示沈大潔〉，《憨山老人夢遊集》，頁149。

心要悟，纔有要悟的心，便是攔頭板也。又不可貪求元妙，即有一念暫息，寂靜歡喜，切不可當作歡喜，直須吐卻。切不可將佛祖元言妙語來作證，不可墮在無事甲中，以此為得。總之一切聖凡迷悟都不管，單單只是追求一念下落，追到趕盡殺絕處，久久自見本來面目。看來此事，元是人人本分上事，更無奇特處，縱做了手，依然只是舊時人，只是舊時行履處，不曾增益一毛，但只是眼睛光光亮亮，不被他見聞覺知瞞昧也。念佛審實公案者，單提一聲阿彌陀佛作話頭，就於提處，即下疑情，審問這念佛的是誰？再提再審，審之又審，見這念佛的畢竟是誰？如此靠定話頭，一切妄想雜念，當下頓斷，如斬亂絲，更不容起，起處即消。惟有一念，歷歷孤明，如白日當空，妄念不生，昏沉自退，寂寂惺惺。……。今人但信此心，本來無物，如今做工夫，只為未見本來面目，故不得不下死工夫一番，方有到家時節。從此一直做將去，自然有時頓見本來面目，是出生死，永無疑矣。

「本來面目」，第一次出現可能是在宗寶本的《六祖壇經》，在禪宗的用法中，通常被當作「本心」、「本地風光」。「本來面目」意指超越世俗的善與惡，並且只能在「心所行境」以及言語活動之「所詮」停止運作時，才能見到，[129]伯修也有使用這個詞語，為免此處行文支蔓，分析詳見下文。從文中看，依照憨山德清的講法，參究念佛的疑情工夫，順序分別是：要先將自己身心放空，除去俗世語言知見，最後通通一併放下。不止如此，就連「放下」這個念頭也要放下，直到放無可放，則當下空空寂寂。如此便可在空寂中著力，再以將一句阿彌陀

---

129 林鎮國：〈空性與暴力：龍樹、德里達與列維納斯不期而遇的交談〉，收於氏著：《空性與方法：跨文化佛教哲學十四論》（臺北：政大出版社，2012年），頁165-166。

作話頭,先緩念一聲兩聲阿彌陀佛,接著緩念三五七聲。念的同時,還要清心虛靈,不斷反問自己:念佛的是誰?在過程中如妄念又起,則必須再度放空,循環反覆,疑之又疑,審之又審,參即是念,念即是參。才能斬斷妄想雜念,頓見本來面目,出脫生死。就憨山德清看來,這就是參究念佛的大概過程。不過更重要的是,參禪念佛在於得意忘言,得魚忘筌,不能苦執於公案本身,刻意疑情,若不明此理,則未免於己有害:[130]

> 是知從上佛祖只是教人了悟自心,識得自己而已,向未有公案話頭之說。及南岳、青原而下,諸祖隨宜開示,多就疑處敲擊,令人回頭,轉腦便休。即有不會者,雖下鉗錘,也只任他時節因緣。到黃檗,始教人看話頭,直到大慧禪師,方才極力主張,教學人參一則古人公案,以為巴鼻,謂之話頭。要人切切提撕,此何以故?只為學人八識田中,無量劫來惡習種子,念念內熏,相續流注,妄想不斷,無可奈何,故將一則無義味話,與你咬定。先將一切內外心境妄想,一齊放下,因放不下,故教提此話頭。如斬亂絲,一斷齊斷,更不相續,把斷意識,再不放行。此正是達磨外息諸緣,內心無喘,心如牆壁的規則也。不如此下手,決不見自己本來面目,不是教你在公案語句上尋思,當作疑情,望他討分曉也。即如大慧,專教看話頭下毒手,只是要你死偷心耳。……。此一上是大慧老人尋常慣用的鉗錘,其意只是要你將話頭堵截意根下妄想,流注不行,就在不行處,看取本來面目。

公案只是讓人斬斷偷心迷盲,達到內外心境妄想,一齊放下的平靜。

---

130 〔明〕憨山德清:〈示參禪切要(徑山禪堂小參)〉,《憨山老人夢遊集》,頁81-82。

外息諸緣，內心無喘亦無端，如此才能見得本來面目。公案話頭，絕不是要人在語句上尋思，強作疑情，死在句下，反而混亂了自己的精神心志。

　　講究參禪與念佛，當然不止憨山德清而已，雲棲袾宏也以參究念佛名為理持，名持念佛為事持，事持理持相容相成，主張禪淨共通，念佛不但不妨礙參禪，更有益於參禪。雲棲袾宏就說：「古謂參禪不礙念佛，念佛不礙參禪，又云不許互相兼帶，然亦有禪兼淨土者……。」「然則念佛不惟不礙參禪，實有益于參禪也。」[131]湛然圓澄也認為：「真正悟明，必生淨土。……故知淨土之易，不異參禪之易；參禪之難，即是淨土之難。難易之事，在人不在法。」[132]憨山德清更說參究念佛是要人了生死大事：「念佛求生淨土一門，元是要了生死大事，故云念佛了生死。今人發心，因要了生死，方才肯念佛。只說佛可以了生死，若不知生死根株，畢竟向何處念？若念佛的心，斷不得生死根株，如何了得生死！如何是生死根株？」「故勸念佛人，第一要知為生死心切。要斷生死心切，要在生死根株上念念斬斷，則念念是了生死之時也。何必待到臘月三十日，方才了得，晚之晚矣！」[133]不過所謂淨土念佛者，側重各有不同，憨山德清與雲棲袾宏、湛然圓澄雖皆主張禪淨融用。相較之下，如雲棲袾宏等人較偏重於他力往生，相信佛陀願力，得脫世間苦痛；憨山德清、圓澄等人則重在自力往生，著眼在自明本心，以自心自明瞭妄歸真。前者批評後者在參究念佛過程中，容易過分相信自主的本心體證，流於自信而自迷，因而忽視淨土信仰皈依彌陀佛主的志願，反而失去了「信仰」的

131　〔明〕雲棲袾宏：〈念佛不礙參禪〉，《竹窗隨筆》（臺北：新文豐出版公司，1997年），頁169。

132　〔明〕湛然圓澄：〈宗門或問〉，收入《卍續藏經》（臺北：新文豐出版公司，1997年），第126冊，頁333a。

133　〔明〕憨山德清：〈示念佛切要〉，《憨山老人夢遊集》，頁99、100。

本初，蕅益智旭便認為：「言大害者，既涉參究，便單恃己靈，不求佛力，但欲現世發明，不復願往，或因疑生障，謂不能生，甚至廢置萬方行，棄捨經典……。」[134]湛然圓澄則反過來說，求願他力往生，則容易讓人們更糾纏在利害之中，或流於虛信，或流於迷信，或流於世俗塵規，於是只知念佛，求得西方淨土，卻不知為何念佛，況且本心既然不明，又如何可以得證？他說有些人「經教有所未聞，知識未能親近，外假威儀，內心如墨。凡弟子有問，則答曰：『念佛千了百了』，不知是何道理，只恐彼此朦朧，唐喪光陰，伊誰之過？」因此參禪與念佛固然不可偏廢，但若要區分二者，「念佛惟憑彼佛提攜，全叩願力；參禪克究真心，只是自因。求人求己，優劣可見。」[135]

　　本節花了許多篇幅談晚明淨土，[136]並非無因。本文認為唯有如此，方能理解伯修，甚至是中郎、小修談生死大事的思想依據。眾所皆知，袁氏三兄弟皆信崇淨土，中郎更著有《西方合論》，伯修、小修關於淨土信仰的相關言行亦多，但他們同時也接觸道教、儒學，那麼，究竟該以什麼樣的角度來理解他們的思想──嚴格說來，他們以什麼樣的角度來關注生死，就是本文一再探詢的問題。伯修說舅舅龔吉亭的妻子死時，「聞妗將化，預知時日，至期趺坐，誦佛號。食頃，謂左右曰：『佛至矣！』合掌而逝。」對於舅母死前的神情自若，伯修非常讚歎：「異哉！精進之效乃如此！此時只宜撫掌助歡，

134　〔明〕蕅益智旭：〈參究念佛論〉，《蕅益大師全集》第17冊，頁11004。

135　〔明〕湛然圓澄：《宗門或問》，收入《卍續藏經》（臺北：新文豐出版公司，1997年），第126冊，頁327a。

136　其實不止上述兩者意見而已，蕅益智旭根本反對參究念佛，他不但批評看話禪與疑情工夫，也認為念佛與參禪不必合一，因為持名念佛本已具足，不必再行參究，多此一舉。由於本文並非專門研究晚明佛教的論文，為免行文枝蔓、論述焦點分散，此處不擬再多作篇幅探討，關於晚明淨土自力與他力的問題，可參陳永革：《晚明佛教思想研究》，頁93-156。蕅益智旭對淨土的看法，可參聖嚴法師著，釋會靖譯：《明末中國佛教之研究》，頁530-534。

不宜更出一滴淚也！」[137]他認為死生情切，若能坦然面對死亡，態度神情不慌不忙，不亂了陣腳，就可謂超越生死。類似的例子，伯修也在〈金太宜人墓銘〉說金老太太晚年得淨土書，皈心蓮域，禮頌不輟，「一夕，忽戒諸孫曰：『爾叔父致身離親，分也，夫復何恨！爾輩好讀祖父書，余即死，瞑目矣。』言訖，呼侍女焚香，端坐而逝。數日後，一孫夢太宜人語曰：『適從西方路來』。」伯修的評論是：「異哉，豈其生養耶！嗟嗟！夫世之日對嚴相，耳聞法語者豈少耶，而太宜人一聞之下，渴愛流而竭情塵，淨域往生，知非夢語，斯所謂捐區中之常緣，游物外之曠觀者矣！」[138]袁氏三兄弟都非常重視死前的神態，並以此判斷此人修行與道緣是否深厚，伯修為張汝霖（汝濟）寫墓誌銘，就說他：「易簣之日，公絕無他語，惟取筆書十許言，有『開府非卑，五十非天』之句，可謂達生觀幻，翛然去來者矣」、[139]在〈迪功郎南安少尹方先生行狀〉裡，也說傳主「先生素無病，偶病疽，即令治後事，曰：『吾濱死者數，今幸終正寢，于吾足矣。』遂逝」，[140]死前之際，恐怖臨身，[141]正是最能展現修道成果的時刻，小修就認為：「生死之際，可以觀人」，[142]達生觀幻，冷靜淡然，都是壽終正寢，了通生死的表現。[143]而修淨土者，往往也能通過難關，所以

137　〔明〕袁宗道：〈龔吉亭先生〉，《白蘇齋類集》，頁228。

138　〔明〕袁宗道：〈金太宜人墓銘〉，《白蘇齋類集》，頁140。

139　〔明〕袁宗道：〈巡撫福建右副都御史傅野司公墓誌銘〉，《白蘇齋類集》，頁145。

140　〔明〕袁宗道：〈迪功郎南安少尹方先生行狀〉，《白蘇齋類集》，頁161。

141　「恐怖臨身」，是伯修自己的話。〈祭盛老師文〉：「夫人恐怖臨身，此為何時？而我師乘理而往，若辭傳舍。非洞源識本，勘盡虛幻，安得揮手坐脫，毫無罣戀，且有異徵，若具戒老衲耶？聞道而死，此又最驗。」〔明〕袁宗道：〈祭盛老師文〉，《白蘇齋類集》，頁169。

142　〔明〕袁中道：〈龔春所公傳〉，《珂雪齋集》，頁699。

143　呂妙芬研究明末理學家，也指出他們對臨終前的描述，相較於以前的儒者傳記，有明顯的增多，她認為與當時流行的生死議題有關。呂妙芬：〈儒釋交融的聖人觀：從晚明儒家聖人與菩薩形象相似處及對生死議題的關注談起〉，《中央研究院近代史研究所集刊》第32期，頁195-204。

前引伯修對於舅母之死，接著便說：「念佛憶佛，必定見佛，此便是現成榜樣，勉旃！」[144]念佛憶佛，自助天助，必定見佛。正如陳永革所言，晚明居士佛教，如伯修、中郎等人，他們的淨土思想都是自力與他力結合，[145]以自力證本心，以念佛皈依佛祖，歸於西方極樂世界。伯修在為中郎《西方合論》寫引言時，刻意假設了一場對話。文中禪客反對淨土之說，認為念佛一事，原為接引中下根，而吾輩（如禪客等人）洞了本源，直指本心，此乃上品上根，又何須再念？況且此心即是佛，又何必再覓他處？此心即是土，心淨則土淨，更於何處覓土？「纔說成佛，已是剩語，何得更有分淨分穢，舍此生彼之事？若於己處悟得是自在閒人，即淫怒癡皆是阿彌平等道場，如如不動。

---

144 〔明〕袁宗道：〈龔吉亭先生〉，《白蘇齋類集》，頁228。伯修在〈祭外大母趙夫人文〉、〈外大母趙夫人行狀〉中，也記述了外大母趙太夫人閱讀淨土經典而往生淨土的事情，死前神態自若，並不因將死而慌忙失控：「（外大母）晚年清修淨業，晨昏禮頌，非生兜率，定往瞻養」、「忽一日，中宵病痰壅，瞑目西向，毫無戀戀兒女意，手足不亂，忻然而逝。」〔明〕袁宗道：〈祭外大母趙夫人文〉、〈外大母趙夫人行狀〉，《白蘇齋類集》，頁166-167、頁164。此外，袁家三兄弟的兒女，在死前皆有通過念佛，擺脫恐懼與病痛，安詳去世的例子，小修說伯修兒子袁登，小時聞修淨業則喜，因病不治，「語人曰：『請二叔來。』中郎至，兒曰：『我將往，叔可助我念佛』，兒危坐念數百聲，中郎及伯修皆助之。兒又曰：『我氣急，不能全念也，專念『南無佛』可耶？』曰：『可。』復念百許聲，已大笑曰：『蓮花至矣！』家人子悉奔來視。登愀然曰：『蓮花皆缺矣，室中得無有污穢之者乎？』詢之，果有婢子當浣濯者，斥之出，則又笑曰：『蓮花復圓，一一花上有如來。如來至，兒其行矣！』遂合掌翛然而逝。」中郎女兒禪那，不過十餘歲，便已通讀《法華》、《華嚴》，後同樣得病，「七之日，晨即謂人曰：『我以今日往，可請三叔來，助我念佛』，予往助之。俄頃，又曰：『專念上品蓮花，為父母也。』已令人以香熏衣，著完即逝。」小修兒子袁海，生一歲餘，便知膜拜趺坐。四歲便夭，死前因病內熱甚急，依然「則自念佛，呼人助之。度苦急則哀呼念佛，見人少停，即以手抓其面促之，凡二三日，以念佛代替呻吟。後數日，亦不復痛，惟不能食，遂逝。」四歲的小孩子，是否真如小修所言，可以念佛至此，不無可疑，但小修等人深信念佛可往生，則是沒有問題的。〔明〕袁中道：〈袁氏三生傳〉，《珂雪齋集》，頁734-736。

145 陳永革：《晚明佛教思想研究》，頁236。

何乃舍卻已佛，拜彼金銅！」[146]香光子（芝慶按：即袁宗道伯修）回答，這些話不過逞口舌之辯，學未見道，如果說淨土念佛只是剩語，則所謂即心即佛，生死涅槃，如來眾生，俱是妄見，無此亦無彼。若然如此，佛之一字，又該向何處安著？況且佛陀說法，從如來舉足下足之處，到上祖師呵佛斥教，不過都是假說，意在開權顯實：「一切皆遮者，止因人心執滯教相，隨語生解，不悟言外之本體，漫執語中之方便。一向說心說性，說空說幻，說頓說漸，說因說果，千經萬論，無不通曉。及問渠本命元辰，便將經論見成語言抵對。除卻見成語言，依舊茫然無措」、「于是諸祖知其流弊，遂用毒手，剗其語言，塞其解路，令其苦參密究，逆生滅流。生滅情盡，取捨念空，始識得親生父母，歷劫寶藏，卻來看經看教，一二如道家中事，然後如說進修，以佛知見，淨治餘習。」[147]其中大慧宗杲、中峯明本，言教體貼入微，尤其緊切，惟恐後人空解。而如禪客這般的人，不過飽記禪宗言語，排因撥果，以為行持，欲以了悟，不過自誤誤人罷了，況且由修見悟，悟後仍須再修，並非一悟之後就能見佛。洞了本源，更非日後一片坦途、直證道體，他說「若趙州除粥飯是雜用心，湧泉四十年，尚有走作，香林四十年，打成一片，兢兢業業，如護頭目，直至煙消灰滅，自然一念不生，業不能繫，生死之際，隨意自在」，證道之難，由此可見。即便如此，就他們所證之法來看，恐怕亦非禪客所謂上品上生人。更進一步來說，就算是宗門鼻祖龍樹菩薩，得大智慧大自在，以此悟無生無相之人，尚不墮階級之見，而見識悟性遠在之下的宗門禪客，又何必妄分彼此，區分上下？要知道「一念不盡，即是生死之根，業風所牽，復入胞胎」，若想除棄生死聞見，則供養諸佛，念佛行願，還同往生，當是禪門悟修之士應該要行持的。伯修說

146　〔明〕袁宗道：〈雜說類〉，《白蘇齋類集》，頁316。

147　〔明〕袁宗道：〈雜說類〉，《白蘇齋類集》，頁317。

中郎作書的用意正是針對禪客這樣的人：[148]

> 石頭居士（芝慶按：中郎）少念志參禪，根性猛利，十年之
> 內，洞有所入。痛念見境生心，觸途成滯，浮解實情，未能相
> 勝。約始其偏空之見，涉入普賢之海，又思行門端的莫如念
> 佛，而權引中下之疑，未之盡破。又後博觀經論，始知此門全
> 攝一乘，悟與未悟，皆宜修習。

普賢之海，是指普賢菩薩的十大願王，以念誦、受持、修行普賢行願
的無邊功德，幫助眾生脫離生死苦海與俗世的苦痛，得歸西方極樂淨
土。[149]但光靠念佛亦無用，畢竟佛度有緣人，有緣人也必須要自修自
證，兩相同源，他力自力，參禪念佛，不廢彼此。而「生死事大，未
久遲疑」，故中郎「其論以不思議第一義為宗，以悟為道，以六度萬
行為助因，以深信因果為入門。」便然能解狂禪之惑（袁宏道批評狂
禪，詳見第三章），並了脫生死。

　　自力他力的結合，當然是伯修等人的主張。可知念佛也好、參禪
也罷，重在擺脫外在境況，遣名蕩相，避免「見境生心，觸途成滯，
浮解實情」的狀況。一般來說，中國佛教修悟的心，即是肯定自覺的
自宰，因此包含成佛的「佛性」、「真如」、「法性」。但此心未悟前，
業力流轉、塵世名色，彼此互相依存，此有此生，都是緣起合和所
致。[150]若依呂澂的說法，中國佛教對心的理論，可分兩種，一是性覺
說，即人的本心本是明覺，出生以後受到習氣障蔽，從明變為無明，
對治之道即是回歸本心本覺；二是性寂說，即心性本清淨，但本淨不

---

148 〔明〕袁宗道：〈雜說類〉，《白蘇齋類集》，頁320。
149 詳見《華嚴經》〈普賢行願品〉。
150 馬定波：《中國佛教心性說之研究》（臺北：正中書局，1980年），頁401-402。印
　　順：《佛法概論》（新竹：正聞出版社，2003年），頁147-151。

等於本覺，就好像明鏡照物，不能說鏡就是物，更不可能從明鏡所照中覺悟此心，因為明鏡不等於真知本淨。而要從不覺到覺，從無明到明，成佛必須經過對治「所知障」與「煩惱障」的「轉依」過程。[151] 反過來講，這個造成天地宇宙生滅的「識」（或稱阿賴耶識、阿梨耶識），佛經有時也以「心」含括之，[152] 因此心是構成有情生命的重要因素，有情世間，彼此輾轉相依，這就是因緣論，正如印順所說：「以有情為中心，論到自他、心境、物我的佛法，唯一的特色，是因緣論。」「因緣是有雜染的，清淨的，雜染的因緣，即緣起法。緣起法的定義，是『此有故彼有，此生故彼生』，說明依待而存在的法則。他的內容，是『謂無明緣行，行緣識，識緣名色，名色緣六處，六處緣觸，觸緣受，受緣愛，愛緣取，取緣有，有緣生，生緣老病死』。」[153] 十二因緣，因果相續，流轉生死輪迴中，它所代表的，正

---

151 呂澂的第一種說法，事實上正是熊十力所持，但呂澂認為這是錯誤的，熊、呂二人對此曾有不少爭論筆戰，本文不擬判斷這此論爭是非，只是藉呂澂的觀察，指出兩種常見的說法。關於二人的觀點，可參林鎮國：〈「批判佛教」思潮〉，收於氏著：《空性與現代性：從京都學派、新儒家到多音的佛教詮釋學》（臺北：立緒文化事業公司，1999年），頁28-32。

152 以唯識學的角度來講，蓋可略分為三種。地論宗認為阿賴耶識為真常淨識、為真心，具有覺悟之能；攝論宗則在八識之外，另立第九識阿摩羅識，以轉其它八識；《大乘起信論》則視阿賴耶識為染淨相依，未覺時為阿賴耶識，已覺則為清淨如來藏識，即所謂一心開二門，由心生滅門轉入心真如門（本文第四章將另有述及）。以上各家說法或有不同，但就體心明道，達理徹悟此點來講，各家並無差異。可參韓廷傑：《唯識學概論》（臺北：文津出版社，1994年），頁87-88、116-117、223。印順：《大乘起信論講記》（新竹：正聞出版社，2004年），頁60-64。關於「識」的定義，當然很複雜，此處只以緣起觀來講，只能重其一而略其餘。例如在世親《俱舍論》中，識與智都是認知的同義詞，被理解為「了知」；此外，在唯識學八識四智中，八識必須轉化為五智，前五識轉化為成所作智，意識智轉為妙觀察智，末那識轉為平等性智，阿賴耶識轉為大圓境智……都可見「識」的不同定義與解釋。可參林鎮國：〈天臺止觀與智的現象學〉，收於氏著：《空性與方法：跨文化佛教哲學十四論》，頁173-174。

153 印順：《佛法概論》，頁137、147。

是一種緣起的世界觀。故佛教認為萬法萬物皆源於心（有時亦稱識），是含攝世界的所在，並希望藉由靈明人心，對治所障，以破除塵世之虛妄，萬物（包括天）是空而非實。[154]當然，「心」也是不可執著的，既是無住無念，[155]就要經由不斷地否定以通向「空」（空也是不可執的，所以又有真空與太虛空、假空之分），又或是主張當下的不捨不取，所以「心」其實也是方便說法而已。因此中晚唐以後的禪宗亦由「即心即佛」，走向「非心非佛」，但即心也好、非心也罷，「空」的觀念是相通的。[156]所以佛禪基本上是一種緣起的立場，認為萬般事物皆非實有，也非孤立地存在。[157]就在這樣的緣起架構中，伯修深契此說，不過最特別的地方，他卻是以良知的立場結合佛教的緣起觀。關於伯修談及緣起的言論如下：[158]

> 即今耳目聞見是虛假，心意搏量是虛假，擬心去妄存誠亦是虛假。蓋此個都是仗境托物而生，境物非常住，此個安得無間斷。彼必曰：「我也耳目口鼻而為人，我有能見聞覺知而為人。」不知此等皆因緣而合，緣盡而散，畢竟祇同于龜毛兔角

---

154 陳弱水：《唐代文士與中國思想轉型》（桂林：廣西師範大學，2009年），頁352-353。

155 無住無念，即是超越對偶性的範疇，諸如有／無、善／惡、美／醜、有邊際／無邊際。

156 葛兆光：《中國禪思想史──從六世紀到九世紀》（北京：北京大學，2006年），頁328。鄧克銘就禪宗的立場便指出，雖然心的地位極為重要，但過分強調心之把握，念念於吾人意識中的心，則心往往可能落入虛構或人為概念化的危險。禪宗在教學上常有非常手段，正是為了破除吾人留念光景，誤以為掌握了心的錯覺，目的便在於破除與避免陷入虛構的想像世界中。鄧克銘：《華嚴思想之心與法界》（臺北：文津出版社，1997年），頁120-121。

157 就這點來講，佛禪並無太大差異，詳見劉芝慶：〈北宋理學「天人之道」溯源：以唐中葉「氣、天、易」為線索〉，《思與言：人文與社會科學雜誌》第48卷第4期（2010年12月），頁168-169、182-185。

158 〔明〕袁宗道：〈雜說類〉，《白蘇齋類集》，頁264、258、278。

耳。此即從緣生，即是有對待的。心生虛空，虛空立世
界。……而人乃取物交物之影相，誤認為心。

因緣所生法，包括我們的五官感覺在內，宇宙萬物都是緣起相生，因
緣而合，彼出於是，是亦因彼。可是緣起法是因果相生、因緣交際
的，並非永恆，而是變動不居，難以抓牢的，所以伯修才說：「蓋此
個都是仗境托物而生」、「此等皆因緣而合，緣盡而散」，眼所觀、耳
所聽、鼻所嗅、口所說，不論是自己或是對象，都是仗境托物、見聞
覺知，卻是「境物非常住」、「緣盡而散」，人固然因見聞覺知而為
人，但不可以取物的外在色相，誤認是由心所發的真實，[159]因此對於
世俗塵囂、外在世界這些「物交物之影相」，也應該有所警覺。

更進一步來講，伯修參話頭工夫，一方面要「疑」起外面事物的
短暫性、片刻性，體會因緣而合，緣盡而散道理。可是光疑外相還不
夠，另方面還要懷疑到自己身上才可以，「念佛者誰」——是誰念
佛？為什麼是「我」念佛？「我」念佛，是為了什麼？藉由不斷地反
問，層層推進，自我懷疑，最終推向「無」，即上述引文中的「虛
空」之意。前舉趙州從諗禪師「狗也無佛性」的公案，大慧宗杲要人
參究「無」字，就是要人不要只將「無」解釋成「有」、「沒有」的描
述義或數量義，而是該注重「無」的境界義，伯修說他在「無」字上
參工夫，亦類乎此：「古人云：『千疑萬疑，只是『疑』。』又云：『制
心一處，無事不辦。』弟近來亦止向無字上做工夫，些小光景，見解

---

159 《鎮州臨濟慧照禪師語錄》就說：「心法無形通貫十方，在眼曰見，在耳曰聞，在
鼻嗅香，在口談論，在手執捉，在足運奔。本是一精明，分為六和合。一心既
無，隨處解脫。」就文中看來，一心既無，隨處解脫，可見緣起的世界觀，有待
修行者的覺悟；反過來講，從心法而通貫十方，從自己的眼耳鼻口手足，但感官
所牽涉的對象，攀附拉扯，因緣相生，由一精明而分為六合，亦可見萬物幻化的
形成。〔唐〕慧然集：《鎮州臨濟慧照禪師語錄》，收入《大正藏》第47冊（臺北：
新文豐出版公司，1983-1988年），頁497A。

都不認著，只以悟為則。」[160]

那麼，「無」又是什麼呢？

二　談良知

這個「無」，雖然伯修也像佛禪一樣，從緣起的觀點談起，說是「父母未生前」、「本地風光」。[161]可是伯修講這些，並不是以如來藏的真常唯心來說。[162]就真常唯心看來，如來藏（妙明真心）能生萬法，卻又不住不染。畢竟相[163]通過因緣而呈現，雖是空而非實（只是人們常常誤將表象視為實相），可是天地宇宙又因緣而有，因為各種條件的相互依存所以處在變化之中，此即色相，又可稱為假有，是故色即是空，空即是色，兩者乃是不離不雜的關係。更進一步來講，山河大地，又或是色身諸相，皆是妙明真心所現；逆推回去，真心既生萬物，則由萬物回溯，皆可源於此妙明之心。「真心」，正是佛禪所謂的「真空」、「本地風光」、「清淨本原」。心生萬物，本地風光展於山河大地，這就是「生化」，是以萬物因緣相起，所以「空」才更顯得重要，此即「真空」。不過值得注意的是，晚明如李贄等人，他們談真常唯心，雖以「真常」為主，卻主張連心都要質疑、都要破除，他

---

160 〔明〕袁宗道：〈答陶石簣〉，《白蘇齋類集》，頁223-224。

161 「若父母未生前，也無眼耳，也無身，也無舌，也無色聲味觸」、「所謂本地風光，實泊然無可欲也。」〔明〕袁宗道：〈答陶石簣〉，《白蘇齋類集》，頁258、280。

162 印順法師曾指出，中國盛行的天臺、華嚴、禪、淨各宗，皆屬真常一系。印順：《無諍之辯》（新竹：正聞出版社，1985年），頁171-174。

163 相，即是客觀存有物的表象。若依《解深密經》的三自性（三性論）來說明，三自性就在於批判、並考察這種「相」的性質與來源。初期大乘瑜伽行派認為，與「名」相應之「相」，產生於因緣條件中（因緣所生），這是相的依據（ground），稱為「依他起相」，具體內容則是由十二因緣來表示。可見林鎮國：〈解釋與解脫：論《解深密經》的詮釋學性格〉，收於氏著：《空性與方法：跨文化佛教哲學十四論》，頁42。

們這樣的講法是要避免世人執著於「空」，枉費精神。因此，心生萬物，萬物又是假緣而生，當然心本身也是假說，亦不可滯，必須藉由不斷地否定，層層撥遮，避免扣著於心，以破除執障。[164]這樣的空，過分拘泥，就不是之前所講的「真空」，而是指不明佛理者之空，可稱為「太虛空」、「斷滅空」。李贄在〈觀音問〉中，就以「親（真）爺娘」（即是指「真心」）比喻在生死之中，既能脫離生死，又能生生而無生，「能生生而實無生，能死死而實無死」，彼此當不即不離；「假爺娘」則反之，流離回轉，激蕩迷失，循環不已。[165]但他又進一步講，所謂的親（真）爺娘，也都只是方便說法而已，不應執著：「『父母未生前』，則我身尚無有，我身既無有，則我心亦無有，我心尚無有，如何又說有佛？苟有佛，即便有魔，即便有生有死矣，又安得謂之父母未生前乎？然則所謂真爺娘者，亦是假立名字耳，莫太認真也！」[166]因此李贄才要做到「原無生死」，用前面引文來講，就是「父母未生前」，父母未生前，又何來身？何來心？是故身是空，心亦是空，既然如此，又有何所執？至於生死亦可依此類推：「故知原無生者，則雖千生總不妨也。何者？雖千生終不能生，此原無生也。……。故知原無死者，則雖萬死總無礙也，何者？雖萬死終不能死，此原無死也。」[167]原無生者，生亦不妨，亦不能生；原無死者，死亦無礙，終不能死。已無生死，所以既不怕生也不懼死。如此一來，伴隨著人身而來的世間之苦，[168]皮之不存，毛將焉附？自然亦無

---

164 這種藉由否定再否定的悟道方法，事實上正是禪宗的一種。畢竟眾生悟法，根器不同、遲疾亦異，禪師自然要隨機接引，有時為破除執障，不免以言行曲折或直指道破，又恐後人執著於此，故又再須以其它言行戳穿，輾轉相破。可參巴壺天：《藝海微瀾》（臺北：廣文書局，1987年），頁45-96。

165 〔明〕李贄：《焚書・觀音問十七條》，《李贄文集（第一卷）》，頁162-163。

166 〔明〕李贄：《焚書・答明因》，《李贄文集（第一卷）》，頁163。

167 〔明〕李贄：《焚書・觀音問十七條》，《李贄文集（第一卷）》，頁160。

168 李贄認為人生實苦，他常常思考，活著為什麼會這麼苦？「既以妄色妄想相交雜

須掛懷，不必再執，正如李贄在〈哭耿子庸〉所言：「反照未生前，我心不動移。仰天一長嘯，茲事何太奇！從此一聲雷，平地任所施。開口向人難，誰是心相知？」[169]最後一句為感念知己，故不必論。綜觀詩意，顯然，正如劉季倫所言，在「父母未生前」的標準之下，所有「父母已生後」的標準都是偏執的、片面的妄相，[170]能明白這點，自然就是「從此一聲雷，平地任所施」了。

由此可見，「無」與「父母未生前」的關係，李贄說得再清楚不過了。[171]可是伯修卻非如此，他雖也使用這類的名詞，不過是為了說明萬物緣起的虛妄、虛相而已，名詞的引用，不代表內涵的認定是一致的。因為更多時候，他其實是用良知來講緣起的，像是他以《大

而為身，于是攀緣搖動之妄心日夕屯聚于身內，望塵奔逸之妄相日夕奔趣于身外，……如衝破逐浪，無有停止……」，我觀我生，我以親行自證，但惑業無明，紅塵滾滾，淪入俗網中，妄色妄想交雜，此身雖在堪驚，又該如何自處？他說得很明白：「尋常亦會說得此身是苦，其實只是一句說話耳，非真真見得此身在陷阱坑坎之中，不能一朝居者也，試驗之自見。」正因為親身體驗，所以他才要求道，明白生存的本質。更進一步來講，藉由對於佛學的理解，他所體驗的塵世之苦才有了著落：萬物諸相，世間皆苦，故此身常在陷阱坑坎之中，緣起相生。究其實理，一切都是真心（真空）所化，真心能生苦，自然就能滅苦，諸相如此，生死亦然。〔明〕李贄：《焚書》〈解經文〉、〈觀音問十七條〉，《李贄文集（第一卷）》，頁127、158。

169 〔明〕李贄：《焚書・哭耿子庸》，《李贄文集（第一卷）》，頁218。

170 劉季倫（1999）：《李卓吾》（臺北：東大圖書公司，1999年），頁74-75。

171 關於李贄如何看待真常唯心說，可參江燦騰：〈李卓吾的生平與佛教思想〉，收於氏著：《明清民國佛教思想史論》，頁209-218。劉芝慶：〈李贄的生死之學〉，《新世紀宗教研究》第10卷第1期，頁112-121。當然李贄並非全以真常唯心說為主，他與心學、佛學的關係，牽涉頗為複雜。一般來說，李贄融合真常唯心與陽明良知學的思想來理解生死，他談生死，既注重身體的感受（如病痛、塵世的羈絆），但也注重精神的超脫（如他講「聖人不死」），可參左東嶺：《王學與中晚明士人心態》，頁546-565。黃繼立：《「身體」與「工夫」：明代儒學身體觀類型研究》（臺北：臺灣大學中國文學研究所博士論文，2010年），第五章。劉芝慶：〈李贄的生死之學〉，《新世紀宗教研究》第10卷第1期，頁101-130。至於晚明心學良知與佛法真知的異同分判，可參陳永革：《晚明佛教思想研究》，頁341-389。

學》的明德來解釋良知，德就是明，明德，就是自明，[172]不必如鏡欲
自照，眼欲自見一般，以明再求於明。若然如此，「明明德」又該何
解？他認為這是「蓋不欲人直下識取云爾，故後面釋曰：『皆自明』
也。第玩『自』字便見，不落情量，全體顯現，非假一毫功力也。」[173]
就跟「明德」一樣，良知也是自明的，是自然而然、是全體顯現，非
造作，非藉力，不落情量，不遮兩邊，不入私意。他更說良知是「吾
人良知，本無不知，不可以知更求于知」，[174]良知本就是天理之知，
不必在知外更求知。這樣的良知，是「善惡兩邊俱不依是何境」，即
所謂「至善」。[175]「至善」與「善」、「惡」並非同個層次，就後者來
說，有善有惡是道德的，是人倫世界中的善與惡；就前者來看，「至
善」是圓融成熟、充盈完滿的境界義，既不落善惡兩邊，亦不非此即
彼，不依何境。[176]那麼，要如何能至善？則在「止」，息機忘見，就

---

172 「明德，考亭釋為虛靈不昧，甚妙。即伯安先生所拈良知者是矣。德即是明，不
　　可以明更求於明，擬欲明他，是鏡欲自照，而眼欲自見也，安可得哉！」〔明〕袁
　　宗道：〈說書類〉，《白蘇齋類集》，頁238。
173 〔明〕袁宗道：〈說書類〉，《白蘇齋類集》，頁238。
174 〔明〕袁宗道：〈說書類〉，《白蘇齋類集》，頁241。
175 〔明〕袁宗道：〈說書類〉，《白蘇齋類集》，頁238。
176 伯修講至善，與憨山德清的講法極為類似，憨山德清說：「問：如何是至善？答：
　　自古以來，人人知見，只曉得在善惡兩條路上走，只管教人改惡遷善，此是舊來
　　知見，有何奇特？殊不知善惡兩頭，乃是外來的對待之法，與我自性本體，了不
　　干涉，所以世人作惡的可改為善，則善人可變而為惡，足見善不足恃也。以善不
　　到至處，雖善不善，故學人站立不住，以不是到家去處，非可止之地。以此看
　　來，皆是舊日知見習氣耳。今言至善，乃是悟明自性本來無善無惡之真體，只是
　　一段光明，無內無外，無古無今，無人無我，無是無非，所謂獨立而不改。此中
　　一點著不得，蕩無纖塵。若以善破惡，惡去善存，此猶隔一層，即此一善字，原
　　是客塵，不是本主，故不是至極可止之地。只須善惡兩忘，物我跡絕，無依倚，
　　無明昧，無去來，不動不搖，方為到家時節。到此，在己不見有可明之德，在民
　　不見有可新之民，渾然一體，乃是大人境界。無善可名，乃名至善，知此始謂知
　　止。」憨山德清認為至善是無內無外、無古無今、無人無我、無是無非，是超越
　　一般世俗善惡，是善惡兩忘、物我跡絕、無依倚、無明昧、無去來、不動不搖，
　　這與伯修對至善的理解，並無太大差異。〔明〕蕅益智旭：〈大學綱目決疑〉，《憨
　　山老人夢遊集》，頁319-320。

能止於至善，知止便是格物致知，所致之知乃良知，又謂明德。良知本知、本誠、自明、至善，就像《中庸》所謂「不睹不聞」、「無聲無臭」、「天命之性」、「未發之中」，也像佛教講的「知之一字，眾妙之門」：[177]

> 蓋此知本誠，不必別用功求誠也，故曰：「欲識其誠，先致其知。」後面釋誠意曰：「君子必慎其獨。」此也。獨字最奧，如《中庸》所謂「不睹不聞」、「無聲無臭」、「天命之性」、「未發之中」等是也。正是良知，又謂明德。非格物之君子，安能識渠面孔乎哉！
>
> ……吾人良知，本無不知，不可以知更求于知。……將知求知，則名為妄，不名為知。……人知知之，知而不知，不知之知也，昔人「知之一字，眾妙之門」，而又有謂「知之一字，眾禍之門」者。通此二說，始得夫子論知之義。

第二段引文，是伯修解釋《論語》「知之為知之，不知為不知，是知也。」因為吾人良知，本無不知，此知乃「眾妙之門」，所以不必再於知上求知；反之，若不以良知為知，妄再求知，或求他知，這種求知就不是知，而是妄，則知就可謂「眾禍之門」。前述伯修所提到的「從緣生，即是有對待的」、「蓋此個都是仗境托物而生，境物非常住，此個安得無間斷。」「不知此等皆因緣而合，緣盡而散，畢竟祇同于龜毛兔角耳。」「而人乃取物交物之影相，誤認為心。」都是就非「良知」之「知」、非「至善」之「善惡」、非「自明」之「明」、非「真心」之「心」層面來講的，這些都是緣起、都是妄知、都是「眾禍之門」。一旦在仗境托物的塵俗中打轉，往往就會沉淪難以自

177 〔明〕袁宗道：〈說書類〉，《白蘇齋類集》，頁239、241。

解，有鑑於此，我們就要穿過世間緣起妄知幻化而成假相，直透本來的良知面目（良知是穿透生死、是至善的圓滿境界）。所以知止、息機忘見、不落情量，格物致知以求良知，就成了脫離生死沉淪的法門。

　　換個方式來看，伯修在理解《論語》、《中庸》、《孟子》的重要語句時，也常用「性體」、「天命之性」、「赤子之心」來代替良知。像他分辨天命之性與率性之道的不同，就說一般人常將後者認判為前者，因為無一息不流不停，此乃天命之性，而率性之道等色聲視聽卻不如此，友人反問他：「能視能聽的固不是天命。只始視聽之時，隨機感應，不待安排，不識不知，自然而然，此安得非天命之性？」若有視聽聞見就不是天命之性，那麼順著自然而發、不待安排的視聽色聲，可不可以是天命之性呢？伯修的答案還是否定的，他說天命之性，不可以不視聽時便有，視聽時便無；也不可以說不起念時便有，不起念時便無。因為天命之性是超脫其上，不落亦不遮有無兩邊的，就像三四月天，春風煦然，花開滿地，「萬樹千卉，紅者紅，紫者紫，青者青，白者白，爭妍交豔，哪一件不仗賴春的氣力？」可是花卉有許多種顏色，春卻沒有，不能把花卉誤認為春，更不能因此說春不存在，「要知春無一處不有，又無一處可見。」天命之性（良知）也是如此，「若天命之性，性一切心，體一切用，生天生地，生人生物，橫貫宇宙，豎窮古今，豈為你所無乎？」由此可見：「不睹不聞，此性體也，即天命也。」[178]「性體無善惡，無向背，無取捨，離彼離此，而卓爾獨存，非中非邊，而巍然孤立。」[179]「赤子之心，無分別，無取捨，所謂第一念也。」[180]伯修不斷重複類似的語句與內涵，無分別、無取捨、無善惡、非中非邊、不睹不聞等等，說的都是同個意思。

178　本段引文皆可見〔明〕袁宗道：〈說書類〉，《白蘇齋類集》，頁258、259。

179　〔明〕袁宗道：〈說書類〉，《白蘇齋類集》，頁244-245。

180　〔明〕袁宗道：〈說書類〉，《白蘇齋類集》，頁275。

明乎此,才能明白生死的道理:[181]

> 此性互古互今,不動不變,本自無生,又寧有死?生死有無,
> 繫乎一念迷悟間耳。……故孔子曰:「朝聞道,夕死可矣。」
> 夫聖人者,豈不知本無生死,隨順迷人情見,權說為死耳。又
> 豈不知古今始終不移,當念展縮在我,延促俱妄,亦隨順迷人
> 情見,權說為朝夕耳。

「朝聞道,夕死可矣」,又或「為知生,焉知死」,都是晚明談生死
者,相當看重的話,注解者甚多。[182]生死有無,既繫乎一念迷悟間,
則致良知,又或是明白真心、天命之性、赤子之心,理解性體,就成
了超脫生死的關鍵。畢竟這些詞語背後代表的,正是無善無惡、非中
非邊的本地風光(或「父母未生前」,伯修也稱為「真見」),[183]這些
都是脫離生死的關鍵處。這樣的思考模式,或有來源於佛釋,主要還
是從王陽明的四句教中得來,[184]其中重要的入手處,則是王畿。

眾所皆知,王陽明天泉證道的四句教[185]對日後的心學發展,產生
了很大的影響。究竟該怎麼解釋「有」與「無」、「善」與「惡」的心

---

181 〔明〕袁宗道:〈說書類〉,《白蘇齋類集》,頁242。

182 彭國翔:《儒家傳統:宗教與人文主義之間》,頁125。

183 「若夫一片本地風光,乃天地未分,父母未生前消息。」「唐堯一片本地風光,豈
惟世人莫能見,即聖如孔子亦不能見。豈惟夫子不能見,堯亦復不能自見也。不
見之見,是謂真見。得此真見者,山河大地,牆壁瓦礫,皆是見堯也。」〔明〕袁
宗道:〈說書類〉,《白蘇齋類集》,頁269、頁247。

184 目前學界對伯修這方面的思想內涵,研究極少,指出四句教與伯修思想關係者,
幾乎可說是沒有。本文粗發其凡,希望能藉此開啟對認識伯修思想的一些層面。

185 關於陽明四句教的前因後果,研究者頗多。可參鍾彩鈞:《王陽明思想之進展》
(臺北:文史哲出版社,1993年),頁123-149。陳來:《有無之境——王陽明的哲
學精神》(北京:北京大學出版社,2006年),頁179-189。陳立勝:〈王陽明「四句
教」的三次辯難及其詮釋學義蘊〉,《臺大歷史學報》第29期(2002年6月),頁1-
27。

體意念關係，尤其言人人殊。本文並非專門研究陽明學的論文，不擬一一細究，因為我們關心的是，伯修怎麼理解四句教的「有」與「無」、「善」與「惡」？他又怎麼吸收陽明後學（主要是王畿）的說法，然後融為己用？

由於伯修曾說王畿所悟無善無惡之知，正是良明本意，王畿之於王陽明，就像慧能之於達摩祖師，對王畿得承師說，讚佩不已。[186]他在〈雜說類〉裡，更引述陽明以天泉證道（四句教）教人，王畿得之最深，故王畿所傳陽明學，以及師徒情深，伯修極為推崇：[187]

> 予始讀陽明先生集，竟不能無疑。及讀先生天泉證道之言曰：「汝中（芝慶按：王畿，字汝中）所見，我久欲發，恐人信不及，含蓄到今。此是傳心秘藏，顏子、明道所不敢言者。今既已說破，亦是天機發洩之時，豈容復秘。」嗟乎！先生發藏最上一著，許多年不露一點端倪，若非龍溪自悟，當終身閉口矣。大宗匠作用何如哉？前輩為余言：陽明接人，每遇根性軟弱者，則令其詣湛甘泉受學。甘泉自負陽明推己，歡然相得。其實陽明汰去砂礫，直學真金耳。于時王龍溪妙年任俠，日日在酒肆博場中，陽明亟欲一會，不來也。陽明卻日令門弟子六博投壺，歌呼飲酒，久之，密遣一弟子瞰龍溪所至酒家，與共賭，龍溪笑曰：「腐儒亦能博乎？」曰：「吾師門下日日如此。」龍溪乃驚，求見陽明，一睹眉宇，便稱弟子矣。

---

186 「王汝中所悟無善無惡之知，則伯安本意也。汝中發伯安之奧也，其猶荷澤發達磨之秘乎！」〔明〕袁宗道：〈說書類〉，《白蘇齋類集》，頁240。小修也與伯修有同樣的的看法（可能也是受伯修的影響）：「良知之學，開于陽明，當時止以為善去惡教人，更不提著向上事。使非王汝中發之，幾不欲顯明之矣。」〔明〕袁中道：〈書學人冊〉，《珂雪齋集》，頁891。

187 〔明〕袁宗道：〈雜說類〉，《白蘇齋類集》，頁307。

關於天泉證道的經過,據彭國翔的整理,大約有兩類七種,一種是聽
聞或後人的記錄,如《東廓鄒先生》卷二〈青原贈處〉、徐階〈王龍
溪先生傳〉,以及《明儒學案》卷十二〈浙中王門學案二〉;另一種則
屬當事人記錄,諸如〈天泉證道記〉、〈刑部陝西司員外侍郎特詔進階
朝列大夫致仕緒山錢君行狀〉、《傳習錄》下的相關內容等等。身為天
泉證道的當事人,錢德洪與王畿記載略有不同,特別是王陽明對二人
的評論,更有差異出入。至於伯修所言:「汝中所見,我久欲
發⋯⋯。」出自王畿〈天泉證道記〉。[188]王陽明誘王畿入道一事,《明
儒學案》亦有類似記錄。[189]可是故事真實性固然重要,但這裡本文更
重視的是伯修如何理解王畿與王陽明,他以荷澤發達磨之秘,比擬陽
明師徒,又說王陽明不輕易收徒,引誘王畿入道,是「陽明汰去砂
礫,直學真金耳」,而王畿終也深獲陽明真傳:「先生殀藏最上一著,
許多年不露一點端倪,若非龍溪自悟,當終身閉口矣。」都可見伯修
對他們的尊敬與崇拜,故伯修所論所學,實多出於二人,錢穆也說
「伯修論學實從龍溪來」,洵為卓見。[190]我們不妨就以為線索切入,
來看他們怎麼理解良知的有無之境。正如許多研究者所言,四句教中
的首句「無善無噁心之體」,歷來難解,也引起了後世不少爭論。就
王陽明自己的話看來,他認為「無善無惡」的解釋,並不是針對世間
道德的善惡而發,而是指心體的清澈、晶瑩,是就太虛無形、止於至

---

188 彭國翔:《良知學的展開──王龍溪與中晚明的陽明學》,頁170-178。

189 「時龍溪為諸生,落魄不覊,每見方巾中衣往來講學者,竊罵之。居與陽明鄰,
不見也。先生多方誘之,一日先生與同門友投壺雅歌,龍溪過而見之曰:『腐儒亦
為是耶?』先生答曰:『吾等為學,未嘗擔板,汝自不知耳。』龍溪于是稍相嚅
就,已而有味乎其言,遂北面陽明。緒山臨事多滯,則戒之曰:『心何不灑脫?』
龍溪工夫懶散,則戒之曰:『心何不嚴栗?』其不為姑息如此。」〔清〕黃宗羲:
《明儒學案》,頁464。

190 錢穆:〈記公安三袁論學〉,收於氏著:《中國學術思想史論叢(第七冊)》(合肥:
安徽教育出版社,2004年),頁224。

善的定義來講的，《年譜》記載王陽明回答錢德洪之問：「有只你自有，良知本體原來無有，本體只是太虛。太虛之中，日月星辰，風雨露雷，陰霾饐氣，何物不有？而又何一物得為太虛之障？人心本體亦復如是。太虛無形，一過而化，亦何費纖毫氣力？」[191]陳來據此，認為王陽明所謂「無善無惡」，就心體工夫來說，並不是「沒有善沒有惡」的意思，更非不分善惡、混淆善惡，而是指人心本體的晶瑩不滯，正如《傳習錄》所言：「人心本體原是明瑩無滯，原是個未發之中」，明瑩無滯，就是無善無惡的另種形容。陳來的觀察是：「陽明四句教『無善無噁心之體』思想的意義已經完全清楚了，它的意義不是否定倫理的善惡之分，它所討論的是一個與社會道德倫理不同面向（dimenntion）的問題，指心本來具有純粹的無執著性，指心的這種對任何東西都不執著的本來狀態是人實現理想得自在境界的內在根據。」[192]文字雖不免冗長，但意思很清楚，「無善無惡」非指善惡，而是指心體的流動感通，處於大化自然中，無執無偏。根據《傳習錄》錢德洪所錄的部分，從心之本體來看，良知是「未發之中」：「良知即是未發之中，即是廓然大公，寂然不動之本體，人人之所同具者也。」[193]不過良知既然是不滯不偏，為何又是未發之中？兩者豈不矛盾？楊儒賓早已指出，就發生歷程來看，雖可分成有／無、已／未，但本體（或稱良知、本心、意根等等），卻難分有無已未，因此作為本體的「未發」，實無所謂「已發」、「未發」。[194]因此當有人問王陽明關於動靜的問題：「明是動也，已發也，何以謂之靜？何以謂之本體？豈是靜定也？又有以心貫乎心之動靜邪？」王陽明就以「不睹不

191 〔明〕王陽明：《王陽明全集》（上海：上海古籍出版社，2006年），頁1306。
192 陳來：《有無之境──王陽明的哲學精神》，頁189-197。引文見頁197。
193 〔明〕王陽明：《王陽明全集》，頁62-63。
194 楊儒賓：〈論「觀喜怒哀樂未發前氣象」〉，《中國文哲研究通訊》第15卷第3期（2005年9月），頁46。

聞，無思無為」作為回答，這不是槁木死灰，而是「動亦定，靜亦定，體用一原也。」[195]王陽明在其它地方也說過：有事無事，可以分動靜；寂然感通，也可以分動靜。可是作為「無善無惡」的心之本體、作為心體的良知，就不能分有事無事，亦無所謂動與靜。[196]

以上所言，偏向於「無」的一面，「無」是自然無形、是明瑩太虛。但另方面王陽明也講「有」，良知是造化的精靈，又是陽明從百死千難中得來。故不論是從心體說良知，又或是從格物致知來致良知，顯然都須由良知的「有」來省察、調適，因此良知是至善的存在，是具體可感知的實在，發諸良知，輻射世界，則日用流行間，大化運行中，觸處可見道，這就是「有」：「夫良知即是道，良知之在人心，不但聖賢，雖常人亦無不如此。若無有物欲牽蔽，但循著良知發用流行將去，即無不是道。」[197]楊儒賓認為良知是本體（王陽明曾說：「廓然大公寂然不動之本體」、「心之本體即是天理，……天理原自寂然不動」、「無知無不知，本體原是如此」），本體除了知是知非，自然也能生天生地，所以良知必然會由意識界走向存在界，[198]這便是王陽明所云「發用流行將去」之意。由此可見，四句教中便隱含這種「有」、「無」的向度，等待後世發掘。王畿對這種有無之境，深契於心，他以「見在良知」為說，[199]見在良知之「在」，便意謂著良知的

---

195 〔明〕王陽明：《王陽明全集》，頁63。

196 「有事無事，可以言動靜，而良知無分于有事無事也。寂然感通，可以言動靜，而良知無分於寂然感通也。動靜者所遇之時，心之本體固無分于動靜也。」〔明〕王陽明：《王陽明全集》，頁64。

197 〔明〕王陽明：《王陽明全集》，頁69。

198 楊儒賓：《從《五經》到《新五經》》（臺北：臺灣大學出版中心，2013年），頁177-178。

199 當時與後世學者多以「現成良知」為王畿之說，事實上王畿並未使用該詞，而是使用「見在良知」。若觀諸王畿與其他陽明後學的諸多討論，王畿也未反對使用「現成良知」，吳震就認為在陽明後學的語境脈絡中，「現成」亦可作「見成」、「見下」、「當下」，故「見在良知」與「現成良知」為同義；彭國翔看法則有不

存有義，見在良知之「見」，則是顯示良知的活動義，因此良知既是
當下具足、不偏不倚的「良知本有」，故曰「在」；也是隨時可呈現的
「良知活動」，此為「見」，正如林月惠所言：「龍溪言『見在良知』
不僅止於『良知本有』的存有義，更重要的是，他要突顯『良知可隨
時呈現』的活動義。在龍溪看來，良知的活動義，不僅表現在良知
『可隨時呈現』上，而且其實踐動力是『當下具足』，因此，龍溪喜
用『昭昭之天與廣大之天』的模擬，來論證良知之實踐動力當下具
足、沛然莫之能禦。」[200]故不論是在〈太極亭記〉所說：「寂然不動
者，良知之體；感而遂通者，良知之用。常寂常感，忘寂忘感，良知
之極則也。夫良知是知非，而實無是無非。無中之有，有中之無，大
易之旨也。」[201]還是〈不二齋說〉所言：「良知即道，良知即
命。……良知原無一物，自能應萬物之變。譬之規矩無方圓，而方圓
自不可勝用……。」[202]又或是〈致知略議〉所云：「良知者，本心之
明，不由學慮而得，先天之學也」、「良知者，無所思為，自然之明
覺，即寂而感行焉，寂非內也，即感而存焉，感非外也。」都是秉此
原則而發。就境界來講，良知無是無非，忘寂忘感，可謂至善；就人
倫日用來說，良知知是知非，為善去惡，都是修身的重要關鍵。因此
從人到天地萬物，這一連續性的存有整體，良知是至善的實在，可謂
良知之「有」；良知作為道德行為的發動或是監督機制，流行發用是

同，他指出兩者意涵或有重迭性，相較來說，「現成」一詞具有已完成的意思，
「見在」則無此意；「見在良知」強調的是存有論與本體意義的先驗完滿性，「現
成良知」則意謂良知本體在現實經驗意識中的完成與完滿狀態。張衛紅：《羅念庵
的生命歷程與思想世界》（北京：生活・讀書・新知三聯書店，2009年），頁303。
趙偉：《晚明狂禪思潮與文學思想研究》，頁150。

200 可參林月惠：《良知學的轉折：聶雙江與羅整庵思想之研究》（臺北：臺灣大學出
版中心，2005年），頁502。

201 〔明〕王畿：〈太極亭記〉，《王畿集》，頁482。

202 〔明〕王畿：〈不二齋說〉，《王畿集》，頁493。

自然而然，無有任何執著造作，可謂之「無」。[203]

　　當我們明白王陽明師徒對良知的說法，再回頭看伯修的言論時，就更可以明白他的思想觀點了。[204]伯修講良知，講天命之性、性體，甚至講《中庸》「不睹不聞」、「無聲無臭」、「天命之性」、「未發之中」，顯然都是偏向「無善無惡」這一面來看的，所以他才說：「善惡兩邊俱不依是何境」、「不落情量，全體顯現，非假一毫功力也。」他強調的「真知」、「無知」、「無言」[205]等「大休歇之處」（即是孟子的「不動心」），也應該在這個層次上理解：[206]

　　　　虛明之中，豈容一毫妄知耶！孔子蓋真無知耳，惟全體無成全

---

203 王陽明弟子中，王畿頗能深入其中，後出轉精，對師說闡發亦不遺餘力。可參彭
　　國翔：《良知學的展開──王龍溪與中晚明的陽明學》，第二、三、四章。特別是頁
　　37-50。至於對「無善無惡」的解釋，當然也不是只有這種看法，錢德洪、聶豹，
　　甚至許多陽明後學，都曾提出不同意見。例如大伯修數歲的馮從吾，就認為善與
　　惡，固然是相對，但無善也是一種善，並不因為無相對之惡，就不能說是善。無
　　善之善，本只有善，其後入世染習，於是才有善有惡，就像河水一樣，源頭是
　　清，漸流漸遠之後，才有清有濁：「或問：『近日學者，亦知無善無惡之說之誤。
　　又講有善之善，有無善之善。若謂善之善，對惡而言也。無善之善，指繼善之
　　初，不對惡而言也。如何？』公（芝慶按：指馮從吾）曰：『吾儒之旨，只在善之
　　一字。佛氏之旨，卻在無善二字。近日學者，既惑于佛氏無善之說，而又不敢抹
　　搬吾儒善字。于是又有無善之善之說耳。又有一譬云：山下出泉，本源原清，漸
　　流漸遠，有清有濁。謂有濁而清名始立，則可；謂流之清對濁而言，則可；謂水
　　之源無清無濁，則不可。謂流之清為清之清，源之清為無清之清，則不可。知此
　　則本體無善無惡之說，有無善之善之說，是非不待辨而決矣』。」此皆不易之論
　　也。〔清〕王弘撰：《山志》，頁30-31。
204 與袁氏三兄弟交好的李贄，他推崇王畿，更在推崇王艮之上。伯修的思想淵源，
　　也有可能是從李贄處得來。關於李贄與王畿的關係，可見吳震：《泰州學派研
　　究》，頁36-37。
205 王畿便曾說過：「孔子曰：『吾有知乎哉？無知也。』言良知本無知也。」〔明〕王
　　畿：〈三教堂記〉，《王畿集》，頁486。林兆恩也以「無知」說明良知，並同樣將
　　「至善」與「無知」結合，以此說明心體的境界性。可參鄭志明：《明代三一教主
　　研究》，頁266-268。
206 〔明〕袁宗道：〈說書類〉，《白蘇齋類集》，頁247、271。

體有，小扣小應，大扣大應。自爾浩然之氣一時養就，差別言語一時知得，方悟此心寂靜活潑，不以求時動，不求時不動。不動時固不動，動時亦不動也。動亦不動，是為大定。無不得之言，無不得之心。不須求，亦不須不求，方纔是當人大休歇之處，方纔是孟子之不動心，曾子之不動心，孔子之動心，一切聖賢之不動心，豈告子輩之所能知哉！

不動心，非心不動也，若以為不動心只是按捺，硬不動心，不過只是「偷心」，正所謂將心無心，反而會心轉成有，以止止心，反而更讓心躁動不安。[207]真正的不動心是指心的寂靜與活潑。寂靜活潑並非矛盾，也非互不相容，因為就「無」的立場來看，實已包容兩者，是心的存有狀態、是充盈豐滿的境界，「方悟此心寂靜活潑」，正是指心的至善層面。這種境界，就是虛明，是無限的有，因此不能單以絕對的有無來講，也不會落於寂靜或活潑的一偏一邊，所以自然也不能單以二分法的動靜來看，就像引文中的「不動時固不動，動時亦不動也」，不動與動是相對性的，正如善與惡的一樣，都是就世俗價值來講（這個價值，又是從緣起的世界中產生），但後面的「不動」則是指境界義（是為大定），所以不能把境界義與世俗價值義混淆，故「到此說有說無，俱為戲論，惟在學者默契而已。」[208]這種境界的「無」、就是不動心、是至善的存在，是不睹不聞、是無聲無臭、是無善無惡，是父母未生前的本來面目——就是良知（王陽明也講過：「本來面目」即吾聖門所謂「良知」[209]），前引伯修向「無」字上做

---

207 「要心不動，硬作主張，只不動便了。縱使暫時按伏得住，其偷心怎得絕？即這硬不動的便是偷心了也。所謂將心無心，心轉成有；止動歸止，止更彌動。何異縛樹枝葉，而更求樹之不生者乎？」〔明〕袁宗道：〈說書類〉，《白蘇齋類集》，頁270。

208 〔明〕袁宗道：〈說書類〉，《白蘇齋類集》，頁262。

209 〔明〕王陽明：《王陽明全集》，頁67。

工夫，便是此義。

　　那麼，要如何致良知，以明良知至善有無之境？答案就是格物致知。關於伯修思想中的良知與因緣、格物致知的關係，為方便理解，我們不妨以圖表說明：

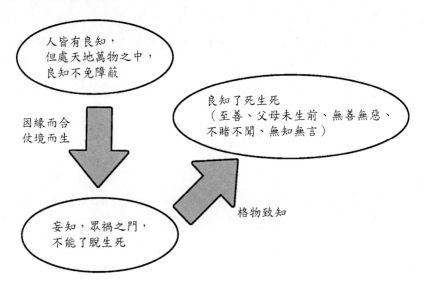

　　前已言之，良知至善、完滿，所以可說是「眾妙之門」，故不必再於知上求知。但如果在仗境托物的塵俗世界中，陷溺難以自拔，往往就會將妄知錯當良知，反而成了「眾禍之門」。因此，良知並不只有「無善無惡」的有無之境，同時還蘊含「為善去惡」的向度。這就牽涉到陽明學人如何看待格物的問題，王陽明以格為正，格物就是正意念，事物各其得宜。王陽明說：「心之所發便是意，意之所在便是物」，從意念所發，到物之所在，若能以良知行之，則能成己成物，為善去惡，遂通為一。[210] 王畿則是將「念」視為是「意」的最小單位，從「念」上自省，一念之微，工夫的開展將更加嚴密細緻；「幾」則是感性面向的意之動，為良知心體的初發處。於是從「一念

---

210 蔡仁厚：《王陽明哲學》，頁33-34。

之微」與「幾」上入手，格物致知，就成為王畿正心的工夫。[211]伯修
雖也強調格物，卻是以因緣的講法，將「物」視為是情念生起的對
象，「情念不孤起，必緣物而起，故名情念為物也」，情念緣物而起，
物與物接，彼此糾纏藤繞，構成了有情世界。這些物，基本上就是緣
起、妄知、眾禍之門的元素，於是伯修就要致良知，藉由格物致知，
靈知顯現，迥然朗然，冀能超生脫死。而初入道者，又該如何格物用
功？「須是窮自己情念起處，窮之又窮，至于窮不得處，自然靈知顯
現，迥然朗然，貫通古今，包羅宇宙則致知矣。故曰致知在格物，此
是初學下手吃緊工夫，千聖入門之的訣也。」[212]至於作意之時，真妄
交爭，善惡雜揉，理欲相乘，必得實用功力，才能息機忘見，止於至
善，安頓自身生命。[213]換個方式說，以情解物，甚至認為作意之時的
理欲交纏，這都是袁氏三兄弟放浪自適的一面；可是息機忘見，下手
吃緊工夫，顯然也是伯修他們所體悟的自制之道，這也是自適的一
種。關於自適的轉變，我們在中郎、小修身上會看得更清楚，第三、
四章將再作細論，此處暫時停筆。

第四節　小結：思想的曲折複雜處

　　本節從伯修的身世談起，論及他的生命歷練與學道歷程，因為親
人師友等緣故，最早他喜好道教，以呼吸養生之道入手，經歷艮背行
庭之法，又接觸佛教淨土、禪宗等學說，最後又重新回到儒學。

　　伯修以「三教聖人，門庭各異，本領是同」、「借禪以詮儒」的立
場出發，認為良知與真知、性體屬同個層次，彼此是互通的。正如鄧
克銘所言，伯修對於良知的理解，傾向於本體的把握，只要不落情

211　彭國翔：《良知學的展開──王龍溪與中晚明的陽明學》，頁131、139、141。
212　〔明〕袁宗道：〈說書類〉，《白蘇齋類集》，頁240。
213　〔明〕袁宗道：〈說書類〉，《白蘇齋類集》，頁241、238。

意，不因己私意念掩蓋，良知就能自然體現，「其與禪宗認為人人本具清淨心體，只要不起妄念，心體自然隨機運用，在思維方式上非常接近。」[214]伯修之所以說：「良知二字，伯安自謂從萬死得來，而或者謂其借路蔥嶺。夫謂其借路，固非識伯安者。然理一而已，見到徹處，固未嘗有異也」、「伯安所揭良知，正所謂『了了常知』之知，『真心自體』之知，非屬能知所知也。」[215]從「理一」的觀點來看，見到徹處，思維處固然極為雷同，非常接近，所以伯修才認為王陽明說的「了了常知」與佛教的「真心自體」，是「知」的同一層次。可是出處不同、入手不同，個人的體驗性也就不一樣，於是才有「分殊」的可能。伯修從陽明良知學著手，融合佛教真知、因緣說，表面上來看，固然如他所言，是「試以禪詮儒，使知兩家合一之旨」，究其實際，當伯修深入其中，卻是反過來，是「始欣然舍竺典，而尋求本業之妙義。」[216]以禪詮儒的作法，入室操戈，學禪而後知儒，[217]最後卻拔趙幟易漢幟，逼出了以儒說禪論佛的結果，企圖由此解決他的生死困惑。如黃宗羲所言：「萬曆間，儒者講席遍天下，釋氏亦遂有紫柏、憨山，因緣而起，至于密雲、湛然。則周海門、陶石簣為之推波助瀾，而儒、釋幾如肉串，處處同其義味矣。昔人言學佛知儒，余

---

214 鄧克銘：〈借禪詮儒：袁宗道之四書說解──以「性體」、「致知格物」為中心〉，《文與哲》第16期，頁384。

215 〔明〕袁宗道：〈說書類〉，《白蘇齋類集》，頁239。

216 〔明〕袁宗道：〈說書類〉，《白蘇齋類集》，頁239-240。

217 從內文可知伯修的〈說書類〉，所說之書，當然是《四書》，其中便含有許多佛理。荒木見悟就認為，明末佛教思想大量融入《四書》，成為一種「新四書學」；周群則是指出，晚明注解《四書》，除承續陽明學之外，以禪機詁儒理者，則為大宗，如管志道《孟義訂測》、姚應仁《大學中日讀》、姚舜牧《四書疑問》等，皆可得見。〔日〕荒木見悟：《明代思想研究──明代における儒教と仏教の交流》（東京：創文社，1972年），頁292-304。周群：〈論袁宗道的《四書》詮釋〉，收於黃俊傑編：《中日《四書》詮釋傳統初探》（臺北：臺灣大學出版中心，2008年），頁512-513。關於荒木見悟研究公安派與佛學的觀點，可見〔日〕荒木見悟：〈公安派の佛教思想〉，《明末宗教思想研究》（東京：創文社，1979年），頁421-471。

以為不然，學儒乃能知佛耳。」[218]黃宗羲雖未言伯修，不過伯修亦不能自於其外，伯修的試以禪詮儒，或可是學佛知儒，實際上卻是「學儒乃能知佛耳」，伯修思想的曲折複雜處，饒富趣味，其可觀者在此。

　　最後，我們仍必須追問，儒學良知與佛教真知，到底能否同等看待？就伯修看來，似乎不成問題。可是若就王畿等儒者，以及湛然圓澄等佛教人士來說，看似相類，實則差之千里，完全不同。伯修雖然說「既知此理之明，則其毫髮之異，久自明矣。」[219]可是他並沒有明確說出所自明的「毫髮之異」，至於良知是否真的可以了生死，也一再地被當時人質疑。[220]就儒者來看，作為道德主體的良知，雖然身處大化中，但是不生不滅，無息不止。良知充實人們的生存境況，也豐富了生活意義，因此就良知體證的宇宙本質來說，世界必定是「實」的，就不能是因緣相起的世界觀。將生死繫於良知之上，良知了生死，並不只是為了擺脫因果輪迴、生死流轉，或是將事物視為無自性的執妄和合。情況剛好相反，正如馮從吾所言：「吾儒之學以理為

---

218 學儒知佛，黃宗羲又下分為「知之而允蹈之」與「知之而返求六經者」。〔清〕黃宗羲：〈張仁庵先生墓誌銘〉，《黃黎洲文集》（北京：中華書局，2009年），頁234。

219 〔明〕袁宗道：〈說書類〉，《白蘇齋類集》，頁237。

220 許多陽明後學對良知了生死，深信不疑，除文中所引王畿等人之外，轟豹也說：「先師（芝慶按：王陽明）有詩云：『只從根本求生死，莫向支流辨濁清。』其所指根本、支流，從何處分別？豈以良知為根本，而以顯微內外而支流別有所指耶？抑豈以用功之處，要以立本歸根為務，而顯微內外俱在所不論耶？」轟豹當然有自身學術脈絡，他以歸寂為本，奠基歸根工夫，欲貫顯微動靜內外為一。但不管如何，以良知為本，良知可了生死，正是他所認同的。〔明〕轟豹：《轟豹集》（南京：鳳凰出版社，2007年），頁264。關於轟豹的歸寂說，可參林月惠：〈轟雙江「歸寂說」析論〉，收於氏著：《良知學的轉折：轟雙江與羅整庵思想之研究》，頁175-239。當然，反對者也有之，如陸光祖、鄧豁渠等人，都認為良知不能了生死。例如鄧豁渠參生死之道，就說：「渠自參師以來，再無第二念。終日終夜，只有這件事，只在捱捱這些子，漸漸開豁，覺得陽明良知了不得生死」。可參彭國翔：《儒家傳統：宗教與人文主義之間》，頁161。陳永革：《晚明佛教思想研究》，頁257。

宗，佛氏之學以了生死為宗。如人生則能知覺運動，死則血肉之軀還在，便不能知覺運動，可見人之生死的是血肉之軀，這能知覺運動的一點靈明真性，原未嘗死，所謂本來面目，萬劫不磨者，此也。悟得這個，便是超悟，便知無死無生，所謂出離生死，便性成佛者，此也。」「彼（芝慶按：指佛教）所云一點靈明，指人心人欲說，與吾儒所云一點靈明，所云良知，指道心天理說，全然不同。」[221]就馮從吾看來，一點靈明真性或是良知，即是本來面目，是未嘗死未嘗生的，無死無生，自然也就能脫離世俗界的生死。因此良知重在以主體意識的人之靈明，希望得此「原始反終」，形體雖已逝去，可是生命依舊充盈飽滿，精神亙古永存，此心生生之機，不流於虛無，這就是「聖人不死」。李贄七十四歲時編著《陽明先生年譜》，回憶接觸陽明學之由：「余自幼倔強難化，不通道，不信仙釋，故見道人則惡，見僧則惡，見道學先生則尤惡。……不幸年逼四十，為友人李逢陽、徐用檢所誘，告我龍溪先生語，示我陽明先生書，乃知得道真人不死，實與真佛、真仙同，雖倔強，不得不信之矣。」[222]李逢陽（翰峯）雖非王門弟子，思想卻傾向陽明學，徐用檢（魯源）則是錢緒山的弟子。此時王陽明已死多年，因此李贄講的「不死」，當然不可能是長生不死，而是因良知了生死的「得道真人不死」。這種不死的生死觀，耿定向便說：「始自太虛來，終還太虛去，原始反終，本自無生，亦自無滅，一切眾生，總皆如是。豈特三世諸佛獨能出離？彼眾生懵懵，日用不知，誠為虛枉，若曰此一覺，便是出離，必非吾儒究竟法也。」[223]劉宗周也說：「夫子言原始反終，這是天地萬物公共的

---

221 〔清〕黃宗羲：《明儒學案》，頁986-987。

222 〔明〕李贄：〈陽明先生年譜後序〉，收於《王陽明全集》（上海：上海古籍出版社，2006年），頁1604。

223 〔明〕耿定向：〈出離生死說〉，《耿天臺先生文集》（明萬曆二十六年刻本），頁155-156。

道理，絕非一身生來死去之謂，與禪門迥異，自聖學不明，學者每從形器起見，看得一身生死事極大，將天地萬物都置之膜外，此心生生之機早已斷滅種子了。企其工夫專究到無生一路，只留個覺性不壞。再做後來人，依舊只是貪生怕死而已。吾儒之學，宜從天地萬物一體處大身子，天地萬物之始即吾之始，天地萬物之終即吾之終，終終始始，無有窮盡，只此是生死之說。」[224]解脫生死，不在心空識滅，而是心的自強不息、永恆永存，「無生」是禪門的事，儒學則不從形器說生死，重視的是原始反終，與天地萬物為一體，故終終始始，無有窮盡。耿定向與劉宗周的言論，都說明了儒者的立場。

　　有意思的是，就佛教中人看來，王陽明的良知與禪宗大有關係，可說功在禪門與儒學，例如麥浪禪師便認為：「突出陽明夫子，以應化大權，創良知之說，揭禪宗語，和會融通，使儒門英傑，始知趨向。」[225]可是良知與菩提心的真知，仍有所隔，不可比擬處頗大。永覺元賢就認為良知待境發起，是日常經驗的善惡之知，良知有知有覺，仍依外在環境而存；佛教之知則大有不同，是迴脫根塵，也是無待而知覺的：「佛氏論性，多以知覺言之。然所謂知覺者，乃靈光獨露，迴脫根塵，無待而知覺者也。陽明倡良知之說，則知待境起，境滅知亡，豈實性之光乎？」[226]更進一步來講，良知不能了生死，是因為良知不能真正讓心作到空虛，不能明妄滅識。雲棲袾宏說：「行人外去麤障，去之又去，直至根本無明極微細障皆悉去盡，方是本體清淨法身也」，[227]本體清淨法身，是直至根本無明，且在極纖細微小

224　〔明〕劉宗周：〈證人社語錄〉，《劉宗周全集》（杭州：浙江古籍出版社，2007年），頁579。

225　〔明〕許元釗錄：《雲門麥浪懷禪師宗門設難》，收入《卍續藏經》第73冊（臺北：中國佛教會影印卍續藏經委員會，1968年），頁862上。

226　〔明〕永覺元賢，〔清〕為霖道霈重編：《永覺元賢禪師廣錄》，收入《卍續藏經》（臺北：新文豐出版公司，1997年）第72冊，頁565b。

227　〔明〕雲棲袾宏：〈去障〉，《竹窗隨筆》，頁26。

處，去除執障習情，這就不是良知所能達成的。畢竟良知並非本然之
真知，良知不能將事物視為緣起，不能看透這層空妄關鍵，不能以清
靜無念之心，勘破世界萬相。此皆不能，又如何可了生死，超拔生死
沉淪？[228]湛然圓澄曾作〈良知歌〉，說：「良知非是有知知，良知亦非
無知知，知得有無知斯在，直向有無中薦取。若謂有知見不圓，執著
無知又一偏，有無迭成六十二，欲了除是悟言前。悟言前，透心法，
日用了了惺惺著。待客迎來賓出現成，何須百計求方略。」[229]就他看
來，良知仍有所待，知見尚且不圓，又執於有無之知，是不能解脫生
死困惑與無明之業的。[230]雲棲袾宏講得更直接明白，他認為創建良知
之說，可見王陽明學力深造，並非強力標榜門庭。只是雖然自得深
造，若要說佛之真知即是良知，那又未必：「良知為宗，不慮而知為
因，孩提之童無不知愛親敬長為喻，則知良者美也，自然知之，而非
造作者也。而所知愛敬，涉妄已久，豈真常寂照之謂哉？真之與良固
當有辨。」[231]真知是離妄無待的，可是良知卻非如此；真知無我無
外，可是良知仍有外有我。雲棲袾宏說良知不慮而知，就像孩童都知
曉愛敬親長，可見良知之美善，良知為自然知之，亦非造作。但就
「愛敬」本身來說，相較於真常寂照的真知，仍是有待的（意謂有具
對象存在，才有愛敬的產生），因此才說愛敬涉妄已久。雲棲袾宏並
不是反對愛敬，而是說愛敬雖然不慮而知、雖非造作，但終究有我有

---

228 雲棲袾宏又說：「不觀仲尼之言乎？操則存，舍則亡，出入無時，莫知其鄉，則進
　　于精神矣復進于良知矣，然則是佛說之真知乎？曰：亦未也，真無存亡，真無出
　　入也，莫知其鄉，則庶幾矣，而猶未舉其全也。」佛之真知，是無存亡無出入
　　的，相較之下，陽明良知仍有跡有相，故真知與良知當有差別。〔明〕雲棲袾宏：
　　〈寂感〉，《竹窗隨筆》，頁37。

229 〔清〕丁元公等編：《湛然圓澄禪師語錄》，收入《卍續藏經》第126冊（臺北：中
　　國佛教會影印卍續藏經委員會，1968年），頁307。

230 若依憨山德清的觀點，真知乃自體光明之智光，是如來藏佛性本覺之知，真知也
　　是對所有認知行為的超越。可見陳永革：《晚明佛教思想研究》，頁362-363。

231 〔明〕雲棲袾宏：〈良知〉，《竹窗隨筆》，頁36。

執，惑於外相，故曰：「而所知愛敬，涉妄已久，豈真常寂照之謂哉？」仍舊是起於在外在對象所致，與真常寂照之知，大有差距。

　　良知可了生死，是當時許多儒者的共識，[232]伯修另又參以佛教因緣之說。兩者固然可為互通，不相融處實也亦多。儒家認為佛教講的是空，重在解脫，離世間之執，儒家講的卻是世界相感，德化群育，生生不息；佛教也批評儒家講的良知非真知，仍不能擺脫知的困境，而且將良知視為實有，更不能免去「有」。相較之下，佛教講的才是真空真知，兩者或有相似，顯然仍有差距。[233]對於儒佛兩家的這些爭論，伯修當然不是全無所悉，畢竟他從「試以禪詮儒，使知兩家合一之旨」，再到「始欣然舍竺典，而尋求本業之妙義」，也確實經歷了一段儒佛互動相涉的思考過程。或許在他眼中，這些並不是什麼大問題。他的用心，並不是要成為融會儒佛、三教合一的思想大家，若要強行歸合，或許也不免牽合湊補。他只是回首他的學道歷程，他的生命過往，那些親友死別、放浪言行、官場交際與參道體悟，於是佇思抒感，申而論之。在惑業無明，滾滾紅塵中，自行自證，茫然獨行於天地之間，以尋章摘句，將得之境，因信而知，因知而信，依死生情切之心，妥求安身自適，小修說伯修死前：「伯修庚子夏（1600），滿

---

232 當然也有反對良知了生死之說的儒者，吳廷翰就認為良知的源頭只是佛，佛視萬物為妄，已非儒家所能同意，因為儒家將人倫物理萬色萬物都視為實。再者，即便是良知之說，也非儒家本色，所以佛理固然有問題，致良知也不一定是對的：「倡為致良知之說者，源頭只是佛，假吾儒之學，改頭換面出來，只道人不知他。佛所謂『明心見性』，所謂『覺』，所謂『本來無一物』；今謂『誰人不有良知在，知得良知卻是誰？』豈非改頭換面而出乎？然佛以人倫物理色色都在眼前，皆是吾性、吾心，實有此物，豈能離吾去之？故不離乎外而自得乎內，是為一本。若專守其內而曰不必更求諸外，則是必如釋之外人倫物理而後可，然豈能之乎？」〔明〕吳廷翰：《吳廷翰集》（北京：中華書局，1984年），頁57。

233 可以預見的，伯修理解的良知，不論是作為知識還是存在的基礎，甚至是世間任何形式的終極依據，都不會是佛教所能同意。畢竟就佛教哲學看來，自性或是超越的心體性體，本身就有虛妄性，既虛非實，就不能成為解脫指導的實踐智慧。林鎮國：《空性與方法：跨文化佛教哲學十四論》，頁150。

室皆書生死警切之語，……至秋九月，遂棄世」，[234]生死警切，正是
伯修由始至終最關切的問題，三教思想，都是他為了解決這個生命問
題的重要基礎。[235]

---

234 〔明〕袁中道：《珂雪齋外集》，收於《續修四庫全書別集類》（中國科學院館藏萬
曆四十六年刻本影印原書版）第1376冊，頁421。

235 呂坤的一段話，頗值得參考，「人問：『君是道學否？』曰：『我不是道學。』『是
仙學否？』曰：『我不是仙學。』『是釋學否？』曰：『我不是釋學。』『是老、
莊、申、韓學否？』曰：『我不是老、莊、申、韓學。』『畢竟是誰家門戶？』
曰：『我只是我』。」伯修究竟是何家何派？借用呂坤的話，伯修或許也可能回
答：「我只是我」。中郎對伯修的修道型態，是有會於心的，他就說：「迨先伯修既
以中秘里旋，首倡性命之說，函蓋儒、釋，時出其精語一二示人，人人以為大道
可學，三聖人之大旨，如出一家。」〔明〕呂坤：《呻吟語》（臺北：志一出版社，
1994年），頁84。〔明〕袁宏道：〈募建青門庵疏〉，《袁宏道集校箋》，頁1201。

第三章

見山又是山：袁中郎的生死之學

第一節　肆情以快意氣：不拘格套獨抒性靈

　　周作人的《中國新文學的源流》於一九三二年出版，本為授課講稿（受沈兼士之邀，至輔仁大學作數次學術演講）。不同於胡適始終以白話為中心，並將文言視為白話的敵對面，然後貫通整部中國文學史的作法，周作人提出「言志」與「載道」兩種系統，不斷在中國文學史交叉循環，「始終是兩種互相反對的力量起伏著」。[1]載道，即是文以載道，講道統、明義理、維風俗，主張以文學為工具，再藉由這種工具表現「道」，穿透整個國家社會；[2]言志，即是以表達作者情感為基礎，自由講自己願講的話、自由發展思想，表達人生，抒懷己意，例如先秦諸子、又例如晚明的公安竟陵派等等。[3]周作人正是在這兩種系統的基礎上，來探溯新文學運動的源流。他認為明末的文學，諸如公安、竟陵，是新文學運動的來源，彼此主張的方向一致，而清代文學則是新文學運動的原因，不管是八股文，還是桐城派古文，都是由「載道」而「言志」的「反動」，周作人說：「大約從一七〇〇年起始，到一九〇〇年為止，在這期間，文學的方向和以前又恰恰相反，但民國以來的文學運動，卻又是這反動力量所激起的反動。」[4]周作

1　周作人：《中國新文學的源流》，收於《周作人全集（五）》（臺北：藍燈文化事業公司，1992年），頁329。

2　周作人便以桐城派的方苞姚鼐為例，說明這種載道的文學觀。周作人：《中國新文學的源流》，收於《周作人全集（五）》，頁349、327-328。

3　周作人：《中國新文學的源流》，收於《周作人全集（五）》，頁329、335。

4　周作人：《中國新文學的源流》，收於《周作人全集（五）》，頁337。

人又說:「假如從現代胡適之先生的主張裡面減去他所受到的西洋的影響,科學,哲學,文學以及思想各方面的,那便是公安派的思想和主張了」、「而他們對於中國文學變遷的看法,較諸現代談文學的人或者還要更清楚一點。理論和文學都很對很好,可惜他們的運氣不好,到清朝他們的著作都成為禁書了,他們的運動也給乾嘉學者所打倒了。」

　　周作人的文學史觀,並不是本文關注的地方,[5]只是周作人提出公安與竟陵,視為是五四新文學運動的來源,其中公安派被特別標舉出來,認為他們反復古,不拘格套,獨抒性靈,不在文章裡擺架子,不講治國平天下的大道理,特色是「清新流麗」,只要跟前後七子的假古董比較,很容易就可以看出公安派的優點。至此以下,諸如林語堂、劉大傑、朱東潤等文學(批評)史著作,他們提倡晚明文學(性靈小品),在談公安派時,特別又以袁宏道為主,標舉出「性靈」,認為是以反復古的姿態,與前後七子等復古派對抗。如此的論述,似乎已經變成了文學史的基本常識,像是劉大傑就以「公安派與反擬古主義的文學運動」為題,[6]這也是近代自胡適、周作人以降,對晚明文學風氣的描述,所形成的學術「話語」。[7]這種文學史知識,已經又不少學者開始作出視野與觀點上的調整,首先,公安派並不是一味地反復古,他們的文學主張,是有歷程變化的。何況前後七子對復古的定義與作法,也不完全相同,不能一概而論;所謂的復古,也非「模擬古人」這麼簡單,背後實有其創作精神與主張。[8]更重要的是,本文

5　關於周作人與胡適文學史觀的問題,可參劉芝慶:〈白話文學與文學革命——重探胡適《白話文學史》,《長庚人文社會學報》第4卷第1期(2011年4月),頁207-211。

6　劉大傑:《中國文學發展史》(臺北:華正書局,2008年),頁1021。

7　關於胡適與周作人對公安竟陵的看重,將其視為是「活文學」代表與「新文學運動」的源流,可參譚佳:《敘事的神話:晚明敘事的現代性話語建構》(北京:中國社會科學出版社,2009年),第三章第一節。

8　可參陳國球:《明代復古派唐詩論研究》(北京:北京大學出版社,2007年),第

認為所謂的「不拘格套，獨抒性靈」，其實並不局限在文學主張，而是跟中郎對佛學、道家的看法，息息相關，這又源於中郎的性格轉變與存在感受。[9]簡言之，中郎之所以會有這樣的觀點，實由其生命態度所致，此又可從他的生平歷程得知，最後則回歸到他關注的生死問題之上。在這樣的大脈絡之下，強調性靈、不拘格套的文學觀點，只是中郎「自適」心態所展現的焦點之一。

袁宏道（1568-1610），字中郎，號石公，又號六休。中郎自幼聰穎，七歲喪母（生母龔氏）。[10]年方十五、十六，入鄉校，結文社於城南，自為社長。中郎這時已頗有名聲：「為聲色古文詞，已有集成帙矣。」[11]少年時期，中郎也開始關注生死問題，「每至月明之夜，相對清言，間及生死，泫然欲涕，慷慨欷歔，坐而達旦。」[12]萬曆十六年（1588），二十一歲參加科舉，順利中舉。萬曆十七年（1589），參加會試，不幸落榜。三、四年後（萬曆二十年），再度赴考，終於進士登第，年紀輕輕，已得功名，欣喜之意，自不待言。

根據小修的記載，伯修啟發中郎「初與聞性命之學」。伯修在京為官，時為萬曆十七年（1589），正是中郎參加會試的時候。不過中

一、二、三章。黃卓越：《明中後期文學思想研究》（北京：北京大學出版社，2005年），第一、五章。龔鵬程：《中國文學史（下）》（臺北：里仁書局，2020年），頁237-245、257-266。錢鍾書就認為，公安派才情詞氣，固然勝於竟陵，但就對後世影響力而言，竟陵實遠大於公安。近代學者刻意突出公安派的地位，似未得實情。錢鍾書：《談藝錄》（臺北：書林出版公司，1988年），頁102-106。亦可見賴位政：《轉型視域下之錢鍾書《談藝錄（增訂本）》「通」義及其實踐研究》（嘉義：中正大學中國文學系碩士論文，2011年），頁168-169。

9　「不拘格套，獨抒性靈」出自〈敘小修詩〉，原為中郎說小修詩的特色，但學界往往也將其視為中郎的重要文學主張。〔明〕袁宏道：〈敘小修詩〉，《袁宏道集校箋》，頁187。關於這段文字的解讀，詳後。

10　中郎生母龔氏，因中郎體弱多病，不忍自育，托於詹氏。中郎自幼便由詹氏撫育。〔明〕袁宏道：〈詹大家壙記銘〉，《袁宏道集校箋》，頁1178。

11　〔明〕袁中道：〈吏部驗封司郎中中郎先生行狀〉，《珂雪齋集》，頁755。

12　〔明〕袁中道：〈解脫集序〉，《珂雪齋集》，頁451。

郎初聞性命之學，卻未能得其門而入。[13]小修說：[14]

> （中郎）下第歸，伯修亦以使事返里，相與朝夕商榷。索之華
> 梵諸典，轉覺茫然。後乃于文字語言意識不行處，極力參索，
> 時有所解，終不欲自安歧路，恃爝火微明，以為究竟。

中郎對性命之學，難以深入；對生死之道，轉覺茫然。當然跟他的生
命閱歷有關，較諸日後轉變，此時生命所得不夠圓熟，自得之境仍
淺，即便極力參索，遍翻佛典，不過時有所解而已。況且這時伯修自
己亦未能參悟，仍待實悟實修，己未能悟，又如何能悟人？中郎後又
與伯修、小修共參「物格」、「格物」之旨，若有所省。[15]萬曆十八年、
十九年、二十一年，三兄弟與友人拜訪李贄，論學說道，共參性命，
中郎與李贄極為契合，小修也說中郎見李贄之後，思想大受震撼：[16]

> 先生（芝慶按：中郎）既見龍湖，始知一向掇拾陳言，株守俗
> 見，死于古人語下，一段精光，不得披露。至是浩浩如鴻毛之
> 遇順風，巨魚之縱大壑。能為心師，不師于心；能轉古人，不
> 為古轉，發為語言，一一從胸襟流出……。

在此之前，中郎當然不是一個死守古人言，不知變通的傻書生。但與
兄長伯修類似，中郎也經歷過一段模效學習的歷程。[17]等見及李贄、

---

13 小修在〈解脫集序〉中，講得更明白，原來在伯修啟發之前，中郎曾學神仙之道，
   也曾有異人傳法示意，只是中郎勤行未久，不得要領，尋亦作罷：「公車之後，乃
   學神仙。偶有異人傳示要領，勤行未久，尋亦罷去。及我大兄休沐南歸，始相啟以
   無生之學。」〔明〕袁中道：〈解脫集序〉，《珂雪齋集》，頁451。
14 〔明〕袁中道：〈吏部驗封司郎中中郎先生行狀〉，《珂雪齋集》，頁755。
15 關於伯修對性命之學的修道過程，以及張九成論物格之語，可參第二章。
16 〔明〕袁中道：〈吏部驗封司郎中中郎先生行狀〉，《珂雪齋集》，頁756。
17 周群：《袁宏道評傳》（南京：南京大學出版社，2007年），頁35-36。

焦竑等師友之後，得到許多啟發，以往模模糊糊的想法，似乎都有了
較明確、具體的成型。就中郎看來，能轉古人，不為古轉，能為心
師，而非為心所縛。因此古人也好，古語也罷，都是一種筌筏，重在
融古為用，重在性靈心明，最後目標在於完成主體的真我，曹淑娟就
曾指出，不論是李贄的童心說，還是公安三袁的獨抒性靈，甚至是江
盈科、鍾惺、湯顯祖等人，他們都強調掌握內心性的本源，以此說明
對人心主體的重新體認，對自由境界的嚮往追求，因此不論是童心、
性靈、性情、情致、精神、精光、元神等不同用語，即便各人關注的
角度時有不同，或綜括才性與德性範疇，或辨別真假與奇正，或混同
性與情以任至情，卻在都指涉了同個向度——一種自由主體的追尋與
呈現。[18]中郎此時的恍然大悟，乃至於隨後任吳縣令之時，所提出的
諸多文學主張，顯然都是這種生命態度的表現。

　　此時中郎的生活感受，明顯與伯修不同。如第二章所言，伯修既
溫且真，既有所狂，亦有所畏，中郎卻不如此。小修曾說二人雖同參
性命之道，但於應世之跡，卻「微」有不同。伯修認為居人世間，當
斂其鋒芒，與世抑揚，此乃安身保身之道，畢竟「宦海多風濤，絕勝
洪河浪」，[19]杜機葆貞，不刻意耀才；中郎則反之，「淫僻畏仁義，行
止羞罔兩」，[20]他說鳳凰不與凡鳥共巢，大丈夫生於世，自當獨來獨
往，不與俗俯仰。自舒其逸，當不可逐世盲目、聽人鼻息。[21]兩相比
較，一則明哲保身，退藏於密，另則卻是特立獨行，不隨人逐，似是
完全相反的態度，為何小修卻說是「而于應世之跡，微有不同」？此
時我們必須注意小修整段的脈絡，再抓緊「應世之跡」的關鍵詞，才
能理解「微」字的用意與涵義。原來小修所指，並非二人「應世」的

18　曹淑娟：〈晚明性靈文論的心性基礎〉、〈從清言看晚明士人主體自由之追尋與呈
　　顯〉，收於氏著：《孤光自照——晚明文士的言說與實踐》，頁27-73、100-102。

19　〔明〕袁宗道：〈過黃河〉，《白蘇齋類集》，頁1。

20　〔明〕袁宏道：〈述懷〉，《袁宏道集校箋》，頁37。

21　〔明〕袁中道：〈吏部驗封司郎中中郎先生行狀〉，《珂雪齋集》，頁756。

能力真有什麼絕大不同。關鍵在於伯修、中郎對「應世」的定義不同,「應世」能否自適、能否追求真我、能否獨抒性靈,正是他們分歧所在。

　　萬曆二十二年(1594),中郎任吳縣縣令。吳縣,舊名姑蘇,為明代蘇州府管轄七縣之一,到萬曆中後期,人口可能有三十萬左右,相當密集。在當時是商業活絡、水陸交通發達之地,也是人文薈萃、文物鼎盛所在。因為人來人往,三教九流皆處其中,對於為官來講,反而容易綁手綁腳,諸多限制,更何況明末吏胥之權,表現上低於縣官,但實際上卻是外派的地方官,因不熟民情與環境,不得不屈於地方勢力,配合吏胥行事。吳縣號稱「繁劇」,之所以難治,實是其來有自。[22]年輕的中郎至此任官,就本身性格上來講,他是頗為不適,時常感到痛苦的:「是在官一日,一日活地獄也,人亦何為而樂地獄也哉?」[23]「吳令繁沖,苦痛入骨,沒奈何只得低頭做去,終是措大無遠志耳」[24]「人至苦莫令若矣,當其奔走塵沙,不異牛馬,何苦如之?」[25]「人生作吏甚苦,而作令為尤苦,若作吳令則其苦萬萬倍,直牛馬不若矣!」[26]作官痛苦,難以忍受,卻不代表他不能做官、不

22 鍾林斌:《公安派研究》,頁119。周質平:《公安派的文學批評及其發展──兼論袁宏道的生平及其風格》(臺北:臺灣商務印書館,1986年),頁130-132。中郎日後回想起這段經歷,仍覺困頓。他說縣令實在難當,有太多不得已的苦衷:「今時外吏之難,至縣令極矣。縣令之責甚重,而權甚輕。責重,則一邑之一供一賦一饑一寒,皆倚辨于我;而權輕,則時有掣肘之患。民不盡良也,而上之人偏重在民,則民日益驕。為縣令者,日降心抑志以事百姓,如嚴家之保母,栗栗然抱易啼之嬰,若之何能罰必而令行也?朝而謁于道,望塵而拜焉;暮而謁於郵,望簷而拜焉。小而一茶之供,一帷之設,皆長吏躬親視之。小不如法,門者皆得而訶責之,其當意不足以為功;失意,令且懼叵測,將折腰謝過之無地也。」〔明〕袁宏道:《送榆次令張元漢考績序》,《袁宏道集校箋》,頁705-706。
23 〔明〕袁宏道:〈羅隱南〉,《袁宏道集校箋》,頁227。
24 〔明〕袁宏道:〈梅客生〉,《袁宏道集校箋》,頁230。
25 〔明〕袁宏道:〈王以明〉,《袁宏道集校箋》,頁240。
26 〔明〕袁宏道:〈沈廣乘〉,《袁宏道集校箋》,頁242。

會做官。事實上中郎治縣頗有成效，小修曾舉數事說明：[27]

> 吳賦甲于天下，猾胥朱紫其籍，莫可致詰，飛灑民間，溢于
> 額。而不知先生一目了然，摘其隱射之條若干，呼猾胥曰：
> 「此何為者？」胥不敢欺，皆俯首曰弊。凡十餘詰，皆不敢
> 隱，皆俯首曰弊。先生俱實之法，而清額外之徵凡巨萬，吳民
> 大悅。又不拆徵收之封，惟苛兌者，許民告白之，而以其所贏
> 代輸者為傾瀉費。上官聞而便之，以其例下諸邑，悉如吳縣。

> 先生機神朗徹，遇一切物態，如鏡取影，即巧幻莫如吳門，而
> 終不得遁。故遁詞恆片語而折，咄嗟獄具，吳人謂之「升米公
> 事」。自非重情，無所罰贖，杖之示懲而已。以故署門酒家蕭
> 條，皆移去。

> 縣胥隸之類，或三四為曹，共一役，不食縣官，惟借公事漁獵
> 里閭。先生揀其宜用者食之，無所差遣，終日兀坐，不能餬
> 口，皆逃去歸農。

> 有屢投匿名牘者，先生出見縣前占星人，覺黠甚，念必此人
> 也。呼來占星一紙，視手跡與匿名牘無二，訊之立伏。其妙于
> 得情皆此類。先生為令清次骨，才敏捷甚，一縣大治。宰相申
> 公聞而歎曰：「二百年來，無此令矣！」

猾胥藉徵收之便，從中取利，但瞞不過中郎；縣中有久不決斷的訴
訟，中郎眼明心細，一一判之，訟事速絕不拖延，以至於官署前的酒

---

27 〔明〕袁中道：〈吏部驗封司郎中中郎先生行狀〉，《珂雪齋集》，頁756-757。

家生意蕭條；中郎又巧妙地陶汰冗官，黜退閒散小吏……。如此種種，小修就具體事例論說，或許不無溢美之處，但基本上是符合《明史》〈袁巨集道傳〉記載：「選吳縣知縣，聽斷敏決，公庭鮮事。與士大夫談說詩文，以風雅自命。」可見得中郎處世應世，並不如他自己所講，是完全獨來獨往、不與世俯仰；是放任自我，不在乎他人看法與評論的。中郎會當官，也會做事，有進有退，該伸該屈，能明哲也能保身，他都是明白的。這些言行，若就伯修自己的話來講，就是「畏事」，「畏事」並非貶意，而是應世涉世的一種方法，伯修與中郎曾有一段談話：[28]

　　中郎論人不宜太畏事，伯修曰：「不畏事，必憤事。」

畏事不是怕事，而是謹慎小心、杜機葆貞，是應世周詳、處置得當。中郎當然也懂「畏事」，任吳縣令極苦，卻也治理得當，試想，若不能畏事，一味狂傲，焉能治縣？但即便都懂「畏事」、都能「畏事」，小修仍明確指出伯修與中郎的「微有不同」，在於伯修將畏事視為是自我本真的一種，能進能退，才能自適。[29]中郎則非如此，他認為這些畏事，是不得已，乃應事之不得不然，而非本真本我，更非自適的態度，他曾說官與人非二，卻不得不二者，時也，「夫居今之時，處簿書會稽之間，而欲以重厚長者之道行之，必敗。」他認為當官者，必須注意三件事：以君子待之，而不信世間有小人，預設人人都是為公為民，毫無私心伎倆，是一不可；任書生骯髒脫略之習，而少脂韋斌媚之故，忽略應對進對與做人處世的形式外在，是二不可；我信其心，人疑其跡，我又不能暴其心而文飾其跡，做人處世不能一概而

---

28 〔明〕袁中道編：《柞林紀譚》，收於李贄：《李贄文集（第七卷）》，頁339。
29 關於伯修如何定義自適的問題，第二章已有所論，本章不再贅言。

論，是三不可，由此可知，「然則人生涉世亦難矣哉！」[30]相較於動輒得咎的人事，繁文縟節，奔逐世態，[31]袁宏道的自適，就是順應自我性情，不勉強，不造作，不虛偽，適性適意，他所謂「性之所安，殆不可強，率性而行，是謂真人」、[32]「亦當率行胸懷，極人間之樂」，[33]又或是耳目所極世間聲色，身口所極世間之鮮之譚；堂前列鼎，堂後度曲，賓客滿席，男女交舄；藏萬卷書，書皆珍異，宅畔置一館，約數十知己好友，上下古今，世說新語；千金買舟，舟置妓妾遊閑數人，泛舟快活；最後錢財消盡，一身狼狽，朝不謀夕，托鉢歌妓之院，分餐孤老之盤，往來鄉親，恬不知恥，此乃世間「五快活」。[34]因此中郎說他最欣賞嚮往的類型是：「獨有適世一種其人，其人甚奇，然亦甚可恨。以為禪也，戒行不足；以為儒，口不道堯、舜、周、孔之學。身不行羞惡辭讓之事，于業不擅一能，于世不堪一務，最天下不緊要人。雖于世無所杵違，而賢人君子則斥之惟恐不遠矣。」[35]中郎最喜歡這類的人，認為這是自適之極，自適若此，不枉此生矣。當官，特別是擔任吳縣縣令，是沒有這些自由的，也沒有這種「自適」的。所以中郎才說任官苦，為縣令尤苦。[36]

---

30 〔明〕袁宏道：〈題初簿罷官冊〉，《袁宏道集校箋》，頁191。

31 對這種動輒得咎的情況，李贄有極為生動的描述，他稱之為「被人管」，而且一出生就被人管，束縛於塵世的種種關係與規矩，李贄說：「緣我平生不愛屬人管。夫人生出世，此身便屬人管了。幼時不必言；從訓蒙師時又不必言；既長而入學，即屬師父與提學宗師管矣；入官，即為官管矣。棄官為家，即屬本府本縣公祖父母管矣。來而迎，去而送；出分金，擺酒席；出軸金，賀壽旦。一毫不謹，失其歡心，則禍患立至。其為管束，至入木埋下土未已也，管束得更故矣。」〔明〕李贄：《焚書・豫約》，《李贄文集（第一卷）》，頁173。

32 〔明〕袁宏道：〈識張幼于箴銘後〉，《袁宏道集校箋》，頁193。

33 〔明〕袁宏道：〈管東溟〉，《袁宏道集校箋》，頁292。

34 〔明〕袁宏道：〈龔惟長先生〉，《袁宏道集校箋》，頁205-206。

35 〔明〕袁宏道：〈徐漢明〉，《袁宏道集校箋》，頁218。

36 伯修與中郎，雖然應世之道、自適之法，微有不同，可是用意卻是類似的，都是刻意與世俗塵囂保持距離，區別自己與俗士俗人的不同，為了是維持自身的清醒，不至於沉淪其中，認不清自己，「忘了我是誰」。

一　自適與文學

　　重視心靈的自由，追求外在的灑脫，中郎既然如此定義自適，則率行胸懷，率性而行，便代表他理想的生活方式與生命態度。任情自適，隨己之所安，然後能樂，他曾用「寄」來說明這個道理：「人情必有所寄，然後能樂。故有以奕為寄，有以色為寄，有以技為寄，有以文為寄。古之達人，高人一層，只是他情有所寄，不肯浮泛虛度光景」，[37]情有所寄，有寄便有樂，順性合理，故能高人一層，寄情自適。表現在文學上，自然就形成了「獨抒性靈，不拘格套」的主張，他作有〈諸大家時文序〉、〈敘小修詩〉、〈敘陳正甫會心集〉、〈丘長孺〉等尺牘，反對復古，認為復古往往導致泥古，復古反而讓「古」成為目的，千篇一律，失去詩文的真實與個性，「大抵物真則貴，真則我面不能同君面，而況古人之面乎？」[38]因此唐自有詩，不必非同《文選》；初盛中晚唐，亦自有詩，不必專以初盛為高。唐詩如此，宋詩宋文亦然。況且古人也非人人學古，秦漢之文大盛，秦漢人不曾字字學六經；盛唐之詩大盛，盛唐人也非字字學漢魏，秦漢若學六經，豈能有秦漢之文？盛唐學秦漢，又何能盛唐之詩？「唯夫代有升降，而法不相沿，各極其變，各窮其趣，所以可貴，原不可以優劣論也。」[39]就像人的個性差異一樣，各時代各有特色，只要能明極其變，亦窮其趣，不為古所縛，不為法所偏，求變求異，任時窮趣，安於自適，就有可貴之處，正所謂「其調年變而月不同，手眼各出，機軸亦異」。[40]秦漢文如此，唐詩如此，今之時文也是如此，他說現今有些人以古為高，以今為卑，殊不知剛好相反，「大約愈古愈近，愈似

37　〔明〕袁宏道：〈李子髯〉，《袁宏道集校箋》，頁241。
38　〔明〕袁宏道：〈丘長孺〉，《袁宏道集校箋》，頁284。
39　〔明〕袁宏道：〈敘小修詩〉，《袁宏道集校箋》，頁188。
40　〔明〕袁宏道：〈諸大家時文序〉，《袁宏道集校箋》，頁188。

愈贗，天地間真文漸滅殆盡。」「而卑今之士，反以為文不類古，至
擯斥之，不見齒于詞林。嗟乎！彼不知有時也，安知有文！」說到
底，正如中郎在〈敘小修詩〉所言，「大都獨抒性靈，不拘格套，非
從自己胸臆流出，不肯下筆」，因為獨抒性靈，[41]所以才要不拘格套，
不受古所束，不受法所縛。[42]陸雲龍說中郎「率真則性靈現，性靈現
則趣生」、[43]楊汝楫也說「時人謂其字句中，自有一段逸氣挾之而行，
一種靈心托之而出」，[44]二人之評，確為肯綮。不過中郎所針對的古，
是指仿古泥古、尊古卑今的狀況，當古成為阱障，自然要破古除古。
但若就「古」本身來說，中郎倒非完全反對，反過來說，就因為代有
升降，手眼各出，機軸亦異，於是古人如何各極其變，各窮其趣，就
成了值得探究的問題。而今人如能善於學習此點，就成了另種層次的
學古習古，前面講到的盛唐不學秦漢，秦漢不學六經，又例如他說
「詩之奇之妙之工之無所不極，一代盛一代，故古有不盡之情，今無

---

41 「性靈」之說，當然並非公安三袁獨創，李贄、江盈科，甚至湯顯祖、徐渭等人，
都有類似的說法。性靈說的提出，也與當時陽明良知學、禪宗唯心等思潮有關。在
中國文論傳統中，類似性靈的說法，主張強調真我，重視本心，以至於情與境會，
下筆千言等觀點，亦復不少，學界對此研究頗多。關於「性靈」的源流沿變，以及
明末相關的文學主張等等，因非本文主旨，故不多予討論，關於晚明性靈文學的研
究，可參曹淑娟：〈晚明性靈文論的心性基礎〉，收於氏著：《孤光自照──晚明文
士的言說與實踐》，頁27-73。吳兆路：《中國性靈文學思想研究》，導論、上編。趙
偉：《晚明狂禪思潮與文學思想研究》，第八章。戴紅賢：《袁宏道與晚明性靈文學
思潮研究》（武漢：武漢大學出版社，2012年），下編。

42 值得注意的是，此處之「格套」，當然是就文學的觀點來講的，與習古的涵義類
同。但若就中郎使用的慣性來看，格套也可泛指俗見道理，或是官場人際的送往迎
來、應酬說話等俗事俗務。中郎解任吳縣令之後，曾寄信給朱一龍，說自己逃脫官
網，如游鱗縱壑，倦鳥還山，因為當官這兩年，實在為官所苦，心力交瘁，「兩年
為格套所拘，不得少吐寸腸」，格套之稱，亦可此用。此正〈敘陳正甫會心
集〉，所說「迨夫年漸長，官漸高，品漸大，有身如桎，有心如棘，毛孔骨節俱為聞見知識
所縛，入理愈深，然其去趣愈遠矣。」〔明〕袁宏道：〈朱司理〉、〈敘陳正甫會心
集〉，《袁宏道集校箋》，頁303、463-464。

43 陸雲龍：〈敘袁中郎先生小品〉，〔明〕袁宏道：《袁宏道集校箋》，頁1721。

44 楊汝楫：〈新刻袁中郎全集序〉，〔明〕袁宏道：《袁宏道集校箋》，頁1720。

不寫之景……」，既然一代盛於一代，代代又各有不同，於是如何從
中學習領會，得古之法，也成了獨抒性靈，不拘格套的關鍵。此處的
古，反而變成了「開新」的敲門磚。所謂古之法，並非專指某家某
派，而是求變求趣的精神，「惟識時之士，為能堤其隤而通其所必
變」，[45] 重在眼明心細，深瞭時勢，得窺其必變之處。[46] 換言之，「獨
抒性靈，不拘格套」並不是一味求新求異求變而已，必須是與審時度
勢相結合，才能算是真法：「善為詩者，師森羅萬象，不師先輩。法
李唐者，豈謂其機格與字句哉？法其不為漢，不為魏，不為六朝之心
而已，是真法者也。」[47] 所以以古為用，意在開新，藉古返今，習古
而開新，中郎認為「今之人徒見宋之不唐法，而不知宋因唐而有法者
也」，[48] 即可由此理解。江盈科曾說「中郎為詩，最恥模擬，其于長吉
非必有心學之，第余觀其突兀怪特之處，不可謂非今之長吉。」[49] 前
者之學長吉，是就學古層次的泥古來講的，所以江盈科才說中郎不屑
模擬，不是刻意學李賀；後面又說到「不可謂非今之長吉」，則就習
古之精神來說，突兀怪特，不守古調，不泥古語的方式，則中郎與李
賀顯有類同。[50] 類似的話語，我們在鍾惺身上也可見到，鍾惺後來雖

---

45 〔明〕袁宏道：〈雲濤閣集序〉，《袁宏道集校箋》，頁709。

46 這也是伯修在〈刻文章辨體序〉所說的：「茲集（芝慶按：即吳訥《文章辨體》）所
編，言人人殊，莫不有古人不可湮滅之精神在，豈徒具體者。後之人有能紹明作者
之意，修古人之體而務自發其精神，勿離勿合，亦近亦遠，庶幾哉！深於無體，而
亦雅不悖輯者本旨，是在來者矣，是在來者矣！」〔明〕袁宗宏道：〈刻文章辨體
序〉，《白蘇齋類集》，頁82。

47 〔明〕袁宏道：〈敘竹林集〉，《袁宏道集校箋》，頁700。

48 〔明〕袁宏道：〈雪濤閣集序〉，《袁宏道集校箋》，頁710。

49 〔明〕江盈科：〈解脫集引〉，《江盈科集》（湖南：岳麓書社，2008年），頁278。

50 類似的例子，小修曾以王天根與中郎的故事為證。王天根取中郎詩中最似唐的部
分，集為成冊，示諸友人，要他們猜是何代詩人所作，友人或說盛唐、中唐，又或
是晚唐，天根大笑曰：「此即袁中郎詩，諸公以為全不肖唐者也。公等草草一覽，
見有一二險易語，遂以為中郎病，而其實肖唐人之神骨者最多，遍讀而深入之自
見。」〔明〕袁中道：〈王天根文序〉，《珂雪齋集》，頁480。

與小修互有微詞，對中郎也有批評，但就習古之精神來講，兩者頗有呼應，引申觸類之處，亦復不少。只是他在不泥古的原則之外，又另外有了「幽情單緒」和「孤行靜寄」的內涵，鍾惺說：「嘗試論之，詩文氣運，不能不代趨而下，而作詩者之意興，慮無不代求其高。高者，取異于途徑耳。夫途徑者，不能不異者也，然其變有窮也。精神者，不能不同者也，然其變無窮也。操其有窮者以求變，而欲以其異與氣運爭，吾以為能為異而終不能為高，其究途徑窮而異者與之俱窮，不亦愈勞而愈遠乎？此不求古人真詩之過也」、「（鍾）惺與同邑譚子元春憂之。內省諸心，不敢先有所謂學古不學古者，而第求古人真詩所在。真詩者，精神所為也。」精神是真詩所在，精神又是可以變化無窮的途徑，不論是學古或不學古者，這才是古人真詩的重要因素。最後又說：「察其幽情單緒，孤情靜寄于喧雜之中，而乃以其虛懷定力，獨往冥游于寥廓之外」，[51]古人之真詩，正表現在古人的生命態度——在喧雜之中虛懷定力，幽情單緒，游於寥廓之外。[52]

---

51 〔明〕鍾惺：〈詩歸序〉，《隱秀軒集》（上海：上海古籍出版社，1992年），頁236。鍾惺在給友人的書信中，也說花費數年編輯的《詩歸》（刊行時間為萬曆四十五年，1617年），是標舉古人精神：「家居復與譚生元春深覽古人，得其精神，選定古今詩曰《詩歸》。稍有評注，發覆指迷。蓋標舉古人精神日在人口耳之下，而千百年未見於世者，一標出之，亦快事也！」〔明〕鍾惺：〈與蔡敬夫〉，《隱秀軒集》，頁468。

52 值得注意的是，就學理上來看，公安派與竟陵派固有相同處，可是自《詩歸》序出版後，小修對鍾惺有許多批評，而且小修在〈花雪賦引〉裡，本將鍾惺視為同道，說他「誓相與宗中郎之所長，而去其短……」，不料這段文字在萬曆四十六年（1618）刻於新安的《珂雪齋前集》裡，已被刪除。陳廣宏推測是因為《詩歸》的流行以及鍾、譚等人的聲勢，自我張大門戶，對小修重振公安，造成許多壓力。陳廣宏：《竟陵派研究》（上海：復旦大學出版社，2006年），頁248-250。由此可見，兩派之爭，文學主張的不同固是原因，但人事上的紛歧，可能更是主因。不過仍要說明，指出公安與竟陵有同處，當然也不否認它們有差異，但要留心的，是公安派的主張，末流之所及，確然造成許多不好的影響，小修也自承：「諸文人學子泥舊習者，或毛舉先生少年時二三遊戲之語，執為定案，遂謂篾法自先生（芝慶按：即中郎）始。」「至于一二學語者流，粗知趨向，又取先生少時偶爾率易之語，效

二 自適與禪學

　　這種心態，不只是文學觀點而已，也表現在中郎對禪宗的參悟與理解。他參禪的目的，在於學道以脫離生死：「欲識死生情切處」、[53]「以此知人世不可不急學道也。」[54]「至于性命之學，則真覺此念真切」，[55]他認為不論是究心仙佛或是修煉飛升坐化，甚至每當快意適心之時，心中卻總有隱憂埋伏，不明所以，「浮生如石火，何物可長年？」[56]世間富貴功名都不能消此牢騷不平之氣，於是托於文章，以求不朽；或縱欲肆情，極意聲伎。這些言行，事實上都起源於貪生畏死之心。生的眷戀，以及死的困惑，若能明此理此心，深信眼前有死，則學道可成，最怕的是「獨庸夫俗子，耽心勢利，不信眼前有死」、「而一種腐儒，為道理所錮，亦云：『死即死耳，何畏之有』！」[57]盡皆卑下之人之言，自為中郎所不取。就因為中郎貪生怕死，「且夫怕死者，為怕痛也。痛可怕，死獨不可怕乎？又怕死後黑漫漫，無半個熟識也。今黑夜獨坐尚可怕，何況不怕死後無半個熟識乎？弟于怕死怕閻羅，雖不敢預期，然怕痛怕黑夜獨坐，則已甚矣。」[58]既怕痛，又怕黑夜獨坐，便是怕死，而為了悟生死，於是中

顰學步。其究為俚俗，為纖巧，為莽蕩，譬之百花開，而棘刺之花亦開；泉水流，而糞壤之水亦流。烏焉三寫，必至之弊耳，豈先生之本旨哉！」這正是竟陵諸人欲以矯正的。小修所謂的重振公安，也是在這種情勢下而起。〔明〕袁中道：〈中郎先生全集序〉，《珂雪齋集》，頁522、523。關於竟陵派詩學與生命感受、生死等問題，可見劉芝慶《江城潛研：中國學術思潮叢論》（臺北：萬卷樓圖書公司，2021年7月）。

53　〔明〕袁宏道：〈入紅螺嶮道中紀事〉，《袁宏道集校箋》，頁670。

54　〔明〕袁宏道：〈龔惟長先生〉，《袁宏道集校箋》，頁276。

55　〔明〕袁宏道：〈徐崇白〉，《袁宏道集校箋》，頁496。

56　〔明〕袁宏道：〈惜日〉，《袁宏道集校箋》，頁121。

57　〔明〕袁宏道：〈蘭亭記〉，《袁宏道集校箋》，頁444。

58　〔明〕袁宏道：〈答陶石簣〉，《袁宏道集校箋》，頁736。

郎參禪念佛，以學道求道者自居。[59]

正如前所言，伯修雖曾啟以性命之學，但中郎仍未找出適合的路數，摸索甚久。再加上本身心性不定，修行時或心猿意馬，妄欲交爭，於是轉覺茫然，未得其門，「何如逃世網，髡髮事空虛」、[60]「事佛心難定，學仙道不成」，[61]自家性命下落，該何去何求，更是不明所以。直至遇到無念、李贄等師友之後，才漸漸對禪法有深入的體會。既入此道，自然是積極參禪、努力參禪，他在給王穉登（字百谷）的信中便說：「眼前事如牛毛，然今日牛毛，明日龜毛矣。唯有禪誦一事，近可以消遣時日，遠可以乞果來生，不肖所以自勵勵足下者，唯此一事實」、[62]「社中諸法友，勉力事禪那。」[63]以參禪自勵勵人、以禪誦乞果來生。正如他以自適為首要條件的生命心態，中郎對參禪的態度，也是如此，畢竟禪者，重在悟，重在掃蕩塵垢，重在擺脫外在阻礙，自證本心，破除世間價值的枷鎖，「若以色見我，是人行邪道。饒他紫金身，只是泥與草。朝來自照面，三十二種好。終日忙波波，忘卻自家寶。」[64]不以色見佛，則佛之金身，不過泥與草。佛身如此，人身、物身，乃至於世界萬物，又何嘗不是如此？「唯有虛空心，一片描不得」，[65]虛空本就難以言語描述，虛空本非物本無物，又何來外在色相？反過來說，本來無一物，可是因為世間種種計較，凡輕盈的都變沉重了，凡純白的都變混濁了，中郎曾與人論仙，說「一

---

59 聞道是為了離生死，中郎在〈為寒灰書冊寄鄖陽陳玄郎〉就說：「夫聞道而無益于死，則又不若不聞道者之直截也。」在文章裡，他批評宋儒即便能聞道，卻未能盡暢「朝聞夕死」之旨，到了王陽明等人之後，始能抉古聖精髓，可惜當世儒者，疑信半參，疑者固疑，即便是信者也只及皮貌而已。〔明〕袁宏道：〈為寒灰書冊寄鄖陽陳玄郎〉，《袁宏道集校箋》，頁1225。

60 〔明〕袁宏道：〈病起〉，《袁宏道集校箋》，頁122。

61 〔明〕袁宏道：〈偶成〉，《袁宏道集校箋》，頁54。

62 〔明〕袁宏道：〈王百谷〉，《袁宏道集校箋》，頁499。

63 〔明〕袁宏道：〈大人壽日戲作〉，《袁宏道集校箋》，頁499。

64 〔明〕袁宏道：〈仲春十八日宿上天竺〉，《袁宏道集校箋》，頁350。

65 〔明〕袁宏道：〈戲題飛來峯〉，《袁宏道集校箋》，頁350。

切計較，皆緣見性未真」，例如道教教人成仙，以形成俱妙為首，可是卻誤以神識為性；又將神形、性命二分，以為形與神對、性與命對，所以才講形神俱妙、性命雙修……，殊不知這些都是因於偏差所致，「種種過計，皆始于此」。畢竟所謂真神真性，乃「天地之所不能載也，淨穢之所不能遺也，萬念之所不能緣也，智識之所不能入也……。」[66]既然種種過計，皆始於此，如轉深一層，就參禪來看，連「禪」、「法」本身都可能成為另種層面的「過計」。中郎認為禪有禪代不息之意，變動不居，絕無可居，如春之禪為秋，晝之禪為夜，遷流不已，無常無止。所謂禪者，固然重在悟，但有時連悟的本身也只是方法，更何況法無定法，進退亦無定：「而學禪者，又安有定法可守哉？且夫禪固不必退也，然亦何必于進？固不必寂也，亦何必于鬧？」[67]學禪者，安有定法可守？中郎以《華嚴經》理事無礙法界[68]為說，人心不同，有如其面，所以道途轍跡，各有進退。進不礙退，退不礙進，兩相不阻，是事事無礙；「夫進退事也，非進退理也，即進退，非進退」，是事理無礙，進退者是事，非理，進退既不相礙（事），因此事理自然無礙。而即進即退，可謂行布不礙圓融；進者自進，退者自退，正是圓融不礙行布。[69]若依《華嚴經》本身來講，菩薩之階位，初後相即，即是圓融，初後次第，則是行布，行布門為教相施設種種差別之方便法門，圓融門則是理性德用所說的真實法。三乘諸教乃屬行布門，圓教則為圓融門，兩者不礙，無量與一，融通隱隱，「以行布是教相施設，圓融是理性德用。相是即性之相，故行布不礙圓融；性是即相之性，故圓融不礙行布，圓融不礙行布。故一

---

66 〔明〕袁宏道：〈與仙人論性書〉，《袁宏道集校箋》，頁488-490。引文見頁490。

67 〔明〕袁宏道：〈曹魯川〉，《袁宏道集校箋》，頁253。

68 《華嚴經》中「法界」的用例與意義，在作為法性的範圍意義之內，標記法的實相、真如狀態，表達的內容相應於般若經中的「法性」、「實相」、「真如」等空義，只是《華嚴經》以較為積極肯定的角度，說明緣起觀成立的一切法則，在整體法界中種種差別的性質與關係。可參鄧克銘：《華嚴思想之心與法界》，頁48-51。

69 〔明〕袁宏道：〈曹魯川〉，《袁宏道集校箋》，頁253。

為無量，行布不礙圓融，故無量為一。無量為一，故融通隱隱。」[70]中郎解釋兩者相融，圓融不礙行布，行布不礙圓融，一切歸因於法本無法，前人隨根說法，後人不必強分法的高下。再者，世間皆是事，然眼前於人作障者，卻是理，良惡叢生，貞淫猥列，本來如此，有什麼礙？但學者有懲刁止願之說，而百姓始為礙；一塊竹皮，兩片夾棒，又有何礙？自學者有措刑止辟種種姑息之說，則刑罰始為礙也：「諸如此類，不可殫述，沉淪百劫，浮蕩苦海，皆始于此」，[71]若真能兩相無妨，理事無礙，又何來這些計較？因此參禪的目的，在於得其精神，自適適意，藉由參禪以明生死。參禪只是權，開權顯實，不是為了參禪而參禪，畢竟世間哪有參得明白的禪？「世豈有參得明白的禪？若禪可參得明白，則現今目視耳聽髮豎眉橫，皆可參得明白矣」、「須知髮不以不參而不豎，眉不以不參而不橫，則禪不以不參而不明，明矣。」[72]雖然如此，法無定法，可是禪法畢竟不能不離法，不能沒有法，正如無相亦不能離聲色之相，「當知佛所謂無相者，不舍聲色之無相也。」[73]可是禪不離法，只是權說，不能因此就把禪法當作是最終目的，參禪只是過程，不是結果。故所謂圓方之分，以為禪法圓教融用一切，應物而不紛，就不能成立，中郎在與管志道的書信中，批評耿定向以圓判見地，以方判教體，未免意圓語滯，「何也？若見定圓，則圓亦是方，此一個圓字，便是千劫萬劫之繫系驢橛矣，可不慎與？」[74]以圓通為高，殊不知「圓通卻成礙」[75]——「此一個圓字，便是千劫萬劫之繫驢橛矣」，「繫驢橛」，即路旁繫驢馬的

---

70 〔唐〕澄觀：《大方廣佛華嚴經疏》，收入《大正藏》（臺北：新文豐出版公司，1983-1988年），第10冊，頁503C。

71 〔明〕袁宏道：〈陳志寰〉，《袁宏道集校箋》，頁266。

72 〔明〕袁宏道：〈答陶石簣編修〉，《袁宏道集校箋》，頁733。

73 〔明〕袁宏道：〈金剛證果引〉，《袁宏道集校箋》，頁711。

74 〔明〕袁宏道：〈管東溟〉，《袁宏道集校箋》，頁235。

75 〔明〕袁宏道：〈雲上人〉，《袁宏道集校箋》，頁382。

木柱，意為理障、障礙，若不能靈活變通，得其精神，一味死守某些
觀點字句，又如何能求道？

　　圓通既不能當作全部，那麼連「禪」本身，也只是了通生死的手
段而已。如能自適，以此解悟，則禪亦可，非禪亦無不可；仙亦能，
非仙亦無不能。龔鵬程就說中郎：「由於他的根本關切在於了脫生
死，所以他不是就佛學來講如何了生死，而是以其關懷為核心，儒釋
道各家，凡有助於解答這個問題的，都被運用吸取來，並不專守學術
的客觀分界與門戶。」[76]正因如此，中郎才會說：「割塵網，升仙轂，
出宦牢，生佛家，此是塵沙第一佳趣。」[77]升仙轂，生佛家，在於可
割塵網，能出宦牢；又說自己近來聽聞黃山有一異人，甚得無生之
旨，中郎非常企慕，打算前往相尋。若對方真有此功，因病發藥，以
療自己百劫糾纏之病，則中郎將跟隨他，永作方外人，不願回到俗
世。他更明說若真能做到，「任心到此，安得不適？」[78]不會參禪或為
道，不論升仙或佛家，自適真我，任心任性，解脫生死，才是中郎始
終追求的境界。

　　與伯修一樣，中郎也熱切尋求共修道友，他曾抱怨「天下奇人聚
京師者，兒已得遍觀。大約趨利者如沙，趨名者如礫，趨性者如夜光
明月，千百人中，僅得一二人。一二人中，僅得一二分而已矣。」[79]
當中郎相繼認識無念、李贄、焦竑、陶石簣、江盈科等學友之後，或
談詩論藝，或參究無生，中郎自是喜不自勝，參禪工夫，更益精進。
據小修的講法，李贄更以「然至于入微以路，則諄諄望之先生（芝慶
按：中郎），蓋謂其識力膽力，皆迴絕于世，真英靈男子，可以擔荷
此一事耳。」[80]李贄之看重中郎，中郎天資之高，皆可得見。

---

76 龔鵬程：〈死生情切：袁中郎的佛教與文學〉，收於氏著：《晚明思潮》，頁142-143。
77 〔明〕袁宏道：〈馮秀才其盛〉，《袁宏道集校箋》，頁480。
78 〔明〕袁宏道：〈朱司理〉，《袁宏道集校箋》，頁482。
79 〔明〕袁宏道：〈家報〉，《袁宏道集校箋》，頁203-204。
80 〔明〕袁中道：〈吏部驗封司郎中中郎先生行狀〉，《珂雪齋集》，頁756。

只是中郎尋覓歸尋覓，得修道友，固佳。但對這些求道友的求道方法，仍有些意見，他在寄給伯修的書函中，曾有如下的觀察：[81]

> 王衷白無疑可破，何必破疑？蕭玄甫本無疑，何必求疑？為我拜上二公，只硬不疑便是佛。

> 近來詩學大進，詩集大饒，詩腸大寬，詩眼大闊。世人以詩為詩，未免為詩苦，弟以〈打草竿〉、〈劈破玉〉為詩，故足樂也。石簀間一為詩，弟無日不詩；石簀無日不禪，弟間一禪。此是異同處。虞長孺兄弟是真高士，但其學問大有可商。每云悟後方可調心，神通出方是佛，大率為教典所誤。僧孺頗有悟機，只為執定己見，不肯虛心參訪，不曾遇著一個大力量宗師，所以執藥成病，然卻是吾輩益友。于陳正甫處，得圓覺解，是圓覺解老兄耳。正甫道心切甚，但無奈太爺高，道低；太爺大，道小；太爺聰明，道癡。以此對面不相識。

依照上述的討論，中郎的意思其實很清楚：以自適出發，或詩或禪，無一不適，就因為得以自適，他人不能，則中郎能，他人執藥能病，中郎則是藥到病除。世人以詩為詩，不免為詩苦，中郎則隨心所欲，無日不詩，以民間流行歌曲〈打草竿〉、〈劈破玉〉為詩，更可樂也，這也是「石簀間一為詩，弟無日不詩」的差異。就禪來說，中郎曾批評陶石簀參禪過泥，太想把禪參得明白清楚，「世豈有參得明白的禪？」[82]參禪在於自悟，不要太拘泥在參禪本身，而陶石簀未免太執了，太想參得明白，此正「石簀無日不禪，弟間一禪」之異同。除此之外，其餘道友即便是真高士、是吾輩益友、是道心甚切，仍不免為

---

81 〔明〕袁宏道：〈伯修〉，《袁宏道集校箋》，頁233、492。
82 〔明〕袁宏道：〈答陶石簀編修〉，《袁宏道集校箋》，頁733。

教典所誤、執定己見、執藥成病；又如王衷白、蕭玄甫二人，無疑可破，何必破疑？本無可疑，何必求疑？恐是見道未明，仍有惑見使然。即便被戲稱「圓覺解老兄」的陳正甫，可解圓覺，本身卻也不圓覺，與道仍有所隔，畢竟一高一低，一大一小，一聰明一癡妄，人與道兩不相稱，實不可謂圓，既不能圓，解又豈能？

中郎何出此言呢？因為就他自己看來，聰慧天才如他，自適既真，自得也就比別人多，對參禪、作詩等領悟自然也就最深，因此指出別人的不足，正是為了肯定自己、證明自己。他說自己於詩一道，「僕求自得而已，他則何敢知？」[83]看似謙詞，實乃傲語。他又接著講自己于參禪一事，當今天下除李贄之外，幾無敵手：「僕自知詩文一字不通，唯禪宗一事，不敢多讓。當今勍敵，唯李宏甫先生一人，其它精煉衲子，久參禪伯，敗于中郎之手者，往往而是。」[84]雖然遜稱對詩文不通，但若對照前引伯修書信，可知此處不過是套語，不必當真，不必見怪。倒是對參禪一道，中郎深具信心，自滿自傲，當仁不讓，不肯退步。周群認為中郎這麼說，是因為與張獻翼（字幼于）交惡，所以才有這封自解的書信。這封信寫於萬曆二十五年（1597），在此之前，兩人性格雖不完全相合，卻頗能相濡以沫，互通來往。自萬曆二十五年之後，因觀念不同，漸行漸遠，交情不再。爭吵的原因，據中郎的說法，張獻翼批評中郎詩似唐人，引起中郎不滿，因此中郎才在信中解釋；再加上前一年中郎曾贈詩給張獻翼，詩中有「譽起為顛狂」，乃稱讚之意，不料張獻翼以為貶；[85]中郎又在給

---

83 〔明〕袁宏道：〈張幼於〉，《袁宏道集校箋》，頁502。

84 〔明〕袁宏道：〈張幼於〉，《袁宏道集校箋》，頁503。

85 張獻翼狂放，自負自信，幾不遜於中郎，不近人情，似更勝之。《萬曆野獲編》說原因起於科考，張獻翼三兄弟共同考取，考官以為不妥，於是判為張獻翼落榜，張獻翼心生不滿，自此好怪誕以消不平，也開始有許多狂放行為，像是改名、服飾、掛牌賣漿賣癡賣呆之類，難以令人理解：「吳中張幼于（獻翼）奇士也，嘉靖甲子，與兄（鳳翼）伯起、弟（燕翼）浮鵠，同舉南畿試，主者以三人同列稍引嫌，

他人的書信中，提及吳中士人多不解語，不能談禪，深感遺憾。中郎並未專指張獻翼，但張獻翼對號入座，認為自己包括其中。以至於中郎乾脆在彼此通信中明言，張獻翼雖自負能談名理，但對禪道一事，根本不通，緊接著便說出自己禪法高強，除敗於李贄之外，無他人可與其對抗。[86]周群此說，有中郎本身的說法為證，自然持之有故；就人情之常而言，友朋交絕，在某些特殊時空下，不免多意氣語，故周群這個說法也言之成理。可是不管中郎是否真的認為除李贄之外，天下已無敵手。從上引給伯修的書信中，的確可看到他對禪的領悟，深具信心，認為自適自得頗多，得意之語，情溢乎辭，於是不免批評他人工夫不到，眼界未明，這也是事實。更進一步來講，就因為自信自明，所以對禪道工夫，就自認可以隨心所欲而不逾矩，再加上不好與

為裁其一，則幼于也。歸家憤憤，因而好怪誕以消不平。晚年彌甚，慕新安人之富而妒之，命所狎羣小呼為太朝奉，至衣冠亦改易，身披采繪荷菊之衣，首戴緋巾，每出則兒童聚觀以為樂。且改其名曰敉。幼于偶過伯起，因微諷之曰：『次公異言異服，諒非公所能諫止。獨紅帽乃俘囚所頂，一獻闕下，即就市曹，大非吉征，奈何？』伯起曰：『奚止是？其新改之名亦似殺字，吾方深慮之。』未幾，而有蔣高私妓一事，幼于罹非命，同死者六七人，伯起揮淚對餘歎狂言之驗。先是幼予堂廡間掛十數牌，署曰張幼于賣詩或賣文，以及賣漿、賣癡、賣呆之屬。餘甚怪之，以問伯起，曰：『此何意也？』伯起曰：『吾更虞其再出一牌，云「幼于賣兄」，則吾危矣。』余曰：『果爾再出一牌，云「賣友」，則吾輩將奈何？』相與撫掌大咍。」〔明〕沈德符：《萬曆野獲編》，（北京：中華書局，2004年），頁582。《列朝詩集小傳》則說他「好游大人，狎聲妓，以通隱自擬，築室石湖塢中，祀何點兄弟以況焉。晚年與王百谷爭名，不能勝，頹然自放。與所厚善者張生孝資，相與點檢故籍，刺取古人越禮任誕之事，排日分類，仿而行之。或紫衣挾妓，或徒跣行乞，遨遊于通邑大都，兩人自為儔侶，或歌或哭，幼于贈之詩曰：『中年分義深，相見心莫逆。還往不送迎，抗手不相揖。荷錙隨吾行，操瓢並吾乞。中路饋吾漿，攜妓登吾席。薴里聲漸高，薤露歌甫畢。子無我少雙，我無君罕匹。』每念故人及亡妓，輒為位置酒，向空酬酢。孝資生日，乞生祭于幼於，孝資為屍，幼于率子弟麻瓖哭，上食設奠，孝資坐而饗之，翌日行卒哭禮，設妓樂，哭罷痛飲，謂之收淚。自是率以為常。萬曆甲辰，年七十餘，攜妓居荒圃中，盜踰垣殺之。」〔清〕錢謙益：《列朝詩集小傳》，頁453。

86 周群：《袁宏道評傳》，頁155-156。

人同的個性，於是他人以為「狂」，他就以為「真」；他人以為
「病」，他就以為「適」，中郎說：「既不妨飲酒，又不妨好色，又不
妨參禪。」[87]又在給陶望齡的詩中說「我好色，公多病。」[88]好色好
酒，卻又不礙參禪，反過來說，若能自悟本心，色即是空，空即是
色，又何必刻意避免這些俗事俗物？因此在萬曆二十五年見蓮池大師
（雲棲袾宏），對自己的言行更是沾沾自喜，認為雲棲袾宏欣賞他們
袁家兄弟，故多有包容：[89]

> ……僧之好淨者，多強人吃齋，余不能齋，而蓮公複不強我。
> 凡甌鍋瓶盤之類，為僕子所膻，亦無嗔怪……。

> ……余弟最麄豪，蓮公不厭；余性狂僻，多誑詩，貢高使氣，
> 目無諸佛，蓮公不以為妄……。。

中郎積極參禪，卻又目無諸佛；身在佛殿，卻又不吃齋。如果用中郎
曾說過的話來講，就是「一切計較，皆緣見性未真」。若見性見真，
自然不必執著於好色與否、好酒與否、吃齋與否的問題——參禪的目
的，是為了自證本心，了脫生死，不是為了吃齋戒色戒酒。

　　由此可知，文學上的獨抒性靈也好，參禪上的無相無法也罷。關
鍵在於不能有所拘泥，正如唐詩不必執，所以中郎批判復古；因為禪
法不必定，所以反對圓通——中郎始終強調，真我自適，才是最重要
的。值得注意的是，中郎又說自己屢有遊戲語，「一切文字，皆戲筆
耳。」[90]戲筆，遊戲言之，不必當真，但也不全是假。有時不免逞口

87　〔明〕袁宏道：〈梅客生〉，《袁宏道集校箋》，頁484。
88　〔明〕袁宏道：〈別石簣〉，《袁宏道集校箋》，頁404。
89　〔明〕袁宏道：〈記藥師殿〉，《袁宏道集校箋》，頁465。
90　〔明〕袁宏道：〈徐崇白〉，《袁宏道集校箋》，頁495。

舌之快，為辯而辯；有時亦不免爭勝好名之心，為求勝人。像是人說唐好，中郎就偏偏立論持據，證明唐詩不好：「世人喜唐，僕則曰唐無詩；世人喜秦漢，僕則曰秦漢無文；世人卑宋黜元，僕則曰詩文在宋元諸大家。」[91]要說宋元有詩文大家，這是沒問題的，但非要說唐無詩、秦漢無文，恐怕有文學史常識的人，都不會同意。諸如此類的話語，都是中郎的戲筆與狂語，「除卻袁中郎，天下盡兒戲」，[92]戲筆既以遊戲為旨，就不能字字坐實，句句當真，重在理解背後的精神與用意。可是戲筆還是誤導了不少後人，小修不無感慨地說：「諸文人學子泥舊習者，或毛舉先生少年時二三游戲之語，執為定案，遂謂篾法自先生始。」「至于一二學語者流，粗知趨向，又取先生少時偶爾率易之語，效顰學步。其究為俚俗，為纖巧，為莽蕩，譬之百花開，而棘刺之花亦開；泉水流，而糞壤之水亦流。烏焉三寫，必至之弊耳，豈先生之本旨哉！」[93]小修雖刻意說明，中郎遊戲語之流弊，實乃後人不善學，又不能明白中郎用意所致；又說這是尋章摘句，不能遍讀中郎全書所致。可是不管如何，中郎遊戲語的確造成了效顰學步、「遂謂篾法自先生始」，顯然也是事實。

當然，遊戲語未必全是妄言妄口、信手隨說，江盈科說中郎「冥心曠懷，度越塵世，深于禪學，善譚名理」、「即戲謔之言，亦自有趣」，戲謔之言，亦類似遊戲語，看似玩笑，看似趣味，或有深意在焉。非深於禪理，善談名言者不能致，所以江盈科才自承：「余極喜中郎謔談，服其有理」。[94]除此之外，中郎也曾說自己「語語似戲，字

91　〔明〕袁宏道：〈張幼於〉，《袁宏道集校箋》，頁501。

92　〔明〕袁宏道：〈別石簣〉，《袁宏道集校箋》，頁402。

93　〔明〕袁中道：〈中郎先生全集序〉，《珂雪齋集》，頁522、頁523。

94　江盈科舉了兩個故事說明：伯修勸中郎節色欲，中郎卻說好色乃應該、乃正事，不可戒亦不不斷，因為「色亦難矣」。畢竟千古以來，只有西施楊貴妃等人以好名，好色之徒，正當由此尋之，今人之好色，不擇好惡，動有接構，實為好淫，並非好色；中郎曾對江盈科說：「人家一妻數妾，和美無間，卻無好處，得他們小小炒

字逼真」，[95]既然似戲，為何逼真？原來「遊戲」只是形式外在的表象，重點在於裡頭所要傳達的「真」。就跟參禪的法無定法，以及文學的不拘格套一樣，遊戲語的涵意，不在遊戲的本身，而是藉由遊戲語顯脫而出的意義，仍在於自我自適的表現，這就是「真」。所以人人作詩以唐為重，中郎就說唐不足為法；人人參禪都以圓通為高，中郎就說圓通亦足以為礙。這種說話言語的精神，看似與人鬥口，你說某好，我就說某不好，其實在於既破且立、棄除世俗的迷思，這就是遊戲語。小修就說中郎：「先生詩文如〈錦帆〉、〈解脫〉，意在破人之執縛，故時有遊戲語」、「亦其才高膽大，無心于世之毀譽，聊以其抒意所欲言耳」，[96]即是此意。對此，我們可以說，是獨抒性靈，又或參禪自悟，時有游戲語也可，都是中郎生命態度的表現，源自於他對本心自我的追尋，出於他自適任真的性格，他說：「吏道如網，世法如炭，形骸若梏，可以娛心意悅耳目者，唯有一唱一詠一歌一管而已矣。過此則有太上之至樂，窮天地之奧妙，發性命之玄機，究生死之根源……。」[97]世俗塵網，格套擾煩，若容娛心意悅，唯有一唱一詠一歌一管而已，則向上一機，就能發性命之玄機，究生死之根源。由此可見，自適不礙，任真不滯，正是中郎尋求生死之困的最大特色。

　　但是，這個自認參禪之道，除李贄之外，天下已無勁敵的中郎。隨著年紀漸長，閱歷日深，心態竟然頗有轉變。對李贄之說，開始出現反省的言論；對以前的狂傲言行，亦頗有懺悔之處；參禪一道，更

（芝慶按：吵）鬧，我從中解紛，乃有些好光景」、「人家做官，一中進士，徑直做了尚書，卻無好處，得遇邊謫，就中歷些坎坷，堅其德性，煉其才品，乃有些好光景。」江盈科聽罷，做了如下評語：「此二語者，若不近人情，然能覺此中有光景，則便有困處而亨之意。凡事推開皆若是也。彼戚戚于拂意之地者，大都不就不好中索趣味耳。余極喜中郎譫談，服其有理。」〔明〕江盈科：〈袁中郎〉，《江盈科集》，頁594-595。

95　〔明〕袁宏道：〈記藥師殿〉，《袁宏道集校箋》，頁466。

96　〔明〕袁中道：〈中郎先生全集序〉，《珂雪齋集》，頁521。

97　〔明〕袁宏道：〈徐漁浦〉，《袁宏道集校箋》，頁304。

重修持而非自悟；這些都影響他對生死的看法，於是他筆鋒挪轉，再生新義。而心境之變，由來者漸，轉換之幾，當然出於自身心境，此時約是萬曆二十七年（1599）左右，中郎已從吳縣縣令退下，遊山玩水近年。經伯修催促，中郎始又入京為官，為順天府教授。前一年才剛完成《廣莊》，本年則寫著《西方合論》，這兩部作品，都代表了中郎思想的深刻轉折。

第二節　再變而為苦寂：生命的收攝持謹

萬曆二十四年（1596），中郎二十九歲，他在給陶石簣的信中，談到參禪的一些問題：[98]

> 僧來，讀手書，知兄已是不疑，但不疑即悟，悟即了，今不疑又不了，此何說哉？

陶石簣，即是陶望齡（1562-1609），字周望，石簣為號。陶望齡與公安三袁交誼甚篤，本身對生死性命之道也是參究甚切，所以中郎在給伯修的信中說他：「陶生死心切甚」。[99]根據楊正顯的研究，陶望齡參論生死，走的是「以禪詮儒」的路數。在「良知可了生死」的目標下，提出以華嚴禪與看話禪的宗旨方法，又加入念佛的法門，既重修持，又重自悟；既要參得心源，又須念佛持戒。參禪不礙念佛，念佛不礙參禪，兩相並重，相輔相行，方可得道。特別是陶望齡在過世前，極力贊同王時槐的見解，可視為陶望齡的最後定見：「顧鄙劣尤有可慮者，以人性雖善，而宿生垢染，誰則無之？且畏難樂徑，亦常

---

98 〔明〕袁宏道：〈陶石簣〉，《袁宏道集校箋》，頁263。
99 〔明〕袁宏道：〈伯修〉，《袁宏道集校箋》，頁279。

情使然，倘其間聞教不善領會，或未免掠虛為悟，難以準繩為桎梏。修證為下乘，此在高明之士乃有此失，甚至毀戒潰防，妄稱妙用，即於世道不無可憂，不識老先生亦可以上乘兼修中下之說，預塞其流弊否？」人性雖善，可是後天環境薰染，難免宿生垢染，上乘者自悟自證，當是高明，但若中下乘者不勤加修持，則不免妄稱妙見，掠虛為悟，流弊之大，不堪設想，所以修悟並重，正是「上乘兼修中下之說」。[100]

在萬曆二十四年左右，陶望齡正自承因受聞見所累，參究不明，上述中郎說他不疑又不了，同樣也是類似的原因。疑情工夫，正如第二章所言，是一種反問自省的不斷追索，可是此時陶望齡受聞見所限，既不能疑，又不能了，如邱敏捷所指出，藉由疑情的昭昭靈靈，既推之不去，又蕩之不散，自省自問，直至忽然醒覺，疑團粉碎，才能露出本地風光、清淨本原，這才是不疑、才是了、才是悟。陶望齡的問題，卻在於疑情難起。[101]中郎認為疑情難起，並不是因為受聞見所累，剛好相反，藉由聞見亦能證悟，他說：[102]

> 前石簣兄弟見訪，自言為聞見所累，弟謂靈雲見桃，此亦見也；香嚴擊竹，此亦聞也。聞見安能累人？

不止如此，前一節也曾引到，中郎認為陶望齡參禪，病在參得明白，可是「世豈有參得明白的禪？若禪可以參得明白，則現今目視耳聽髮豎眉橫，皆可參得明白矣」、「須知髮不以不參而不豎，眉不以不參而不橫，則禪不以不參而不明，明矣。」[103]太想求得明白，正是陶望齡

---

100 楊正顯：《陶望齡與晚明思想》，頁98-99。

101 邱敏捷：《修持與參禪：晚明袁宏道的佛教思想》，頁42。

102 〔明〕袁宏道：〈伯修〉，《袁宏道集校箋》，頁279。

103 〔明〕袁宏道：〈答陶石簣編修〉，《袁宏道集校箋》，頁733。

病徵所在。另，「靈雲見桃」，靈雲即福州靈雲山志勤禪師，後因睹桃花而悟道，曾有偈云：「三十年來尋劍客，幾回落葉又抽枝；自從一見桃華後，直至如今更不疑。」「香嚴擊竹」，香嚴，即唐代智閑禪師，曾依溈山靈佑。靈佑試探他，要他不問平生所學，也不管記得多少經典文句，只許他就「未出胞胎未辨東西時之本分事，誠道一句來」，智閑講了幾句，皆不能契旨，回去後檢遍諸方語句，亦無可答，於是焚盡諸書，辭師而別。一日在山中芟除雜草，以瓦礫擊竹作聲。突然間，驀然有省，最後遽歸沐浴，燒香遙禮溈山。[104]陶望齡的意圖，在於禪要參得明白，又不廢修持，要擺脫聞見，不起妄念，這就不是當時中郎所能同意的路數，畢竟就中郎看來，「靈雲見桃」與「香嚴擊竹」的例子，正是從聞見中得悟，所以聞見亦能悟人，並非累人，因此能悟與否，端在於己，若能任我之本真，便能自證自悟。聞見不聞見，根本不是問題。

可是，萬曆二十七年（1599），中郎想法卻漸有轉變，本來講求淨妙真心、自悟境界的他，竟然有了不同的看法，〈答陶石簣〉：[105]

> 弟學道至此時，乃始得下落耳，非是退卻初心也。此道甚大，今人略得路，便云了事，此實可笑矣。如村間百姓不曾見考童生考秀才，及入場屋得雋等事，但見扮演蔡中郎傳，接唱一曲，便中狀元，遂謂及第如此之易，輒生希冀，雖三尺童子亦笑之矣。

中郎以科舉為例，苦讀數十年，一舉成名，此中經歷甘苦，如人飲水，冷暖自知。外人只見形相，未見其實，以為就像戲劇演戲，接唱

---

104 邱敏捷：《修持與參禪：晚明袁宏道的佛教思想》，頁43。

105 〔明〕袁宏道：〈答陶石簣〉，《袁宏道集校箋》，頁790。

一曲,便中狀元,世事豈有如此容易?修道亦然,不過略識門路,就以為參悟以明,以誤為悟,實是大錯,中郎又說「妙喜與李參政書,初入門人不可不觀。書中云:『往往士大夫悟得容易,便不肯修行,久久為魔所攝。』此是士大夫一道保命符子,經論中可證者甚多。」以修持工夫為士大夫的保命符子,中郎舉《楞伽經》、《大智度論》、《大乘起信論》、《萬善同歸集》、《宗鏡錄》為例,說明這些佛書中,都可見到修持的重要。[106]特別值得注意的是《宗鏡錄》,歷史記載永明延壽為救宗門之弊,故著有《宗鏡錄》,我們也不會忘記中郎曾在幾年前批評此書,認為永明見地未真,愈講愈支離,就跟陶望齡參禪欲得明白一樣,「弟謂永明一向只道此事是可以明得的,故著《宗鏡》一書,極力講解,而豈知愈講愈支,愈明愈晦乎!」[107]中郎還說陶望齡聽了他的話之後,「亦豁然有深省處」,認為自己講的沒錯。可是幾年過去了,豁然有深省的,反而是中郎自己。

類似的觀點,中郎反覆陳說,可證者甚多。〈答陳正甫〉:「學道人得一疑情,如得一珍寶」、「古人云:『行起解絕』,弟輩未免落入解坑,所以但知無聲臭之圓頓,而不知灑掃應對之皆圓頓也」,之前只知理悟,未能行悟,只知無聲無臭,卻不能於灑掃應對中參證,所以「弟近日頗學下下根行,一切煩碎等事,力可能者,斷斷行之。」[108]之前見蓮池大師(雲棲袾宏),還以他不強迫自己吃齋為喜,現今自己也開始斷肉吃齋,還要「並禁諸欲」,斷情斷根。只是一時半刻,

---

106 〔明〕袁宏道:〈答陶石簣〉,《袁宏道集校箋》,頁790。

107 〔明〕袁宏道:〈伯修〉,《袁宏道集校箋》,頁279。中郎的批評,還引起蕅益智旭的反對,他說:「(永明大師)……愛集三宗義學沙門于宗鏡堂,廣辨臺賢性相旨趣。而衡以心宗,輯為《宗鏡錄》百卷,不異孔子之集大成也。未百年,法湧諸公,擅加增益,於是支離雜說,刺人眼目,致袁中郎輩反疑永明道眼未徹,亦可悲矣。」〔明〕蕅益智旭:〈較定宗鏡錄跋四則〉,《蕅益智旭大師全集》第18冊,頁11313。

108 〔明〕袁宏道:〈答陳正甫〉,《袁宏道集校箋》,頁775。

仍未能做到，所以懺悔自己貪戀太多，為血肉所使。[109]

就連中郎一向尊敬的李贄，中郎對其禪道，也開始有所反省。他在給李贄徒弟無念的信中，如此自悔：[110]

> 所云意識行不得一著字，不知念禪如何受用？世間未有名聞利養心不除，煩惱火焰熾然，而可云意識行不得者也。夫貪嗔，識也，貪嗔不行，即是意識行不得也，莫錯認也。生輩從前亦坐此病，望公刬卻。
>
> ……若生與公，全不修行，我慢貢高，其為泥犂種子無疑，以時但當慟哭懺悔而已。公今影響禪門公案，作兒戲語，向謂公進，不知乃墮落此耶！

「泥犂」，或作「泥黎」，梵語，是指地獄的意思。我們在第二章時便已提過，伯修曾規勸友人不要再漫談無根，失去自家性命：「博得學道之名，招得泥犂之實，則何益矣。」[111]浩談漫說，卻無深切認知，在外或許可能博得學道的名聲，究其實裡，則根基浮淺，體驗不深，對自家性命實有大礙。中郎此處卻自承犯此毛病，全不修行，貢高我慢，自以為是；我執太重，本身名利煩惱習氣未除，卻以為悟道甚深。至今回想，只當慟哭懺悔而已。所以他寄信給李贄，自承「世人

109　〔明〕袁宏道：〈答顧秀才紹芾〉，《袁宏道集校箋》，頁788。中郎戒欲的原因，也與自己的健康問題有關，非不為也，乃不能也。萬曆二十八年他曾說：「弟往時亦有青娥之癖，近年以來，稍稍截破此機，暢快無量，始知學人不能寂寞，決不得徹底受用也。」六年後，他又說：「聞王先生益健飯，猶能與青娥生子，老勇可想。不肖未四十已衰，聞此甚美。恐足下自有秘戲術，不則誑我也。」（王先生即王穉登）〔明〕袁宏道：〈李湘洲編修〉、〈與王百穀〉，《袁宏道集校箋》，頁1231、頁1270-1271。

110　〔明〕袁宏道：〈答無念〉，《袁宏道集校箋》，頁777-778。

111　〔明〕袁宗道：〈答友人〉，《白蘇齋類集》，頁227。

學道日進，而僕日退，近益學作下下根行」、「始知古德教人修行持戒，即是向上事。彼言性言心，言玄言妙者，皆虛見惑人，所謂驢橛馬樁者也。」之前還以圓通為繫驢橛，現在凡非修行持戒者，言性言心言玄言妙，都可能是「驢橛馬樁」。他又說李贄《淨土訣》很受歡迎，他希望以李贄的地位，登高而呼：「望翁以語言三昧，發明持戒因緣，僕當募刻流布，此救世之良藥，利生之首事也」，文末又加一句：「幸勿以僕為下劣而擯斥之。」[112]如果我們再仔細回想，前引中郎致張獻翼的書信，中郎客套自己詩文不通，但參禪一事，唯李贄可較高下，雖或負於其手，卻是敗亦可喜。在這裡我們看到中郎以勝敗來論參禪，這種執著心、好勝心，肆情以快意氣，顯然正是參禪者極欲除之的習氣。若不能棄之，反而欣然可樂，陷溺其中，又如何以參禪來透澈性命、入證生死？[113]終於中郎也發現這樣的問題，太多的言語、太強的自信，充其量不過是以詭辯曲折的形式，以聰穎慧黠的外在，層層將空虛不實巧妙地包裹。對於性命深微處、對於生死徹透處，恐無益於事，他說言性言心，言玄言妙者，皆虛見惑人；又說自己以前未免落入解坑，自認了悟，反成執拗，都是就這層意思來講的。

　　兩相對照，中郎對李贄的說法、對參禪的看法，已有調整。就外在的原因來看，周群推測可能與中郎的鄉舉座師馮琦有關，[114]馮琦是中郎參加鄉試時的主考官，李贄下獄之時，馮琦曾奏請燒毀李贄著作，以正惑世誣民之罪。馮琦是講求經世致用、正心誠學的儒者，剛好與李贄這般的「異端」，[115]在理念與言行上，頗不相合，而中郎對

---

112 〔明〕袁宏道：〈李龍湖〉，《袁宏道集校箋》，頁792。

113 黃繼立：《「身體」與「工夫」：明代儒學身體觀類型研究》，頁416。

114 「戊子（萬曆十六年，1588），舉於鄉，主試者為山東馮卓庵太史（芝慶按：馮琦），見其後場出入周秦間，急拔之。」〔明〕袁中道：〈吏部驗封司郎中中郎先生行狀〉，《珂雪齋集》，頁755。

115 李贄自為「異端」，倒非思想真的極度偏激、不合情理。他批判那些假道學，說一

馮琦極為尊敬，中郎入京以後，馮琦正任禮部尚書，時相過從，[116]更何況馮琦同樣也看重生死性命，故中郎曾說要「與師共窮生死之奧，不朽之旨」，[117]中郎因此對李贄的態度發生改變，也是有可能的。[118]周群的說法，確可為一說。此外，類似這種重悟遠重於修的作法，當時也引起不少同道批判，伯修就說大慧、中峰等人，惟恐後世以空解人，墮落魔事，強調修悟並重，絕非悟後不必再修，狂禪所言，實不足取；[119]焦竑也認為這不過是一知半解，自謂透脫，實無可觀；陶望齡更說生死大事，佛祖大機，卻被那些人當作癡兒戲劇，未免可笑；[120]小修也指出狂禪日盛，與其豁達，空以撥無因果，還不如老實修行，念佛持戒為妥當[121]……。況且重視戒律，也非在家居士的想法

套做一套的虛偽儒者，認為那些人自居正統，實則貪圖富貴功名，既不能明自家性命下落，又滿口仁義道德，這些「正統」儒者，最為李贄所惡。可參劉芝慶：〈李贄的生死之學〉，頁119-121。溝口雄三也說李贄「他對六經、《論語》、《孟子》的拒受，是出自怎樣在自家性命上體認聖人的吐心吐膽、苦口婆心，對自己進行深入探討的決心；他絕不是要背叛聖賢而樹立自己、突出自己，也不是以奔放不羈的態度對待聖賢的「思想的暴徒」（島田虔次氏評語）。」「他寧可不退轉地與聖人經典正面對峙，也要做一個不被假人淵藪埋沒的無倚仗的真人，他要以此來驗證聖經。」〔日〕溝口雄三著，龔穎譯：《中國前近代思想的屈折與展開》（北京：生活‧讀書‧新知三聯書店，2011年），頁286-287。

116 值得注意的是，中郎進京之後，並未立即往見座師，反而大約一年之後，才寄信給馮琦，信裡說話，殊堪玩味：「宏道疎節之罪，上通于天。入燕以來，忽忽一歲，無咫尺之刺通侯師門，豈非門牆之大罪人哉？或者尊師矜其頑癡，置之不齒，宏庶可逭萬一之罪。不然，雖盡三千之眾，擊雷門之鼓，至于革綻床毀，猶不足以懺罪之毫末也。」〔明〕袁宏道：〈馮侍郎座主〉，《袁宏道集校箋》，頁769。

117 〔明〕袁宏道：〈馮琢庵師〉，《袁宏道集校箋》，頁283。

118 周群：《袁宏道評傳》，頁62-63。

119 〔明〕袁宗道：〈雜說類〉，《白蘇齋類集》，頁318。

120 詳可見楊正顯：《陶望齡與晚明思想》，頁95-96。

121 「然近日狂禪熾盛，口譚現成，一切無礙者，項背相接。與其豁達，空以撥無因果，真不如老實修行，念佛持戒之為妥當也。」〔明〕袁中道：〈創立黃柏庵田碑記〉，《珂雪齋集》，頁743-744。

而已,晚明佛教禪林沒落,於是強調修行修持,正為改革的重要環節
之一。在這樣的改革風潮中,佛門對許多佛學史上的重要議題,諸如
《物不遷論》,又如對「性空」、「性住」、「佛性」的鑑別,也展開新的
定義與討論,佛教改革,發明戒律,早已醞釀多時,正方興未艾。[122]
中郎等人重持戒,主張修行,正可呼應晚明叢林改革的風潮。

　　伯修等人批判狂禪之風,狂禪雖非李贄或中郎的主要創發,但他
們參禪的特性,確與晚明狂禪之風,頗有融合之處。[123]中郎受這些學
友影響,轉而修正參禪門路,是有可能的。不過本文想從另外層面指
出,中郎對李贄的觀點有所調整,不必然代表因此交惡,也不能說中
郎對李贄禪道,已完全失去信心。[124]更重要的是,中郎對李贄或有批
評,就真的是反對李贄嗎?中郎從李贄處學得的,難道就只是類似狂
禪的面向嗎?小修不過說:「先生之學復稍稍變,覺龍湖等所見,尚
欠穩實。以為悟修猶兩轂也,向者所見,偏重悟理,而盡廢修持,遺
棄倫物,佪背繩墨,縱放習氣,亦是膏肓之病。」[125]不過是就「穩
實」的一面,對李贄之學有所調整而已,尚不到改弦易轍,一翻兩瞪
眼的地步。其實中郎開始重視修持,李贄自不當反對。因為中郎所講
的,本來就與李贄提倡的,並無太大差異,真正的問題在於,中郎並

---

122 江燦騰:《晚明佛教叢林改革與佛學諍辯之研究──以憨山德清的改革稱涯為中心》
　　(臺北:新文豐出版公司,1990年),第三篇。

123 狂禪自非李贄所創,可是李贄的生命情調與言行,確實為狂禪之風,起了推波助
　　瀾的重要作用。關於晚明狂禪現象的分析,可參毛文芳:〈晚明「狂禪」探論〉,
　　《漢學研究》第19卷第2期(2001年12月),頁171-200。

124 中郎入京當官,兩人通信較少,中郎對李贄提及不多。自李贄入獄之後,中郎在
　　〈陶周望祭酒〉、〈書念公碑文後〉、《注雨海像贊》、〈珊瑚林〉中,亦有提及李
　　贄。與前相比,二人很少通信贈詩,確實疏於連絡。但不代表中郎就對李贄全盤
　　反對,事實上他對李贄言行,仍多表讚歎的,如〈珊瑚林〉便說:「龍湖曰:『世
　　間好事甚多,安能一一盡為之?』此語絕妙。」〔明〕袁宏道:〈珊瑚林〉(明清響
　　齋刻本),頁37。

125 〔明〕袁中道:〈吏部驗封司郎中中郎先生行狀〉,《珂雪齋集》,頁758。

未朝著李贄期許方向前進而已。畢竟李贄本以向上一路盼望中郎，精深入微，天機敏悟：「然至于入微以路，則諄諄望之先生，蓋謂其識力膽力，皆迥絕于世，真英靈男子，可以擔荷此一事耳。」要知道李贄這樣說，正是為上根人說法，中郎亦曾以此自傲自信，覺得以自己的資質聰穎，才性高敏，自可由此入道，省去一般繁瑣工夫。[126]李贄之學，當然並非只有如此，他也看重修，為下下根人說法者，亦復不少：「我為下下人說，不為上上人說」、[127]「弟則真為下下人說，恐其沉溺而不能出。」[128]又說「參禪事大，量非根器淺弱者所能擔。今時人最高者唯有好名，無真實為生死苦惱怕欲求出脫也。」[129]他勸伯修要實悟實修，雖不一定就認為伯修是下下根人，但就「穩實」如伯修這類的人，確實不適合走中郎的路子。由此可見，李贄之所以看重中郎，當然是因為他認為中郎是少數的上根人，「若夫上上人，則舉世絕少，非直少也，直絕無之矣。」[130]上根之人，幾乎沒有，何況就連現今時人之最高者，就李贄看來，不過好名而已。可是機緣適至，千盼萬待，讓他遇見了上根人袁中郎，李贄當然喜不自勝，自當以心傳心，將向上之悟，以真實出脫生死之道，極欲教之告之。

不料當中郎走過這樣的路之後，幡然改悟，悔昔之非，竟然說起「近益學作下下根行」、「弟近日頗學下下根行，一切煩碎等事，力可能者，斷斷行之。」……如此等話，李贄當然感到不滿，認為中郎大概是好名好官，捨不得放下，所以極欲盼他回頭，李贄在給友人的信

---

126 江盈科就稱讚中郎，說他是「君性超悟，深于名理；才敏妙，嫻于辭賦。」〔明〕江盈科：〈錦帆集序〉，《江盈科集》，頁277。

127 〔明〕李贄：《焚書‧三大士像議》，《李贄文集（第一卷）》，頁138。

128 〔明〕李贄：《焚書‧復鄧石陽》，《李贄文集（第一卷）》，頁9。關於李贄為下下人的接引之道，可參袁光儀：《李卓吾新論》（臺北：臺北大學出版社，2008年），頁55-58。

129 〔明〕李贄：《焚書‧復澹然大士》，《李贄文集（第一卷）》，頁73。

130 〔明〕李贄：《焚書‧復鄧石陽》，《李贄文集（第一卷）》，頁9。

中說：[131]

> 袁二若能終身此道，笑傲湖山。如今之為，則後來未必無扣門
> 日子，若以次入京，旋來補缺，終不免作〈進學解〉以曉諸
> 生，則此刻恐成大言矣。願公勿羨之！

既不能笑傲江湖，則入朝為官，又難免為世俗奔波，如入牢籠裡，難
以返自由，所以李贄要友人不要羨慕。畢竟中郎重入官網，這個「扣
門日子」，恐怕是愈來愈遠了。因此，中郎從李贄眼中，舉世絕少的
「上根人」，一變而為「世間惟下下人最多」的一分子。當然中郎並
非承認自己不是上根，而是中下根器之人，他的用意，其實就像頓漸
一樣，上下之人，本無差異優劣，下根之人須修，上根之人也必須要
修。修持與否，並不妨礙中郎是哪類的人。只是就李贄看來，這種想
法當然是退步，從上根「墮落」到下根；但就中郎來看，涉世之道，
不能只有自視甚高，不能只是自適任意。何況這種生活態度，恐怕愈
自適，反而離性命生死下落愈遠。上根之人如他，若然涉世，在具體
人事間折衝，在塵俗網羅中修道，了脫生死，就不能只是悟，更必須
修；就不能只有參，還必須有具體工夫。若說從前的中郎的自適之
道，隨情恣意，是為「進」（或是如第一章〈緒論〉所言，是
「放」），既是自信，也是狂傲；此時中郎則反過來，重視「退」（或
是「收」），重視「穩實」，視為省身要法：[132]

> 甥近來于此道稍知退步，不論世情學問，退得一步，即為穩
> 實，多少受用。退之一字，實安樂法門也……。

---

131 〔明〕李贄：《續焚書·復梅客生》，《李贄文集（第一卷）》，頁38。
132 〔明〕袁宏道：〈龔惟長先生〉，《袁宏道集校箋》，頁770-771。

……能退，世法即道；不能退，道即世法。冷暖在心，一反觀可知。此近日所得省身要法……。

中郎又說：[133]

> 世情當出不當入，塵緣當解不當結，人我勝負之心當退不當進。若只同尋常人一般知見，一般度日，眾人所趨者，我亦趨之，如蠅之逐羶，即此便是小人行徑矣，何貴為丈夫哉？

世情學問，不能只有「進」，更必須知曉「退」，退得一步，即為穩實。中郎與伯修類似，都體會到自適與自制，往往是一體兩面，進退之際，收放之間，隨心所欲而不逾矩。世情當出不當入，塵緣當解不當結，人我勝負之心當退不當進，顯然才是自適的真義。既不逆世，也不阿世，則真我自在其中矣。而自家性命下落，生死之路，求道者正該由此觀焉。萬曆三十四年（1606），中郎回首過往，說明這樣的轉變，「故再變而為苦寂」：[134]

> 既做大官，又討便宜，又斷緣寡欲，便自說世情灰冷，無論他人信之，即自家亦說得過矣。而兄猶以為不了，何哉？然弟則謂不了之根，正在于此，此弟舊時受病處也。
> ……弟少時亦微見及此，然畢竟徇外之根，盤據已深，故再變而為苦寂。若非歸山六年，反覆研究，追尋真賊所在，至于今日，亦將為無忌憚之小人矣。夫弟所謂徇外者，豈真謂借此以欺世哉？源頭不清，致知工夫未到，故入於自欺而不自覺，其

133　〔明〕袁宏道：〈答李元善〉，《袁宏道集校箋》，頁786。
134　〔明〕袁宏道：〈答陶周望〉，《袁宏道集校箋》，頁1276、1277。

心本為性命，而其學則為的然日亡。無他，執情太甚，路頭錯
走也。

若一味以自悟為高，自信愈深，就愈以為得以自證。殊不知末流之所
及，一切自行自是，難免成為「無忌憚之小人」、「不了之根」。初始
本意，本不欲欺世盜名，只為尋求安身立命，了脫生死。不料源頭不
清，執情太甚，工夫未到，流於自欺自負而不自覺。其心本為性命，
其學卻離此愈遠，依循如此，更覺慚愧。所幸及早發現，再變而為苦
寂。苦寂，若用小修的話來講，就是「遂一矯而主修，自律甚嚴，自
檢甚密，以澹守之，以靜凝之。」[135]不過苦寂仍非終的，是以中郎才
有歸山六年、反覆研究一說。歸山六年，即萬曆二十六（1598）年入
京為官，近三年後，萬曆二十八（1600）年九月，伯修突然病逝於北
京，[136]家人大為驚駭，中郎、小修極是悲痛，中郎更是因病辭官，回
公安調養。隱居其間，又不斷傳來友朋病逝的消息，王穉登、劉東
星、潘士藻等相繼離世。六年後，也就是萬曆三十四年（1606），中
郎才又重新入京，在吏部任職。[137]這段路程，經歷生離死別，讓中郎
從斷酒斷欲的苦寂，走向更自然、更自適的平淡之路。中郎在萬曆二
十六年著有《廣莊》，來年寫成《西方合論》，萬曆三十二年（1604）
之後則有〈德山塵譚〉、〈珊瑚林〉。[138]我們在這些文字中，看到中郎

---

135 〔明〕袁中道：〈吏部驗封司郎中中郎先生行狀〉，《珂雪齋集》，頁758。

136 根據何宗美的觀察，伯修因過分操勞，病後難癒，以致疲極而卒，主要因素當然
是忙於工作事務所致，可是結社應酬也是原由之一，因為聚會往往有飲宴等活
動，參與過於頻繁，難免傷身。他認為萬曆二十五年到萬曆二十八年是伯修公務
最勞累，也是他參與文人結社最活躍的時期。何宗美：《公安派結社考論》（重
慶：重慶出版社，2005年），頁44-45。

137 鍾林斌：《公安派研究》，頁128-137。

138 論及中郎者，對〈珊瑚林〉的引用與解讀，實在不多，本文認為這是論中郎思想
者，不可忽略之書。關於〈珊瑚林〉的內涵，詳見後文。

走了一圈，又重新回到自適任意的路子上。只是這條路不再是詩酒風流、不再是肆才縱性，而是平淡見真，平常是道——中郎見山又是山，見水又是水了。

第三節　求生西方淨土：既重悟，也重修

一　《廣莊》：生命的難處

如第一節結尾處所言，中郎這時期的轉變，也深刻地表現在他的著作中，為了明白中郎的思想歷程，就必須分析他的《廣莊》與《西方合論》。

中郎第一次赴京為官前，剛到北京，八歲的兒子袁開美就在揚州病逝。家人擔心他打擊太大，一時間尚未見說。後來江盈科轉告，他知道了以後，非常傷心，曾有詩作：「說著旁人也痛酸，余今寧有鐵腸肝。十年送卻六男女，已作尋常離別看。」[139]在袁開美之前，伯修二子一女已先過逝，小修也失去愛子虎兒，連同伯修亡妻，共「六男女」。[140]可是，親人（親友）死別，真的可以「已作尋常離別看」嗎？中郎這句詩的潛臺詞，或有埋怨命運難測、世事難料的意思。他對生死性命的看法，想必也因此更加切己與真實。不管如何，中郎這年遍讀《老》、《莊》、佛經，並著有《廣莊》，透露出他思想轉變的契機。學界已注意到中郎的莊子學，羅宗強就認為中郎解莊，特別是〈逍遙遊〉等篇，與郭象多有傳承。這與〈人間世〉、〈應帝王〉之論，著重於世間道理，頗有不同，而〈大宗師〉則專於生死之道，與佛學相涉，並認為西晉與晚明有許多相似的地方，故中郎注莊，與郭

---

139 〔明〕袁宏道：〈兒開美殤，江進之書來始知〉，《袁宏道集校箋》，頁605。
140 鍾林斌：《公安派研究》，頁124。

象可互相發明。[141]羅宗強此文是以思想史的角度，作異代比較參照，
本文則不取這樣的方式，而採中郎的生命歷程的體悟來講。中郎首先
指出，人間許多是非，都是以自身情量出發。經驗可及者，便信，反
之則否。于是大于我者，即謂之大，故言大山大海則信，若言鳥大于
山，魚大於海，則不信；倒過來說，小于我者，如螻蟻則信，若言蟻
有國，國有君臣上少爭讓之事，則不信。[142]但這些不過是人以自身去
衡量一切罷了，畢竟人物鳥獸聖賢仙佛，都只是天地間的一份子，不
可謂大，亦不可謂小。可是「拘儒小士，乃欲以所常見常聞，闖天地
之未曾見未曾聞者，以定法縛己，又以定法縛天下後世之人。勒而為
書，文而成理，天下後世沉魅于五尺之中。炎炎寒寒，略無半罅可出
頭處。」[143]正因為如此，導致天下人身處執見網羅中，以定法縛己縛
人，不可自拔，汲汲營營，「人間多少熱忙人」。[144]若然如此，中郎的
觀察是，執見不能去，則天地之間，便會永遠存在是非，導致人人熱
忙，人人爭讓不休，幾無寧日：[145]

> 天地之間，無一物無是非者。天者，是非之城也。身心，是非
> 之舍也。智愚賢不肖，是非之果也。古往今來，是非之戰場墟
> 壘也。天下之人，頭出頭沒，于是是非非之中，倚枯附朽，如
> 大末蟲之見物則緣，而狂犬之聞聲則吠。

人陷落於常見常聞之中，於是天地身心古往今來，都成了是非之地。
是以勢之所在，利即相隨，多緣此事為波瀾；亦又流於虛情客套，真

---

141 羅宗強：〈袁宏道《廣莊》與郭象《莊子注》之關係〉，《當代名家學術思想文庫·
　　羅宗強卷》（北京：萬卷出版公司，2010年）。
142 〔明〕袁宏道：《廣莊》，《袁宏道集校箋》，頁795。
143 〔明〕袁宏道：《廣莊》，《袁宏道集校箋》，頁796。
144 〔明〕袁宏道：〈蕪湖舟中同范長白、念公看月〉，《袁宏道集校箋》，頁868。
145 〔明〕袁宏道：《廣莊》，《袁宏道集校箋》，頁798。

假難分，生命不可承受之煩。既不逍遙，也不齊物，德也不充，生也不養，如此種種，就像中郎在任吳縣令時，曾說過的話：「過客直消一副笑嘴臉，簿書直消一副強精神，錢谷直消一副狠心腸，苦則苦矣，而不難。唯有一段沒證見的是非，無形影的風波，青岑可浪，碧海可塵，往往令人趨避不及，逃遁無地，難矣。難矣。」[146]擾瑣的行政工作，雖苦，尚且不難，倒是那些風波是非，趨避無從，逃遁不及，才是真難。

　　若然如此，不就是「不齊」嗎？就正面來講，物無非彼，物無非是，不齊而齊，齊物而逍遙，適性而率性，[147]忘生死而達大道。這種齊物，當然是莊子（或郭象注莊）最嚮往的境界。[148]可是齊物也者，

146　〔明〕袁宏道：〈沈廣乘〉，《袁宏道集校箋》，頁242。

147　中郎這樣的說法，正如羅宗強所言，既有莊子本身的文脈原意，也上承郭象注莊的適性逍遙說。適性逍遙，就郭象看來，宇宙之內，只要物任其性，則各物之間，快然自足，並無高下之分，皆可自盡其逍遙之樂：「夫小大雖殊，而放于自得之場，則物任其性，事稱其能，各當其分，逍遙一也，豈容勝負于其間哉？」這種適性之說，當然與中郎看重的自適、逃離官場的心態，極為合拍。

148　莊子認為天下事物各有其本質自然，任物之自畸而不更動，是為齊物。若強人同己、損減自然，莊子則稱為「以人減天」，〈應帝王〉渾沌死於儵忽之鑿、〈至樂〉海鳥死於魯侯之養，皆屬此類。所以人實在不該以己意而強求改變自然，是故「鳧脛雖短，續之則憂；鶴脛雖長，斷之則悲。」這還只是初步認知，除此之外，齊物有更深義蘊存焉，莊子齊物逍遙的理想境界，是因萬物皆種，通乎一氣，皆由氣化而生，卻以不同形相禪，如莊周夢蝶、又如匠石夢櫟樹，「不知周之夢為胡（蝴）蝶與，胡（蝴）蝶之夢為周與？」「且也若與予也皆物也，奈何哉其相物也？」此當非身形產生異變，像是人變蝴蝶之類，而是指心靈的超越提升，〈齊物論〉南郭子綦說顏成子游所見不過地籟、人籟，殊不知大塊噫氣是名為風，風作則萬竅怒號，其中地籟不過眾竅而成、人籟亦只是比竹之聲，欲有所進悟，吹萬不同，而使其自己，此即天籟。天地人籟固然同出一源（風），但心靈層次不同，所觀所思之視野亦有不同。勞思光的分析極為深入，他認為「形軀」是萬物之一，只是對象、只是物，並不是作為主體性的「我」，當誤認「形軀」為「自我」時，即不免受困於形軀感受之中。反之，若能體認此點，則無處而不逍遙、處處齊物。換句話說，當內心修養到了某個境界、不再執著於「形軀我」，連帶地形體也將轉化，與化為人，合通天地：「與造物者為人，而游乎天地之一氣」，或是平時各自獨立的感官，此時已是混然一氣，彼此流通，以至於「忘其肝

逍遙也者，都是建立在不齊之上的，中郎頗能體會這些不齊，他在乎現實的困躓、生命的難處，他對生死的困惑，正是關乎此理：原來「齊物」的背後，充滿了形形色色的不齊，所以有凡夫之是非，有文士之是非，有法家墨家儒家道家釋氏之是非，各家各派各人各見，非其所非，是其所是，人嗔則嗔，人喜則喜：「我憐彼，彼亦憐我；我訕彼，彼亦訕我。是非之質，惡從而辨之！」[149]

可是，這些困境、這些難處、這些是非，本來就存在的嗎？當然不是，就如開頭所講，實由於人以自身情量所見，自以為是，有以致之。這些東西，本來就不是天經地義的：「空中之花，可以道無，亦可以道有，故聖人不見天地高下，亦不言天卑地高。波中之像，可以言我，亦可以言彼，故聖人不見萬物非我，亦不言萬物是我。物本自齊，非吾能齊，若有可齊，終非齊物。聖如可悟，不離是非，愚如可及，是非是實。」[150]既不是有，也不是無，本無所謂高下優卑；可言彼，亦可言我，我既是萬物也非萬物。況且本來無一物，物本自齊，何處惹塵埃，又何必強以為齊？又必因固執導致不齊？由此可知，中

膽，遺其耳目，芒然彷徨乎塵垢之外，逍遙乎無事之業」，忘身忘我，以聽天籟，得通天地之大道，如「墮肢體，黜聰明，離形去知，同於大通，此謂坐忘」、「汝徒處無為，而物自化。墮爾形體，吐爾聰明，倫與物忘；大同乎涬溟，解心釋神，莫然無魂」之類，此時已可謂處於「物我難分」、「物我可齊」、「是非可泯」的境界。這就是莊子最重視的「心齋」與「坐忘」的工夫。〔清〕郭慶藩：《莊子集釋》，頁112、頁170-172、頁663、頁284、頁390。勞思光：《新編中國哲學史（一）》（臺北：三民書局，2001年），頁246。劉芝慶：《修身與治國──從先秦諸子到西漢前期身體政治論的嬗變》（臺北：臺灣大學歷史學研究所碩士論文，2009年），頁114-117。另外，賴錫三也認為，莊子看透世界種種殊相，畢竟天地萬物，材與不材，無用之用，各有其長處，不必強人所難，這是齊物的境界，齊是萬物呈現吹萬的豐盈多元，所以齊物便是在萬物中體證豐盈的流行。賴錫三：《莊子靈光的當代詮釋》（新竹：清大出版社，2008年），頁25-26。亦可見劉芝慶：〈林希逸莊子學發微〉，《九州學林》，2011年夏季（上海：上海人民出版社，2012年），頁13-14。

149 〔明〕袁宏道：《廣莊》，《袁宏道集校箋》，頁799。

150 〔明〕袁宏道：《廣莊》，《袁宏道集校箋》，頁799。

郎藉由抖落一切俗見的方式，不落兩邊，非此非彼，拋棄聞見執意，
用來說明齊物逍遙的境界。這與第一節所講，中郎以《華嚴經》理事
無礙法門來論證開悟、又或是以他的參禪之道說明自悟，頗為類似。
換句話說，從本心自悟開始，唯有拋棄俗見，才能任真，唯有見真，
才能自適，「而不以一己之情量與大小爭，斯無往而不逍遙矣！」[151]
不以一己之情量爭奪較量不休，於是才可以學無生之道，明無生之
旨。得脫生死，正該由此入手，因為人一出生，就已經是逐步面向死
亡，「墮地之時，死案已立」，中郎這句極富深蘊，又近乎廢話的言
語，其訴說心態，頗值得我們注意。類似的觀察，我們在第二章論及
伯修時，已略有分疏，這裡不妨再用另外的方式解說。卡繆（Albert
Camus）在他的《異鄉人》中，藉由主角的不在乎、無所謂，對母親
之死、對情人的愛、對工作的態度，既不把握，也不進取，凡事漠不
關心，當作與己無關，卡繆意在突顯人生的荒謬、失落感，無可奈
何，卻又毫不在乎，可謂「從異鄉人到失落的一代」，[152]這類對生存
的質疑與批判，正呼應了《異鄉人》裡主角因殺人入獄，確定被判死
刑後，他對牧師說的話：「從我遙遠的未來，一股暗潮穿越尚未到來
的光陰衝擊著我，流過至今我所度過的荒謬人生，洗清了過去那些不
真實的歲月裡人們為我呈現的假象。他人之死、母親之愛、他的上
帝、他人所選擇的生活，與我何干？反正找上我的這種命運，也會找
上成千成萬像他一樣自稱為我兄弟的幸運兒。所以，他明白嗎？活著
的人都是幸運兒，世上只有這一種人。大家一樣遲早要死，他也不例
外」，[153]如此看來，有生就有死，「活著的人都是幸運兒，世上只有這
一種人」、「大家一樣遲早都要死」，生存意義就成為極其荒謬、又深

151　〔明〕袁宏道：《廣莊》，《袁宏道集校箋》，頁796。

152　此處借用王尚義的書名：《從異鄉人到失落的一代》（臺北：水牛出版社，2004年）。

153　〔法〕卡繆（Albert Camus）著，張一喬譯：《異鄉人》（臺北：麥田出版社，2013年），頁141。

具諷刺意味的事了。可是,存在既然是荒謬的,生死荒唐言,又何必深究?若是如此,人為何又會懼怕生死呢?中郎所謂怕死怕閻羅、怕死後漫漫,無半個熟識,又如何而來?中郎從怕死的角度,探求生死的意義,這又是什麼樣的心態呢?我們不妨再以海德格為例,海德格曾說人是一種「朝向死亡的存在」(向死的存在,das Sein zum Tode),[154]正如許多研究者指出,海德格的死亡哲學,並不是將死亡作為狀態(existenziell),而是將死亡看成一種生存論(existenzial)上的問題——什麼樣的生存呢?海德格認為人是「緣在」(Dasein)的,[155]原始性的「我」,是與世界不可分割,而不是獨立於外的東西。故緣在的本身,即意謂著生存境遇,用海德格自己的話來講,就是「我們自己總是的那樣一種是者或存在者」,因為人的本性問題,人的本身就是一個存在論的問題(即「是」者),因為人這個存在者本身,在他的存在之中就會牽涉到存在本身,緣在就是「它的存在者身分上的特長在於:這個存在者在他的存在中是為了(um)這個存在本身而存在」,緣在與存在是互相牽引、互相構成的,緣在已「在它的存在之中」,卻又「牽涉到這個存在本身」,在這個意義上,緣在可以是「一個整體」,就表現在向死的存在之中。順著這個觀點,人從出生到死亡,緣在的死亡似乎提供的只是時間上的結束或終極(Ende),但如果緣在到達死亡,不過就是一個屍體的存在者而已,這是醫學家、人類學家等關心的對象,哲學要處理的不是這個問題,而是緣在經歷死亡(懸欠著的整體)的解釋,這就是海德格所謂的「向死的存在」,緣在並非到了盡頭才是死亡,而是從生存於世的那

---

154 〔德〕海德格(Martin Heidegger)著,陳嘉映、王慶節合譯:《存在與時間》(北京:生活‧讀書‧新知三聯書店,2012年),頁277、頁288。

155 此為張祥龍譯法,張祥龍將「Dasein」譯為「緣在」(一般多譯為「此在」)的原因,可見張祥龍:〈「Dasein」的含義與譯名(「緣在」)——理解海德格爾《存在與時間》的線索〉,《普門學報》(臺北:佛光山文教基金會)第7期(2002年1月),頁1-15。

一刻起，就活在死亡這個不可避免、不能閃躲的必然之中。[156]只是死亡的來臨是確切的，死亡的具體日期卻不可預知，故人是拋擲於世，來到這個世界中，「緣在」正是走向死亡的存在。死亡的意義，也只能在向死的可能性之存在中，才能開顯，因此可以說死亡是從生命的負向處來策應人生，死亡是活著的豁顯。[157]否則的話，就如 Hurbert Drefus 所說，不能體認向死存在的「緣在」是無力、無能而且不安的，因為這是人被拋至世間，並缺乏自我規劃的情感狀態，在這種境遇中，對於未來人將無法創造任何切身的可能性。[158]況且人往往因為某些因素，有意或無意間，對這種可能性視而不見。就自己而言，死亡儘管是可以確知的，但死亡總是別人的死亡，是他人的事，而非自己「親自」經歷，因為不是自己（自己的生命、身體），所以才可能出現如上述《異鄉人》之類的荒謬、失落感。正是因為這個緣故，反而掩蓋了自身的向死存在，以為自己與死亡無關。死亡的可能性，可能就此閃逝在我們的視域中，我們失去了對於死的理解與認識，正如雅斯培所講：「人人面臨死亡，不過既然我們不知何時會死，也就這樣活下去了，彷彿死亡根本不會到來一樣。作為有生之物，我們本不相信死，儘管死亡對於我們來說是千真萬確的事。」[159]唯有正面直視死亡，將死亡納入自身，瞭解緣在的存有狀態，才會發現，原來死亡是無所不在的──人的活著，就是一種「向死的存在」。[160]更進一步

---

156 張祥龍：《海德格爾思想與中國天道：終極視域的開啟與交融》（北京：中國人民大學出版社，2011年），頁82、102-106。

157 陳俊輝：《海德格論存有與死亡》（臺北：臺灣學生書局，1994年），頁25、49-50、77-78。

158 Havi Carel, *Life and death in Freudand Heidegger* (Amsterdam; New York: Rodopi, 2006), pp.79-80.

159 〔德〕貝克勒（Franz Boekle）編，張念東等譯：《向死而生》（北京：生活·讀書·新知三聯書店，1995年），頁153。

160 毛興貴：〈死亡、此在與存在──論死亡問題對海德格哲學的意義〉，《湖北大學學報（哲學社會科學版）》第34卷第5期（2007年9月），頁23-27。值得注意的是，海

來講，如果只是將死亡作為一種現象，而死亡就意謂著呼吸停止、瞳孔對光反射消失、心臟不再跳動等等，但若將死亡視為生存的一環，則死亡固然無所不在，而活著的我們，怎麼看待死亡，就成了生命的大問題。傅偉勳說：「我們也可以說，『人人生而平等』是死亡學的事實起點，『人人必能超克死亡』就成為死亡學的理想終點。問題是在：我們面對『人人必死』的鐵定事實，如何去超克死亡，獲致安身立命之道呢？」[161]類似的生命問題，中郎顯然正是要解決這種困惑。當死亡作為一種現象、生理的狀態，兩腿一伸，雙眼一閉，這個人的生命現象就此消失，是可確定的，但當死亡作為人生境界的理解，作為精神的解脫飛躍，那麼超克死亡，獲致安身立命之道，重點就在於我們如何「知證」死亡、「體認」死亡，這就是中郎說的無生、又或是天命，「夫天命者，不生不死之本體也。」[162]此處以天命為例，倒不是認為惟有認識天命，才能解脫生死，而是他認為莊子去孔未遠，故內篇七篇之中，半引孔語，語語破生死之的，「天人導師，非孔誰歸？儻謂蒙莊不實，則《中庸》亦偽書也。」[163]以孔子的宗師立場，來肯定莊子，用意在於說明孔子（儒家）也好、莊子（道家）也罷，甚至是佛教也算進來，中郎指出他們是古代善於養生的三家學說，他們不論是講立命、無生，還是外其身而身存，都是就超克死亡這點來談的，而任天之行，順生之自然，以善養之法來養生，才可能脫離死亡的緊箍咒：「養生之道，與生偕來，不待知而知者也。聖人之于生

德格是以「Gewissen」（或譯為「良知」、「天良」）為揭示向死存在的可能性，「Gewissen」是一種呼喚（Ruf），「Gewissen」打開遮蔽的狀態，讓緣在向世界更充分的開放，也將自身投入切身的能在狀態讓我們生存其間，保有自我，面臨向死的存在，免於在世上淪為非本真。張祥龍：《海德格爾思想與中國天道：終極視域的開啟與交融》，頁106-110。

161 傅偉勳：《死亡的尊嚴與生命的尊嚴——從臨終精神醫學到現代生死學》，頁3。

162 〔明〕袁宏道：《廣莊》，《袁宏道集校箋》，頁810。

163 〔明〕袁宏道：《廣莊》，《袁宏道集校箋》，頁810。

也，無安排，無取必，無徼幸，任天而行，修身以俟，順生之自然，
而不與造化者杵，是故其下無傷生損性之事，而其上不肯為益生葆命
之行。古之善養者有三家，釋曰無生，儒曰立命，道曰外其身而身
存。既曰無生，即非養之所能生也。既非養之所能生，則不以不養而
不生明矣。立命者，順受其正。順受故不欣長生，不悲夭折。何也？
命不待壽而立，壽何益？命不因夭而不立，夭何惡？夭不足惡，壽不
則欣故養生以益壽，皆妄之妄者也。外其身者可以存身，則內其身亦
可以亡身。」[164]古代養生三家，就是針對刻意養生之言，以順受其
正、外其身而身存等方式，來養生送死。

可是世人不明所以，既不能超脫，只好淪於網羅，「一切眾生，
不深惟身心之所以，百計愛惜。以愛惜故，牽纏糾縛，促局如繭中之
蟲，煎啣如在釜之蟹，畜盜自劫，家貲日銷。至于寶盡囊空，猶愛盜
不止，可不大哀！」[165]「種種趨避，皆屬生死，迫道愈急，去道愈
遠」，[166]只知形軀外在，不明身心深處，百般愛惜，以至於牽纏糾
縛，離道愈遠，就更不能了生死。愈養生，也愈不能安身。中郎理想
中的無生狀態正是：[167]

> 夫惟聖人，即生無生，即生故不舍生，無生故不趨生。畢竟寂
> 滅，而未嘗破壞有為；常處一室，而普見十方空見；示與一切
> 同行，而不與一切同報。尚無生死可了，又焉有生死可趨避
> 哉？

> 聖人之于生也，無安排，無取必，無徼幸，任天而行，修身以

164　〔明〕袁宏道：《廣莊》，《袁宏道集校箋》，頁801。
165　〔明〕袁宏道：《廣莊》，《袁宏道集校箋》，頁808。
166　〔明〕袁宏道：《廣莊》，《袁宏道集校箋》，頁811。
167　〔明〕袁宏道：《廣莊》，《袁宏道集校箋》，頁811、頁801。

俟，順生之自然，而不與造化者杵，是故其下無傷生損性之
事，而其上不肯為益生葆命之行。

中郎《廣莊》，並非客觀依循莊子原文，反而多佛語，卻又以孔子為
天人導師，三教會通的現象，既反映時代思潮，[168]也表現出中郎個人
的生命感受，江盈科就說李贄的《孫子參同》、中郎的《廣莊》，「均
皆先得其心，後形諸筆，謂之注彼可也，謂之自注亦可也。」[169]我們
再回到《廣莊》，就中郎看來，生既不捨生，故能無生，無生又不是
趨生。無生死可了，既無生死，兩邊無住，又何必貪生？既不能貪
生，則由貪生趨生所成的養生，就更不必要：「嗟乎！養生之說，起
於貪生，知生之不必貪，則養生之說荒已！」[170]生不必貪，因為都是
自然造化、即生無生，所以常保無生，從無生處得獲安身立命之道，
抖落對死亡的畏懼焦慮，深達生死之理，才是最好的「養生」：「嗚
乎！不知生之如戲，故養生之說行，不知生之本不待養，故傷生之類
眾。非深達生死之理者，惡能養生哉？惡能養生哉？」[171]

---

168 關於公安三袁，特別是以小修的角度，來解釋三教會通的情況，徐聖心所論最
　　明。可參徐聖心：《青天無處不同霞：明末清初三教會通管窺》，頁221-255。
169 〔明〕江盈科：〈相地經序〉，《江盈科集》，頁294。對於注解本身，鍾惺也有類似
　　的觀察，他說：「凡注之為言，依于其所注者也。故離乎其所注者，而不能為書。
　　離乎其所注者而猶能為書，蓋注者之精神，有能自立于所注者之中，而又游乎其
　　外者也。」〔明〕鍾惺：〈三注鈔序〉，《隱秀軒集》，頁237。
170 〔明〕袁宏道：《廣莊》，《袁宏道集校箋》，頁802。
171 〔明〕袁宏道：《廣莊》，《袁宏道集校箋》，頁803。
　　若就《莊子》本身對生死觀看法。莊子認為「氣」是萬物共同的原質，聚合而產
　　生「形」，有「形」之後又有生命現象。生命既然由氣聚而生，自會隨著氣散而
　　逝，離散合聚毋寧是一件自然至極之事。因此人之生死，乃自然而然的無可奈
　　何，此屬於「天」的層面。但莊子亦有從「人」的層面來看生死，明白人之限度
　　與天的不可逆度，即是明天人相分，經由天與人的不斷辯證，亦能引出積極意
　　義，從消極安之若命到超越俗見、拋棄知識進路，然後以修身方式「以道觀之」
　　而體證「天人合一」之理。換言之，身體（形）的完整與否，非人力所能為，此

　　關於這樣的道理，中郎的好友江盈科也有類似的想法，我們不妨參照其說，互輔互證。〈敕賜重建獅子林聖恩寺記〉：[172]

> 余惟造化之理，自無適有，自有適無，如環無端。要之有成有毀，有廢有興；而又成也，而又毀也；而又廢也，而又興也。當其成毀興廢，或令人欣然以喜，淒然以悲；及觀于世後，總一陳跡，而向之喜也悲也，皆屬觸境生情，乃吾真性如如，亦復無成無毀，無興無廢，無悲無喜。蓋有無相替如環，而有之適無，與無之適有，則勢所必至，理所必然。知其必至必然，則成毀興廢相尋于其，如晝夜寒暑之變，而于此中真性，不啻霧之在天，雲之過月，有聚有散，乃天也月也，曾何毫髮加損耶？西方之教所以貴無，所以一死生，齊得喪，大較若此。

外在的興廢成毀，從無到有，再從有到無，不過是過眼雲煙、風花雪月。有興就有廢，有成就會毀。世情如此，總是無常，並非恆久不變。人生存其間，處在大化流行中，或歌哭無端，或流連忘返，這些榮辱悲欣，不過是觸境生情。殊不知就真性真如而言，一切變易更替，都只是無相所生，最後存有的，只是無。貴無，所以能無生；貴無，所以能一死生、齊得喪。因此正如中郎所講，死生兩邊不住，得失兩邊不居；又或如江盈科所講，無成無毀，無興無廢，無悲無喜，一從莊子出發，一從佛理出發，彼此又相互融合，最後所要表達的，仍是指向共同的境地：消除限制、脫縛除偽，解去形軀或世間的桎

屬「天」。但人可「心齋」、「坐忘」而修養身心，修身是自己可以掌控的部分，屬於「人」的層面。至於「氣」，一方面氣隨著生命消逝而離散，實屬自然，但另方面人卻又可藉由修身，將氣滲透於形，心氣合流，與天地融為一氣，達到齊物逍遙的境界。鄭鈞瑋：《莊子生死觀研究》，頁34-55。劉芝慶：《修身與治國──從先秦諸子到西漢前期身體政治論的嬗變》，頁117-118。

172　〔明〕江盈科：〈敕賜重建獅子林聖恩寺記〉，《江盈科集》，頁264。

梏,返回最初最原始的本體——「無生」(或是「無」)。即便外在花開花落、晝夜寒暑、緣起緣滅,在無生的境地中,穿透了有無相替的表相,深入本原,如如真性,生死恐懼才可能除,無染無住,不惹一絲風塵。[173]

　　中郎著《廣莊》,正是他從悟轉修,進而修悟並重的階段。此時中郎顯然仍將重心放在「悟」之上,用他自己的語言來講,《廣莊》雖解生死,但仍多上根人語,對修持工夫、下下根行,著墨實不甚多。真正能反映他修悟兼具的,還是在《西方合論》裡。

二　鼓吹淨土的修持

　　中郎著《西方合論》,或許可說是以禪歸淨的轉向,但鼓吹淨

---

173 〔明〕袁宏道:《廣莊》,《袁宏道集校箋》,頁803。附帶一提的,中郎《廣莊》論生死,雖多融合莊釋。但就晚明佛教界而言,生死之道,自認與老莊大有不同。永覺元賢就認為莊子安時處順,視生死為一,不過能齊生死,卻未能忘生死;佛教則否,釋氏一真恆寂,生而無生,體妙常存,故死而無死,無生無死,自然忘生忘死,此當非道家老莊所能及:「莊生安時處順,視生死為一條,能齊生死而已,未能忘生死也。未能忘生死,又安能無生死哉?其言曰:『父母于子,東西南北,唯命之從。陰陽于人,不啻父母,彼近吾死,而我不聽,我則悍矣,彼何罪焉!』是知其不可逆而安之也,其能忘生死乎?若吾釋之學則不然,一真恆寂,生而無生也;妙體常存,死而無死也。生乃幻生,生即不生也;死亦幻死,死即不死也。夫如是直謂之無生死可也,豈但曰人之不能勝天也,而安之哉?」除此之外,永覺元賢也認為《莊子‧齊物論》未能竟其旨,因為不齊之物,不論是物者本身,還是見物之人,都是妄形(或妄情)。其實,根本不必執著於物,應該要離妄歸真才是,他說:「昔惠子造指物論,強辯以齊萬物,莊子非之,乃作齊物論。其旨在舍己而因物,則物自參差,我自齊平矣。此莊子近道之論也,然惜未能竟其旨,夫物之不齊者,妄形也;見物之不齊者,妄情也。以理破情,則無不齊之見,以性奪形,則無不齊之形。譬如陶家取土作種種器,迷者執器之形,則萬狀乃分。智者達器之質,則實唯一土耳。今徒欲舍己,而己之情未破,徒欲因物,而物之形未虛,安得為究竟之論哉?」〔明〕永覺元賢,〔清〕為霖道霈重編:《永覺元賢禪師廣錄》,收入《卍續藏經》第72冊,頁565a。

土，往生西方，[174]得脫生死，亦不廢禪，並主以華嚴為本，判攝它教，曾得到蕅益智旭很高的評價。蕅益智旭認為中郎《西方合論》，是從真實悟門流出，禪機透澈，頗能融貫李通玄與澄觀的思想，實為明代居士論淨土的重要著作。[175]《西方合論》，以華嚴的境量與架構，分為十章（門），分別是〈剎土門〉、〈緣起門〉、〈都類門〉、〈教相門〉、〈理諦門〉、〈稱性門〉、〈往生門〉、〈見網門〉、〈修持門〉、〈釋異門〉，每章（門）盡可能地標出十目，以符合十十無盡之意。此外，中郎又吸收了唐代李通玄《華嚴經疏》、《新華嚴經論》等十種淨土，只是順序正好相反，在中郎〈第一剎土門〉中，他是從昆盧遮那淨土開始講起，[176]這是李通玄最後一種淨土。[177]兩相比對，中郎所列十種淨土中的一至七種，與李通玄所列四至十種，互相對應。第三種恆真淨土，即靈山會上所指淨土，即李通玄之靈山淨土；[178]第四種變現淨土，「如《法華經》，三變淨土，移諸人天，致于他方」，即李通玄之法華經之三變淨土；第五種寄報淨土，「如摩醯首羅天，如來于彼成正等正覺，此為實報淨土」，[179]相當於摩醯首羅天淨土；第六種分身淨土，中郎以為涅槃經說，又可謂涅槃經淨土；第七種依他淨土，中郎則引梵網經，正為李通玄梵網經淨土。第八種諸方淨土，如

---

174 龔鵬程就曾以「鼓吹西方彌勒淨土」為題，其實應為「西方彌陀淨土」。見龔鵬程：〈死生情切：袁中郎的佛教與文學〉，收於氏著：《晚明思潮》，頁158。

175 聖嚴法師著，釋會靖譯：《明末中國佛教之研究》，頁169。

176 剎土門的十種淨土分別是：一、毗盧遮那淨土。二、唯心淨土。三、恆真淨土。四、變現淨土。五、寄報淨土。六、分身淨土。七、依他淨土。八、諸方淨土。九、一心四種淨土。十、攝受十方一切有情不可思議淨土。

177 李通玄十種淨土分別是：一、阿彌陀淨土。二、無量壽經淨土。三、維摩經淨土。四、梵網經淨土。五、摩醯首羅天淨土。六、涅槃經淨土。七、法華經之三變淨土。八、靈山淨土。九、唯心淨土。十、毗盧遮那淨土。

178 〔明〕袁宏道：《西方合論》，〔明〕蕅益智旭選編：《淨土十要（下）》（高雄：佛光出版社，1980年），頁472。

179 〔明〕袁宏道：《西方合論》，〔明〕蕅益智旭選編：《淨土十要（下）》，頁473。

東方藥師佛、南方日月燈佛、上方香積佛，佛佛各有淨土，諸經所述，不可具載；[180]第九種一心四種淨土，即凡聖同居、方便有餘、實報無障礙、常寂光土之意；[181]第十種攝受十方一切有情不可思議淨土，「即阿彌陀西方淨土其中所有大功德海，大悲智海，大願力海，若具說者，假使盡十方世界諸佛菩薩聲聞辟支天人鬼畜，下至蜎飛蠕動，及一切無情草木瓦礫鄰虛微塵之類，一一具無量口，口中一一具無量舌，舌中一一出無量音聲。」[182]中郎雖採用李通玄部分架構，但是以華嚴說淨土，與李通玄就有差異，他說：「圓實墮者，謂華藏世界，一剎一塵，具含無量國土，本無淨穢，焉有往來，故長者（芝慶按：即李通玄）言，西方淨土，是權非實，以情存取捨，非法界如如之體故」，李通玄認為西方淨土非法界真如，故是權而非實，可是就中郎的理解，淨土本身已融攝一切，既無權實之分，也不必取捨。另外在《西方合論》裡，許多觀點也與《華嚴經》思想有關，中郎就說：「諸佛化現亦異，或權或實，或偏或圓，或暫或常，或漸或頓。一月千江，波波具涵淨月，萬燈一室，光光各顯全燈，理即一諦，相有千差。」[183]一月表現在千江中，江水浪波皆可見月，正如萬燈一室。光光各顯全燈，理是一諦，表現為相，則有千種差異，中郎用來說明諸佛化現的不同，所以他又說：「一一華藏世界，皆滿虛空，互相徹入，淨穢總含，重重無盡，如法而論，一草一木，一毛一塵，各各皆具此無盡法界。佛及眾生，無二無別。」[184]既是互相徹熱，又是重重無盡，這些顯然都是由《華嚴經》一多本末、事事無礙、理事無礙等說推衍而來。荒木見悟在分析《華嚴經》的特色時，指出《華嚴

180 〔明〕袁宏道：《西方合論》，〔明〕蕅益智旭選編：《淨土十要（下）》，頁474。

181 〔明〕袁宏道：《西方合論》，〔明〕蕅益智旭選編：《淨土十要（下）》，頁475-476。

182 〔明〕袁宏道：《西方合論》，〔明〕蕅益智旭選編：《淨土十要（下）》，頁476。

183 〔明〕袁宏道：《西方合論》，〔明〕蕅益智旭選編：《淨土十要（下）》，頁469。

184 〔明〕袁宏道：《西方合論》，〔明〕蕅益智旭選編：《淨土十要（下）》，頁470。

經》常常被認定為圓教，是「一乘教」，為順應千變萬化的殊相，體現為事物的無盡無限的多樣性。事物在所處之特定範例中，盡己本分，又與其它事物聯絡，互相徹入（荒木見悟稱之為「個體相互的自位滿足」），[185]而非是事物各自泯滅，為求大同而失去差異。換言之，在不斷發掘各自存在的同，也承認包容彼此的同與異，這種自在互涉的存在方式，就是一乘教的最大特徵。[186]中郎之所以說一月千江、萬燈一室、理即一諦，相有千差，又或是說「各各皆具此無盡法界」等等，都是這種觀點的延伸。

對於《西方合論》，聖嚴許為明末淨土諸書中，最具氣魄的一種。只是對實際修行的指點與方法上的改革，未見新貌，徒見外在形式的雄偉，使淨土產生氣象萬千之姿，卻有些不切實際的鋪張。[187]關於聖嚴的說法，已有許多學者提出調整。中郎的淨土論，邱敏捷歸納為三點特色：一、禪淨調合；二、唯心淨土與他力淨土的融合；三、淨土與華嚴思想的融通。[188]周群則將重點放在一、攝禪歸淨；二、以《華嚴經》為構架；[189]龔鵬程則認為中郎論淨土，之所以不同一般論淨土者，就在強調修戒，對時人偏於悟而修證不足，頗有自覺。宗趣如此，又何必指點實際修行生活與改革方法？專意指出修戒的重要，念佛往生的價值，證明淨土為圓極之教，才是他重點所在。至於中郎以華嚴判攝，更是與當時以天臺講淨土者，別具新意。[190]陳永革也指

185　〔日〕荒木見悟：《佛教と儒教：中國思想を形成するもの》（東京：平樂寺，1966年），頁26。

186　〔日〕荒木見悟：《佛教と儒教：中國思想を形成するもの》，頁21-24。

187　聖嚴法師：《明末佛教之研究》，頁107。

188　邱敏捷：《修持與參禪：晚明袁宏道的佛教思想》，頁72-83。

189　周群：〈論袁宏道的佛學思想〉，《中華佛學研究》第六期，頁401-407。

190　龔鵬程：〈死生情切：袁中郎的佛教與文學〉，收於氏著：《晚明思潮》，頁159-160。以天臺說淨土者，如無盡傳燈，就是以性具圓理詮釋淨土法門，李贄也自述：「卓吾和尚曰：『天臺智者決疑十論，可謂往生淨土之津梁矣。後學又何疑乎？有宋楊無為居士為之序。蓋贊念佛者，必定往生，是亦一決疑也。溫陵法師

出，中郎將自身的佛學旨趣，具體落實到以華嚴教判疏釋淨土，既回
應當時佛教叢林忽視修行的風氣，也打算在自力與他力往生中，找尋
平衡，弭除唯心淨土與西方淨土的思想衝突。[191]

　　在明末佛教中，以為參禪為悟，適合上根人；以淨土偏重修，念
佛往生，適合中下根人。這種認知，所在多有，前引李贄「參禪事
大，量非根器淺弱者所能擔」，[192]即是一證。當中郎以「上根人」之
資，習「下根人」行之後，對於這種上下之分，已感不滿，他主將禪
淨皆重，只是世人多重禪而輕淨土，修淨土者又往往忽視禪宗：「《西
方合論》一書，乃借淨土以發明宗乘，因談宗者不屑淨土，修淨者不
務禪宗，故合而論之。」[193]因談宗者不屑淨土，修淨者不務禪宗，兩
相比較，其實又以前者為多，於是他在《西方合論》才多就淨土來
講，而少說及參禪的方法與宗旨。中郎認為了生去死，既然是參修者
的重要目的，則重在工夫法門的有效性，有益於己即可，又何必再分
上下？悟與修，參禪與淨土，又何能偏廢？況且古往今來，以淨土往
生，了脫生死的古德先師，所在多有，他在〈第二緣起門〉舉天衣懷
禪師、圓照本禪師、慈受深禪師、南嶽思禪師、法照禪師、淨靄禪
師、淨慈大通禪師、天臺懷玉禪師等數十位，稱讚這些人是「堅忍力
者」，「是故當知禪宗密修，不離淨土」，[194]以此駁斥禪門對淨土的質
疑（無法得道、解悟生死根本）。

複為發明一心三觀之旨。蓋贊念佛者，必定見佛，是又一決疑也。合而觀之，而
後知天臺淨土止觀之理，無非發明此一大乘。使學者知起念便生淨土，開口便見
佛，不待往生之勞矣。又何往生之疑，而不一念南無阿彌陀佛乎」？〔明〕李卓
吾：《淨土決》，收入《卍續藏經》第61冊（臺北：中國佛教會影印卍續藏經委員
會，1968年），頁492。陳永革：《晚明佛教思想研究》，頁106-112。

191 陳永革：《晚明佛教思想研究》，頁235-236。

192 〔明〕李贄：《焚書‧復澹然大士》，《李贄文集（第一卷）》，頁73。

193 〔明〕袁宏道：〈珊瑚林〉，頁11。

194 〔明〕袁宏道：《西方合論》，〔明〕蕅益智旭選編：《淨土十要（下）》，頁484-
489，引文見頁489。

　　此外，中郎認為參禪者的問題在於：「今世禪人，皆云一超直入，不落功勳，尚不求佛，何況往生？」以為一超直入，殊不知往往以悟為高，反流入肆意恣情，名為自悟，乃實大誤：「言業本空，則恣情作業；言行無體，即肆意冥行」、「宗乘狂解，妄談頓悟，輕視戒律之處，當遠故」、[195]「一念妄證，遂沈黑獄。而今禪人得少為足，蕩心逸軌，其惡報又不知當如何也。古人云不生淨土，何土可生？三祇途遠，入余門者，多有退墮，是以古今聖流，皆主張此一門。」[196]因此「禪宗密修，不離淨土」。況且淨土也必須自悟，並不止是念佛修行而已：「直下自證，當體無心，即是淨土」。[197]反過來說，即便是悟，也不能廢修，必須如法了悟，實參實究才好：「行者欲生實淨土，當真實參究，如法了悟」、「悟者常須覺觀，迷人勤加折伏，其或愛鎖貪枷，亦當慟年惜月。」[198]正因如此，中郎以《楞伽經》傳自達摩為例，稱他是悟修並重，又以清規創始者百丈為說，譽其為乘戒兼行。[199]更對自己的修道歷程，誠心反省：[200]

　　　　余十年學道，墮此狂病，後因觸機，薄有省發。遂簡塵勞，歸
　　　　心淨土，禮誦之暇，取龍樹、天臺長者、永明等論，細心披
　　　　讀，忽爾疑豁。既深信淨土，復悟諸大菩薩差別之行。如貧兒
　　　　得伏藏中金，喜不自釋。……余乃述古德要語，附以己見，勒
　　　　成一書，命曰《西方合論》。

195　〔明〕袁宏道：《西方合論》，〔明〕蕅益智旭選編：《淨土十要（下）》，頁569。

196　〔明〕袁宏道：《西方合論》，〔明〕蕅益智旭選編：《淨土十要（下）》，頁531-
　　　532。

197　〔明〕袁宏道：《西方合論》，〔明〕蕅益智旭選編：《淨土十要（下）》，頁471。

198　〔明〕袁宏道：《西方合論》，〔明〕蕅益智旭選編：《淨土十要（下）》，頁559。

199　〔明〕袁宏道：《西方合論》，〔明〕蕅益智旭選編：《淨土十要（下）》，頁468。

200　〔明〕袁宏道：《西方合論》，〔明〕蕅益智旭選編：《淨土十要（下）》，頁469。

伯修替中郎作序,也說:[201]

> 石頭居士少念志參禪,根性猛利,十年之內,洞有所入。痛念
> 見境生心,觸途成滯,浮解實情,未能相勝。約始其偏空之
> 見,涉入普賢之海,又思行門端的莫如念佛,而權引中下之
> 疑,未之盡破。又後博觀經論,始知此門全攝一乘,悟與未
> 悟,皆宜修習。

中郎說自己「墮此狂病」、伯修說中郎「痛念見境生心,觸途成滯,
浮解實情,未能相勝」,正如前所言,是指過往中郎重悟不免廢修,
是以歸心淨土,悟與未悟,皆宜修習。他在萬曆三十一年,閒居公安
時,曾有信寄陶望齡,也說他往見狂禪之濫,偶有所排,顯是指此。
關於狂禪,中郎認為:「禪有二種,有一種狂禪于本體偶有所入,便
一切討現成去,……往往利根上智者得之不費力,遂生容易心,便不
修行,多被目前境界奪將去,作主宰不得,日久月深,迷而不返。」
狂禪者,容易自以為是,偶有悟入,便說入道,得之不甚費力,遂以
為容易,誤認光景,迷途不返。[202]但近來他發現有甚於狂禪之病者,
他稱為「小根魔子」,小根之弊,百倍於狂禪,什麼是小根魔子呢?
就是悟修雖重,但不過都是浮泛掠過,並無深切體驗,卻又滿心得意
的人:「近有小根魔子,日間挨得兩餐饑,夜間打得一回坐,便自高
心肆意……。」[203]小根魔子,雖有修行,似有所悟,但不得其法又未
得其理,誤人之甚,比狂禪更糟。中郎此時,不但經歷過偏悟與偏修
的反省,即便對於悟修並重者,亦有所觀察,其工夫深淺,正是「小

---

201 〔明〕袁宗道:〈雜說〉,《白蘇齋類集》,頁320。
202 〔明〕無念:《黃蘗無念禪師復問》卷5,袁宏道「論禪」條,收入《中華大藏經》
    (臺北:修訂中華藏經會,1968年)第2輯第40冊,總頁32585上。
203 〔明〕袁宏道:〈答陶周望〉,《袁宏道集校箋》,頁1253。

根」與否的重要關鍵。但是，為什麼日間挨得兩餐饑，夜間打得一回坐，這些實際而又具體的做法，不能算是工夫呢？原因在於，這時中郎正經歷他自謂「歸山六年、反復研究」的階段，他漸漸地從「再變而為苦寂」的中郎，轉變為小修所說「其學亦日趨平淡」的境界。挨得兩餐饑、打得一回坐，可能只是外表做個樣子，徒有形式，未有深刻體認。更重要的是，即便是打坐也好，參禪也罷，若只偏一方，看輕他者，又或是兩者涉入未深，都不足以言道，更難以入道：「從法師門中來者，見參禪之無色鼻，無滋味，必信不及；從戒律門中來者，見悟明之人，灑灑落落，收放自由，必信不及，二者均難入道。」[204]因此學道的境界，則重在篤實，平常自然，落盡浮華，盡見真淳，才是修道的最上乘。在中郎的認知裡，「小根魔子」顯然離此工夫尚遠。

在《西方合論》裡，中郎多談淨土，到了〈德山塵譚〉與〈珊瑚林〉，[205]中郎則以參禪為論，周群認為「宏道之崇尚淨土，主要表現在《西方合論》之中，而《宗鏡攝錄》、〈珊瑚林〉都作於《西方合論》之後，延壽的《宗鏡錄》是一部廣延天臺、賢首、慈恩教義以證

204　〔明〕袁宏道：〈德山塵譚〉，《袁宏道集校箋》，頁1291。

205　中郎在〈德山塵譚〉並引說：「甲辰秋（萬曆32年，1604），余偕僧寒灰、雪照、冷雲，諸生張明教，入桃花源。餘暑尚熾，遂憩德山之塔院。院後嶺有古樟樹，婆娑偃蓋，梁山青色，與水光相蕩，蒼翠茂密，驕焰如洗。櫛沐未畢，則諸公已先坐其下。既絕糅雜，關號呶，閒言冷語，皆歸第一。明教復次而編之，既還，以示余。余曰：『此風痕水文也，公乃為之譜邪？然公胸中有活水者，不作印板文也。』遂揀其近醇者一卷，付之梓。甲辰冬日，石公宏道識。」所謂「近醇者一卷」即〈德山塵譚〉。小修則說：「予出山久矣，戊申暮春自漁陽歸。半載，始復上先人丘墓。從三橋登舟，維于孟溪，即長安里也。登岸緩步，過珊瑚林。往中郎夢與予至此地，破一山壁而入，見峯巒皆若珊瑚。後于此建小蘭若，以『珊瑚』名，志所夢，且欲老來兄弟聚首，辦清泰業也。」〈珊瑚林〉之名的由來，或與此有關。〔明〕袁宏道：〈德山塵譚〉，《袁宏道集校箋》，頁1283。亦可見荒木見悟的考證，〔明〕袁中郎著，〔日〕荒木見悟監修：《珊瑚林：中國文人の禪問答集》（東京都：ぺりかん社，2001年），頁3。

明禪理深妙的著作，宏道作《宗鏡攝錄》也可見其在《西方合論》之
後，又有一個向禪學復歸的過程，對此，〈珊瑚林〉中有這樣一段明
白無誤的記述」、「不難看出，宏道在作《西方合論》，「尋別路」而推
信淨土之後，又生「見未穩」的悔悟，「往年修淨」即含有當下復歸
禪學的潛臺詞。在《西方合論》之後所作的〈珊瑚林〉中，我們幾乎
看不到他談論淨土的內容，而一以談禪為務，⋯⋯。」[206]周群討論中
郎佛學思想，注重中郎思想歷程的變化，與本文的出發點，可謂同
轍，而且特地標出向來被研究所忽視的〈珊瑚林〉，更是值得我們重
視，雖然他並沒有真的大量引用〈珊瑚林〉之資料，不過也確實提醒
了歷來研究的不足。他認為中郎在《西方合論》裡推崇淨土，是因為
參禪者所見未穩，故有尋別路之舉動，周群引〈珊瑚林〉：「問：『先
生往年修淨土是何見？』答：『大凡參禪而尋別路者，皆係見未穩
故』。」[207]主張這是「一個向禪學復歸的過程」，說中郎從淨土復歸於
禪學，由著作時間次序上來講，就《西方合論》到〈德山塵譚〉、〈珊
瑚林〉觀之，確然如此。不過我們也必須明白，為了悟生死，解脫死
亡的疑怖，中郎以上根人，修中下根行，可是中郎從不懷疑自己的上
根資質，故參禪本來就是中郎宗旨所在，刻意強調淨土，以禪歸淨，
不過是如伯修所言：「而權引中下之疑」，以證明「悟與未悟，皆宜修
習」而已，中郎就算批判過禪學的流弊，反省自己以悟為高，也斥責
參禪不重淨土，但他從來沒離開過禪學，《西方合論》雖推揚淨土，
但另方面也是藉由批判參禪的不足，來完善禪學，因此說中郎的立場
是淨土，固可，說他是禪學，也不能算錯，既然如此，又何來復歸之
有？[208]所以從〈德山塵譚〉與〈珊瑚林〉，乃至於《宗鏡攝錄》，不過

---

206 周群：〈論袁宏道的佛學思想〉，《中華佛學研究》第6期，頁391。

207 〔明〕袁宏道：〈珊瑚林〉，頁32。

208 中郎說自己「《西方合論》一書，乃借淨土以發明宗乘，因談宗者不屑淨土，修淨
　　者不務禪宗，故合而論之」，即是此意。〔明〕袁宏道：〈珊瑚林〉，頁11。

是他再次強調參禪的正確、合理的心態與姿態而已，中郎說：「參禪須是利根人，鈍根人入不得。蓋聰明過人者，少有所得，不能滿他聰明的分量，則愈前進；若智量小的，稍稍有悟，便自足了。如大慧眾同參，諸人皆同時穎悟，大慧自以為未得，又參三十餘年，方大徹大悟。始知諸人皆少為足者，正為大慧聰明過人，前所得底，不能滿其分量故」，[209]中郎對參禪的改變，與其說是由淨復歸禪，不如說是「聰明的分量」，從年少的「稍稍有悟」、「少為足者」，反省檢討，自覺「前所得底，不能滿其分量」罷了。[210]

　　況且禪學與淨土本來就不可分，分析兩者特性、說誰也不重於誰、兩者應該兼具等等，只是一種論述策略，中郎之所以說「大凡參禪而尋別路者，皆係見未穩故」，意思仍是指尚未證道的參禪者，仍不免有淨土、禪學二分，參禪者若一味說悟，全不修行，故有尋別路的可能，這才是所見未穩。反過來講，若已是「悟與未悟，皆宜修習」，又何必再分？既不必分，則所見自然就「穩」得很了，他又引《華嚴經》為例，說明學道了生死，參求宗門兩不相礙的道理：「凡學道者，走別樣路，則要易其職業，易其念慮，唯參求宗門一著，則不唯不必轉業，亦不必轉念，觀《華嚴經》可見矣。」[211]再者，我們在前一章已明言，看話頭與疑情工夫，以及參究念佛，乃晚明淨土與禪宗的共通法門，中郎對此便非常注重：[212]

209　〔明〕袁宏道：〈珊瑚林〉，頁31。

210　陳永革說「對於袁宏道等晚明佛教居士攝教歸淨的淨土思想……」，就有待更精確的定義。嚴格說來，攝教歸淨只能說是寫《西方合論》時期的中郎，到了《宗鏡攝錄》、〈珊瑚林〉這些著作裡，我們很難依舊歸屬為攝教歸淨。陳永革：〈論禪教歸淨與晚明佛教的普世性〉，收於氏著：《近世中國佛教思想史論》（北京：宗教文化出版社，2012年），頁75。

211　〔明〕袁宏道：〈珊瑚林〉，頁31。

212　〔明〕袁宏道：〈珊瑚林〉，頁23、頁22、頁30。

問：「參話頭起疑不來，當如之何？」

答：「疑情豈易起的？到疑情起時，去悟不遠矣，必過信關，
　　然後真正起得疑。若未過關而有意起疑者，非真疑也，惟
　　過了關，自有放不下處……。」

問：「舉話時，妄念乘間，竊發當若之何？」

答：「舉話頭時外，又生出念來，此人心之常，不甚害事，亦
　　不必除他。只是你纔舉話頭時，情識已先起，此正生死根
　　本。」

參禪將徹時，惟守定一個話頭，便是真工夫。若舍話頭而別求
路，必難透脫矣。常見久參者多謂我參禪到此，分際如何？尚
不得力，尚不得受用，我謂此人必未曾學道者，試觀日用，問
安往有不得力時，安往有不受用處？《華嚴經》云起精進心，
是妄非精進，若能心不妄，精進無有涯。

以上三則，分別就參話頭，疑情不起、妄念交雜的問題，提出解決辦
法，以及說明參話頭的重要性。疑情工夫，如前一章所言，又當以審
問念佛者為系，乃念佛與參禪合一的表現。故當疑情起時，已去悟不
遠，只是疑情不易輕起，又禁止有意起疑，則參話頭起疑不來，不免
感覺無力，這是因為求明之心仍未忘，便有此病，「問：『已前提話
頭，覺可用力。近日併提話頭，亦覺無力矣。』答：『此是你情明心
未忘，還要走明的一路，故覺話頭無力，辟之飛蛾惟向燈燭處飛，不
知明處是他喪身之所，緣人從最初一念之動，只為求明，此病已深，
最難除拔……。』」[213]情明心未忘，卻又走明的一路，又想求明，此
病頗難除拔，就像飛娥撲火一樣，正是喪命之所。從上得見，中郎禪
淨雙修，兩者並重，是再明顯不過的事了。

---

213 〔明〕袁宏道：〈珊瑚林〉，頁23。

第四節　小結：平淡是真，平實是道

　　曹淑娟於〈袁宏道的園亭觀及其柳浪體驗〉一文裡，分析中郎在柳浪六年的經營（萬曆二十八年到三十四年，1600-1606），柳浪為郊區水澤之地，中郎以規畫水景為務，主要工作是築堤與植栽，在地勢高處建臺造室。柳浪館修成後，中郎的活動，既在月中館前泛舟，作舟中詩，如〈柳浪館月中泛舟〉、[214]〈新買得畫舫，今以為庵，因作舟居詩〉[215]；也藉隱居柳浪，回顧自己的過往，抒情發感，如〈柳〉：「牽愁帶緒弱煙中」、「少年容易起悲酸，每為春條惹肺肝。而今心老煙灰滅，只作遮離映水看」之類。[216]曹淑娟對中郎六年的生活，稱為「過客與歸人」，她認為：「一方面是對於國事紛紜、世道險側的不安不滿，讓他急於從政治場域抽離，歸返於家鄉公安；另一方面則是對於昔日我慢貢高、全不修行的懺悔，更讓他起念避離家事田宅、妻子兒女的牽絆，返回公安後，避居柳浪館。於是袁宏道在公安有了兩處可稱為『家』的地方，一為妻子兒女所居處，一為柳浪館。前者是俗世生活的家，後者才是宏道此段時期所構築的意義中心，就其存有感後而言，柳浪才更近於安居的家。」[217]這六年，正是我們前文所說伯修惡耗突然，中郎因病辭官，回公安調養，隱居其間的階段，曹淑娟以空間的人文意涵，對中郎這六年的心境作出整理，新見迭出。其實相較於前階段的「再變為苦寂」，又或是更之前的我慢貢高、全不修行，中郎已漸走向平靜與平實，萬曆三十六、三十七年

---

214 〔明〕袁宏道：〈柳浪館月中泛舟〉，《袁宏道集校箋》，頁852。

215 組詩共十首。〔明〕袁宏道：〈新買得畫舫，今以為庵，因作舟居詩〉，《袁宏道集校箋》，頁909-912。

216 〈柳〉為絕句，共三首。〔明〕袁宏道：〈柳〉，《袁宏道集校箋》，頁844。

217 曹淑娟：〈袁宏道的園亭觀及其柳浪體驗〉，收於氏著：《孤光自照——晚明文士的言說與實踐》，頁192-245，引文見頁242。

（1608、1609）時，中郎為方宏靜作序，講到：[218]

> 物之傳者必以質，文之不傳，非曰不工，質不至也。樹之不
> 實，非無花葉也；人之不澤，非無膚髮也，文章亦爾。行世者
> 必真，悅俗者必媚，真久必見，媚久必厭，自然之理也。故今
> 之人所刻畫而求肖者，古人皆厭離而思去之。古之為文者，刊
> 華而求質，敝精神而學之，唯恐真之不極也。博學而詳說，吾
> 已大其蓄矣，然猶未能會諸心也。久而胸中渙然，若有所釋
> 焉，如醉之忽醒，而漲水之思決也。

這個講法，不止是「文如其人」這麼簡單。中郎認為，有質才會有
文，「質」好，文章才會好，這個質當然可以指文質的質，不過文來
自於人，因此更重要是人的「質」──我們不妨稱之為生命品質。[219]
他指出古人作文，刊華而求質，敝精神而學之，就是真。真，來自於
生命品質的提高，精神內涵的完滿，落盡繁華，醇厚方見，他之所以
講自己自入德山之後，學問穩妥，強調這個境界是平實篤厚，並非造
作刻意，即是如此。[220]後來他更在〈陝西鄉試錄序〉裡，說古人以學
為文，今人則反之，以文為學，是拾餘唾於他人，架空言於紙上，就
像窮人借衣、醜人化妝，簡直是悲劇，慘不忍睹。那麼以學為文又是
如何？中郎認為是自身已有所解、有所積蘊，於是厚積薄發，如雲族
而雨注，泉湧而川浩，於是行雲流水，不假做作，自然而然。文之有
學，正在於此。他勉勵後生士人：[221]

218　〔明〕袁宏道：〈行素園存稿引〉，《袁宏道集校箋》，頁1570。

219　「生命品質」，是龔鵬程的用法。事實上中郎也用「品」來說明士人之生命學問
　　（說明詳後）。龔鵬程：〈死生情切：袁中郎的佛教與文學〉，收於氏著：《晚明思
　　潮》，頁173。

220　〔明〕袁宏道：〈與黃平倩〉，《袁宏道集校箋》，頁1601。

221　〔明〕袁宏道：〈陝西鄉試錄序〉，《袁宏道集校箋》，頁1531。

　　勉矣多士，慎毋以未純之質，而輕于試焰也。夫士之有品，猶
　　文之有質，贗售之刺，深於黜落，易操之辱，逾于貧賤。

未純之質、士之有品等等，都是就人的生命品質來講的，惟有如此，
才可能成就他認定的學問之道：「故學問到透澈處，其言語都近情，
不執定道理以律人」。[222]而學問到透澈處，發之於文，就是詩文的淡之
本色、是文章的真性靈：「凡物釀之得甘，炙之得苦，唯淡也不可造；
不可造，是文之真性靈也。濃者不復薄，甘者不復辛，唯淡也無不可
造；無不可造，是文之真變態也。」[223]詩文之道，固然是中郎此處的
著眼點，不過人的生命品質才是重心。有了這種生命體認，求道學道，
修行參悟，才可能在生死根本處，調適而上遂，極高明而道中庸。他
在給陶望齡的信中，就說明了這個道理：「精猛是熱鬧，任運是冷
淡，人情走熱鬧則易，走冷淡則難，此道之所以愈求愈遠也。」[224]相
較於以前的中郎，他大可會說，冷淡可得道，熱鬧亦可得道，道之得
否，根本不在於熱鬧還是冷淡。但現今他卻說走冷淡者為難，修道者
走易路，反而離道愈遠。這段近乎夫子自道的話，正可以看出中郎的
明顯轉變。[225]但冷淡又不是苦寂，而是平實、深刻，參禪到平實，便
是最上乘，這才是中郎最後的自適之道。他在給黃輝的書函中，比較
自己與小修的不同：[226]

222　〔明〕袁宏道：〈德山塵譚〉，《袁宏道集校箋》，頁1285。

223　〔明〕袁宏道：〈敘咼氏家繩集〉，《袁宏道集校箋》，頁1103。

224　〔明〕袁宏道：〈答陶周望〉，《袁宏道集校箋》，頁1244。

225　學界研究早已出，中郎晚期的文學作品，諸如〈乙巳初度口占〉、〈途中口占〉
　　　等，多有一種閒靜淡遠的意致。由於相關研究已多，為免焦點分散，本文不再贅
　　　述。可參周質平：《公安派的文學批評及其發展──兼論袁宏道的生平及其風格》，
　　　頁130-132。范嘉晨、段慧冬：《晚明公安派性靈文學思想研究》，頁165-170。

226　〔明〕袁宏道：〈與黃平倩〉，《袁宏道集校箋》，頁1611-1612。

小修學問，以自在為主；弟之學問，以闇然日章為主。蓋惟闇
然則自在，故曰君子之所不可及，唯人之所不見。但本體實一
見，則此等葛藤，俱用不著矣。

稍早以前，他也跟黃輝談到自己現時的心境：[227]

近造想益卓，參禪到平實，便是最上乘。弟自入德山後，學問
乃穩妥，不復往來胸臆間也。此境甚平實，亦不是造到的。

兩封信作於同年（萬曆三十五年，1607）。中郎說自己「闇然日章」，
出自《中庸》：「故君子之道，闇然而日章；小人之道，的然而日
亡。」鄭玄注：「言君子深遠難知，小人淺近易知。」孔穎達疏：「言
君子以其道德深遠謙退，初視未見，故曰闇然，其後明著，故曰日章
明。」[228]君子小人道德的差異，不是中郎要表達的重點，中郎要說的
是平淡中見真，平實中見不凡，學問穩妥，退藏於密，闇然之所以日
彰，「平常心遠處，即是最高峯」，[229]此境之所以平實，在闇然中見光
明，在平常心處，得望高峯，原因在此。這也是自適自在，也才能證
大自在、大智慧，了生脫死。他在〈德山塵譚〉裡，不斷說明「中
庸」、「時中」的道理：「頃刻不停之謂時，前後不相到之謂中，金剛
經『應無住而生其心』，亦此義」、「君子之中庸，只一『時』字」、
「小人而無忌憚，只為他不能時中。聖凡之分，正在于此」、「此人形
跡雖好看，然執著太甚，心則死矣。」[230]時中也好、中庸也好，乃聖
凡的重要分際。說到底，就在於透視「時」，言行而有所「中」，像是

---

227 〔明〕袁宏道：〈與黃平倩〉，《袁宏道集校箋》，頁1601。
228 《禮記・中庸》，《重刊宋本十三經注疏》（臺北：藝文印書館，1965年），頁
902-1。
229 〔明〕袁宏道：〈次峯字韻〉，《袁宏道集校箋》，頁972。
230 〔明〕袁宏道：〈德山塵譚〉，《袁宏道集校箋》，頁1283、1284。

孔子可以仕則仕，可以處則處，可以久則久，可以速則速，隨心所欲而不逾越，就是「時中」中的最佳代表[231]——探究其實，仍在於任真任時，不執不滯，所以中郎也引了金剛經「應無所住而生其心」為證，又說：「故學問到透澈處，其言語都近情，不執定道理以律人。」[232]「人惟執著道理，東也有礙，西也有礙，便不能出脫矣。」[233]不再有礙，學問到透澈處，得脫生死，不正是中郎之前重悟的主張嗎？現在又再度強調，豈不矛盾？可是如果我們將中郎講究平淡平實的言論，與不執的說法結合起來，最後則歸因於自適之道，則豁然可通。即便是同樣的主張，只是中郎經歷早與當時不同，昔年以上根人自居，言不驚人死不休，多遊戲語；如今學問穩妥，闇然日章，造境平實，於是反省過往，見山又是山，中郎又見中郎矣。[234]

　　換言之，中郎對自適的重視，並沒有差異，內涵卻變了。因為以平淡自適，從平實參禪，所以才能自然圓融，境隨心變，轉法華而非法華轉，他說：[235]

> 古人進退，多是水到渠成，願兄亦勿置此念胸中。居朝市而念山林，與居山林而念朝市者，兩等心腸，一般牽纏，一般俗氣也，願兄勿作分別想也。

居山林則想朝市，反之亦然。這等人情之常，看似相反，實則一般牽纏，中郎也說過自己：「寂寞之時，既思熱鬧；喧囂之場，亦思閒

231　〔明〕袁宏道：〈德山麈譚〉，《袁宏道集校箋》，頁1283。

232　〔明〕袁宏道：〈德山麈譚〉，《袁宏道集校箋》，頁1285。

233　〔明〕袁宏道：〈德山麈譚〉，《袁宏道集校箋》，頁1293。

234　上引中郎與小修的比較，認為兩人都重自在，不過中郎自己卻是醞藉、是闇然、是退止。可是若單就所悟之境來講，不執不滯不礙不擾的道理，則並無二致，所以他才說：「但本體實一見，則此等葛藤，俱用不著矣。」

235　〔明〕袁宏道：〈答吳本如儀部〉，《袁宏道集校箋》，頁1263。

靜，人情大抵皆此」，這樣的人情，都是學問未穩妥的表現，都是名利心作祟。因此自適的首要條件，便是水到渠成，是自然，是平淡，是真實不假，是隨心所欲而不逾矩：「凡事只平常去，不必驚群動眾，纔有絲毫奇特心，便是名根，便是無忌憚之小人，反不若好名利人，真實穩安，無遮攔，無委曲，于名利場中作大自在人也。」[236]只平常去，無奇特心，棄去名根，則不論在朝在野，皆可成大自在心。自適適世，以此出發，則悟生死根本，了然生死，自是可能。可是名聲財利，逼人而來，迷眩心志，又豈是容易對付的？為生死性命計，中郎還是認為富貴場中，容易讓人迷失、把持不住，還是少接觸為妙；又或是自己必須有高度警覺，以免自以為是，錯認光景，忘了我是誰：「富貴場中，易汩沒人，眼前任運自在的，是烏紗，是下人取奉，是生死未到眼前，信口大話，似有滋味。終日灑灑落落，都是借他光景，莫錯認作學問也。」[237]下面人的取悅奉承、烏紗帽所代表的名利，都可能讓人將自身貪名貪利貪圖聲色、以至於無所不為的心志「合理化」。本來只想自欺，最卻連自己也騙了，自以為是灑落，自以為任運自在，名利雙收，心境高人，不染不住，殊不知不過是空口說大話而已。有鑑於此，更要時時省思，追求自適，而這種自適心態，反映在生活起居上，就是要控制情欲，不為情性所役，中郎在死前就不斷強調要遠離聲色，要甘於平淡，認為這才是養生大事：「四十以後，甘澹泊，屏聲色，便是長生消息。四十以後，謀置粉黛，求繁華，便是夭促消息。我親見前輩早夭人，個個以粉骷髏送死。」「現行無明，種種具在，道力不勝業力，只是口頭三昧，臨終寧有得力處？四十以後，決宜料理養生事，起居飲食，皆有節度，乃為攝生之道。」[238]甚至打算在清溪紫蓋間隱居，結室以老，認為「生死事

---

236 〔明〕袁宏道：〈黃平倩〉，《袁宏道集校箋》，頁1259。
237 〔明〕袁宏道：〈蘇潛夫〉，《袁宏道集校箋》，頁1273。
238 〔明〕袁中道：《游居柿錄》，《珂雪齋集》，頁1208。

大，四十年以前作今生事，四十年以後作來生事可也。」[239] 甘澹泊，屏聲色，重養生，飲食有節，乃至於作來生事等等，都是源於這種平淡自適的心態所致。[240]

最後，譚元春的評論，尤其有意思，值得我們徵引。譚元春雖針對中郎詩文而發，可是如本章第一節所言，中郎詩文主張，與其生命姿態、生活體悟，息息相關，實不可割裂，故正可為此章結尾：[241]

> 予因思古今真文人，何處不自信，亦何嘗不自悔。當眾波同瀉、萬家一習之時，而我獨有所見，雖雄裁辯口搖之，不能奪其所信，至于眾為我轉，我更覺進。舉世方競寫宣傳，而真文人靈機自檢，已遁入悔中矣。此不可與鈍根浮器人言也。

總結全文：中郎怕死，又怕死後黑漫漫，無半個熟識。所以他參禪學道，念佛修身，企圖撥開「向死存在」的神秘面紗。面紗裡頭，既不是荒謬，也不是虛無，而是實實在在的人生感受，充滿了生命的厚度。這段歷程，他最早從悟入手，以為以自己的上根資質，獨抒性靈，當可默契於心，直會於道，勝物而不傷，於是當眾波同瀉、萬家一習之時，而中郎獨有所見，雖眾人雄裁辯口，亦不能奪其所信。後來頗感不安，深覺不妥，檢點已身，他自悔過去言行，調笑玩嫚，不可一世：「當余少年盛氣時，意不可一世士，見鄉里之鉢持寸守者，

---

239 〔明〕袁中道：《游居柿錄》，《珂雪齋集》，頁1207。

240 這就是已棄去人與我的差別，中郎說未悟之前，仍有人我之分，固有所執；已悟之後，既無人我之別，所以能處之淡然，觸處皆真：「未悟時，觸處皆妄，如與人爭競，固人我相，即退讓亦人我相，以我與人爭，我能讓人，總之人我也。既悟時，觸處皆真，如待人平易，固無人我相，即與人爭競，亦非人我相。永嘉云：『不是山僧逞人我，修行恐斷常坑。』是也。」〔明〕袁宏道：〈德山塵譚〉，《袁宏道集校箋》，頁1296。

241 〔明〕譚元春：〈袁中郎先生續集序〉，《譚元春集》，頁599。

意殊輕之，調笑玩嫚，見于眉睫。中年以來，飽經世故，追思囊日所懷，可愧非一」，[242]中年以來，飽經世故，對自己過去輕狂自傲的言行心態，感到慚愧，並遁入悔中。其實正如譚元春所言：「予因思古今真文人，何處不自信，亦何嘗不自悔」，從自信到自悔，對生命的真誠坦白，也是中郎的「自適」，曹淑娟說得好：「唯有真誠的悔懺，才有可能看到真誠的自己，而且也唯有誠懇地面對真實的自己，才有可能在懺悔的沉靜中重新開始」，[243]中郎於是轉向修持，「再變為苦寂」。所謂的苦寂，就是自律甚嚴，自省甚密，斷酒斷肉斷色斷欲，[244]都是中郎的具體實踐。

後來回鄉六年，師友凋零，友朋分飛，讓中郎的心境轉進一層，與境發相，因機相推，靈機自檢，於是刊落浮華，真淳盡見：「常情如此，佛法亦只如此，平平淡淡，無大奇特也」，[245]往昔以寄為樂，洋洋得意：「人情必有所寄，然後能樂。故有以弈為寄，有以色為寄，有以技為寄，有以文為寄。古之達人，高人一層，只是他情有所

---

242 〔明〕袁宏道：〈壽劉起凡先生五十序〉，《袁宏道集箋校》，頁1537。
中郎也曾以陸游為例，反省自己的年少氣豪，念昔之狂，痛自悔責，更後悔當時不尊重老成長輩：「陸放翁跋妙喜〈蒙泉銘〉曰：『往昔嘗過鄭博士，坐有僧焉。余年少氣豪，直據上座，索酒徑醉。博士與余曰：『此妙喜也。』余亦不辭謝，方說詩談兵，旁若無人。其後數年，余老于憂患，志氣摧落，念昔之狂，痛自悔責。』余讀至此，因念鄉僧度門說法京師時，余時方高談一乘，玩悔講席，其意氣豪俊，殆出放翁之上。今再入都，法筵灰冷，求如度門者與語，遂不可得。『雖無老成人，尚有典型』，豈謂凋落至此！予之狂尚可悔，而老成不可再至矣。」〔明〕袁宏道：〈募修瑞雲寺小引〉，《袁宏道集箋校》，頁1560-1561。
243 曹淑娟：〈袁宏道的園亭觀及其柳浪體驗〉，收於氏著：《孤光自照──晚明文士的言說與實踐》，頁237。
244 中郎吃齋，亦與伯修之死有關。伯修死於任上，中郎為此曾絕葷茹素，長達數年之久。周群：《袁宏道評傳》，頁58。至於戒欲戒酒，當然有也健康上的考慮。可見〔明〕袁宏道：〈與王百谷〉，《袁宏道集校箋》，頁1270-1271。中郎後來斷戒，開始吃肉，事實上是與父親（擔心影響健康）要求有關的。詳參〔明〕袁中道：《游居柿錄》，《珂雪齋集》，頁1319。
245 〔明〕袁中道：〈石頭庵碑記〉，《珂雪齋集》，頁745。

寄，不肯浮泛虛度光景」，[246]人必有寄，不肯虛度光景，故以色以技以文以弈，不免過放而不能收，今日卻連「寄」都否定，「回思往日孟浪之語最多，以寄為樂，不知寄之不可常」，[247]於是意地清涼，得離聲色，返璞歸真，看似尋常，才能「無大奇特也」。其實就像呂坤所言：「任是千變萬化、千奇萬異，畢竟落在平常處歇」，[248]千變萬化、千奇萬異，或許炫耀，但是在平常之處，才是真實且又蘊孕深厚的境界，前者終將於後者處歇息，而平平淡淡，修行之境，卻是更為信實。終於，平凡見真，禪淨並行，便成了中郎最後的體悟，所謂安身立命，在自家性命下落之處，在「自適」的為學數變中，找到他的歸宿。山水依舊，而中郎自己，收放更見自如，轉折更見多姿，見山又是山，見水又是水了。[249]

---

246 〔明〕袁宏道：〈李子髯〉，《袁宏道集校箋》，頁241。

247 〔明〕袁宏道：〈李湘洲編修〉，《袁宏道集校箋》，頁1233。

248 〔明〕呂坤：《呻吟語》，頁74。

249 「見山是山，見水是水」其實為中郎晚年常用語，他曾解釋用來「知見立知」與「知見無見」，兩詞出自《楞嚴經》：「知見立知，即無明本；知見無見，斯即涅槃。」知見立知為無明根本，知見無見，無有執意，可證涅槃。中郎在〈珊瑚林〉：「問曰：『何是知見立知？』答：『山是山，水是水，此知見立知。』『如何是知見無見？』答：『山不是山，水不是水，此知見無見。』數日，又問：『如何是知見立知？』答：『山不是山，水不是水，此知見立知。』『如何是知見無見？』答：『山是山，水是水，此知見無見也』。」第一次問題的「知見立知」與「知見無見」，屬相對性，見與知是同性質的，所見得所知，故山是山，水是水，知見無見則是對這種知見作出翻轉，所以要見山不是山，水不是水。當有此理解後，又不執著於「山不是山，水不是水」的層次，若執於此，則「知見立知」與「知見無見」又無差異，因此中郎數日後才又說「山不是山，水不是水，此知見立知。」因此更要轉深一層，連「知」跟「見」都不可拘泥，破除道道關卡、層層執拗之後，自然就是「山是山，水是水，此知見無見也。」知見無見，換個方式來講，就是「真知不昧」，知得徹骨徹髓，任千境萬境，輾轉不昧，故謂真知，所以中郎才又說：「知幻即離，人人曉得，而罥當些小境緣，即昧而不知，若真知現前，豈逐境去？故須知得徹骨徹髓，任他千境萬境，輾轉不昧，始謂之知可見。此知不在分別，而在不昧。問：『何謂真知不昧？』答：『如遇物來觸眼，眼即自閉，何曾分別來的是甚物？又何曾思惟？我要閉眼，然都不覺不知自然眼閉了，如是方名真知，方能通乎晝夜』。」〔明〕袁宏道：〈珊瑚林〉（明清響齋刻本），頁7、頁8。

第四章
最後的「活著」：袁小修

第一節　貪生怕死：僕隱隱有深怖

　　袁中道（1570-1624），[1] 字小修，號柴紫居士。幼時隨中郎一起讀書，與兩位兄長類似，小修自幼聰穎，年少已能為文，錢謙益說他：「十歲餘，著〈黃山〉、〈雪〉二賦，五千餘言。」[2] 相較於伯修壽四十一歲、中郎壽四十歲，小修終年五十四（或五十六）歲，已是年紀最長。可是活得愈久，代表著他的「死亡經驗」可能相對較多，此處「死亡經驗」，意指經歷他人死亡所產生的感受與衝擊。[3] 就小修而言，二位兄長以及父親，甚至親朋學友的離去，都加深了他對於死亡的恐懼與不安。其中兩兄的突然逝世，更讓他心驚，震撼的當然是兄長的突然物故，帶給包括自己在內的全家人極大悲痛。萬曆二十八年（1600），伯修病逝於任所，此時中郎三十三歲，小修三十一歲。小

1　小修的卒年，至今仍有歧說。《明史》〈袁中道傳〉：「天啟四年進南京吏部郎中，卒于官」，天啟四年為一六二四年，清代編修《公安縣志》〈袁中道傳〉記載：「歲丙寅，端坐而逝，年五十七」，依次推歲，當死於天啟六年（1626）；錢謙益《列朝詩集小傳》則是說：「萬曆丙辰，始舉進士，授徽州府教授，選國子博士，乞南，得禮部儀制，歷官郎中，旋復乞休，以疾卒，年五十有四。」年五十四，則與《明史》記載相同，皆為天啟四年。可參周群：《袁宏道評傳》，頁263-264。〔明〕袁宏道：〈敘小修詩〉，《袁宏道集箋校》，頁187。

2　〔清〕錢謙益：《列朝詩集小傳》，頁568。中郎說〈黃山〉、〈雪〉二賦，雖不大佳，「然刻畫釘餖，傳以相如、太沖之法，視今之文士矜重以垂不朽者，無以異也。」由此可知，中郎是以「不拘格套，獨抒性靈」的定義來看二賦，以這個標準來說，或許不大佳，但就一般釘餖文士所重者，水平並無太大差異。

3　關於「死亡經驗」的解釋，可見第二章。

修多有詩文記之，情溢乎辭，可見傷心之甚，其中〈入都迎伯修櫬，得詩十首，效白〉曾云：「痛死慰生淚暗垂，一身多病不堪支」、「老親淚盡惟流血，小弟心孤欲喪生」、「今生幸得為兄弟，萍水重逢又逐流」、「笑語衣冠渾在眼，如何令我叫亡兄」、「我眼半枯身半死，旁人猶作計偕猜」、「莫怪多情頻下淚，死生大海路茫茫」……，種種詩句，都說明了小修心情極度低落，對於兄長之死，難以接受也難以釋懷，以至於連外在景物都感到蕭索慘澹：「江上雪來雲片黑，河洲風重鴈行遲」、「長安北去三千里，多少青山涕淚中」、「浩歌臨水水為泣，和淚看山山更愁。瘦馬風嘶停古道，夜烏鬼語集荒坵」、「難忘聽雨愛憐情，日暮含淒過古城。一片雪來和淚落，幾行鴈過喚愁生」，[4]在小修看來，景物似乎隨著伯修的突然逝世，都變得不再明亮、溫暖，於是天上的雲朵彷彿整片黑漆，似乎水與山都跟著感到愁困，流下眼淚，自己更是浩歌臨水、淚眼看山，而鴈過鴈來，[5]讓人們聽了，更是倍覺空虛，苦楚不堪……。

景物與心緒的慘絕暗澹，事實上與這段路程有絕對關係，小修有〈行路難〉一文，記載初聞伯修訃音，又奉父親之命，前往接櫬的經歷。行路難，固然有指旅途漫長艱辛之意，可是一詞雙關，當然也有人生突遭噩耗，措手不及，以至於茫然無助之感。伯修離世消息傳來，初始「一家昏黑，不知所為」，[6]兩、三日之後，得到黃輝來信，於是小修火速進都，準備接送棺柩返鄉。可是禍不單行，僕人在旅中生事，耽擱行程，途中遇一孝廉並行，不料孝廉奴僕又與人爭執，誤傷郵卒，旁人甚至誤會主凶是小修。幾番折騰，終於入都，小修已是

---

4 〔明〕袁中道：〈入都迎伯修櫬，得詩十首，效白〉，《珂雪齋集》，頁118-121。

5 鴈（或「雁」）作為傳統文學上的「語碼」，有孤單、悲傷、寂寞的意思，不斷被文人複製引用，小修也引用了這種資源。可見葉嘉瑩：《南宋名家詞講錄》（天津：天津古籍出版社，2005年），頁7、65。

6 〔明〕袁中道：〈行路難〉，《珂雪齋集》，頁871。

心力交瘁，「望見都門，予腸如割」，後見伯修遺體，「至邸舍，隕絕。頃之，黃太史（芝慶按：即黃輝）至，相向而哭失聲。住此凡三月，俱在痛哭聲中度日，昏昏惘惘，不似在人間也。」[7]昏昏惘惘，痛哭失聲，極為難受。後從潞河取道回家，不料當年水川乾涸，無舟可發，交涉許久，乃得兩舟，方行不過十餘里，已不能再走，舟人下水推移，慢慢駛進，一日僅里許，回家之路，仍舊遙遠。至天津時，夜半停舟，又遇火災，驚慌不已，好不容易平息，白日行駛間，又不小心與他舟相撞，撞沉官方運糧船。至交河，竟然找不到驛夫，舟人又與當地市民爭吵傷，市民追舟而至，發生械鬥，一位舟人慘死。某日間泊於野市，突有盜人而至，所幸並無大礙。舟至臨清，又遇稅吏索賄，「大輸金錢，乃得行」，[8]至辰河，水已見底，只好下船步行，此時「天劇暑，河揚塵，纜夫數十人，欲縱之則難前途，止之皆無食。」其間，行行復行行，官吏索賄之事不絕，舟人爭執之事常有。終至廣陵，得與中郎會合，不料到安慶、漢口等地，又遇狂風大水，幾乎淹沒船隻，「俄聞桅上作大聲，如倒狀。急觀之，則帆裂墮矣。」「至武昌，予乃覓一舟，先從漢口歸襄，江水大發，牽路盡沒，一僕幾溺焉。」[9]抵家後，「見大人于佚老堂，悲泣哽咽，相視不能言。後十餘日，櫬舟始至。」途中所遇艱困，心情的悲痛慘絕，明明早已慌忙意亂，偏偏又遇上許多麻煩，僕人與舟人的鬧事吵嚷、稅吏的趁機索價、狂風大雨的突襲而至，多事之秋，心亂如麻，勉強打起精神，又處處逢災，真可謂「行路難」。小修在〈告伯修文〉說過：[10]

　　今弟以臘月初三日往迎靈柩。哭死悲存，剜心之愁萬種；踏雙

7　〔明〕袁中道：〈行路難〉，《珂雪齋集》，頁873。

8　〔明〕袁中道：〈行路難〉，《珂雪齋集》，頁876。

9　〔明〕袁中道：〈行路難〉，《珂雪齋集》，頁877。

10　〔明〕袁中道：〈告伯修文〉，《珂雪齋集》，頁789。

割雪，斷腸之路三千。途中願我兄保佑扶助，無逢災患。更願
示異夢靈跡，以堅信心。弟無任撫心痛哭，悲淚翹誠之至！

哭死悲存、剗心之愁、撫心痛哭、踏雙割雪、斷腸之路，這些辭語，
一再說明了小修痛苦的感受。祭文雖未標明寫作時間，若依據語氣文
脈推斷，應作於〈行路難〉之前，所以才要伯修在天之靈，保佑無逢
災患，當然事後證明剛好相反，遇到的麻煩事實在太多，行路之難，
莫此為甚。可是不管如何，只要沒有遇到極嚴重的阻礙，以至於無法
接棺；又或是只要能接得兄長遺體返鄉，一切困難，都不會是真正的
困難。

　　伯修死去，中郎返鄉經營柳浪，隱居六年後再度出仕。[11]另一方
面，舅舅龔仲慶，好友江盈科、陶望齡等人也相繼過世，志同道合者
陸續凋零，更讓中郎與小修增添淒涼、寂寞與橫逆。不料伯修撒手人
寰的第一個十年，也就是萬曆三十八年（1610），中郎也因火疾病逝
於長沙，對小修而言，又再度遭逢重大變故，小修在《游居柿錄》[12]
中，詳細記載中郎從病發到病逝的過程，為了論述的方便，我們不妨

---

11 詳見第三章。

12 《游居柿錄》是小修在萬曆三十六年（1608）起筆寫下的日記，當時他再度落第，
　伯修去世多年，中郎又再度赴京任職，友朋或離或逝，頗感落寞，因此有遠遊打
　算，「靜居數月，忽思出游，蓋予貧簀谷中，甚有幽致，亦可以閉門讀書。而其勢
　有不能久居者，家累逼迫，外緣應酬，熟客聒擾，了無一息之閒。以此欲遠遊。」
　所以命為《游居柿錄》，正反映當時的心情，同時也有自勉自強之意。他說遠遊好
　處有三，首先，名山勝水，可以滌浣俗腸；再者，吳越間多精舍，可以安靜讀書；
　最後，或遇名師勝友，相討性命，比之自修，其功百倍。〔明〕袁中道：《游居柿
　錄》，《珂雪齋集》，頁1105。另外，黃雅雯便曾以《游居柿錄》為探討核心，參照
　文集中之文章，並從實際生活的層面著手，探論小修的溪遊生活，從環境促使、人
　際連繫、性命考慮等方面論述，分析小修溪遊的原因。並又以小修的溪遊行程順
　序，討論其溪遊的行動模式，勾勒小修依循遊溪而開展都遊山、遊城、訪友論學等
　生活。可參黃雅雯：《袁中道溪遊生活研究──以《游居柿錄》為例》（臺北：淡江
　大學中國文學所碩士論文，2004年）。

參照歸納，敘述如下：當時中郎微動火，身體不適，多與小修論及養生事，[13]不料病情加劇，火病不退，服藥亦不見好轉，找來許多醫生，也診斷不出病況，中郎甚至嚴重到夜不能眠，大小便皆血，「大便下紫血塊。小便初如陳米泔水，後赤如血，如濃茶。」[14]小修受怕擔憂之情，見於言表，諸如「予私憂之甚」、「予臥不交睫」、「而人頗有笑予張惶者」之類的文字，[15]慌張意亂、著急惶恐，都說明了他當下的心情，是非常恐懼與不安的。數日後，中郎非但沒有痊癒，反而病重不起，回天乏術：[16]

> 予私自哭泣，安慰之，急呼李醫至，切脈曰：「脈脫矣！」予頓足仆地，醫曰：「勿驚，且試人參湯。」已進參，頃之氣喘，自云三分生，七分死矣。已復起便，自云：「我略睡睡。」此外絕無一語，遂坐脫去，予喚之不醒矣！痛哉，痛哉！一朝遂失仁兄，天崩地裂，以同死為樂，不願在人世也。予亦自絕于地，久之始蘇，強起料理棺木……。

小修見中郎一覺不醒，知道他大限已至，已無生望，自己已是悲痛欲絕，當場昏倒。後雖強打精神料理後事，但老父聽聞中郎已死，白髮人送黑髮人，年邁老態，體更不支，其實就連小修自己都快支持不

---

13 中郎說：「四十以後，甘澹泊，屏聲色，便是長生消息。四十以後，謀置粉黛，求繁華，便是天促消息。我親見前輩早夭人，個個以粉骷髏送死。」、「近日禪學悟得些理路，多至放恣。現行無明，種種俱在，道力不勝業力，只是口頭三昧，臨終甯有得力處？四十以後，決宜料理養生事，起居飲食，皆有節度，乃為攝生之道。」甚至打算在清溪、紫蓋間隱居，結室以老，認為「生死事大，四十年以前作今生事，四十年以後作來生事可也。」〔明〕袁中道：《游居柿錄》，《珂雪齋集》，頁1207-1208。

14 〔明〕袁中道：《游居柿錄》，《珂雪齋集》，頁1210。

15 〔明〕袁中道：《游居柿錄》，《珂雪齋集》，頁1209、1210。

16 〔明〕袁中道：《游居柿錄》，《珂雪齋集》，頁1210。

住，幾乎病倒：「至沙頭哭中郎，遂得血疾，晨常吐血數日，脹滿不
支。醫人誤投以乾薑、半夏，燥極，夜遂不交睫，狂亂甚」、「病燥火
甚，惡飲食，作嘔又見血。夜不寐。」身體明已勞累不堪，內心難
熬，身心俱憊，但又要避免老父為自己擔心，多重壓力之下，小修苦
不堪言，他在給黃輝的信說道：「伯修去後，已自悽楚不忍言，所倚以
為命者，一中郎耳。今又舍我而去，傷心次骨，一病幾至不起。弟不
難相從于地下，奈老親在堂，不得已削涕強笑，冀少慰之。」[17]內外
交相煎熬，焦灼痛苦，不捨之情，實在難以言說。畢竟小修自幼便與
中郎共學，兄弟倆年紀接近，常相交遊，與中郎感情最久，也最深
厚：[18]

> 弟薄命與中郎年相若，少即同學。長雖宦遊，南北相依，曾無
> 經年之別。一日不相見，則彼此懷想；纔得聚首，歡喜無窮；
> 忽爾分袂，神色黯黯。至于今年（芝慶按：即中郎死之年：萬
> 曆三十八年，1610）[19]尤甚，形影不離，暫別去，即令人呼
> 喚，不到不休。弟所以處困窮而不戚戚者，止以知己之兄在
> 耳。今復化去，弟復有何心在世中？腸與誰吐？疑義與誰析？
> 風月誰與共歡？山川誰與共賞？錦繡乾坤，化作淒涼世界，已
> 矣，已矣！恐弟亦不久于世也！

小修與中郎年歲相若，自幼感情極佳，自伯修死後，兩兄弟更是一路
扶持，「所倚以為命者，一中郎耳」。而小修科考始終不順，故曰「處

---

17 〔明〕袁中道：〈寄黃春坊平倩〉，《珂雪齋集》，頁1010。
18 〔明〕袁中道：〈寄蘇雲浦〉，《珂雪齋集》，頁999。
19 〈寄蘇雲浦〉開頭便言：「傷哉，傷哉，中郎于九月初六日長逝矣！八月初，微有
　　火疾，時起時減。投補劑則發火，投清劑則傷胃，不藥則症日加，遂至大小便皆
　　血……」，故可推知信寫於萬曆三十八年（1610）。〔明〕袁中道：〈寄蘇雲浦〉，《珂
　　雪齋集》，頁998-999。

困窮」，關於小修場屋經歷，詳見下節。功名失意，幸好有中郎在旁支持，名落孫山，小修雖難免灰心，仍不至於喪志。如今連中郎都死了，自己又有何生可戀？風月再美，山川再麗，悟得的義理再多，也無法與中郎分享，雖非如小修自言：「恐弟亦不久于世也！」（事實上小修晚於中郎十幾年才逝世）但從這句話可見，中郎的逝去，幾乎讓小修失去了生存的意義與生命的支柱，生者所感受的，盡是痛苦，讓他悲歎：「逝者已矣，生者之苦未艾也」！[20]

後事終有辦完的一天，憂傷卻馬不停蹄。一年多後，父親袁士瑜因喪子，悲痛病逝，小修說父親：「大人年已七十，初喪伯修，既喪吾兄。弟又溘先朝露，令老人何以為懷？弟是以勉強排遣，藥餌不效，則走之玉泉山中，看山聽泉，期日久日忘，以消此苦懷，庶疾病不發。凡一年餘，弟始有生望，而大人以哭子斷腸逝矣。痛哉，痛哉！」[21]父親掛憂自己的身體，小修為安慰老父，特地到離家不遠的玉泉山，休息身心，沒想到父親卻悲痛過甚，先走一步，卒年七十。[22]

父親病逝的這一年，黃輝同樣謝世，黃輝是小修極為尊敬的同道學友，伯修死後，小修曾說「惟與平倩聚首四夕，無夕不譚，無譚不關性命，極可聽也，而語又多不勝書。書兩家交誼之神，與吾兩人分攜之情者，令千載而下，知吾輩生死道德之交，迥與俗情不同也。」[23]中郎死後，小修更對黃輝說「今惟仁兄可依」，[24]可是這個無夕不談，無談不關性命，惟兄可依的黃輝，卻也先於小修而去，「黃平倩仁兄亦以今年夏初不祿，弟聞之，其慘戚不啻伯修、中郎」，[25]世事無常，

20　〔明〕袁中道：〈寄蘇雲浦〉，《珂雪齋集》，頁999。

21　〔明〕袁中道：〈告中郎兄文〉，《珂雪齋集》，頁795。

22　〔清〕周承弼等編修：《公安縣志》，頁748。

23　〔明〕袁中道：〈自柞林至西陵記〉，《珂雪齋集》，頁544。

24　〔明〕袁中道：〈寄黃春坊平倩〉，《珂雪齋集》，頁1010。

25　〔明〕袁中道：〈寄長孺〉，《珂雪齋集》，頁1030。

人歲不永,小修感慨萬千:「自經別死離生後,始覺人生聚會難」,[26]
知己各分東西,聚會固然是難,可是友朋盡皆凋零,連聚會亦不可
得,昔日之歡樂,此景只待成追憶:「……,不旬日間,遂有家大人
之變,不肖五內崩折,功名之失得不足論,身世之淒涼大可悼也。乃
六月中,又聞黃平倩先生之訃。不肖與兩先兄及陶、黃二先生,為兄
弟中之朋友,為朋友中之兄弟,今皆先我而去,如何為懷!」[27]陶望
齡與黃輝等人,小修既稱之為兄弟中之朋友、朋友中之兄弟,交情自
非尋常,如果用伯修的話來講,就是共參性命的「怕死友」。[28]這個文
人群體,除了詩文唱和、相知相交之外,最大的特色之一,就是彼此
為生死性命之學的同道。共參性命的道友難求,袁家三兄弟尋尋覓
覓,正是要找尋同參友朋,伯修、中郎尋友經歷,第二、三章已有述
及,至於小修也是如此,《棗林雜俎》便記載:「公安袁小修(中道)
客長安,以學道未契,汲汲求友。」[29]其實,三兄弟尋友固勤,他人
又何嘗不是?黃輝曾自述經歷:「予少時溺于文人習氣,欲以風雅命
世,後漸有游仙之興。自官于京師,得聞性命之學,然終旁皇于長生
無生之間,而未有定也。丁酉入都,得遇君家兄弟,力為我拔去貪著
濁命之根,始以輕泰之樂引我。既又得聞向上事,從知解稠林中出,
如掃葉,如撥筍,今始坦然知歸。」[30]丁酉,即萬曆二十五年
(1597),是時伯修三十八歲,為東宮侍講;中郎三十歲,剛辭去吳
令,與陶望齡等人遊山玩水;小修二十八歲,應湖廣鄉師落第,正由
武昌去真州。黃輝便是此時與他們結識,自後相交數十年,性命之學
始終是他們關懷的重心。黃輝卒後,小修更在玉泉山築紫柴庵,祭祀

---

26 〔明〕袁中道:〈峯寶路〉,《珂雪齋集》,頁125。

27 〔明〕袁中道:〈寄曹大參尊生〉,《珂雪齋集》,頁1029。

28 「怕死友」的定義與解釋,可見第二章。

29 〔明〕談遷:《棗林雜俎》(北京:中華書局,2006年),頁581。

30 〔明〕袁中道:〈自柞林至西陵記〉,《珂雪齋集》,頁543。

伯修、中郎與黃輝。[31]

　　十數年間，小修痛失父兄與道友，特別是兩位兄長之死，小修是極為難受的。可是，小修傷慟固然是他們的離去，但畢竟人死不能復生，相對於死去的親友，始終活著的，仍舊是自己，「逝者已矣，生人之苦未艾也」、「夫逝者道力深重，生死久暫，夫復何慮。獨生者之苦，未易言耳。」[32]他對死者自多緬懷，卻對自己的生死感到驚心，在死去的人中，也往往聯想到自己：「而同學諸友，無一在者，感歲月之如駛，念壽命之不常，又不覺淚涔涔下也。」[33]歲月如駛，壽命不常，親友的死別，帶給小修的「死亡經驗」極為巨大，不禁讓他發出了這樣的心聲：「又弟兄壽命皆促，恐朝露溘至，做手腳不迭。」[34]「兄弟壽命短促，即致身青雲，亦復何用？不如趁此無病時，早辦資糧。」[35]「弟自家嚴捐棄之後，……。明年當往東南求友，不獨明眼悟道人，可為我輩宗師，即有志學道十分以生死為念者，便是弟輩之舟航也。」[36]從他人之死想到了自己，他人會死，自己終究也會死，隱隱有深怖，所以要以生死為念，早辦資糧。更何況父兄友朋接連死亡，噩耗連連，連小修自己也病倒了，這次的生病，讓小修更是警覺到生死問題的迫切。生死大事，逼人而來，竟教小修無處可躲：[37]

　　　　先兄逝後，弟無生人之樂，疾病相仍，幾于不起，至今春始平
　　　　復。……。弟已如孤鴈天末，哀雲唳雨。且老矣病矣，一生心

---

31 「堂中所祀者，上為維摩詰，左為武安，右為伯修、中郎。近得西川黃太史平倩之訃，予哭而祀之。」〔明〕袁中道：〈柴紫庵記〉，《珂雪齋集》，頁653。

32 〔明〕袁中道：〈寄陶不退〉，《珂雪齋集》，頁1001。

33 〔明〕袁中道：〈潘去華尚寶傳〉，《珂雪齋集》，頁730。

34 〔明〕袁中道：〈答雲浦〉，《珂雪齋集》，頁1004。

35 〔明〕袁中道：〈與長孺〉，《珂雪齋集》，頁1007。

36 〔明〕袁中道：〈寄陶不退〉，《珂雪齋集》，頁1031。

37 〔明〕袁中道：〈答秦中羅解元〉，《珂雪齋集》，頁1053。〔明〕袁中道：〈後泛鳧記〉，《珂雪齋集》，頁666。

血，半為舉子業耗盡，已得痼疾，如百戰老將，滿身箭瘢刀痕，遇風雨輒益其痛。僕少如健犢子，自經父兄之變，百感橫集，體日羸瘦。今年始覺大有老態，或長夜不眠，耳中日夕如轟雷，雙手酸痛，雙膝常畏寒，夜作楚尤甚。略有酒欲，即發血疾。兩兄皆早世，僕隱隱有深怖。

「兩兄皆早世，僕隱隱有深怖」，可見小修的真正心情。除死別之外，科考的失利、命運的折磨、疾病的痛楚，漸漸地消磨了小修的鬥志，即便他日後仍赴京再考，終於考中進士，但經歷了這麼多的哀痛與悲苦，身心早就傷痕累累，疲憊不堪：「人間奔波幾時休？」[38]「茫茫苦海無涯矣！」[39]「人情世態，堪為痛哭。」[40]「轉覺人生行路難。」[41]就像百戰沙場的老將，滿身箭瘢刀痕，遇風雨輒益其痛。身體的苦痛，失眠、耳鳴、雙手酸痛，雙膝畏寒、略有酒欲，即發血疾……等等，讓他對於死亡的感受，更為深刻。當然，倒不是說小修之前對生死漠不關心，畢竟在前兩章中，我們已看到三兄弟年輕時，便已共參性命之道，小修自己也常有詩文記載此事，例如他在〈燕中別大兄〉便有詩記之：「何以娛歲年，學道了生死。」[42]也害怕自己年紀尚輕，便已死去：「只祈年壽勝周郎（芝慶按：即周瑜，周瑜死時為三十六歲）。」[43]小修曾有〈紀夢〉詩，說明了他對於死亡的恐慌與懼憂，他認為死後只剩黑暗，前途黯黯，不知何處；黑水洋洋，無筏可去。上既不見天，下也不見地，四望無人，只有黑黑松樹，蕭蕭風

---

38 〔明〕袁中道：〈別洪生〉，《珂雪齋集》，頁8。

39 〔明〕袁中道：〈白衣寺緣疏〉，《珂雪齋集》，頁809。

40 〔明〕袁中道：〈寄陶不退〉，《珂雪齋集》，頁1031。

41 〔明〕袁中道：〈放歌贈人〉，《珂雪齋集》，頁61。

42 〔明〕袁中道：〈燕中別大兄〉，《珂雪齋集》，頁55。三兄弟學道、共參性命的記載，可見第二、三章。

43 〔明〕袁中道：〈過赤壁其二〉，《珂雪齋集》，頁25。

聲而已。[44]這種死亡焦慮，顯然困擾著他：「秋死春復生，人命不如草。草死有生時，人死無還期。寂寞歸長夜，魂魄將安之。」[45]人命不如草，草會再生，人卻不會復活，人死後，寂寞長夜，魂魄又將何去何從？小修竟然從草的生長，聯想到自身的死亡，可見他對死亡的害怕憂愁。自幼怕死，當然不是小修特殊的案例，其實不論古今中外，常常有這樣的現象，為了加強論述的深度，我們不妨再參照他人的例子，雷蒙・穆迪（Raymond A. Moody）在《死後的世界》（*Life After Life*）中，就曾採訪過這樣的案例：[46]

> 我小時候很怕死。我經常在夜裡醒來號咷大哭，發一頓脾氣。我父母親會衝到房間來，問我怎麼回事。我跟他們說我不想死，但是我知道有一天我會死，我問他們是否能夠讓我們不要死。我母親會對我說：「我們也沒辦法，生命就是這麼一回事，我們都必須面對它。」她說我們都得自己去面對，時候到了，我們都會平安走過去的。我母親去世多年以後，我仍舊會跟我太太談到死亡的問題。我還是很怕死。我不要那一天到來。

故事還有後半段，自從主角經歷瀕死經驗之後，怕死的他，卻不再擔憂死亡，有時甚至會替亡者感到開心，因為死亡可以很美好，並不可怕，所以雷蒙・穆迪才在書中章節裡特地標明為「對死亡改觀」。[47]只

44　〔明〕袁中道：〈紀夢〉，《珂雪齋集》，頁38。

45　〔明〕袁中道：〈詠懷其五〉，《珂雪齋集》，頁65。

46　〔美〕雷蒙・穆迪（Raymond A. Moody）著，林宏濤譯，《死後的世界》，頁127。

47　「但是自從有了那個經驗之後（芝慶按：瀕死經驗），我再也不害怕死亡。那些感覺都不見了。我再也不為葬禮感到難過。我甚至有點替亡者開心，因為我知道他們經歷了什麼事情。」「我相信，天主或許是因為我害怕死亡，才讓我有此經驗。當然，我父母親宗會安慰我，但是他們無法像天主那樣給我啟示。現在我不再談論它，但是我心裡廓然明白，而且很知足。」〔美〕雷蒙・穆迪（Raymond A. Moody）著，林宏濤譯：《死後的世界》，頁127-128。

是在此之前，主角顯非如此，當然許多人都怕死，卻非人人都有深刻的怕死感受，甚至也不一定會表現在行為言語上，可是文中的案例，主角年幼時會在半夜醒來大哭、發脾氣。原因在於，主角知道自己一定會死，卻並不想死，死是無處可躲，卻又時時想忽略躲開的必然存在，哭泣、發脾氣、憂心忡忡等等，正是由死亡所引起的焦慮。年長之後，社會化的程度加深，或許不會再有這些行為，但焦慮仍在：「我還是很怕死。我不要那一天到來。」主角因為怕死而展露的言行，顯然強於其它幾位人物（如父母、太太），對於這種「怕死」的心態，舒茲（A. Schuetz, 1899-1959）認為人知道自己一定會死，卻又懼怕死亡，「這種經驗，我們擬稱為基本焦慮（fundamental anxiety）。」舒茲的意思，不是說每個怕死的人皆有這種焦慮，但就某些人來講，人之所以得以創造、發明、克服障礙、制定並實現計畫，甚至想要支配他人、支配整個世界，都是從這種焦慮引發、延伸。[48]因此，舒茲認為成長變老是每個人都會經歷的事實，代表了人人都會死，不會永遠活著，這種意識於是促使某些人們去安排這種事務、進行各種規畫，可是在生命的起點與終點之間，時間與空間往往成為人們實質行動的進行障礙，這些障礙是不可避免的，就像糖融於水中，女性懷胎生子一樣，都是必要的時間等待，這是時間的阻礙。現代科技雖然進展極快，可以縮短這些時間，但仍不能完全消去。因此時空的障礙，便是屬於現實世界存有學結構的重要部分，等待人們以面對基本焦慮的心態，去安排、計畫與克服各種阻力。[49]

　　由上可知，「我還是很怕死。我不要那一天到來」，當然也可以說是小修的心聲，例如小修說：「學問一事，弟輩所坐之病，只是不怕死。若怕死，則真參真悟真修，何愁不到懸崖撒手田地。惟不怕死，

---

48 〔奧地利〕舒茲（Alfred Schuetz）著，盧嵐蘭譯：《舒茲論文集（第一冊）》（臺北：桂冠圖書公司，1992年），頁225。
49 游淙祺：〈舒茲論處境與行動〉，《揭諦》第4期（2002年7月），頁212-213。

故半上不落，智不入微，道不勝習耳。」小修的「不怕死」，這裡有兩層意思，如前文所謂的害怕死亡，為其一；求道不得其法，愛之適足以害之，為其二。[50]另外也就像他說死後世界的孤獨、荒蕪、悽楚；就像他哀怨人命不能像草一樣，秋死春復生。怕死，便是小修的「基本焦慮」，而小修自幼有功名之志，意欲澄清天下，做一番事業，「少小讀詩書，志欲取青紫」[51]、「予少年雅負才氣，謂功名可唾取，易言天下事」，[52]當然有家族的期望，也有社會利益的考慮，更可以說是小修的「生涯規畫」（Lebensplan），[53]是他企圖在有限的生命中，疾沒世而名不稱，想要做出大事的心理因素。只是隨著考試不順、親友死亡之故，感年壽不永，歎世事無常，雖不是完全放棄科舉，卻漸漸改變了早年的規畫與安排。另一方面，小修度過了年少輕狂，中年以後，親友漸逝，讓他的焦慮又再轉進一層：因為怕死，所以貪生。此處「貪生」並非貶語，而是中義詞，就是希望自己不要那麼早死、那麼快死，正面來講，就是希望活得久一點、長命一些。反省過往種種，小修發現以前也不是沒有學道，只是參道未明、求道甚淺，甚至走錯了路，以至於中年以後，健康狀況不佳，「我學道十七八年，止今纔有幾分怕生死，纔知生死海中，頭出頭沒，出房入房，生老病死，一一要身受。奇痛極楚，轉盼即至，可畏可畏」、「我此時

50　〔明〕袁中道：〈季楊侍禦〉，《珂雪齋集》，頁1085。

51　〔明〕袁中道：〈感懷詩五十八首（第三十四）〉，《珂雪齋集》，頁200。

52　〔明〕袁中道：〈書王伊輔事〉，《珂雪齋集》，頁877。小修年少時，曾見先人墓田裡的古剎，立志將來重新修葺，他後來追憶「予少有奇氣，每次此剎，輒自念我不久當富貴，或為國家邊陲上建少功業，盡以上方賜緡錢，及每歲祿入，修葺此地。」可見小修當時的志在四方的功名願望。〔明〕袁中道：〈重修義堂寺檀文事〉，《珂雪齋集》，頁817。

53　正如本文所說，按照舒茲的說法，人自覺自己終究會死亡，這種意識促使他努力克服時空的問題，他去制定實現各種計畫，形成一種「動機關涉系統」（Motivationsrelevanz），這就是「生涯規畫」（Lebensplan）。可參游淙祺：〈舒茲論處境與行動〉，《揭諦》第4期（2002年7月），頁213。

病新起，道心較急，看得極其親切，只恐後來忘卻，因書之于此。」[54]
此處所謂「纔有幾分怕生死」，當然不是說小修現在才怕死，而是說
相較於以往的空浮不踏實，至今方才瞭解性命之學的真諦，於是他開
始轉變，以今日之我戰昨日之我。此時的小修，雖仍重視科舉，但已
經不完全視為首務，「時空的障礙」已經從三年一次的會試，[55]變成遊
山玩水所需的時間與空間。

第二節　以身試法：酒色不礙菩提

一　小修的生命型態

在前一節裡，我們提到小修因兄喪，身體不支終於病倒，病體一
直難復。生病固然與喪事有關，可是小修自己心知肚明，他的生命性
格與生活態度，才是主因。呂坤曾說過：「少年大病，第一怕是氣
高」，[56]確是解語，因為氣高，容易看輕天下事；因為氣高，容易任情
肆性，少年小修正是如此，性喜豪華、愛念光景、沉湎嬉戲等等，都
可以說是他「氣高」的表現。在後來的人生歷程，小修雖也警覺到這
點，屢有悔言，卻也積重難返，舊習難改，早已深深烙印在他的身心
裡了。中郎說過小修性格與成長經歷：[57]

> （小修）既長，膽量愈廓，識見愈朗，的然以豪傑自命，而欲
> 與一世之豪傑為友。其視妻子之相聚，如鹿豕之與群而不相屬
> 也；其視鄉里小兒，如牛馬之尾行而不可與一日居也。

---

54 〔明〕袁中道：《游居柿錄》，《珂雪齋集》，頁1163。

55 中郎死時，小修已經參加過會試三次，盡皆落榜。

56 〔明〕呂坤：《呻吟語》，頁121。

57 〔明〕袁宏道：〈敘小修詩〉，《袁宏道集箋校》，頁187、188。

> 蓋弟既不得志于時，多感慨，又性喜豪華，不安貧窘；愛念光
> 景，不受寂寞。百金到手，頃刻都盡，故嘗貧；而沈湎嬉戲，
> 不知樽節，故嘗病；貧復不任貧，病復不任病，故多愁。愁極
> 則吟，故嘗以貧病無聊之苦，發之于詩，每每若哭若罵，不勝
> 其哀生失路之感。

與小修熟識的錢謙益，顯然也贊成中郎的看法，他說：「長而通輕俠，游于酒人，以豪傑自命，視妻子如鹿豕之相聚，視鄉里小兒如牛馬之尾行，而不可與一日居也」，[58]就是取自於中郎的觀察。就他們看來，小修年紀愈長，自信更深，膽量愈宏廓，識見愈宏朗，以豪俠豪傑自命，亦欲交同類為友。可是自信的另一面常常也是自傲，不屑與鄉里小兒並行，不與一般見識。膽量識見愈宏，更容易任情自恣，「我昔寓京華，佯狂湎酒徒」，[59]小修認為豪傑之豪與奇，剛好與庸人相反。庸人無毀無譽，小心謹慎，保持祿位，庇蔭子孫；豪傑則反是，不顧利害，挺任天下之事，也因如此，所以「豐稜氣焰未能渾融」，不免恃才任性，流入肆意縱情：「而豪傑之卓然者，人不賞其高才奇氣，而反摘其微病小瑕，以擠之庸俗人之下，此古今所浩歎也。即如古今相天下者，無毀無譽，小心謹慎，保持祿位，庇蔭子孫，此皆庸人作用。若豪傑者，挺然任天下事，而一身之利害有所不問，即豐稜氣焰未能渾融，而要之不失為豪傑，如張江陵猶是天下豪傑，未可輕也。」[60]自居豪傑，於是容易放懷多欲。性喜奢華，不安貧困，偏偏又一擲千金，花錢如流水，百金到手，頃刻都盡；沉湎嬉戲，曾因此病，病後仍舊，難以真心悔改。於是多愁，發之於詩，若哭若罵，荒煙漫草，哀生失路，彷若天地間只剩自己，千山萬水，踽踽獨

---

58 〔清〕錢謙益：《列朝詩集小傳》，頁568。

59 〔明〕袁中道：〈嘉祥懷龔惟學母舅〉，《珂雪齋集》，頁56。

60 〔明〕袁中道：〈報伯修兄〉，《珂雪齋集》，頁970。

行:「予意非為俠,胸中不可平。且須憑獨往,哪復問橫行。愁來無後日,淚盡是前程。不堪到歲暮,寒鳥叫江城」。[61]胸中既不可平,生命流轉於塵世,俯仰歌哭,放蕩性靈,既抒發自身才氣,淋漓酣暢,又不免自怨自哀自縛自傷,哀思愁苦,天涯羈旅,也只能孤懷落落,踽踽獨行,淚盡是前程。

其實就連小修自己,也曾為此生命型態,沾沾自喜,這就是他的自適的生活表現,江盈科作有〈袁小修過吳門〉,詩曰:「少年詞賦滿天涯,偶泊金昌問酒家。笑倚青樓調妓女,新裁立曲度琵琶」,[62]少年詞賦、酒家尋樂、青樓調笑、聲色俱全,可謂切中小修言行。[63]因為自適所以真,而有才氣者,才有「真」的本錢,正如小修自言:「予少年雅負才氣」,[64]就連袁家三兄弟都佩服的李贄,也相當欣賞小修性情,李贄就說小修的俠氣,其實就是「情」,有情之人,才有獨特個性,正為古今豪傑所共有:「(王)以明曰:『小修慷慨為人,卻有些俠氣。』叟曰:『是,只不是專為俠的。凡我輩人這一點情,古今高人,個個有之;若無此一點情,便是禽獸。……。小修這些俠氣,乃古今豪傑所同有的』。」[65]情之所鍾,正在我輩,我情與物情、事情相互糾纏,感物造端,才華輕擲於虛牝,若噎若歡,憂生亦憂世。這類的人,我們常常會在他身上發現某些氣質,他懂圓融,他當然知道做人的道理,卻又不時透露尖銳,有時不免矛盾,難以自解,有時卻又

---

61 〔明〕袁中道:〈有感〉,《珂雪齋集》,頁9。

62 〔明〕江盈科:《江盈科集》,頁87。

63 這種文人氣息,中郎、小修年少時,雖不以為非,他們的哥哥伯修也有類似的作風(詳第二章)。但另方面,伯修對於才高卻又高風亮節,立身持謹的人,也是極為佩服的。例如伯修就對張儁(號廉源)極力稱讚:「且夫高才者,行或不飭,而先生又長者,不惟無貴介氣,且無文人氣,故可貴也。」〔明〕袁宗道:〈孝廉張廉源墓志銘〉,《白蘇齋類集》,頁142。「不惟無貴介氣,且無文人氣」,對於袁氏三兄弟來講,貴介氣與文人氣是難以除去,不但「無」是不可能,恐怕還是非常之多。

64 〔明〕袁中道:〈書王伊輔事〉,《珂雪齋集》,頁877。

65 〔明〕袁中道編,《柞林紀譚》,收於李贄:《李贄文集(第七卷)》,頁335。

自鳴得意，以為才情，用李贄的話來講，這就是俠氣，乃古今豪傑所共有的俠氣。

小修說：[66]

> 憶予與二郎二十四、五時，視錢如糞土。與酒人四五輩，市駿馬數十蹄，校射城南平原，醉則渡江走沙市，臥胡姬壚旁，數日不醒。寘酒長江，飛蓋出沒祓中，歌聲滂湃。每一至酒市，轟轟然若有數千百人之聲，去則市肆為之數日冷落。予是時易言天下事，謂富貴可唾手致。嘗語二郎：「若無憂貧，即赤貧，吾猶能為樓君卿之給呂公。」

年少時，視錢如糞土，與友朋飲酒作樂，或騎射城南，或醉渡沙市，或臥胡姬壚旁。他人以為放浪形骸，但他們認為順情而行，就是自適，就是性靈，就是本真。場屋不順，屢屢落第，更加深了小修的「胸中不平之氣」。繁華綺語，冶遊奢靡，就成了他發洩自身心緒的方式，前引中郎所說「蓋弟既不得志于時，多感慨，又性喜豪華……。」即是如此。

值得注意的是，小修說他與中郎二十四、五歲時（小修與中郎差一至二歲），開始花天酒地，宣洩壓力，這跟他參加科舉考試有關。小修科舉考試的過程，十六歲時中秀才，年少得意，不料之後卻屢試屢敗。從萬曆十六年考到萬曆四十四年，從十九歲考到四十四歲（1588-1616），三十餘年的科試生涯，相較於進士登第的伯修、中郎、龔惟學（舅舅），小修的功名成績，實在黯淡甚多。

為方便閱讀，列表如下：[67]

---

66 〔明〕袁中道：〈贈崔二郎遠遊序〉，《珂雪齋集》，頁444。

67 因應本章主題，清單只以小修考試歷程為主，其餘事件，可參附錄一的「公安三袁年表」。

時間	年紀	結果	備註
萬曆十六年戊子（1588）	十九	鄉試落選	中郎中舉人
萬曆十九年辛卯（1591）	二十二	鄉試落選	中郎來年（1592）中進士
萬曆二十二年乙未（1594）	二十五	鄉試落選	
萬曆二十五年丁酉（1597）	二十八	鄉試落選	
萬曆二十八年庚子（1600）	三十一	鄉試落選	伯修卒
萬曆三十一年癸卯（1603）	三十四	鄉試中舉，來年準備參加會試	去年（1602）李贄卒
萬曆三十二年甲辰（1604）	三十五	會試不第	來年（1605）江盈科卒
萬曆三十五年丁未（1607）	三十八	會試不第	
萬曆三十八年庚戌（1610）	四十一	會試不第	中郎卒
萬曆四十一年癸醜（1613）	四十四	去年（1612）父親死，守喪三年，無法參加會試	去年（1612）黃輝卒
萬曆四十四年甲辰（1616）	四十七	進士及第	

表中可知，小修的科舉生涯，鄉試考了六次，會試考了四次，共落榜八次，比起舅兄等人，確實是充滿挫折、乖舛。[68]這樣的壓力，

───────────

68 小修與舅兄，特別是兩位兄長，情誼深厚，至相和洽，真摯感人，當然是無庸置疑的，但彼此都是自負之人，在相處過程裡，也會有意見不同，彼此競爭的情況。小修的話中，已透露出些許訊息：「昔先兄伯修、中郎，與弟至相和洽，然議論偶有

時時纏繞著他，他早年的易言天下事、雅負才氣，自第二次失利（萬曆十九年，1591）之後，乃好任俠，出入酒家，「自辛卯（芝慶按：即1591年）後，連擯斥，乃好任俠。危冠綺服，騎駿馬，出入酒家，視錢如糞土。」[69]這與小修自己自述「憶予與二郎二十四、五時，視錢如糞土」符合，也是中郎所謂「（小修）既長，膽量愈廓，識見愈朗，的然以豪傑自命……。」錢謙益所說「長而通輕俠，游于酒人，以豪傑自命……。」都是從這個階段開始的。

就因為科舉帶給他沉重的壓力，以至於科舉成了他人生的重大障礙，在過程中，他不斷產生質疑，為什麼還要考？這樣考下去？又有何意義？「庚戌春，試事既畢，形神俱憊，念泛泛一鳧，何所不適？而自苦如此？」[70]庚戌，萬曆三十八年（1610），會試第三次落榜，小修聽聞這次落榜，頗感不快，對中郎說利祿升沉之事，恐已抵定，今後只想隱居，不必再考，中郎只能無奈地說：「大人在堂，勢難遠遯故園，青溪紫蓋之間，當與汝誅卯而老焉。行矣，勿復自憊！」[71]

父親希望小修與舅兄一樣，都得取得功名，中郎安慰小修，還是希望他再接再勵，隱居之事，不妨暫緩。伯修死後，小修與中郎曾戒肉，父親聞之甚懼，對小修與中郎說：「汝兄已亡，尚須汝等取功名以大吾門。若但趨寂寞，我老何所望？且眼見持齋者俱安後入鬼錄，雖有定命，然以膏粱之人，一旦蔬食，脾與之不習，不能滋潤，因而致病，容或有之。俟老人百年後，任汝輩為之。」[72]二人不得已，只

不同，或盛氣相持不下，雖似有競心者，然頃之即蕭然冰釋矣。」是否真如小修所言，立刻能會釋懷，我們不必作太多推測。只是競心若存，盛氣又相持不下，如果再加上事業功名的成就，當然也會增添小修的一些壓力。〔明〕袁中道：〈寄君御〉，《珂雪齋集》，頁1087。

69 〔明〕袁中道：〈書王伊輔事〉，《珂雪齋集》，頁877。

70 〔明〕袁中道：〈南歸日記〉，《珂雪齋集》，頁601。

71 〔明〕袁中道：〈南歸日記〉，《珂雪齋集》，頁602。

72 〔明〕袁中道：《游居柿錄》，《珂雪齋集》，頁1319。

好開肉復食。中郎此時已中進士，老父所謂取功名，自然是針對小修講的。因此，兩兄成名在前，父親期望在後，逼得他只好繼續重考。小修中晚年之後，即便父兄已逝，照理來講，來自於父親的實際壓力，應該減輕，甚或消失。可是就算人已死去，殷殷企盼，言猶在耳，科舉似乎已經變成了小修的「任務」，考試不再只是為了自己、家族榮耀，成為一種自身為滿足死者遺憾的最好方式，小修在給他人的信中：「惟是努力取一第，以慰太保公在天之靈，是所望也」[73]，看似安慰別人，要對方以已逝長輩為念，小修自己又何嘗不是如此？於是在萬曆四十四年（1616），小修終於考中進士之後，多年的壓力終於得已釋放，「總之弟輩一中進士，了卻頭巾，便是天地間大快活人，升沉內外，總可置之不問。」[74]身心緊箍咒的解除，當然可稱為「天地間大快活人」，只是功名已得，父兄卻已不在，不免讓他感到滄桑難過：「不肖得一第，差了書債，然舊時相知相愛之兄弟友朋，無一存者，觸目頗增淒涼。」[75]數十年歲月匆匆而過，完成了父親的心願，達成了兄長的期望，可是人事已非，又如能何？恐怕只能觸目頗增淒涼，無可奈何了。

小修回首從前，曾經的年少輕狂，在這種心態下學道修持，了性命之學，如今看來，不免過於膚淺、薄弱，甚至感歎自己走錯了路，折騰了自己的身心。也如前所言，父兄死後，自己又大病一場，他便開始反省過往之非，並且不斷調整「自適」的定義與內涵。通過科舉之後，內心再無此掛念，不須分心於時文，也不必為揣摩分數而寫作，終於可以踏實修道，真實參究性命：[76]

---

73 〔明〕袁中道：〈答謇素業門人〉，《珂雪齋集》，頁1081。
74 〔明〕袁中道：〈與錢受之〉，《珂雪齋集》，頁1102。
75 〔明〕袁中道：〈與無念〉，《珂雪齋集》，頁1081。
76 〔明〕袁中道：〈答陶不退〉、〈寄吳觀我太史〉、〈與錢受之〉，《珂雪齋集》，頁1070、1075、1102。

> 先儒云舉業是人生一厄，過了此關，正好理會性命。弟之卑卑
> 一第，誠不足喜，喜過此關，可以專精此一事耳。
>
> 生已了卻舉業之危，正好留心性命……。
>
> 總之弟輩一中進士，……。單單只是個生死事未了，實不能自
> 慊于懷，為可歎也。

「正好理會性命」，究竟是如何的理會法，這是小修中晚年以後的重
要思想，本文將在下節處理。值得注意的是，我們也曾提到，小修並
不是從父兄之喪，經過檢討才開始學道的。他自幼怕死，故在此之
前，他當然也有自己的參道方式。而且他又自承經歷一段好任俠、以
豪傑自命的日子，這段歲月並不短，與他開始反省到死去的時間相
比，兩者相差無多。這段人生歷程中，小修又如何理解性命生死，參
道又如何跟他的言行舉止、生活型態相結合？他後來深切反省的，顯
然就是針對這樣的性命理解而發，小修說：「但弟之病，實由少年譚
無忌憚之學問，縱酒迷花所致，年來血氣漸衰，有觸即發，兼之屢遭
失意，中外多杵之心境。」[77]原來他發現，當初所堅持、所認定、所
理解的性命生死，竟引起衰病連連，[78]都是由「無忌憚之學問，縱酒
迷花所致」，無忌憚、縱酒迷花，非但不能了生死，反會弄壞身體，
導致速死，繞了一圈，此道原來難通──酒色不礙菩提。

---

77 〔明〕袁中道：〈答王章甫〉，《珂雪齋集》，頁1048。

78 正如第一章緒論裡引到《伊凡‧伊里奇之死》，也是因病而反省的例子，只是小修
尚不至於患必死之症而已；另就佛教徒看來，因為生病（包括心病、身體的病）有
所覺悟，改正前非者，也是一種悟道的機緣，雲棲袾宏就曾以「病者眾生之良藥」
為題，說：「世人以病為苦，而先德云：『病者，眾生之良藥。』夫藥與病，反奈何
以病為藥？蓋有形之身不能無病，此理勢所必然，而無病之時，嬉怡放逸，誰覺之
者？唯病苦逼身，始知四大非實，人命無常，則悔悟之一機，而修進之一助
也……。」就頗為切中小修的情況。〔明〕雲棲袾宏：《竹窗隨筆》，頁65。

二 酒色不礙菩提

　　首先要說明的,「酒肉(色)不礙菩提」並非本文自鑄名詞,中國佛典中早已有之,在中國佛學史上,相關的說法,多有可尋,也可見於晚明時人對不重修行風氣的批評言論裡。小修雖未使用這樣的詞句,但小修類似的文句頗多,意涵多有雷同,為方便論述與理解,本文綜合歸納之後,便以「酒色不礙菩提」稱之。「酒色不礙菩提」,當然不單指具體酒肉色欲,更是指心態上的認知,就小修自己的話來講,就是「放逸」,意指不以情欲、欲望為非,還正視欲念,希望將「欲」合理化,肆情任性,縱心暢悅,「人生貴適意,胡乃自局促。歡娛極歡娛,聲色窮情欲。」[79]貴適意,極歡娛,窮情欲,此乃小修年輕時的自適之道,不止如此,他還認為自適得以了生死,放逸不礙修持。

　　先以酒來說,程頤曾說:「飲酒無妨,但不可過。惟酒無量,不及亂。聖人豈有作亂者事?但恐亂其氣血致疾,或言語錯顛,容貌傾倒,皆亂也。」[80]就連立身持謹的程頤,也認為喝酒並無大錯。最大的問題在於飲酒過量,失去自制,導致言語錯顛、容貌傾倒,甚至喝壞身體,最後氣血致疾。就這段話來看,小修自己顯然就是明證,中年以前,小修非常喜愛飲酒,酒既是友朋相聚,談笑風生時,必備的佳物飲品,同時也是傳達自身豪氣任俠的媒介物。[81]前文提及小修與四五酒人友,「醉則渡江走沙市,臥胡姬壚旁,數日不醒。」便是一例,在其它詩文中,也常可見小修喝酒的豪爽與氣勢:「譚宵徹曉寧辭倦,醉死重生不計場。」[82]談興正濃,可以徹夜;酒興高漲,醉了

---

79 〔明〕袁中道:〈詠懷〉,《珂雪齋集》,頁63-64。

80 〔宋〕程顥、程頤:《二程集》(北京:中華書局,2004年),頁430。

81 關於明代酒與文士生活文化的關係,王春瑜論之甚詳,可見王春瑜:《明朝酒文化》(臺北:東大圖書公司,1990年),第三章。

82 〔明〕袁中道:〈送丘長孺南還(其二)〉,《珂雪齋集》,頁118。

又醒，醒了又醉，可以不計次數。況且小修也坦承，許多縱欲之事，往往是酒後而起。飲酒過量已然傷身，縱欲好色，自不免損害身體。年少時身強力壯，或許還沒警覺，中年以後，氣力漸衰，體質漸弱，許多潛藏已久的疾病，奪然而出，病魔纏身，所以小修才是悔不當初：[83]

> 自念平生無一事不被酒誤，學道無成，讀書不多，名行不立，皆此物為之祟也。甚者乘興大飲後，兼之縱欲，因而發病，幾不保軀命。又念人生居家，閒而無事，乃復為酒席所苦。非赴人招，即己招客，為杯勺盤餐忙了一生。故痛以招客赴席為戒，落得此身閒靜，便有無窮好處。

學道無成，讀書不多，名行不立，都是飲酒之故。何況酒色一體，難離難分，日後小修雖為酒席所苦，但不過十數年前，自己便是最好此道的。可是小修雖喜飲酒，也不是逢酒必喝，而是品飲美酒，「我酒寧可千日止，不可一飲酒不美」，[84]相較於劣酒，寧可千日不喝。可是人情世故，百般面相，人人皆知小修有酒名，卻未必關心是何種酒何種名，就在杯觥交錯，你來我往之間，又如何能讓小修堅持非美酒不喝？於是某人勸酒，小修不得不飲；某人以此為禮，小修不能不回禮，他有一段極為具體的應對情況：「生平飲酒，不喜晝飲，一飲終日昏倦；夜飲亦不喜多，飲多則夢寢寐不安，次早神思不爽，甚則助發淫嗔。明知其為苦趣，然居人世，親友以此為禮，見予素有酒名，一席不飲，則主人訝之。不得已強為之飲，飲至漸多，則己先欲飲，又不待主人勸矣，俗所云『下坡酒』也。予不幸有此病。性既擇酒，

83　〔明〕袁中道：〈答錢受之〉，《珂雪齋集》，頁1025。

84　〔明〕袁中道：〈人日中郎齋中戲作〉，《珂雪齋集》，頁104。

而酒不堪飲者最多，然不容不飲，勉強吞噬，有如服藥。未能逃世，既不容戒，易流之性，又復難節；面柔趣深，又複難辭。其實敗我之德，傷我之生，害我之學道者，萬萬必出于酒無疑也。」[85] 晝酒則當日昏沉，夜飲則難以入眠，甚至引發淫嗔。酒席之間，主人勸酒，不好推卻，一旦喝酒，便有如走下坡路般，順勢而下，無待他人勸酒，自己早已一杯接著一杯。飲酒過量，不易節制；酒席之邀，也難以辭拒，故小修自悔喝酒害道傷身。不過我們仍必須要注意，這些話都是小修日後悔悟之言，在此之前，正如他自己所言，是多飲、是下坡酒、是自制不能，同時也是乘興大飲後，兼之縱欲的。

不止酒而已，小修也說他好色，還是男色女色皆不拒：「吾生平固無援琴之挑，桑中之恥。然游冶之場，倡家桃李之蹊，或未得免。緣少年不得志于時，壯懷不堪牢落，故藉以消遣，援樂天樊素、子瞻榴花之例以自解。又以遠游常離家室，情欲未斷，間一為之，迄今漸斷，自後當全已矣。終年數夕，有樂不久，染指而食，不如不食。傾貲為之，偷淫兩犯，為損大矣。若夫分桃斷袖，極難排豁。自恨與沈約同癖，皆由遠游，偶染此習。吳越、江南，以為配偶，恬不知恥，以今思之，真非復人理，尤當刻肉鏤肌者也。」[86] 援琴之挑，即司馬相如與卓文君的故事；桑中之恥，即羅敷采桑之事，後成京劇《桑園會》（秋胡與羅敷之事，又名《秋胡戲妻》）。小修雖無此情事，然少年貪樂，遊冶之場，穿梭倡家青樓，自然所在多有。科舉不順，遠遊離家，更是放縱淫欲，以至於身體日後大損。除此之外，小修尚有斷袖之好，故曰「與沈約同癖」，沈約曾作有〈懺悔文〉，說：「愛始成

85　〔明〕袁中道：《游居柿錄》，《珂雪齋集》，頁1143。

86　〔明〕袁中道：〈心律〉，《珂雪齋集》，頁954-955。原書標點為：「然游冶之場，倡家桃李之蹊，或未得免緣。少年不得志于時，壯懷不堪牢落，……。」經口試審查老師黃明理先生提醒後，應為「……或未得免。緣少年不得志于時」較妥，經改正如上，文責當由作者自負。

童，有心嗜欲」、「又追尋少年，血氣方壯，習累所纏，事難排豁。淇水上官，誠無云幾；分桃斷袖，亦足稱多。此實生死牢阱，未易洗撥。」[87]小修與沈約皆有此癖好，分桃斷袖，難以除去。當然小修並非特例，在江南吳越地區，甚至有男男互為配偶者，如此恬不知恥。好男色之風，流傳已久，在明清文人圈更是盛行，[88]以小修自己來說，雖還不至於離譜到與男為婚，可是情愛與性愛間的複雜糾纏，斷袖之情，亦不能免。本身情欲又不易斬斷，就像寡居遺孀一樣，寂寞難受，只好離群索居，不見可欲，使心不亂：「世間孀嫠，止以避人恥笑之故，終身索居，忍此難忍」[89]，孀嫠即守寡之意，小修用此喻來說明自己的放情肆意，難以悔改，可見年少時縱情聲色之深。多年以後，人已至中年，每覺少年情事，不免覺得荒唐，「吾輩根性怯弱，常為聲色流轉，撫心思之，惟有內愧而已」，[90]何況身心早也不堪，於是小修雖痛悟前非，不時感到懺悔：「吾因少年縱酒色，致有血疾。每一發動，咽喉壅塞，脾胃漲滿，胃中如有積石，夜不得眠，見痰中血，五內驚悸，自歎必死。及至疾愈，漸漸遺忘，縱情肆意，輒復如故。」可是時日一久，終難忘懷，於是故犯。聲色流轉，嗜情貪欲，早已刻肉鏤肌，深入骨髓。

　　若然如此，小修既不避酒色，甚至喜愛酒色；他同時又修道，與友朋討論性命之學，而且佛家強調五戒，要人清心止欲，遠離五光聲

---

87 〔清〕嚴可均輯：《全宋文》（北京：商務印書館，1999年），頁346。

88 男色由五代至宋，好此道者漸多，愈見頻密，宋元筆記諸如《癸辛雜識》、《萍州可談》、《清異錄》，多有記載，明清之際，男寵男伴更是激增，不但文人好男色、官吏好男色、商人好男色，就連儒生、一般民眾也頗有好此道者。蕭國亮：《中國娼妓史》（北京：團結出版社，2004年），頁226-230。明清文人中，袁枚頌揚情欲，好男色，與眾多男性發生戀情，最受研究者注意。可參李孝悌：《戀戀紅塵：中國的城市、欲望與生活》（臺北：一方出版公司，2002年），頁30-35。

89 〔明〕袁中道：〈心律〉，《珂雪齋集》，頁955。

90 〔明〕袁中道：《游居柿錄》，《珂雪齋集》，頁1150-1151。

色。[91]小修卻剛好相反，兩相比照，豈非矛盾？其實就小修看來，兩者並不一定會妨礙，是可以並行兼得，小修曾記載族兄言行：[92]

> 族兄凶繼洲，名秩宗，業儒，不得志于場屋。中年學道家言，飲食起居，極其謹慎。後又學禪，有盲禪語之曰：「禪惟悟性而已，一切情欲，當恣為快樂，于此原無妨礙」，繼洲欣然從之，飲噉任情，且多不戒衽席。

族兄放恣肆情，日後當然不可能得道，最終還是搞壞了身體，久之成病，故歎曰：「盲禪啟我以事事無礙之旨，未免恣意任習，本為放下，卻成放逸；知拘檢為非，不知流遁尤錯。」[93]小修所記，雖為他人，但就飲噉任情而言，小修自己又何遑多讓？正因為「一切情欲，當恣為快樂，于此原無妨礙」，小修早年詩酒風流，好色好酒，才有了正當性可說。他認為：「食色利名，入人膏肓，檢諸念起處，畢竟逃此四字不得。以輕食色利名為道者，非也。然未有達道之士而猶能忘情於食色利名者也。」[94]食色利名（欲），乃人之天性，不必刻意輕視，甚至不必以為斬斷才能入道。反過來講，就因為人欲是天性，欲望的自然抒發，才是最能符合人情天理。小修堅持：「不絕欲亦不縱欲，不去利亦不貪利，不逃名亦不貪名，人情內做出天理來。此理近道學腐套，然實是我輩安身立命處也。」[95]既不絕欲也不縱欲，既不

---

91 即佛教五戒：不殺生、不偷盜、不邪淫、不妄語、不飲酒。在家居士雖可娶妻，但也不能淫穢，小修自己就說：「居士法不斷正淫，然邪淫則有嚴戒，比于沙門之淫。沙門一破淫戒，不通懺悔；居士一破邪淫戒，亦不通懺悔。」〔明〕袁中道：〈心律〉，《珂雪齋集》，頁955。不過，這些都是小修日後悔悟之語了，年少小修，自不當以此為戒。

92 〔明〕袁中道：〈書族兄事〉，《珂雪齋集》，頁907。

93 〔明〕袁中道：〈示學人〉，《珂雪齋集》，頁1054。

94 〔明〕袁中道：〈寄同學〉，《珂雪齋集》，頁976。

95 〔明〕袁中道：〈寄同學〉，《珂雪齋集》，頁1048。

去利也不貪利，既不逃名也不貪名，兩相持中，不偏一邊，在人情之內做出天理，不違世道，更不曲學順世。此境固然極佳，可是如果我們再追問下去，要如何做，才能順欲又不絕欲也不縱欲？要如何行，才能順名又不逃名也不貪名？彼此間標準何在？具體情況何求？兩相持中，又該如何持法？過與不及，恐怕都大有問題，何況這個「不偏一邊」的說法，是難以捉摸，亦非有既定規則可循的。更進一步來講，就因為小修不輕視欲望，不視為學道修命的阻礙，認為止欲也好、多欲也罷；貪名也好、逃名也罷，自己若能把持得定，則無處不可行，無處不可參，所以他才會以這樣的觀點，相勸友人：「淨業必舍塵勞，塵勞又難卒舍。是以作官又欲棄官，歸家又欲棄家，而因緣已定，又欲棄而不能棄，即此身已無處站立矣」，欲棄，又捨不得，又難卒舍，如此拖拉不定，不如心念一轉，「與其舍塵勞求淨業，不若即塵勞為淨業。」[96]小修認為友人為官，清廉不貪，關心民事，調停得法，深憂預防，如此即為淨業。即塵勞為淨業，又有何難？由此可見，小修認為作為自覺的主體，只要人貴自知，自知則明，是可以隨處參求、探討天機，化解死生心切的，[97]正如他在〈殷生當歌集小序〉裡所說：「飲酒者有出于醉之外者，徵妓者有出于欲之外者也，謝安石、李太白輩，豈即同酒食店中沉湎惡客，與鬻田宅迷花樓之浪子等哉？雲月是同，溪山各異，不可不辨也」，[98]同是飲酒，便有高下之分，對自己的控制，處置得當、調停得法者，當然是「飲酒者有出于醉之外者」，如謝安、李白等人便是，這些人當然不同於酒店裡大醉吵鬧的惡客。飲酒如此，召妓也如是，或許可以更擴大來講，任何欲望皆是如此。這種想法，固然立意甚佳，但是過度以己心為主，想進一步透過欲望的理解與省視，來了脫生死之道，反而更容易流於放

96　〔明〕袁中道：〈答陳布政志寰〉，《珂雪齋集》，頁974。

97　〔明〕袁中道：〈答陳布政志寰〉，《珂雪齋集》，頁975。

98　〔明〕袁中道：〈殷生當歌集小序〉，《珂雪齋集》，頁472-473。

縱、自恣，[99]小修酒色沉溺過度，還以為此乃文人瀟灑情狀，風流雅士，更以為與修道無礙，以為秉才肆性，本該如此，就是出於這樣的心態。後來他反躬自責，「予夢已醒」，[100]認為四十歲以後，當尋清寂之樂，還說自己以前是「無忌憚之學問」，不斷否定自己曾經肯定的答案，所以才會出現這樣的言論：「弟近日見得，理則頓悟，事須漸除，是無方便中真方便。慚愧往時，一切行有，幾作魔王眷屬，以此暗暗持一個不善戒，惟酒肉姑俟漸除耳。放逸與放下不同，放逸正為物轉，放下始能轉物。非骸體裡情識盡乾，如何說得隨順世緣的語也？」[101]細觀此言，誤以放逸為放下，幾作魔王眷屬，豈不正與小修說族兄一事類同？殊不知放逸與放下不同，放逸隨物而轉，縱情任性，放下則否，是轉物隨心，可是自己卻將兩者混淆了，「本為放下，卻成放逸；知拘檢為非，不知流遁尤錯」，既是族兄之語，其實也是小修之病。[102]

不過本文也必須指出，小修對欲望的想法並非無據，而是與當時人看重欲望、正視情欲有關，這也是證出「酒色不礙菩提」、以至於

---

99 類似的例子，王汎森認為晚明心學家，在社會強大的滲透力量中，得到一個新認識，就是人們應該思考如何在肯定私人欲望、利益的前提下，為道德建立一個新的基礎。只是過度重視「心跡」，也容易引起兩個問題：一是各執意見以為天理而紛爭不斷；二是行為上的權宜之計。前者自認動機正確就把自己的意見當作天理；後者則以動機來合理化行為的適切與否。王汎森雖指晚明心學家，也非針對生死問題，但就「心跡」的層面上來講，小修顯然與某些心學家雷同，都把「動機」過度抬高、看重，容易行為出軌，容易自信而物、斷然而行。前引小修說自認豪傑，卻又不以多欲為非，也可以從這個脈絡來理解。王汎森：《清初「禮治社會」思想的形成》，收於氏著：《權力的毛細管作用：清代的思想、學術與心態》（臺北：聯經出版事業公司，2013年），頁45-47。

100 〔明〕袁中道：〈殷生當歌集小序〉，《珂雪齋集》，頁473。

101 〔明〕袁中道：〈張雲影〉，《珂雪齋集》，頁990。

102 小修幾度提及「放逸」，又特意強調放逸與放下的重大不同，可見小修確是有深刻感觸的。本文所謂「酒色不礙菩提」，就修道心態而言，其實與「放逸」之說，並無二致。

「放逸」的可能理路之一。屠隆就認為男女之欲出自天性，強加克制情欲，只是不當壓抑，反而不利人們的正常生活，其實孔子也說「吾未見好德如好色者也」，就連孔子亦不能免：「其辭亦痛切足悲哉！根之所在，難去若此，即聖人不能離欲，亦澹之而已。」[103]不止如此，屠隆認為好名也跟好色一樣，都是根性所在，實乃正常人欲，難斷難離。況且名也非壞事，他以韓康為例，韓康採藥賣於長安市中，口不二價者三十餘年，後入霸陵山中，博士公車連徵不至。屠隆就說韓康是逃名，但並非不修名，他的言行仍代表他是在乎名的，畢竟名跟情，都是人類正常欲望的表現。[104]湯顯祖更說應以情治理天下，以情為田，以禮為稆，以義為種，而在人情物理之內，就應該肯定人性欲望的正當性。[105]廖肇亨也以「情禪不二」的幾度，指出馮夢龍有「情教」說，尤侗則有「情禪」說，二說皆廣為時人所重，情教、情禪者，都是認為情之一物，為巨大無窮的能量。[106]其餘諸如李贄、王思任等人，眾人說法或各有不同，但就主情任情、重新認識人欲這方面來講，並無太大差異。「世間萬物皆有所欲，其欲亦是天理人情」，[107]這些說法，就正面意義來看，當然不是刻意提倡縱樂縱欲，而是說明欲望的普遍性、自然性。[108]再藉由這樣的普遍性，來規範欲望，將欲

103　〔明〕屠隆：〈與李觀察〉，《白瑜集》（臺北：偉文圖書出版社公司，1977年），頁512。

104　〔明〕屠隆：〈與李觀察〉，《白瑜集》，頁514。

105　左東嶺：〈陽明心學與湯顯祖的言情說〉，《文藝研究》（2000年5月），頁98-105。

106　廖肇亨：《中邊・詩禪・夢戲：明末清初佛教文化論述的呈現與開展》（臺北：允晨文化實業公司，2008年），頁424-426。

107　〔明〕呂坤：《呻吟語》，頁266。

108　趙偉：《晚明狂禪思潮與文學思想研究》，頁309-315。值得注意的是，中晚明情觀顯題化的推手之一，便是出自資本主義萌芽的相關討論。黃莘瑜認為，「情」所以成為中晚明的文化焦點，不僅與文化內部的歷史事實有關，也牽涉研究者所處的學術風尚。意即以馬克思（Karl Marx）的唯物史觀，以及對性別、情欲等「近代（現代）」（modern）或「現代性」（modernity）課題的關注，兩者遙相呼應的結果，促使明中期以降的情欲主軸，在研究者的眼中，愈益浮現。於是，在眾多類

望導向正常適度的方向，成為「享樂」。[109]若依龔鵬程之說，晚明諸如李贄、焦竑、楊復所等人，論欲其實就是論禮，是一種不離情欲而證天理的法門，因為生命的私欲迷妄都不是外來的，只是生命本身表現的狀態。畢竟人不能離欲而證理，所以才要克己復禮，克己並不是滅掉情欲，重點在於自悟本心，回歸禮的狀態。因為人在本質上就是禮的存有，禮見於一切視聽言動、坐行住臥間，就在人倫日用之中。生命若常處於非禮的情況，則私欲自然蠢蠢欲動，成為「縱樂的困惑」。[110]龔鵬程此說，對晚明重欲重情之說，開出一詮釋的新方向，洵為卓見。[111]但我們也必須注意，自悟本心，以及欲望與天理的適度與否、正當與否，兩者間的互動平衡等等，往往又取於自己的標準，才氣天分愈高者，愈容易以己為是，走入過分而難以自知，第三章論中郎時，他曾說自己以前未免落入解坑；又如前引小修所講，不絕欲

似研究的「建構」下，中晚明以來，與「理」相抗之「情」，便常常被視作市民意識、進步思想來解釋。更進一步來講，資本主義萌芽的論述，雖然也挖掘了相當程度的史料，反映某些社會現象，卻也同時掩蓋或渲染「情」本身的內涵，以致「尊情」或「主情」成為籠統的時代標誌。相較於其他領域的研究，諸如中晚明地域經濟、城市風尚、士商關係、出版事業等研究，益見突破，「情」的論述，似仍停留在表面印象之中，徒以社會變動為框架，不能真正深入其中內涵。況且戲曲、小說中飽含情欲的作品固然蔚為盛觀，然而它們和所謂「左派王學」、詩文評述中的情感論等等，是否雷同？若只是片面取證，以相同名詞處理不同問題，恐怕又只是在諸多說法上，繼續疊床架屋。黃莘瑜：〈論中晚明情觀於社會經濟視野下的所見與局限〉，《清華學報》新第38卷第2期（新竹：清華大學，2008年），頁175-207。為避免發生論述過於模糊、籠統，徒爭紛論，本文所謂的情欲、欲望，意指欲望的普遍性、自然性這一層面，並不牽涉其它。

109 周志文就認為，享樂與縱樂不同。享樂基本上是以輕鬆的心態，欣賞人生世間百態，享樂經驗是多元的，也是知性的，是鼓勵面對神秘、未經發現的趣味，是一種嶄新的知識與經驗。周志文：〈散文的解放與生活的解脫──論晚明小品的自由精神〉，收於氏著：《晚明學術與知識分子論叢》（臺北：大安出版社，1999年），頁229、234-235。

110 此處借用〔加〕卜正民（Timothy Brook）的著作中譯名：《縱樂的困惑：明代的商業與文化》（北京：生活・讀書・新知三聯書店，2004年）。

111 龔鵬程：《晚明思潮》，頁9-11。

亦不縱欲、不去利亦不貪利，諸如此類，雖然強調持中，實際造成的結果卻是立場游移難定。於是欲望流衍更甚，再加上某些社會風氣尚浮華、重享樂的趨勢，[112]就像張翰在《松窗夢語》所道：「人性以放蕩為快，世風日以侈靡為高。」[113]呂坤也說當時的社會風氣，玩日愒時，袖手樂遊，奔逐世態：「士鮮衣美食，浮談怪說，玩日愒時，而以農工為村鄙；女傅粉簪花，冶容學態，袖手樂游，而以勤儉為羞辱；官盛從豐供，繁文縟節，奔逐世態，而以教養為迂腐。世道可為傷心矣！」[114]張岱甚至說他的族弟卓如以好色為榮：「余族弟卓如，美鬚髯，有情癡，善笑，到鈔關必狎妓，向余噱曰：『弟今日之樂，不減王公。』余曰：『何謂也？』曰：『王公大人侍妾數百，到晚耽耽望幸，當御者不過一人。弟過鈔關，美人數百人，目挑心招，視我如潘安，弟頤指氣使，任意揀擇，亦必得一當意者呼而侍我。王公大人豈過我哉！』復大噱，余亦大噱。」[115]在多種因素摻雜，互相激盪之下，既要學道了性命，又要宣洩欲求，彼此互補、合理化的結果，就容易成為酒色不礙修道的說法。最好的例子，就是李贄，鄒守益之子鄒善就說：[116]

---

112 關於明代，特別是晚明經濟商業風氣的分析，學界研究已多，不外乎城鎮商業的興盛、商人資本額的增加，流動迅速、商人地位的提高、商業理念的重視、「賈道」的出現等等，本文重在詳人所略，略人所詳，不再贅述。可參余英時：《中國近世宗教倫理與商人精神》（臺北：聯經出版事業公司，1987年），〈自序〉、下篇。徐泓：〈明末社會風氣的變遷〉，《明末社會變化與文化新傾向研討會論文》（第五屆東洋學學術演講會），漢城：漢城大學主辦，1986年。許敏：〈商業與社會變遷〉，收於萬明編：《晚明社會變遷問題與研究》（北京：商務出版社，2005年），頁85-142。

113 〔明〕張翰：《松窗夢語》（北京：中華書局，1997年），頁137。

114 〔明〕呂坤：《呻吟語》，頁196。

115 〔明〕張岱：〈二十四橋風月〉，《陶庵夢憶／西湖夢尋》（臺北縣：頂淵文化事業公司，2004年），頁35-36。

116 〔清〕黃宗羲：《明儒學案》，頁345。

> 李卓吾倡為異說，破除名行，楚人從者甚眾，風習為之一變。
> 劉元卿問于先生曰：「何近日從卓吾者之多也？」曰：「人心誰
> 不欲為聖賢？顧無奈聖賢礙手耳。今渠謂酒色財氣，一切不礙
> 菩提路，有此便宜事，誰不從之？」

視李贄為異端之說，牽涉到他與陽明後學，甚至也與本身言行有關，
此非本文主旨，暫不討論。[117]我們要說明的是，李贄破除名行，強調
自悟，追隨者眾，風氣為之一變，卻也容易形成弊端，就因為持謹嚴
肅，於人心為難，相較之下，享樂欲求，則是較為普遍的心理。於是
前者之路數，希聖希賢，不免礙手；後者卻容易得多，酒色財氣，不
礙菩提路，如此便宜之事，則人人可求。鄒善說「酒色財氣」云云，
為李贄之說，當然是有問題的。[118]但他認為類似李贄的說法，則容易
流入此害，當非私見，中郎就曾說他與無念（李贄之徒與追隨者）：
「若生與公，全不修行，我慢貢高，其為泥犁種子無疑」，[119]便是針
對李贄說法的流弊（詳見第三章）、萬曆進士張鼐也感歎：「今俗子僭
其奇誕以自淫放，而甘心于小人之無忌憚……」，天下無人不識君，
真正識君有幾人？真正懂李贄者固少，誤學誤會李贄者卻甚多，「嗚

---

117 學界對此研究已多，一般來講，諸多學者的研究，已多肯定李贄的儒學本質。甚
　　至肯定他做為「真道學」的內心本懷。再者，在第三章時便已提過，李贄自居異
　　端，往往是諷刺那些自居正統的假道學先生。可參袁光儀：《李卓吾新論》（臺
　　北：臺北大學出版社，2008年），頁1-6。劉芝慶：〈李贄的生死之學〉，《新世紀宗
　　教研究》第10卷第1期，頁119-121。

118 其實李贄本人並不近女色，而且有潔癖，說他主張酒色財氣不礙菩提路，實未得
　　實情。許蘇民就指出：「我們可以說李贄肯定了包括『酒色財氣』在內的人的欲望
　　情感，卻不能說他主張縱欲主義、利己主義和享樂主義。」許蘇民：《李贄評
　　傳》，頁361。這裡的「享樂主義」與前引周志文《晚明學術與知識分子論叢》的
　　「享樂」說，並不同等。在許蘇民的用法裡，「縱欲主義」、「利己主義」是跟「享
　　樂主義」互文同義的。

119 〔明〕袁宏道：〈答無念〉，《袁宏道集校箋》，頁778。

呼！我安得具眼之人讀卓吾之氏之書哉！」[120]本為放下，卻成放逸，學道了生死，如今反而害道，張鼐正是對付這種形勢而發。[121]

另外值得注意的，前文小修引族兄一事，曾說這是「盲禪語」，又說「盲禪啟我以事事無礙之旨」，也引起我們另個問題，有待釐清說明：重視情欲固然是時代氛圍，可是認為酒色（放逸）不礙修行，乃至於有「貪欲即是道」、「淫欲即是道」之說，未自晚明方啟，其實早已有之。姑且不論印度與藏傳佛教，包括禪宗在內的中國佛教史本身，對此問題已多有討論，在不同宗派理路之間，都有著可能的推衍延伸，故小修等理路言談，實有根據可依。首先，淫欲或貪欲，當然不是道的本身，但藉由「煩惱即菩提」、「一切煩惱皆是如來種」之類的思維，推衍展開，只要得證菩提，以身為空，有為無為盡是法，則縱欲與否，就不是最重要的事，故小修族兄便以華嚴宗事事無礙為例。華嚴宗有四法界之說，分別是事法界、理法界、理事無礙法界、事事無礙法界，以宗密的注解來說，事法界是指千差萬別的現象，「一事法界，界是分義，一一差別，有分齊故」；理法界則就千差萬別中的同一性來講，故曰：「二理法界，界是性義，無盡事法，同一性故。」理事無礙法界，意謂任何事物都有「性義」與「分義」，理事兩者是結合的，「三理事無礙法界，具性分義，性分無礙故。」；最後的「四事事無礙法界，一切分齊事法，一一如性融通，重重無盡故」，[122]是說事物彼此間互相包含，融入無礙。若依吳汝鈞的解釋，

---

120 〔明〕張鼐：〈讀卓吾老師書述〉，收於李贄：《李贄文集（第一卷）》，頁2。

121 小修受李贄影響甚大。年少時，有可能因為李贄的關係，加上本身性格因素，也成為「有此便宜事，誰不從之」的一分子。他日後說李贄嗔性重、習氣未除，這類的語言都與小修自省檢討的說法類似。他批評李贄，某種程度上也是在批評自己，而且也從不諱言自己曾受他啟發與指導。〔明〕袁中道：《游居柿錄》、〈李溫陵傳〉，《珂雪齋集》，頁1108、頁725。

122 〔唐〕宗密：《注華嚴法界觀門》，收入《大正藏》第45冊（臺北：新文豐出版公司，1983-88年），頁684b。

事事無礙法界是個別事象通過共同的空理，互相關聯起來，是事與事
的相即相入，[123]因此一切情欲，當恣為快樂，自然與學禪修道等事，
不相妨礙了；又或是如《維摩詰經》所言：「是故當知一切煩惱為如
來種，譬如不下巨海不能得無價寶珠。如是不入煩惱大海，則不能得
一切智寶」，[124]煩惱正是如來得證的最佳試煉場──貪欲淫欲，亦是
如此。[125]所以《諸法無行經》就說：「貪欲是涅槃，恚癡亦如是，于
是三事中，有無量佛法。若有人分別，貪欲瞋恚癡，是人去佛遠，譬
如天與地。」[126]《大智度論》：「淫欲即是道，恚癡亦如是，如此三事

---

[123] 吳汝鈞：《佛教的概念與方法》（臺北：臺灣商務印書館，2000年），頁438。這也
是一種「回互」的觀念，意即互相涉入，又不彼此妨礙。若依唐代宗密所說，更
可明瞭，宗密從學於禪宗道圓、華嚴澄觀，主張禪教合一，其《禪源諸詮集都
序》更是將禪與教整合，然後各區分為三種，使其一一對應。在《禪源諸詮集都
序》卷下之二的附圖中，把「正偏回互圖說」稱為「阿黎耶識」，阿黎耶識即是阿
賴耶識，宗密稱此為「即真妄和合，非一非異，名為阿賴耶識，此識在凡本來常
有覺與不覺二義。」阿賴耶識乃真妄而合，兩者既非一非異，亦不離不雜，於是
他又分為兩種：◑ ◎。在圖示中，宗密以白圈中的一點黑點來表示（宗密最初
其是以紅黑兩色製圖，宋時刻版印書紅黑則變成白圈），這種覺即是真如本覺，有
淨德妙用。反之，黑圈中的一點白點，即是說妄迷中有真如本體。因此若由白圈
之中的黑點，依此覺心而修行，經過十重之後則黑漸去則見純白，此即「覺」。反
過來講，若全黑則進入生死輪迴的業報循環之中。因此不管是黑圈有白，還是白
圈有黑，都代表了覺與不覺的可能，都涵有真與妄的因子。所以宗密才又以真如
與生滅作比喻：「真有不變隨緣二義，妄有體空成事二義。謂由真不變故妄體空為
真如門，由真隨緣故妄成事為生滅門。」見〔唐〕宗密：《禪源諸詮集都序》，《大
正藏》第48冊，頁409。〔唐〕宗密著，閻韜譯：《禪源諸詮集都序》（高雄：佛光
出版社，1996年），《題解》，頁5-6。亦可參劉芝慶：〈北宋理學「天人之道」溯
源：以唐中葉「氣、天、易」為線索〉，《思與言：人文與社會科學雜誌》第48卷
第4期，頁191-194。

[124] 〔姚秦〕鳩摩羅什譯：《維摩詰所說經》，收入《大正藏》第14冊，頁549a。

[125] 《維摩詰經》的中道空觀哲學，觀照諸法實相。認為眾生之病，源於眾生無明分
別執心，所以才以〈方便品〉、〈弟子品〉、〈菩薩品〉等，以各種權宜巧合，破除
凡俗、聲聞、菩薩等情執。文中所引「煩惱大海」也正是這種思維下的論述。宋
明宏：《〈維摩詰經〉思想之研究》（嘉義：南華大學宗教學研究所碩士論文，2009
年），頁152。

[126] 〔姚秦〕鳩摩羅什譯：《諸法無行經》，收入《大正藏》第15冊，頁759b。

中，無量諸佛道。」[127]《翻譯名義集》更記：「云：『淫欲即是道，恚癡亦復然。如此三事中，無量諸佛道。今問淫事穢汗，佛道清淨，安指穢事名為淨道？』答：『觀淫怒癡相同水月，了染淨體，性如虛空，遇順無著，逢違不瞋，于惡境界得解脫門』。」[128]如依天臺所立之性惡法門，惡為眾生本具天性，貪欲淫情雖為惡，但仍可就欲中觀得法性，[129]《摩訶止觀》就說：「行惡者，執大乘中貪欲即是道，三毒中具一切佛法。如此實語本滅煩惱，而僻取著還生結業。」[130]貪嗔癡三毒中即具佛法，善悟者，或可於其中求焉。[131]此外，亦可從唯識

---

127 〔姚秦〕鳩摩羅什譯：《大智度論》，收入《大正藏》第25冊，頁107a。

128 〔宋〕法雲編：《翻譯名義集》，收入《大正藏》第25冊，頁1130b。

129 天臺以「法性即無明」為重的性具思想，自然很容易推衍出性惡之說。當然天臺性惡的講法，容易讓人聯想到荀子性惡，其實兩者並不相同。天臺性惡指的是佛性，智顗就認為佛的性惡顯現惡相，以惡度惡，用惡相度化眾生。不過佛超脫一切，不被惡所染，自然也不會起修惡。陳堅：《中國佛教學術論典（15）：煩惱即菩提》（高雄：佛光山文教基金會出版，2001年），頁67、69-70。

130 〔隋〕智顗：《摩訶止觀》，收入《大正藏》第46冊，頁136a。過於極端者，亦有人認為縱欲可證菩提，密宗亦持此說，但因縱欲之法，修行過險，容易流於邪道，故反對者同樣甚眾。可參龔鵬程：〈縱欲以證菩提？——佛教的例子〉、〈縱欲如何證菩提？〉，收於氏著：《異議分子》（臺北：印刻出版社，2004年），頁216-246、267-270。

131 登堂入室，釋結弭災，遊戲三昧，異跡饒剩。他人以為欲，己身卻不以為非，世俗之欲，無不徇焉。不止如此，更可由欲而超脫，渡化世人。「鎖骨觀音」與濟公的故事，最能見微知著。鎖骨菩薩始見於唐朝李復言《續玄怪錄》，《太平廣記》、《海錄碎事》、《佛祖統紀》皆收入其中，內容或言菩薩或言觀音，但故事類型皆雷同。全文如下：「昔延州有婦女，白皙頗有姿貌。年可二十四五。孤行城市，年少之子，悉與之游，狎昵薦枕，一無所卻。數年而歿，州人莫不悲惜，共醵喪具為之葬焉。以其無家，瘞于道左。大曆中，忽有胡僧自西域來。見墓，遂跌坐具，敬禮焚香，圍繞讚歎數日，人見謂曰：『此一淫縱女子，人盡夫也。以其無屬，故瘞于此。和尚何敬耶？』僧曰：『非檀越所知。斯乃大聖，慈悲喜捨，世俗之欲，無不徇焉。此即鎖骨菩薩，順緣已盡，聖者云耳。不信，即啟以驗之。』眾人即開墓，視遍身之骨，鉤節皆如鎖狀，果如僧言。州人異之，為設大齋，起塔焉。」濟公故事，可見《南宋元明禪林僧寶傳》：「濟年十八，走靈隱，見瞎堂遠公，遠即為濟薙髮。未逾年，神悟絕倫，遠為印可。然濟性狂簡，出入僧堂，

學來理解，唯識云六識（眼、耳、鼻、舌、身、意），「我」與「法」皆是依識所變，第七識為末那識，功能在於思慮生起，常使六識產生妄惑，是為我執、我見、我慢、我愛四種煩惱，乃由六識所依；第八識阿賴耶識為種子識，又稱根本識，一切種子收藏於阿賴耶識中，有情眾生執以為內在自我，故名「藏識」，《攝大乘論》：「或諸有情攝藏此識為自我故，是故說名阿賴耶識。」[132]阿賴耶識為藏識，含有各類種子，唯識宗也常以習氣為種子之異名，所以有時也將種子稱為習氣（vāsanā），即煩惱現行薰習所成的餘氣，習氣輾轉相成，招熟異果，所以有種子就會有果報因緣。[133]要入證涅槃，就必須斷種子，就

每大言忤眾，眾以濟犯規，白遠，遠曰：「禪門廣大。豈不容一顛僧耶？」自後常出冷泉亭，與少年撲跤，或狂歌酒肆，或去呼猿洞，引猿同翻觔斗，或攜葷酒，汙看經處。主事復白遠，遠惟以顛僧保護之，是以呼為濟顛云。遠公歿，濟之顛酒愈甚，寺不容住，遂掛搭淨慈，淨慈德輝長老，奇濟行履，以書記延之，然終不能忍酒。淨慈之眾，亦短濟于輝前，輝之曲護亦如瞎堂。書記常私游十六聽朝官之門，毛陳二太尉，日以香醪饋之，人不敢非，書記醉則賦詩千百言，言超意表，識者尚之。一晚醉卧十里松寺，主令人扶歸，憨睡廚下。初夜分忽起遶廊，狂呼火發，眾以為顛。中夜羅漢堂瑠璃火，延幡腳寺毀，輝公乃留偈，承光化去。書記遂請嵩少林主方丈，嵩之賢書記亦如輝公。書記則曲設靈機，而夢感朝廷。不二載，萬礎千楹，頓還舊觀。又以兩廊影壁未就，欲達臨安新任王安撫而成之。嵩止曰：「不可！我聞王公微時，常投齋僧寺，業被寺僧所賣，王公怒題寺壁曰：『遇客頭如鱉，逢齋項似鵝。』今凡見僧皆恨，汝干之可得耶？」眾亦阻之。書記笑而唯，徑投府前。值王公升堂，書記則探頭引望，王公大怒，令陰執擬笞之。書記曰：「吾乃淨慈書記濟顛僧也，有段因緣。惟閣下能省，特來計較耳。」公亦微聞濟顛詩酒之名，意稍解。書記遂以王公昔年題壁事，造抄語諷之。王公大笑，留濟公，宿內衙。濟公徐以影壁意扣之，王公遂捐鈔三千貫。以懺前非，濟公之演化無礙，約類如此。至若釋結弭災，游戲三昧，異跡饒剩，不勝述也。」〔唐〕牛僧儒、李復言（編）：《玄怪錄‧續玄怪錄》（北京：中華書局，2006年），頁201。〔清〕自融撰，〔清〕性磊輯補：《南宋元明禪林僧寶傳》，收入《大正藏》（臺北：新文豐出版公司，1983-1988年），第79冊，頁604a。

132 〔唐〕玄奘譯：《攝大乘論本》，收入《大正藏》第31冊，頁133b。

133 劉貴傑：《佛教哲學》（臺北：五南圖書出版公司，2006年），頁279-280。韓廷傑：《唯識學概論》，頁254。關於習氣，後文還會提到，這也是小修生命中極待克服的難關。

有以三自性為階序，轉煩惱為菩提，轉所知障證無上覺，《成唯識論》：「由數修習無分別智，斷本識中二障麁重，故能轉捨依他起上遍計所執，及能轉得依他起中圓成實性，由轉煩惱得大涅槃，轉所知障證無上覺。」[134] 攝論宗即據此成說，認為阿賴耶識是雜染，轉阿賴耶識，才能轉染為淨，不過地論宗並不贊同，阿賴耶識應為淨非為雜，故地論宗南道，又另以阿黎耶為第七識，真如為第八識，真如覺性才是轉阿賴耶識、斷滅種子的關鍵。可是若就《大乘起信論》觀之，則阿賴耶識既是淨，又是染，因此在識之外，又立「心」之說，指出心是阿賴耶識的一種狀態，既可能心起妄念，也可能離妄歸真，於是便有一心開二門之說，正足以綰合上述諸點，所以法藏、元曉、見登才有了以唯識學的理論，逐步充實如來藏的內涵，對「一心開二門」的架構，作了更完善的解釋。[135] 在心覺與心迷之間，前為真如門，後為生滅門，不過依舊會產生一些問題：心若自迷，又如何能覺？一心中已有真如生滅兩種可能，淨染雜居，有無可能誤以染為淨？錯將生滅當真如？順著推衍下去，正如引述小修之語，從「與其舍塵勞求淨業，不若即塵勞為淨業」，到證成「酒色不礙菩提」的說法，似也是應有之義。[136] 晚明唯識學的復興，許多大德高僧也注意到這類的流

134　〔唐〕玄奘譯：《成唯識論》，收入《大正藏》第31冊，頁50c。

135　賴賢宗：〈法藏《大乘起信論義記》及元曉與見登的相關闡釋〉，收於氏著：《如來藏說與唯識思想的交涉》（臺北：新文豐出版公司，2006年），頁1-44。

136　小修三十歲（萬曆二十七年）時，著《導莊》。若依徐聖心的分析，小修以無待之自由、自在總攝逍遙遊宗旨，自由自在之意，既取莊子文脈，又貫通《華嚴經》「智慧自在不可思議」，以及臨濟表絕對主體之從心所欲，不為生死所惑所障的「自由」，正如徐聖心所說：「（小修）……乃以人之修養得力，而能生命既少渣滓拖累，而慧悟又能超邁群倫處，所呈現之生命姿態。此姿態就生前說，其於順逆、淨穢皆能出入，既不為此生命之限制所圍，亦無有居停聖境而撇捨世間之情識。」就向上一路而言，小修的生命型態表現，確能如一心開二門的方式，直證真如，於順逆、淨穢皆能出入，故能超越其中，既有居停聖境亦不捨世間情識的可能。但若依本文所言，小修日後的悔不當初，也說明在上述諸路之外，同樣也有了導致沉淪向下、心生滅門的某些因素與結果。徐聖心：〈貝葉前茅與三教會通〉，《青天無處不同霞：明末清初三教會通管窺》，頁230-233。

弊，所以他們特別注重真如門的重要性，對阿賴耶識的染淨，強調正面意義，以免讀者迷惑失途，例如蕅益智旭雖然說：「即性惡便是性善，如指冰即水，水現而冰自融，如指木即火，火出而木即盡，如因醜像而悟現像之鏡，知此醜像惟鏡所現，能現醜像之鏡，即是能現美像」，[137]以性惡為性善之機，就像冰融水現，火盡木出一樣，由醜而知美，但他並不是主張性惡為善，也不可能贊同放逸／菩提的心態，他的用意是主張性相不二，[138]悟於性即是悟相，既破我執又破滯空，從性惡到性善，只是開權顯實的手段而已。[139]憨山德清也指出，《百法明門論》、《八識規矩頌》兩部唯識學著作，乃相宗指南，入大乘之門，修行者都應閱讀。[140]他也依《大乘起信論》會通《百法明門論》，肯定《大乘起信論》顯一心迷悟之差別，乃通相歸性，正是禪宗關鑰，大教之宏綱，但他也感到歎息的是：「以一切眾生迷一心而為識，無明障蔽現前日用，而不知自心之善惡樞機。若親教者，展卷則見文字遮障，而不知所說皆自心本有之佛性。參禪者抱持妄想，盲修瞎煉，而竟不達生滅根源，是皆不知此論之過也。」[141]心為善惡樞機，正是一心開二門的重大關卡，可惜世人或抱持妄想，盲修瞎煉，或見文字遮障，迷心而為識。這些人的說法，固然是從積極面說明真如門的意義，反過來看，提倡愈力，豈不愈說明當時的某些現象，是一心真如，卻走向歧路，踏進生滅，正是不達生滅根源，無明遮蔽，

---

137 所以蕅益智旭才又說：「只此染淨相翻一語，便是密顯染淨無性，故解之則理通，乃解即事之理；迷之則事局，正迷全理成事，須知說染說淨，皆屬於事，染淨無性，方明為理名。」〔明〕蕅益智旭：《成唯識論觀心法要》，《蕅益大師全集》第14冊，頁8609。

138 性，即法性宗，強調萬法本性歸於一體；相，即法相宗，關注現實法相殊異差別。

139 關於蕅益智旭的唯識學研究，可參龔鵬程：〈蕅益智旭惟唯識學發微〉，《佛學新解》（北京：北京大學出版社，2009年），頁253-258。陳永革：《晚明佛教思想研究》，頁220-222。

140 〔明〕憨山德清：〈刻《百法論》、《八識規矩》跋〉，《憨山老人夢遊集》，頁598。

141 〔明〕憨山德清：《性相通說》（臺北：大千出版社，1999年），頁124。

以至於以性惡為性善？可以想見，《萬曆野獲編》甚至記載（晚明）時人所謂：「正如吾輩蓄十數婢妾，他日何害生西方登正覺耶？」[142]元賢所編《繼燈錄》與朱時恩所輯《居士分燈錄》（二人年代皆為晚明）都出現這樣的說法：「淫房酒肆徧歷道場鼓樂音聲皆談般若」、[143]「淫房酒肆不離道場，弦管花鈿無非佛事」，[144]自有其時代因素與理論依循了。

可是，貪欲淫欲縱無妨修道，乃至於可證般若，若過於放縱順勢，不可收拾，非但於道無益，更有害於道，流於邪魔歪路而不自知。所以在酒色放逸不礙修行、貪欲淫欲是道等等，這些說法另一面，就是不斷地出現批判反對的聲浪，《大慧普覺禪師語錄》：「又于隨順境中，強說道理，謂煩惱即菩提，無明即大智，步步行有，口口談空，自不責業力所牽，更教人撥無因果，便言：『飲酒食肉不礙菩提，行盜行淫無妨般若。』如此之流，邪魔惡毒入其心腑，都不覺知；欲出塵勞，如潑油救火，可不悲哉！」[145]《禪宗決疑集》：「人既欲念佛參禪究明大事，必當遵守此戒。切不可聽有一等邪師之輩，邪見之人妄言飲酒食肉不礙菩提，行盜行淫無妨般若，此地獄徒羅剎種類惡魔眷屬，非佛弟子。」[146]《萬善同歸集》：「便說飲酒食肉不礙菩提，行盜行淫無妨般若。生遭王法，死墮阿鼻，受得地獄業。消又入畜生餓鬼，百千萬劫無有出期。除非一念回光，立即翻邪為正。若不自懺自悔自修，諸佛出來也無救爾處。若割心肝如木石相似，便可食肉；若飲酒如屎尿相似，便可飲酒；若見端正男女如死尸相似，便可行淫；若見己財如糞土相似，便可偷盜。饒爾煉得至此田地，亦未可

---

142 〔明〕沈德符：《萬曆野獲編》，頁693。

143 〔明〕元賢編：《繼燈錄》，收入《大正藏》第86冊，頁513b。

144 〔明〕朱時恩輯：《居士分燈錄》，收入《大正藏》第86冊，頁584a。

145 〔宋〕蘊聞編：《大慧普覺禪師語錄》，收入《大正藏》第47冊，頁894b。

146 〔元〕智徹：《禪宗決疑集》，收入《大正藏》第48冊，頁1014a。

順汝意在。」¹⁴⁷酒色財氣不礙菩提,貪欲淫欲無防般若,都是惡魔眷
屬之類,自身早已是邪魔惡毒入己心腑,尚不覺知。若不盡快自懺自
悔自修,就是佛祖也救不了。要是真的割心肝如木石、飲酒如屎尿、
見端正男女如死屍、見端正男女如死尸,已無念無執無罣,或許尚可
一說,但即便修煉到此境界,仍未可順意而行。至於本意求道之心,
欲出塵勞,反如潑油救火,愈修愈糟,實在可悲可哀。

因此,諸如酒色財氣在內的放逸言行與心態,不但不能修道,甚
至有礙修道,所以小修才說:「弟往日學禪,多是口頭三昧,近日怖
生死甚,專精參求。」¹⁴⁸「如弟二十年學道,只落得口滑,畢竟得力
處尚少,以此深自悔恨,欲于此後打迸精神,歸併一路,期到古人大
休大歇之地乃已。」¹⁴⁹「幸少而聞道,近日深加探討,覺此中冰泮籜
隕處不少。」¹⁵⁰不止如此,小修還作〈心律〉等文,對前行感到羞
慚,懺悔過往,於是他打迸精神,希望在大休大歇之地,修行學道。
而在經歷波折之後,他終於找到一個可以盡量消妄滅欲、克制情習的
活動,就是品嚐山水之樂。

147　〔宋〕延壽:《萬善同歸集》,收入《大正藏》第48冊,頁993b。
148　〔明〕袁中道:〈答曾太史〉,《珂雪齋集》,頁1013。
149　〔明〕袁中道:〈答錢受之〉,《珂雪齋集》,頁1073。
150　〔明〕袁中道:〈答秦中羅解元〉,《珂雪齋集》,頁1053。有意思的是,小修日後
　　極力與酒色財氣不礙菩提等說畫清界線,還解釋說自己只是貪世間之樂,受不得
　　苦而已:「弟輩學問無他病痛,不過是貪世樂之心不下,受不得苦,總輸兄一耐字
　　耳。若毛道所云:『酒肉不礙菩提,淫嗔無防波若』者,弟深憎之惡之,惟恐其與
　　此等意見人相親近也。」既憎也惡,又深怕與這類人混跡親近,話雖如此,就小
　　修自己當時的言行心態來看,何止親近?他根本是自行自證,親身經歷了此道難
　　通。〔明〕袁中道:〈與段幻然〉,《珂雪齋集》,頁1062。

第三節 徜徉山水：去情習究生死

一 習氣染著

酒色不礙菩提，其實酒色財氣，或指具體行為，或指肆意言行，但更重要的是小修自己的生命型態，本屬放逸一路。以此型態論學修道，人又多欲，便難真正嚴謹修持，於是誤入歧途，本為放下，卻成放逸；知拘檢為非，不知流遁尤錯，也只能說是順欲而起、順勢而生，並不讓人意外。這種生命型態，用小修自己的話說，就是「習氣」，[151]小修借用佛教術語，說明自己與生俱來的習性，根深柢固，難以去除：「猶有無始曠劫習氣，未能淨盡。」[152]好酒、好色、妒嫉、爭勝、貪戀，貪嗔癡三毒、色聲香味等五欲六塵，往往皆受習氣牽引，糾纏瓜葛，輾轉攀連，欲止不能，即便決然戒除，往往又斷後又犯，涉連數世，此乃因果輪迴中不斷循環復擾的大病：「人有胎骨帶來習氣，入於骨髓，貫於老少，而不可解者。釋家謂之俱生惑業，皆多生習氣，非一生兩生之力也。故有嗔習偏重者，有慳習偏重者，有淫習偏重者。雖大智慧人，且通學問，亦未能使之頓消融也，可畏也。」[153]「……于今二十餘年矣。中間為功名婚嫁奔忙，意根他用處甚多，又胎骨帶有繁濃習氣，未易破除。」[154]

---

151 「習氣」出自佛教，《解深密經》、《瑜伽師地論》、《涅槃經》、《法華經》、《佛說十地經》、《大毘婆沙論》等極多經典皆可見，唯識學也以種子稱之，卻非其獨有。概略來講，習氣為無明之妄惑，且伏惑於現行之中，即經苦修，若稍有懈息，便故態復萌，非有大智慧證生死涅槃者，難以斬絕。況且斷惑之種子，亦尚有疑惑之氣，故又分而為現惑相，為一切諸法遍計自性之妄執。可參印順：《唯識學探源》，頁137-141。

152 〔明〕袁中道：〈心律〉，《珂雪齋集》，頁952。

153 〔明〕袁中道：〈示學人〉，《珂雪齋集》，頁1054。

154 〔明〕袁中道：〈答寶慶李二府〉，《珂雪齋集》，頁998。

　　習氣只是小修的用詞之一，除此之外，情習、妄習、業習、熟習、染習、嗔念、嗔惱、嗔業，都是類似的說法。正因為「人者，情欲之聚也」，[155]要消淨習氣，更是難上加難，小修自認「弟輩業習深重」，[156]對生命的艱難，深有體會，故有〈心律〉之作。而綜觀當前學界之研究，〈心律〉似仍未受重視，〈心律〉刻於中郎逝死之年，小修本不欲外流，但友朋見索，只好傳抄。[157]〈心律〉就如小修自己的懺悔錄，既真摯且切實，沒有太多文辭誇衍，從前普賢菩薩為民眾百姓說懺悔偈，其中一段：「我昔所造諸惡業，皆由無始貪恚癡，從身語意之所生，一切我今皆懺悔」，[158]正彷彿小修此文之寫照。至於文中所見心態，與上節提到的酒色財氣，也與即將提到的山水之遊，皆大有關係，故必須多加解說。

　　如前所言，小修中年以後，對往昔漸悔，認為自己嗔性太重，又貪世樂，且習氣濃厚，淪肌浹髓：「吾輩根性怯弱，常為聲色流轉，撫心思之，惟有內愧而已。」[159]對欲了性命的修道者來說，實是有待克服的絕對難關。就以偷盜為例，不是攘奪人財才叫偷盜，非己有而取亦是，但「吾輩居平氾濫借貸，不想酬還，及居間公事，以自膏潤之類，無非偷相也。」小修或借貸不還，或取公家為私用，早犯了偷

155　〔明〕袁中道：〈名教鬼神〉，《珂雪齋集》，頁838。

156　〔明〕袁中道：〈復段公〉，《珂雪齋集》，頁1035。

157　「〈心律〉一通，乃弟自己發藥，于兄無與，乃兄苦欲之耶？只好寄來，兄好抄寫，恐弟無後本也，故付來看完即寄我。」「〈心律〉，弟原不與一人看者，因張居士求之耳。」〔明〕袁中道：〈雲影〉、〈報二兄〉，《珂雪齋集》，頁991、993。其中〈報二兄〉為與中郎書信，故可知小修剛寫完〈心律〉，中郎仍在世，中郎顯然也曾讀過，中郎在萬曆三十五年丁未（1607）的〈報小修〉就說：「心律自是家常，但不可令未悟人看。本是活機，而看者必執定死本。若悟後人，自不作放逸想。」付刻之後，數月中郎即因病離逝。〔明〕袁宏道：〈報小修〉，《袁宏道集校箋》，頁1616。

158　《大方廣佛華嚴經》，收入《大正藏》第10冊，頁846。

159　〔明〕袁中道：《游居柿錄》，《珂雪齋集》，頁1150-1151。

盜之戒，說到底，還是由於多欲好奢之故。小修自誓從此不當再犯，「自今惟田中所出，及俸祿饋贈，傳經買文之錢，皆為己物，此外必當一介致辨」，[160]也不應再有借貸情事。與放貸致利者，更不該有太多往來；錢財不經手，自然省卻許多麻煩，只是囑託公門，請願拜會之事，屢見不鮮，亦不能絕，小修捫心自問，生平對此雖無虧損，然總不能避不見面，苟清苦廉，謝絕申告。因此若為親戚朋友伸冤辨白，為民眾討取公道，自當行之，但從間得利，則斷不可行。不貪錢財、不私會請託，自然是小修懺悔過後，具體修行的想法之一。除此之外，還要杜絕奢華浪費，因為中人之家，百凡節省，家計只不過堪用。自己前年於箅簹谷構築山居，厝意經營，大興土木，復修又造，於此足矣，不應該再多欲求。若又修造不止，架高樓，築危牆，治廣廈，以廣心意，便是劫財娛心，不啻與偷盜同罪。

　　就淫邪方面，如上節所言，小修早年好女色，也不避男色。遊冶之場，斷袖之癖，所在多有。縱色縱酒之後，影響健康極大，每次血疾發作，徹夜不能眠，折磨日甚，苦不堪言。當疾病漸癒之後，卻又一再淪陷情色，周而復始，「然每至春來，防病有如防賊。設或不謹，前病復生。初起吐血，漸至潮熱咳嗽，則百藥不救，奄奄待盡。神識一去，淫火所燒，墮大地獄，可不怖哉！」[161]色與酒又往往伴隨相生：「檢生平邪淫，多屬大醉之後，以後大肆沉湎，即是破戒之因。」[162]小修甚至說：「一生學道，而以淫死，豈不痛心！」戒欲斷淫。節制飲酒，都是小修日後的大課題，所以他自期四十以後，婢妾不可置，酒益不可飲，萬不得已，微酣則止，否則皆足以為老年之累。[163]酒色

---

160 〔明〕袁中道：〈心律〉，《珂雪齋集》，頁953。

161 〔明〕袁中道：〈心律〉，《珂雪齋集》，頁955。

162 〔明〕袁中道：〈心律〉，《珂雪齋集》，頁956。

163 健康因素，讓小修不得不斷色欲，「吾輩名利五欲種子，原成俱生惑業，即己亦不自覺。但借法水時時灌漑，差為減擔耳。弟比來體中康太，如色欲事，非人能斷，實天使之不得不斷也。何也？力不能也。百事減盡，惟不能忘情于聲歌，留

之外，尚有好勝貪名之事。就貪名來講，小修為科舉努力半生，得失心重，以為考取便可揚眉吐氣，結果卻總是失敗，終於垂首喪氣。小修自認該調整心態，科舉固然需要再考，也應該要漸漸看淡，「況人生一隙，譬如朝露，設使取科第，享富貴者，多可致數百年，猶謂虛幻光景，差久長耳。一轉盼間，二三十年，已歸黃土。」[164]這還只是就事上得失而論，若以己心之苦樂來講，人高我低，心便難樂。相鄰之位，又企得之；相等之人，忽超而上，自己又不免欣羨妒意，難以真心祝福。自己也想獲得，但是既得失，又驚失之，於是勞心保持，算計大，心卻愈苦，煩擾更多。更有甚者：「又況乎以卑望高，淹而望遷，毀譽是非，相傾相軋，紛沓在前，奔走在後，風塵牛馬，疲骨驚心者哉！」[165]相傾相軋，毀譽是非，疲骨驚心，良有以也。

　　就好勝來說，妄語為謊，小修雖不至於謊話連篇，自欺欺人，可是好勝心強，誇口自大，難向人低頭；與人論學，意見不同，見其異己，則常動怒；寫作文章，雖深思苦索，導致吐血，也常是為了跟人爭勝，證明自己高人一等。[166]此皆貪利貪名好勝好強，實是大病：[167]

> 惟吾輩好勝，或欲伸其所言，故緣飾之以求勝耳。又或意在調笑，縮長增短，期於取樂，亦大病也。醉後多言，誇己所長，娓娓不休。稠人之中，惟聽己譚，鼓弄唇舌，此謂之躁。躁亦妄也。

此以娛餘生，或秀媚精進中所不礙耳。仁兄以為如何？」力已不能至，色欲行動便少。話雖如此，但仍未能忘情，還要「百事減盡，惟不能忘情于聲歌，留此以娛餘生，或秀媚精進中所不礙耳。」可見小修欲望之重，情習之濃，早已深深崁進生命裡。〔明〕袁中道：〈寄石洋〉，《珂雪齋集》，頁1083。

164 〔明〕袁中道：〈心律〉，《珂雪齋集》，頁959。

165 〔明〕袁中道：〈心律〉，《珂雪齋集》，頁959。

166 「求勝求伸，以必得為主。作文字時，深思苦索，常至嘔血。」〔明〕袁中道：〈心律〉，《珂雪齋集》，頁961。

167 〔明〕袁中道：〈心律〉，《珂雪齋集》，頁956、963。

　　今約吾輩現行之事，易涉於貪者，毋如利與名。

利名難免，好勝亦不能止，何況自己又常說綺語、自大妄言，[168]甚至還有惡口，有時是隨人附和，有時卻是自己刻意譏諷，或貶或批，逞口舌之快，使他人難堪，還以為是能言人所不能言：「或因人譏訕他人，因而附和，俱是惡態，切宜自覺。惡口一戒，尤為難持。或以一言壞人生平，或意見不同，過肆譏評。乘其意興，字字剟髓。或笑語之中，描畫舉止，無不曲盡，令人難堪。」「人有所不必知，知有所不必顯，汲汲明之，何其淺歟？」此皆小修真實懺悔，往昔之錯，已難追悔，日後涉世，應盡量避免。

　　三毒五塵六欲，說來說去，還是因為自己習氣所致：「嗔念吾極重，真是胎性帶得，氣甚不平。雖轉盼即忘，然一時暴起，焚和已甚，盤結諸根，隨觸即發。」[169]處世之際，暴怒、忿疾、逼惱、反目、心大不平，種種皆是嗔性流行之處，[170]而且嗔性會讓人迷失，讓人不快樂，讓人陷入自我作障的困境中：「惟嗔能令人不樂之甚，心搖搖而若撼，口舌強而不能吐。焦火凝冰，自苦自縛，地獄刑具，皆是嗔惱所成。嗔業最大，一嗔能引三萬八千諸煩惱門，能焚毀無邊功德行。嗔之人，心中畢竟不仁。若是仁者，愛一切人，和氣藹然，何至于嗔？」[171]嗔讓人失去仁心，不仁之人，又何能處世淡然，養生離

---

168 「綺語之根，直是放逸，謂無義語也。」〔明〕袁中道：〈心律〉，《珂雪齋集》，頁956。

169 〔明〕袁中道：〈心律〉，《珂雪齋集》，頁962。

170 嗔性所及之處，在日常言行中，屢見不鮮，所以小修接著就說：「姑不論大利大害，或意有所是，人與相違；或議論蜂起，為人所抑；或與人言，其人癡愚，不領己意；或問者窮詰，不中理解；或見人以強凌弱，心大不平；或于眷屬，見其不馴，過為忿疾；或于奴僕，偶有所失，遂致暴怒，種種皆是嗔性流行之處。予自伺察，最是一毫不相干事，將心受其逼惱。」〔明〕袁中道：〈心律〉，《珂雪齋集》，頁962。

171 〔明〕袁中道：〈心律〉，《珂雪齋集》，頁962-963。

死？[172]

　　不過，這些嗔念情習，並非以自我聰穎才性化解，就會有用。剛好相反，正因為誤以酒色不礙菩提，誤以放逸為放下，所以小修即便年輕時便開始學道，總是愈學愈錯，愈以為悟則嗔性愈重，「往年見學道者，自以為悟，至煩惱無明發起，如霹靂震，如虎郎嗥。其中本嗔，又添一嗔，即是道之見，所以益無忌憚。」小修似說旁人，但自少年便談無忌憚之學問，其中本嗔，又添一嗔，講的正是他自己。對此小修也絕不諱莫如深，不會刻意閃躲病處與痛處，〈心律〉一文，之所以切入實際，不拐彎抹角，不特地經營自己的正面形象，如一般文人作文出書，往往藉由日常生活的自我獨白，以書寫己身的方式，力求成為「前臺」的表演者。[173]小修則是反過來，揭說己短，暴露灰暗面，「他（芝慶按：小修）學問的重點，就是發現並正視生命的幽暗處，從自己性情的偏向上下手矯治」，[174]確為的論。不止如此，小修同時也針對人性陋惡處，反覆陳述，讓讀者不但可以理解小修，同

---

172 嗔、名、利等等，滲深入骨，難以去除，伯修有段話，正彷若小修的寫照：「試內省種種思念，循種種意根，果有離名離利時否？竊恐一刻無名利，則外知耳目口鼻，內之心知識，幾于泯滅無遺，惟就枕鼾睡，或者暫閒，而紛紛得失，復現夢境。然則人雖睡夢，尚恐未能離名利也，而況醒乎？何也？其眼耳鼻舌等為之祟也。有眼即欲察色，有耳即欲聽聲，有鼻即欲齅香，有舌即欲嘗味，有名即有利，有利即有種種可意聲色香味以悅諸根，無名則賤，賤則無利，無利則窮惡以死，遑悅耳目鼻舌乎哉！則人雖不好名不好利也，亦不可得矣。」〔明〕袁宗道：〈雜說〉，《白蘇齋類集》，頁299。

173 此處借用高夫曼（Erving Goffman）之說。高夫曼以戲劇舞臺的概念來解釋具體的人生生活，他將社會人際的互動，分為前臺（frontstage）與後臺（backstage），相較之下，就前「臺來」講，人際的往來交流，很多言行舉止，或因於環境與人事因素，常常是表演給特定對象，是刻意的形象經營，這就是前臺行為。此時，表演即意謂著符合當下情境的規範形式，於是在特定場合中，臺前表演者往往會透過「整飾」的方式，製造他人對自身形象的認知，這也是在社交場合頻繁可見的行為。〔加〕高夫曼著，徐江敏、李姚軍譯：《日常生活中的自我表演》（臺北：桂冠圖書公司，2004年），第一章與第二章。

174 龔鵬程：〈超凡入聖：袁小修的山水游記〉，收於氏著：《晚明思潮》，頁234。

時更可以感同深受,「解剖」自己,包括小修自己在內的所有讀者,
若能循此理解,正視生命的細微幽晦,自然可能感同身受,反躬自
省,檢點身心。要是只當作一篇尋常懺悔文錄或過失簿,[175]單純地將
喝酒淫行等視為罪惡,欲戒欲斷,卻忽視了小修本人的心理狀況,沒
有看見有此心故有此行的道理,論外不論內,則不免執定死本,錯失
了小修欲撥亂反正的「活機」,實在可惜,正如中郎說:「心律自是家
常,但不可令未悟人看。本是活機,而看者必執定死本。若悟後人,
自不作放逸想。若說一切處,何者不是,便恁麼何妨,此何異外道,
悟不如此也。」[176]本是活機,若悟後人,自然可避放逸之危,但是看
者卻執定死本,就不能稱為醒悟。〈心律〉之所以可以發人省思者,
正在於此。小修自言:[177]

> 吾往年亦曾悟得佛法,決定離言說相,離心緣相,不消動轉絲
> 毫,亦無一毛頭道理可得,止是一切放下。當放下時,亦不作
> 放下之解,以為極則矣。然八風五欲,正爾熾然,與世上俗
> 情,更無有異。但見其增,未見其減。逢色便愛,見利則取。
> 六根門頭,鬧如市朝;繁華之想,日以益甚。靜而馳求,動而
> 取捨,猢猻攀緣,更無斷時。及不堪寂寞,卻又以嘲風弄月,
> 花樓酒肆遣之,鎮日赴酒肉之席,說無義之語。流入行樂場

---

175 王泛森與吳震在研究晚明清初的自省風氣時,指出日譜或日記是當時士人修身的
　　參考憑藉,記載了許多自己的過失與缺點。除此之外,日譜日記更可能成為教
　　材,互相傳閱,批評學習,小修的〈心律〉,雖不是以日譜方式行世,也非功過並
　　記,但就「過」來講,既是自警,也能警世,就記載錯誤、懺悔反省,以及教材
　　方面,與「功過簿」之類的日記日譜等,頗可互觀。王泛森:〈日譜與明末清初思
　　想家〉,收於氏著:《晚明清初思想十論》(上海:復旦大學出版社,2004年),頁
　　117-185。吳震:〈明末清初太倉地區的思想活動〉,收於氏著:《明末清初勸善運動
　　思想研究》(臺北:臺灣大學出版中心,2009年),頁357-367。

176 〔明〕袁宏道:〈報小修〉,《袁宏道集校箋》,頁1616。

177 〔明〕袁中道:〈心律〉,《珂雪齋集》,頁963-964。

中，將此事揚向他方世界，永不問著……。

就因為曾以為悟得佛法，以為無所執心，便能觸處生機，無處不能
入，無處不可自得。不料難關來臨，往日悟境卻輕易破功，與世上俗
情，更無有異，於是逢色便愛，見利則取，嘲風弄月，飲酒取樂，淫
欲繁華，更無斷時。這些行為，悟既不是，修亦不足，當不為取。小
修後來強調修悟並重，便是出於這層考慮：「但既悟本體，亦自有不
離本體之工夫」、[178]「大約頓悟必須漸修」，[179]即是悟後，仍須再修：
「悟後之修，乃為真修，不然即係盲修。」[180]悟與修，根本不必分也
不能分。偏重某方，輕視某方，都是執妄虛見，小修說的「十癡」便
是此類，歸納原意如下：[181]

> 癡一：專提悟門，本為破除拘泥戒定之見，但並非以戒定為駢
> 　　　贅，不料卻躭著知見，自劫家寶；
> 癡二：橫謂一超悟入，位登等覺，乃致偏執圓融，盡廢行布；
> 癡三：佛法知見與煩惱俗情，俱為眼中屑。但世人往往不觀空
> 　　　而遣有，徒取惡而廢善，實為不智；
> 癡四：道本無難，因根器而有難易。誤以一隙微明，遂居全
> 　　　覺，以下根行上根事，又或是自認上根佳者，未免愚
> 　　　癡；
> 癡五：古德為生死悟修之事，忘食忘寢，遍參博訪，如三上洞
> 　　　山、大悟一十八、小悟不計數者，前賢榜樣俱在。前
> 　　　人之悟困難之甚，為何今人得悟卻如此容易？

178　〔明〕袁中道：〈寄李開府〉，《珂雪齋集》，頁1091。
179　〔明〕袁中道：《游居柿錄》，《珂雪齋集》，頁1032。
180　〔明〕袁中道：〈答寶慶李二府〉，《珂雪齋集》，頁998。
181　〔明〕袁中道：〈心律〉，《珂雪齋集》，頁964-965。

癡六：參禪有從現量入者，有從比量入者。現量入者，力強，
　　　不易失；比量入者，力弱，常有所退。吾輩參禪多屬
　　　比量，必須有保任工夫，若然入手之後，便思歇手，
　　　結果是未得放下，先成放逸；

癡七：所悟如彼，所行如此，悟修相兼，才是正道。自陽明啟
　　　良知之說，數傳之後，偏重了悟，將為善去惡之旨，
　　　撥斥太過；

癡八：樂者，心之體也；惕者，樂之衡也。以常惕故常樂；但
　　　常人卻迷己逐物，以苦為樂；

癡九：學道本為生死，生死不在他日，即今日目前相值境界是
　　　也。若轉不去，打不徹，生平知見毫無得力處，又豈
　　　能生死如門相開，來去自由？

癡十：即心即佛，自是向上之解，若誤認偏執，亦同魔說。

從上述十癡所知，悟後須修，悟亦是修，反之亦然，不能流於知解，也不能流於口滑，正是小修深意所在；而緣行有識，識隨生命之無明，紛馳起伏，流蕩不已，故有所執，習氣深重，自當深自警惕。小修〈心律〉之作，結論就是：[182]

　　　險哉，險哉！謹持此身，三口四意三十善道戒，凡至月終自讀
　　　一遍，其中皆是已昔所犯，一則宣露懺悔，又檢察持犯，以自
　　　警焉。

小修以此自警，並且重持戒。除此之外，他又作有〈紀夢〉一文，說明情習對生死的妨礙，以及悟與修對得脫生死的關鍵地位。文中說中

182　〔明〕袁中道：〈心律〉，《珂雪齋集》，頁967。

郎死後，自己在夢中與他相會的歷程。在夢中，中郎並未因死亡而懈怠，只是情染未除，未登淨土，所幸工夫仍不間斷，才能由「西方之邊地」升上淨土。但因戒行不夠，仍有未達，故尚需進修：[183]

> 中郎曰：「我初亦以淨願雖深，情染未除，生于此地少時。今已居淨域矣。然終以乘急戒緩，僅與西方眾生同一地居，不得與諸大士同升于虛空寶閣，尚需進修耳。幸宿生智慧猛利，又曾作《西方論》（芝慶按：即《西方合論》，可參第三章），讚歎如來不可思議度生之力，感得飛行自在，游諸剎土。凡諸佛說法之處，皆得往聽。此實為勝，非諸眾生所能及也。」

文末，小修藉中郎之口，說明修行實悟實修的重要性：[184]

> 中郎曰：「吾不圖樂之至此極也。然使吾生時嚴持戒律，則尚不止此。大都乘戒俱急，則生品最高。其次戒急，則生最穩。若有乘無戒，多為業力所牽，流入八部鬼神眾去，予親見同學諸人矣。弟之般若氣分頗深，而戒、定之力甚少。夫悟理不能生戒、定，亦狂慧也，歸至五濁。趁此色力強健，實悟實修，兼之淨願，勤行方便，憐憫一切，不久自有良晤。一入他途，可怖可畏。如不能持戒，有龍樹六齋遺法見存，遵而行之。諸戒之中，殺戒尤急。[185] 寄語同學，未有日啟鸞刀，口貪滋味，

---

183 〔明〕袁中道：〈紀夢〉，《珂雪齋外集》，收於《續修四庫全書別集類》第1376冊，頁481-482。

184 〔明〕袁中道：〈紀夢〉，《珂雪齋外集》，收於《續修四庫全書別集類》第1376冊，頁482-483。

185 正因諸戒之中，戒殺尤急，所以袁家三兄弟才屢有戒殺、戒口、斷肉、放生之舉，伯修便說：「持戒殺者，一生所活，當盈百千萬億，不可稱量。寧有百千億不可稱量種種性命，銜德感恩，而不能資一身之福者？故于英以養鯉得仙，劉守以

而能生於清泰者也。雖說法如雲如雨，何益於事？我與汝于空
王劫時，世為兄弟，乃至六道輪迴，莫不皆然。幸我此生已得
善地，恐汝墮落，故以方便神力，攝汝至此。淨穢相隔，不得
久留。」

中郎說自己生前若嚴持戒律，死後光景當不止於此，所以中郎才規勸
小修乘、戒並重，既要悟，也要修。悟理也要能生戒、定也好，若只
有悟（乘），卻沒有戒，仍不免為業力所牽，流入八部鬼神等眾。

　　惑業無明，習氣未釋，恣意所欲，袞袞繚絞，確實難以自清。可
是，習氣濃厚，不光是表現在惡性劣行而已，三毒五欲的根基是我
執，執著的另一面，其實就是人生經驗。因為習氣、因為執著，往往
也得以親身體驗了歡笑苦痛與愛恨情仇，因緣和合，生住異滅，則依
他起性，雖不免陷障，但是走江湖、涉人事、經風塵、歷成敗，有所
執故有所住，深入其內，有時也更能理解生命的難處，體貼事理的困
境，反而愈見世情。因為人的歷練閱歷，往往也是從中得來，習情

放魚延算。餒一雀而累世三公，濟羣蟻而立取上第。由此推之，活尺鱗，全寸
羽，俱得勝報，無唐捐者。況于終身持不殺戒，所受福報豈有量哉！」且不獨三
袁為然，例如李贄認為因果就像種子與果實的關係，《因果錄》：「因者，種種也；
果者，種穀種，得穀食也。」所以李贄才大談惡有惡報、善有善報之理，現世陽
報，如劉建德之妻、道士章齊一；善人果報，如孫泰、章太傅妻練氏等等，這些
「報應」，有因有果，自然也是有感有應，如他記載楊思達為西陽郡守，派遣下屬
看守農田，以防盜麥，果然抓到犯人，於是斷其手腕，下屬後來生了小孩，竟然
一出生就無手，這就是因果，也是感應的一種表現。至於因果感應最重要的部
分，則是生死，「因果之大，莫大于生死」，生死繫於因果者，在於任憑己意來掌
握他物生死，所以李贄便反對殺生，主張放生，「蓋眾生所重也，生命也。所以日
夜惶惶然不止者，亦為其生耳。是故錄因果，而以殺生垂其後焉。」是以李贄收
錄了〈雲棲寺沙門袾宏放生文〉、〈普庵祖師戒殺文〉、〈真歇禪師戒殺文〉、〈佛印
禪師戒殺文〉，又記載動物放生殺生的果報之事。〔明〕李贄：《因果錄》，《李贄文
集（第七卷）》，頁292、297。〔明〕袁宗道：〈賀陽曲金令君父母榮封序〉，《白蘇
齋類集》，頁134。

重，綺思狎念，固然常為聲色流連，但執著深，卻也因此多嚐人生滋味，遍歷諸般，其中甘苦，得失之際，如人飲水冷暖自知，確不易言。更進一步來講，因為曾經擁有、曾經執著，所以當機緣來至，反而更能體會放下的重要，正如《最後十四堂星期二的課》中，墨瑞（Morrie Schwartz）對米奇（Mitch Albom，本書作者）說的話：[186]

> 「阿，米奇，你腦子有在動。不執著的意思，並不是你不讓感覺經驗穿透你，事實上正好相反，你要讓它完全穿透你。這樣你才能將它放下。」

> 我聽不懂。

> 「隨便舉個例──對一個女人的愛，或失去所愛的人的悲傷，或是我現在所遭受的，因病因死而來的恐懼與痛苦。如果你壓抑情緒，不讓自己完全體驗它，就無法不執著，因為你忙著在害怕。你害怕痛苦，你害怕悲傷，你害怕愛所會帶來的易受傷的心。」

> 「但你若全心投入這些情緒，讓你自己整個人投入其中，你就完完全全體驗到它。你就知道什麼是痛苦，你就知道什麼是愛，你就知道什麼是悲傷。唯有如此你才能說：『很好，我體驗了這個情緒，我認出了這個情緒，現在我需要從中脫身』。」

藉由反省而思考，我觀而我思，我思故我在，幻現大千世界，一幕幕人生，一場場的戲，臺上臺下，是燭照未來的希望，又或是滄海桑田

---

186 〔美〕米奇・艾爾邦（Mitch Albom）著，白裕承譯：《最後十四堂星期二的課》（臺北：大塊文化出版公司，1998年），頁129-130。

的蒼茫。經了一點過往，歷了一些憂傷，才發現，過化而存神，那些
習性情事，那些人生痛處，生命的流轉，俯仰歌哭，諸般愛恨，正如
墨瑞所講，當我們整個人投入其中，就會完完全全體驗到它。我們就
會知道什麼是痛苦、什麼是愛、什麼又是悲傷；知道它、經歷它，我
們才能走過它，也才能離開它。用小修的話來講，這就是「冷」，
「冷」是一種心境，既身存當下，卻又能以「隔」的方式，抽離現況，
不離人世卻又能觀看人世，體驗過才能走過，所以對於歷經種種，更
能以無生知見之力，一一消之：「五濁世間，不如意事甚多，全仗無
生知見之力，一一消之。于霹靂火中，現清冷雲。」[187]更進一步來
講，小修之所以發出類似「心內安閒身也輕」[188]的心聲，甚至有「世
緣終淺道情深」[189]的感歎，正是因為他曾經切切實實地，走進這趟人
生行旅，「憂來不下淚，笑裡帶傷神」，[190]甚至說：「行年四十餘矣，
世界滋味，已嘗盡過，只是如此而已。況骨肉壽命，俱如槿華，[191]恐

---

187 〔明〕袁中道：〈答段二室憲副〉，《珂雪齋集》，頁1076。這種「冷」與「隔」的
　　人生觀，在第五章還會有詳細說明。

188 〔明〕袁中道：〈初至村中（其七）〉，《珂雪齋集》，頁131。

189 〔明〕袁中道：〈病中漫興（其八）〉，《珂雪齋集》，頁308。

190 〔明〕袁中道：〈別中郎南歸，時偶值嫂及庶嫂之變，檻車雙發，不勝酸楚，離別
　　之情可知，因賦詩十首（其六）〉，《珂雪齋集》，頁212。

191 槿華，即木槿，錦葵科木槿屬，落葉灌木。木槿所開之花，朝榮夕萎，朝開暮
　　謝。小修用此比喻年壽短暫。李漁曾就木槿的特性，與人生作出頗為有趣的聯
　　想，就李漁看來，木槿枯榮和人的年壽長短，有異有同：「木槿朝開而暮落，其為
　　生也良苦。與其易落，何如弗開？造物生此，亦可謂不憚煩矣。有人曰：不然。
　　木槿者，花之現身說法以儆愚蒙者也。花之一日，猶人之百年。人視人之百年，
　　則自覺其久，視花之一日，則謂極少而極暫矣。不知人之視人，猶花之視花，人
　　以百年為久，花豈不以一日為久乎？無一日不落之花，則無百年不死之人可知
　　矣。此人之似花者也。乃花開花落之期雖少而暫，猶有一定不移之數，朝開暮落
　　者，必不幻而為朝開午落，午開暮落；乃人之生死，則無一定不移之數，有不及
　　百年而死者，有不及百年之半與百年之二三而死者；則是花之落也必焉，人之死
　　也忽焉。使人亦知木槿之為生，至暮必落，則生前死後之事，皆可自為政矣，無
　　如其不能也。此人之不能似花者也。人能作如是觀，則木槿一花，當與萱草並

生死到來，做手腳不迭。以此有志熏修，急于救頭」，[192]故親行過後，回首來時路，深有所感，自應有上述諸語文章之作。

小修「穿透」之後，體悟頗深，因此要離開那些習氣，要走過這些情緒，「現在我需要從中脫身」，以小修當時的狀況，除了如中下根人的強力克制之外，[193]又該怎麼辦呢？

小修找到的最好方法，就是山水之樂。過去他以世俗聲色為自適，如今則是自適於山水之間。

二　樂山樂水

至於小修培養山水之樂的原因，一是養病，二是轉移注意力，藉此遠離欲望，兩者又相輔相成。當然以山水滋養身心，自不獨小修而已。毛文芳就指出，晚明雖然存有縱樂放浪，不知檢束的一面，但也有許多人雅士尊生養生，從晚明宋詡、公望父子合撰之《竹嶼山房雜部》，到萬曆十九年（1591）年高濂出版《遵生八箋》，將養生、尊生與燕閑並陳，既是以「清閑」、「閑情」的心境，「欣賞」、「賞鑒」的心態，經營生活，重視娛樂，而藉由遊山玩水醫治身心，以審美的角度，徜徉山水，淨化心靈，更是文人養生中重要的一環。[194]張維昭也分析，晚明士人癖遊，模式又可分為浪遊、臥遊與園遊，浪遊者，多

樹。睹萱草則能忘憂，睹木槿則能知戒。」〔清〕李漁：《閑情偶寄》，《李漁隨筆全集》（成都：巴蜀書社，2002年），頁230-231。

192 〔明〕袁中道：〈與劉計部〉，《珂雪齋集》，頁1002。

193 「習氣可除，何為而不除？但有心要求，未必能除，須知有從咽喉著刀之法，非以習氣為無妨，而聽其橫溢也。如未得消融之法，亦要強制，若不強制，積過成惡，不可救矣。凡中下根人俱從強制起，馴至自然。其一了百了之訣，原以待上根人，天下上根人能有幾？非謂盡人可以此機通也。」〔明〕袁中道：《珂雪齋外集》，收於《續修四庫全書別集類》第1376冊，頁393。

194 毛文芳：《晚明閑賞美學》（臺北：臺灣學生書局，2000年），頁44-45、190-199。

是遠遊或近遊名山勝水，如王士性、[195]徐霞客等人；園遊者，則文人雅士或居山築園，或鄉居偏僻，如祁彪佳之類；臥遊者，則是憶遊作畫以怡情丘壑，俯流仰月或坐石品茗，陳繼儒即編有《臥遊清福編》，發揚以上說法。至於癖遊功能則有三：一是寄情山水，二是滌浣俗腸，三是文章得江山之助。[196]小修在此氛圍裡，[197]不但具體親行實踐，既有身體上的感受，同時也作了哲理上的探討，以培養他對山水的愛好，也藉此體會自然山水之美，養病延年，證悟性命之學。他說：[198]

今予幸而厭棄世壇，少年豪習，掃除將盡矣。伊蒲可以送日，晏坐可以忘年。以法喜為資糧，以禪悅為妓侍。然後澹然自適之趣，與無情有致之山水，兩相得而不厭。故望煙巒之窈窕突兀，聽水聲之幽閒涵澹，欣欣然沁心入脾，覺世間無物可以勝之。

---

195 王士性嗜遊，認為遊亦有道，揭出天遊、神遊、人遊之不同。太上天遊，形神俱化；其次神遊，神舉形留；又次人遊，神為形役。范宜如：《行旅・地志・社會記憶：王士性紀遊書寫探討》（臺北：萬卷樓圖書公司，2011年），頁68-70。

196 張維昭：《悖離與回歸——晚明士人美學態度的現代觀照》，第四章第四節。

197 旅遊風氣，也與當時旅遊模式、消費能力、出版結構有關，而且不限於文人雅士，就連商人、民眾都好遊。旅遊模式已在文中提到，不再贅述；就消費能力而言，大眾旅遊的興盛，代表經濟能力已達一定水準。再者，手頭寬裕的旅者，不論是所用器品遊具等等，又或是帶著僕役出遊，都需要財力支持，一些文人即便經濟能力不足，也可以尋求贊助者支持；最後，出版業繁榮，成書不再是難事，也開始有大量的旅遊書系出版，有的還以圖文並茂的方式，提供消費者更多的選擇與推薦。況且同樣是旅行遊玩，也有差異，藉由炫耀式消費與遊具的精緻化，刻意區分我者與他者的不同，進行雅俗之分的品味塑造。可參王鴻泰：《品味奢華：晚明的消費社會與士大夫》（臺北：聯經出版事業公司，2007年），第四章。巫仁恕、狄雅斯（Imma Di Biase）合著：《遊道：明清旅遊文化》（臺北：三民書局，2010年），上篇與中篇。

198 〔明〕袁中道：〈西山十記（記十）〉，《珂雪齋集》，頁542。

小修已先明言，之所以與山水「兩相得而不厭」，必須有賴於山水景觀可致，以及自身「澹然自適之趣」（又有賴於「以法喜為資糧，以禪悅為妓侍」）。有此心有此景，心景相生相得，才可以聽幽閒涵澹之水聲，欣然沁心入脾。用他自己的話來講，就是「偷閒」，閒代表一種心境，一種自適的人生態度，畢竟在汲汲營營、處處被人管的人際人世中，鉤鎖連環，人是無所遁逃於天地之間的。我們若以「忙裡偷閒」來解釋，小修認為人處於世，除非隱居深山，不與人交往，也不關心國家世事，否則的話，「忙」是必然的（也可稱為「熱」，關於「熱」的人生觀，詳見第五章），所以就需要相對性的「偷閒」來平衡，或抵銷一些世俗的拉扯，避免生命乾涸，失去了體會與感動的力量，因此「偷閒」是必要的：「予幸生太平之世，少未立朝，不與人家國事，偷以全軀，正其事也。或曰：『太平之世，全軀何用于偷？』予曰：『全軀誠不待偷，而軀之閑，則待偷也。』試觀人世逐日奔波，大者鵬營甚曠，小者蟻旋不息。鉤鎖連環，老而益甚，直至瞑而戢之一木，則已矣。然則生斯世也，何人肯容人閑，何人肯自閑，又何時可閑？自非一種慧人，巧取密伺，如偷兒之竊物，閑恐未必得也。故予非偷以全軀也，偷閒也。抑又思之，予既不能處忙若閑，又不肯舍閑就忙。苟心本愛閑，而境常值忙，心境相違，必交戰而不自得。神情窘迫，而飲冰發狂之病隨之；則謂偷閒，即所以全軀也亦可。」[199]於是山水就可以消除情欲，矯治情習，如此即是求生，即是養生：

> 弟近日東西遊覽，亦非耽情山水，借此永斷情欲，庶幾少延天年耳。[200]山中百凡清快，紫蓋之奇峯，青溪之碧水，玉泉為山

---

199 〔明〕袁中道：〈東遊記一〉，《珂雪齋集》，頁564-565。

200 〔明〕袁中道：〈寄雲浦〉，《珂雪齋集》，頁1012。

水之大湊。愚兄（芝慶按：小修自己）行止其間，即是養生。何者？屏絕欲染膻薌，不求養生而養生在其中……。[201]

日就暮，藍氣愈深，有如飽墨筆蘸淨水中，墨氣浮散水面，自成濃淡。予愛玩之甚。嗟乎！予顛毛種種矣，少年嗜好，消除殆盡。唯此尤物，好之愈篤，兼之冷冷雲煙，可以消除名利、嗜欲、熱惱，助發道心，是予勝友也。[202]

予少年心浮志燥，內多煩火，家居目若枳而神若錮，獨看山聽泉，則沉疴頓消，神氣竦健，可以度日。故予非好山水也，醫病也。[203]

少年多情習，心浮志燥，內多煩火，經歷人事變遷之後，心境已有不同，同時又經山水洗滌，看山聽泉，冷冷雲煙，可以消持名利、嗜欲、熱惱，助發道心，求養生而養生在其中。[204]於是沉疴頓消，神氣竦健，更可修身靜心。因為山水讓人遠離塵世，不近囂鬧，在自然景致之中、在寂靜空間裡，神清氣靈，不見可欲，使心不亂：[205]

201　〔明〕袁中道：〈寄五弟〉，《珂雪齋集》，頁1018。

202　〔明〕袁中道：〈堆藍亭記〉，《珂雪齋集》，頁637。

203　〔明〕袁中道：〈前泛亀記〉，《珂雪齋集》，頁660。

204　欣賞古人山水詩作，也可以幫助修身養性，小修在《東遊記十七》也說：「兀坐舟中，偶讀唐詩，意欲取唐諸家所作，凡山水心興，登眺遊覽，同于畫工者，都為一集。不雜之一切應酬詩中，庶閒時一披玩之，耳目皆清，腸胃悉浣。」〔明〕袁中道：《東遊記十七》，《珂雪齋集》，頁579。伯修也有類似的看法，他甚至說欣賞畫作也有同樣的療效：「數日苦熱，對公所作寒江流，百骸潑潑化潺潺。心魂清冷絕塵滓，恰逢投礫始驚還。卻笑凡手拋擲胸中活山水，漫從死骨求筋髓。縱然逼真君家顧長康，抵掌虎頭徒為爾。噫吁嘻，俗眼賞鑒皆如此，不重真骨重形似！」〔明〕袁宗道：〈顧仲方畫山水歌〉，《白蘇齋類集》，頁5。

205　〔明〕袁中道：〈書五臺續白蓮社冊後〉，《珂雪齋集》，頁913。

> 從塵勞中修行，火中蓮也。深山結伴，遠離喧囂，一心淨業，
> 水中蓮也。火蓮非有力健兒不能，否則並根株焦矣，不如水蓮
> 之易且穩也。予浩浩談禪，每持火蓮之說。今種種矣，熟處
> 熟，生處生，未見有一毫得力處。

塵勞中修行，是火中蓮，雖非不能，卻實在不易，正如酒色不礙菩
提，非強有力健兒不能到此境地。若貿然嘗試，則往往並根株焦，自
誤誤人。相較之下，深山結伴，遠離喧囂的水中蓮，則便較為容易、
穩定。小修以自己的情況，說明適宜山居的五種原因：賦性坦直，與
人久處，必招愆尤，不若處寂靜山中，自得其悅，此為一因；近繁華
則易入繁華，邇清淨即易歸清淨，故青山在目，緣與心會，此為二
因；他的兩位哥哥俱闡無生大法，只是為世緣迫逼，不得究竟，今居
山中，自可專意理會大事因緣（生死性命），此為三因；唯盡捐嗜
欲，可望延年，必居山中，乃成掃除，此為四因；生平愛讀書，讀書
之趣須成一片，只是俗客熟友，數來嬲擾，故讀書之趣不深亦不固，
深山閉門，遂得此樂，這是五樂。[206]

　　當然小修並未於山居裡終老，他最後仍舊出山赴考，參加會試，
但水山遊居可以安頓他的生命，情欲擾人、心猿意馬，也獲得某種程
度的釋放，這就是他中年以後的自適之道。他說他四十歲以後，始好
游成癖，[207]人或以為他好奇，耽於山水。殊不知正是因為他自覺習氣

---

206 〔明〕袁中道：〈寄祈年〉，《珂雪齋集》，頁1017。小修在〈柴紫庵記〉，也有講到
　　宜居山居之五因，與〈寄祈年〉所言，略有不同，一、不逐於紛囂，捨喧入寂；
　　二、涉事難守，離境易防；三、萬物各有其性，相較於周旋世事，若枳若焚，形
　　神俱困，小修更適性於山水；四、中年馳鞅名利，垂情花月，當有志於此；五、
　　世煩我簡，簡而疑傲；世曲我直，直則近訐。骨體如此，世路如彼，則采藥熨
　　石，澹泊山居，亦足以老矣。〔明〕袁中道：〈柴紫庵記〉，《珂雪齋集》，頁654。
207 「四十之後，始好之成癖，人有詫予為好奇者。」〔明〕袁中道：〈王伯子岳遊
　　序〉，《珂雪齋集》，頁460。

濃厚，又經歷父兄親友死別，大病數年之後，才重新在山水裡找到意義。四十歲以前，非不好山水，實在是因為尚無此深刻體會：「天下之質有而趣靈者莫過于山水，予少時知好之，然分于雜嗜，未篤也。四十之後，始好之成癖……。」[208]

就小修來講，「自信于山水有緣」，[209]山水是外境，內心想法轉變是內境，有內有外，雙方相和，山水才能成為消除情習的最好環境。故遊山涉水，不止是觀賞景物，欣賞風景這麼簡單而已，而是要在山水中悟理悟道，這些道理是可以脫離生死的牽絆，為生存安放意義，對死亡脫離恐懼。[210]不過，我們也必須明白，為了論述上的說明，姑

208　〔明〕袁中道：〈王伯子岳遊序〉，《珂雪齋集》，頁460。

209　〔明〕袁中道：〈寄八舅〉，《珂雪齋集》，頁1016。

210　與小修相比，中郎也重山水，如他說：「昔通人段成式云：『杯宴之餘，常居硯北。』夫人生閒適之趣，未有過于身在硯北時，親韋編者也。我昔居柳浪六年，日擁百城，即夜分猶手一編，神甚適，貌日腴。及入宦途，簿書鞍掌，應酬柴棘，南北間關，形瘁心勞，幾不能有此硯北之身。今幸而歸矣。中年以後，血氣漸衰，宜動少靜多，以自節嗇。山水雖適，跋涉亦苦。此亦宗少文築室江陵，息影臥游時也。然而寂處一室，又未能即效寒灰古木之事，勢不能無所寄，以娛此生。柳下之鍛，叔夜所以寄也，吾不堪勞；曲糵之逃，元亮所以寄也，吾無其量。白鶴何嘗之調，戴仲若所以寄也，吾不解操。若夫貯粉黛，教歌舞，以耗壯心而遣餘年，往時猶有此習，今殊厭之。昔裴公美一生醉心祖道，而晚年托鉢歌伎之院，自云可以說法度人。白樂天亦解乘理，至頭白齒豁，時攜羣粉狐往牛奇章宅中鬭歌。有何好？而自云『天上人間，無如此樂』。雖雲游雲幻霞，無所染汙，然道人自有本色行徑。湯能沃雪，雪盛湯凝；火能銷冰，冰強火滅。出水乖蓮花之質，切泥損太阿之鋒。以此為寄，是以漏脯止饑，雪白已濁也。吾必不為。然則吾之所寄，惟此數千卷書耳。陶宏景謂人生解識，不能周于天壤，區區惟恣五欲，實可愧恥。掛冠神武，遂居積金澗之松風閣，孜孜批閱，此吾師也。往周旋龍湖老子，見其老不廢書；人或規之，老子曰：『他日青蓮池上，諸大士娓娓豎義，我以固陋，張口雲霧，此幾許苦痛事！』人以為謔，吾實心佩其言。今而後將聚萬卷于此樓，作老蠹魚，游戲題躍。興之所到，時復揮灑數語，以疏瀹性靈，而悅此硯北之身。吾志畢矣，吾計定矣。此予命名意也，弟其為我記之。」山水雖適，跋涉亦苦，而自己行走宦途，久在樊籠裡，勢必需要遠離塵世，淨化身心，於是便以臥遊為樂，寄情書籍筆墨（見〔明〕袁中道：〈硯北樓記〉，《珂雪齋集》，頁623-624。）。除此之外，中郎亦多有遊記詩文，如〈華山

且可區分為外境與內境，但若就身體本身的感受而言，則無分於內外。小修之所以望煙巒窈窕突兀，聽水聲幽閒涵澹，方能欣然沁心入脾；又或是因看山聽泉，冷冷雲煙，藉由肌膚接觸，因此消情除欲。這類的官能知覺所引發的舒適感，正是小修親近山水的原因之一。

為什麼身體的「舒適感」如此重要呢？若依余舜德之說，身體與外部空間的互動感受，種類繁多，諸如冷、熱、亮、暗、香、臭、乾淨、噁心、刺痛、骯髒……不一而足，都是我們的身體的感受與外在環境的「焦點」，可稱之為「身體感」，屬於身體的經驗。舉凡日常生活中的許多觀念，都可以從身體經驗中找到源頭，如潔淨、莊嚴、神聖、正式等等，身體感更可以引申出聯類關係，例如從黑暗感覺到恐怖，從明亮與某些色彩中感受到華麗，類似認知科學強調的觀念與文化分類系統，意謂當人們接受龐雜的身體經驗與感受時，往往會將資訊分類放入秩序中（put into order），然後加以解讀並作出反應。其中舒適感就是身體感的一種，是由多種感官經驗所構成，包括光線、溫度、味道、聲音、景觀、空間配置等等。[211]對人而來說，舒適存於實踐的層次，是具體的行為，體現在人倫日用的任何可能之中，人們也

記〉、〈嵩遊記〉、〈游蘇門山百泉記〉、〈再泛百泉〉、〈過蘇門山，是日大風沙〉、〈游德山記〉之類，數量眾夥，但是出遊也好、臥遊也罷，中郎都沒有像小修有這麼多的論述，是刻意強調山水與生死的關係；更不會像小修一樣，遊山玩水，是為了消除妄性情習。周質平就說：「袁宏道所謂的山水癖，無非是過厭了城市中喧囂的日子，想到郊野去清靜一下的意思，千萬別以為他有意在深山大澤之間隱遁，做一個漁父樵夫。他的山水癖，不過是一個吃厭了山珍海味的人，偶爾也想來一盤青果蔬菜，如果真讓他天天只吃蔬菜，他是不高興的。換句話說，他並非真討厭市井，而熱愛山林；他所真正嚮往的生活是既有城市的方便，又有山林之清幽。」周質平：《公安派的文學批評及其發展——兼論袁宏道的生平及其風格》，頁84。

211 余舜德：〈物與身體感的歷史：一個研究取向的探索〉，《思與言》第44卷第1期，頁23-24。

因此得到鼓勵、撫慰、快樂與滿足等美好領略。[212]前已言之，小修中年以後，健康不佳，宿疾血疾頻起，舊有火症，又因瘧而舉發，故嘔吐中多帶血。[213]每次發作，病痛折磨，身心皆覺極大痛苦，身體的疲損不堪，早讓他難以忍受，父兄連喪後，病體更是不支，醫生也勸他「惟任意遊遨，散其鬱火，則尚可望生。」[214]人生之患，在於有身，正如小修自言：「但吾輩視此身太重」，[215]身體的知覺與經驗是最直接牽動人心的，繁華綺語，冶遊奢靡之類的享受快樂，既是心裡的愉悅，也是身體的滿足感。只是欲望之後，日久累積，也會引起病痛，小修說他咽喉壅塞，脾胃漲滿，還是連日吐血、眼昏虛脫，這種身體的苦痛，自然也是小修極欲治療的大疾。可是水能覆舟亦能載舟，身體經驗可以引發痛苦的領會，當然也能出現感觸良好的「舒適感」，就小修來說，在山水行遊之中，藉由身體的體感接觸，甚至是可以治病醫病的：

> 時山行七八里，倦極，五內皆熱。忽聞泉瀉澄潭，心脾頓開，煩火遂降，乃知泉石之能療病也，共取泉水一盂……。[216]

> 遂自沙頭發，過鄂渚、九江，抵秣陵。當其波光皓淼，遠山點綴，四顧無際，神閒意適；或駕長風，一刻百里，或泛明月，積雪照人，曷嘗不快。[217]

---

212 例如Elizabeth Shove的研究，就是以舒適感作為歷史縱軸，討論物質與舒適兩者間所牽涉到的社會技術問題。Elizabeth Shove, *Comfort, Cleanliness and Convenience: The Social Organization of Normality* (Oxford, England; New York: Berg, 2003).

213 〔明〕袁中道：《游居柿錄》，《珂雪齋集》，頁1162。

214 〔明〕袁中道：《游居柿錄》，《珂雪齋集》，頁1254。

215 〔明〕袁中道：《游居柿錄》，《珂雪齋集》，頁1311。

216 〔明〕袁中道：〈遊桃源記〉，《珂雪齋集》，頁560。

217 〔明〕袁中道：〈前泛鼉記〉，《珂雪齋集》，頁660。

身體受到山水的浸潤，身體從空間環境中獲得具體的感受。如第一節所引，小修行走七八里，倦極，體內悶熱，口燥脣乾，忽然來到傾瀉的清涼泉水，身體接觸到外氣的涼快感，本來煩躁的情緒，轉而為「心脾頓開，煩火遂降」，人身與水氣、泉水，就成了連類共感的關係，[218]「乃知泉石之能療病也。」第二則則是乘舟遊玩，外在環境是

---

218 連類共感，取自於鄭毓瑜之說。她以身體時氣感為例，探討漢魏抒情詩與楚辭、月令的關係，並以「類應」與「推移」感的角度，討論身處於具體時空中的人物，在陰陽相應、氣化流轉的世界中，如何表現出獨特的自然觀。鄭毓瑜認為，魏晉文人的感物文學，在氣候中呈現的身體存在感，結合時節與體氣的觀感，既是開展，也深化了從《月令》時節知識、《楚辭》「悲秋」系列以來的人物互動。除此之外，葉舒憲也是這種引喻、譬類或是聯繫的感應等等，基本上共屬於一個世界觀、宇宙觀，不論是天／人、時／事、物／我之間皆存在著以類應而相通，類固相召，彼此穿通的聯繫性思維，他們將此種思維稱為「以譬喻類」。可參葉舒憲：《詩可以興——神話思維與詩國文化》（武漢：湖北人民出版社，1994年），頁414-415。鄭毓瑜：〈身體節氣感與漢魏「抒情」詩——漢魏文學與楚辭、月令的關係〉，收於氏著：《文本風景——自我與空間的相互定義》（臺北：麥田出版社，2005年），頁293-343。劉芝慶：《修身與治國——從先秦諸子到西漢前期身體政治論的嬗變》，頁42-45。不過要再說明的是，本文此處使用連類共感的意思，在於說明人的身體與外在山水的互動關係，又或是物與物的關係，彼此連絡共感，小修曾有記遊：「元日，踏雪拜太白于祠，有彩蝶一，翩翩然來，不知是何祥也。游侶曰：『蝶，文象也。雪中見蝶，冷而文，首藉先生似之矣。』其真所謂類應者耶！」鄭毓瑜等人雖也著重此點，不過他們畢竟是以氣化為論，他們認為氣是通貫的，存於宇宙天地萬物之中，心事實上也藉由氣動而感應萬物，《文心雕龍》〈物色〉：「是以詩人感物，聯類不窮。流連萬象之際，沉吟視聽之區；寫氣圖貌，既隨物以宛轉；屬采附聲，亦與心而徘徊」，感於物色，以致詩人流連萬象，沉吟視聽，隨物宛轉，與心徘徊。如鄭毓瑜所言，這都說明了在氣化的世界中，人藉由氣通來「感物」（屬心的活動，即劉勰「沉吟視聽之區」的意思）與「連類」（聯繫相關物類，即劉勰所謂的「流連萬象之際」），這就構成了「整體／個人」、「宇宙／身體」的聯繫互通。楊儒賓在研究晉宋詩歌的主題（山水詩）時，他認為這時的山水觀是種靈化虛通之山水，山水並不是觀者客觀陳述之對象，而是以自體的氣畫通靈之面貌出現，作者或讀者要進入這樣的山水，往往被預設要有氣化靈通的身心狀態，這種山水觀可稱為「玄化山水」：「簡言之，玄化山水也者，山水與觀者皆處在玄化狀的狀態。觀者要以玄心面對山水，山水也要以玄姿回應觀者。兩者同樣擺落塵思俗慮，同樣處在轉化過的非私人性之精緻之氣化狀

波光皓淼，遠山點綴，水面的平穩靜謐，帶給小修的是祥和的感覺，
身心自然放鬆。或駕長風，一刻百里；或泛明月，積雪照人，在風
順、明月、積雪、水面皓淼、遠處山巒綴點的山水裡，在視覺、觸
覺、聽覺、嗅覺的舒適經驗中，樂山樂水，心情的變化與身體的感
受，是神閒意適、極度愉悅的。此時內在精神與外在事物相應於身
體，身心融入景色之中，是小修非常美好的經驗。畢竟，大自然無處
不美，只是缺少發現，而體貌的接觸，精神的感動，「發現山水」就
成了療傷治病的靈藥：「乍對迭迭之山，湛湛之水，則胸中柴棘，若
疾風隕籜，春陽泮冰。」[219] 至於其所謂「澹然自適之趣，與無情有致
之山水，兩相得而不厭」，得已成立，便有賴於類似上述之經驗感
受。法國哲學家梅洛-龐蒂（Maurice Merleau-Ponty）探討「身體部
署」與空間的感覺關係時，就以天空為例：「感性事物把我提供給它
的東西還給我，但這是我從它那裡得到的東西。我沉思天空的藍色，
我不是面對它的一個先驗的（acosmique）主體，我不是在觀念中擁
有天空的藍色，我不在它前面展開能向我揭示其秘密的一種藍色觀
念，我陷入其中，我深入這個秘密，它『在我心中被沉思』，我是集
中、聚集和開始自為存在的天空本身，我的意識在這種無限的藍色堵

態中，這是典型的晉宋時期之山水論述。」楊明照校注拾遺：《文心雕龍校注》
（北京：中華書局，2005年），頁566。鄭毓瑜：《引譬連類：文學研究的關鍵詞》
（臺北：聯經出版事業公司，2012年），頁33-37。楊儒賓：〈「山水」是怎麼發現
的——「玄化山水」析論〉，《臺大中文學報》第30期（2009年6月），頁209-254，
引文見頁242。〔明〕袁中道：〈采石度歲記〉，《珂雪齋集》，頁692。當然這種氣論
並非自魏晉才開始，早在先秦時期，已經有了氣的觀念。而且氣不但是古代醫學
的重要理論，人同時也藉由氣來解釋天地宇宙，因此人與自然的溝通往往也是由
氣而通感。關於氣的產生與影響，可見〔日〕迦納喜光：《醫書中所見的氣論——
中國傳統醫學中的疾病觀》，收入小野澤精一等編：《氣的思想——中國自然觀和人
的觀念的發展》（上海：上海人民出版社，1992年），頁273-306。楊儒賓：〈導
論〉，收入楊儒賓編：《中國古代思想史中的氣論及身體觀》（臺北：巨流圖書公
司，1993年），頁3-59。

219　〔明〕袁中道：〈柴紫庵記〉，《珂雪齋集》，頁654。

塞。」[220]相較於我這個「主體」，天空是自為存在的本身，是「客體」（或是另一個「主體」，當我「遇見」天空，沉陷其中，天空與我的意識、我的感覺、我的身體是重置的，天空在我心中被沉思，我被天空給予的感覺淹沒、阻塞，因此我與世界關係，是我作為活生生的主體，向世界開放。在這種前提之下，我們也可以說，小修遊山玩水，正是因為山水與他的身體經驗息息相關，他深入山水的秘密，他的身體向山水開放，山水在他心身聚集、沉思，藉山水遠離誘惑，以山水養病治病，山水之無限風光景致，實已深深烙印在他的意識裡。

由此可知，「乃知泉石之能療病也」、「屏絕欲染膻藪，不求養生而養生在其中」，山水帶給身體的益處，有助於身心健康，小修說好居舟中，只為養生，「無冰炭攻心之事」，[221]又或是在居住山中，消除身心的煩躁感，「予初來時，煩水正炙，入山數日，身心灑然」，[222]都是說明這種情況。小修曾有詩詠聽泉：「山白鳥忽鳴，石冷霜欲結。流泉得月光，化為一溪雪。月色入水滑，水紋帶月潔。疾流與石爭，山川為震裂。安得一生聽，長使耳根悅。」[223]皎潔月光映照下的幽山，忽然傳來鳥鳴聲，流水溪泉似與月光融為一體，化出雪嫩白皙的溪流，流泉既得月，月色又入水，既有水滑，又得月潔；相較於水與月的靜謐，噴湧的山泉沖刷著岩石，山川似乎被震得崩裂。詩中融入了看、聽，又帶有動態與靜態的畫面，也包括月、水、鳥、石等景物的空間搭配，都讓小修回味不已，舒適暢快：「安得一生聽，長使耳根悅。」而且山水不單有「寧謐」而已，小修常常也在「疾流與石爭，山川為震裂」的氣氛中，藉由身體的感受，鍛鍊心性，他在〈爽

---

220 〔法〕梅洛-龐蒂（Maurice Merleau-Ponty）著，姜志輝譯：《知覺現象學》（北京：商務印書館，2001年），頁275。
221 〔明〕袁中道：《游居柿錄》，《珂雪齋集》，頁906。
222 〔明〕袁中道：〈游洪山九峯記〉，《珂雪齋集》，頁657。
223 〔明〕袁中道：〈聽泉（其二）〉，《珂雪齋集》，頁127。

籟亭記〉裡說：「玉泉初如濺珠，注為修渠；至此忽有大石橫峙，去
地丈餘，鄣泉而下，忽落地作大聲，聞數里。予來山中，常愛聽之。
泉畔有石，可敷蒲，至則趺坐終日。其初至也，氣浮意囂，耳與泉不
深入，風柯谷鳥，猶得而亂之。及瞑而息焉，收吾視，返吾聽，萬緣
俱卻，嗒焉喪偶，而後泉之變態百出。初如哀松碎玉，已如鵾弦鐵
撥，已如疾雷震霆，搖蕩川嶽，故予神愈靜，則泉愈喧也。泉之喧
者，入吾耳而注吾心，蕭然冷然，浣濯肺腑，疏瀹塵垢，灑灑乎忘身
世而一死生，故泉愈喧，則吾神愈靜也。」[224]泉水流下，落地大聲，
小修一開始心囂氣浮，與景色格格不入，其後收攝心神，收吾視，返
吾聽，反而更能深入泉水多般變化，或如鵾弦鐵撥、疾雷震霆，泉水
喧鬧不止，小修反而靈神愈明，「灑灑乎忘身世而一死生」。可是反過
來說，若旅程不順，險象環生，自然也會感覺身體不適，頗有憂懼：
「然石尤不息，淹滯無時，中流風惡，徘徊彳亍，而不得泊，時時有
性命之憂，則尤有大不適者，蓋舟之樂，常以苦妨。」[225]遊山玩水，
本為解性命生死，如今反有性命之憂，當然得不嘗失。

　　山水牽動情緒，物色之動，心亦搖焉。但小修不止於此，就哲理
上，他更要於其中領悟事理世情。相較於過往的攖世入塵，「世塵眼

224　〔明〕袁中道：〈爽籟亭記〉，《珂雪齋集》，頁655。
225　〔明〕袁中道：〈前泛鬼記〉，《珂雪齋集》，頁660。身體感知山水，當然不是小修
　　而已，小修目的之一，是為了醫病，別人自會有其它原因。晚明好遊人物，王士
　　性與徐霞客也是一位傑出旅者，范宜如就從空間與節候中，探討王士性的身體感
　　受。她指出，在空間中的感覺，可細分為聽覺、視覺、觸覺，混合的交感正是王
　　士性山水構圖中抒情性的開展，身體感官在空間中的體驗也成為美感的來源；而
　　從「此地」到「他地」的變化裡，王士性也以節氣造成身體的感受認知，書寫風
　　處的差異。另外，余光中也以知性與感性的層面，分析包括徐霞客、王士性在內
　　的中國山水遊記，認為感官經驗可以激起情緒，寓抒情於寫景敘事中，當情緒到
　　了客觀的距離，又可沉澱淨化為思考，所以遊記裡又可說理與議論。范宜如：《行
　　旅‧地志‧社會記憶：王士性紀遊書寫探討》，頁134-142、193-195。余光中：〈中
　　國山水遊記的感性〉、〈中國山水遊記的知性〉，收於氏著：《從徐霞客到梵谷》（臺
　　北：九歌出版社公司，1994年），頁33-64。

底浮空花，滿前擾擾爭喧挐」，[226]心擾神煩，體亦不暢，現在則是感受自然，賞心怡神，神閒意適，從自然大化中，學習自然的真情至性：[227]

> 嗟夫！予于世間之聲色，非淡然忘情者也，又非能入其中而不涉者也。自多病以來，稍悟寒虀、火虀以涼燠異修短之故，急思逃之。而其勢又未能割，則取世外之聲色以與之戰，而期必勝。蓋其始猶兩持不決，及其久也習之，新者故，故者新。回思向時與塵務相弊鍛，以丘山之苦，易毫髮之樂者，真如狂如醉，追悔莫及。始知予于山水間，亦有至性焉。特隱現於磨戛之中，不得自遂，如膠黏鵬羽，絲縛驥足，而今從披剝後，愈入愈深，大暢其意之所欲。忻忻然，目對堆藍積翠之色，自謂毛嬙、西施不如也；耳聆轉石奔雷之聲，自謂韓娥、宋臘不如也。不惟學世外之道者，宜遵遠離之行，而寡欲養生，賞心怡神，莫妙於此。予賦命其窮，不知何緣得有此福，快矣，快矣！

況且山水不全是自然的天地山川，還包括了古代奇人，而今日之我與昔日之人，邂逅與相遇，神交於此地此時：[228]

> 仙眠洲上有亭，即李群玉[229]詩人水竹居。詩人詩思，清逸而治，真所謂居住沅湘，宗師屈宋，楓江蘭浦，蕩思搖情者也。

---

226 借用羅汝芳之詩。〔明〕羅汝芳：〈桃津次前韻〉，《羅汝芳集》（南京：鳳凰出版社，2007年），頁776。

227 〔明〕袁中道：〈玉泉拾遺記〉，《珂雪齋集》，頁656-657。

228 〔明〕袁中道：〈澧遊記二〉，《珂雪齋集》，頁553。

229 李羣玉為晚唐詩人。

> 坐洲上，看水紋如練，聲等哀玉，為之徘徊不能去。予謂游人
> 曰：「今日面對者，皆文山綺水；神交者，皆禪宗仙伯詩人，
> 亦一奇也。」有客曰：「仙禪目所未見，近于荒唐，不若詩人
> 真實。」予曰：「皆真實也，昔李群玉以詩鳴，于今千餘年
> 矣，而更無有人追步之者。若直以目所未見求之，即詩人亦荒
> 唐矣。」相與大笑，浮白數十而歸。

文山綺水，水紋如練，是自然造化的美景，且充滿靈氣，[230] 在美景中
更有人，或禪宗仙伯，或詩人詞客，我們縱跡山水，神交古人，這種
歷史／地域／現實的美學心靈形構，既有感悟，亦有想像，可以說是
一種生命的觸碰。[231] 而小修遊山水，並不是不要聲色，只是以世外聲
色對抗世俗誘惑，以與之決，久戰之下，山水聲色漸占上風。他才發
現，原來山水亦有至性，只是有待於自己去尋找、去追求。正如沈德
符所言：「然通人開士，只宜匿跡川岩，了徹性命，京都名利之場，
豈隱流所可托足耶？」[232] 回思向時與塵務相弊端，以往流轉俗務中，
執著多欲，以為極世間之樂、悅世間之色，如狂如醉，現今耳聆轉石
奔雷之聲，目對堆藍積翠之色，則過往執持之事物，相形黯然褪色。

---

230 小修相信山水（特別是山岩）自有靈氣，久與山水接觸，靈氣可除去俗氣：「夫此
　　岩也，望之嵐彩墨氣，浮于天際，則其色最靈；玲瓏駁蝕，虛幻鮮活，空而多
　　竅，浮而欲落，則其骨最靈；側出橫來，若有視瞻性情，可與酬酢，可與話言，
　　則其態最靈。其山之最穎慧者歟？吁！岩之所以為靈也！」〔明〕袁中道：〈靈岩
　　記〉，《珂雪齋集》，頁688。

231 鄭文惠就曾以虎丘為例，指出文人遊歷名勝，常常藉由「懷古」與「詮真」的辯
　　證，透過「遊觀」與「身體」的互動，開啟明代中期（甚至以後）文人的心靈圖
　　譜。文人在遊觀中，建構現在與過去的關係，以記憶重生的應對召喚，再現出現
　　實與歷史疊影而同構的關係，表現了文人感性生命與主體情致。鄭文惠雖非以小
　　修為例，而是探究吳地虎丘地景的文化書寫，但其所論文人生命與遊觀、空間與
　　人文的關係，對此處行文觀點多有啟發。鄭文惠：〈公共園林與人文建構：明代中
　　期虎丘地景的文化書寫〉，《政大中文學報》第11期（2009年6月），頁149-150。

232 〔明〕沈德符：《萬曆野獲編》，頁691。

過去之執，正不過如此，且過去自適於塵世，今後當自適於山水：
「山中清寂，真堪度日」、[233]「山中清寂，甚與懶拙之人相宜。」[234]
況且遊於山水之美，尋得山水至性，亦非耽情山水，不過借此永斷情
欲，庶幾少延天年。[235]

第四節　小結：正視生命的幽黯處

　　牟宗三論人物，曾以朱熹、陳亮爭議王霸之辨的角度切入，認為
陳亮所論者為英雄生命才氣之震動，相較於正以誠意為主的理學家、
相較於朱子純以主觀道德論英雄，以至於不能正視生命之獨特處，忽
視漢唐功業，陳亮則是企圖綰合義利王霸為一路，其底子仍為英雄主
義，故凡是英雄皆有價值，且偏重生命強度的實然狀態，對於理性不
能有積極的正視。[236]牟宗三所言，或有可再商討之處，[237]他論及英雄
主義、三代漢唐王霸之分等等，與本文無太大關係，也暫且撇開不
談。倒是他指出陳亮、朱熹二人的生命型態，頗能切入人性，或可給
予我們啟發，當然並不是說陳亮與小修是同類型的人，二人之異同，
也未必有相同的基準可供比較，亦非本文要處理的主題。只是相較於
講誠心正意的某些理學家，小修顯然也是偏重生命強度的實然狀態，

233　〔明〕袁中道：〈寄林伯雨〉，《珂雪齋集》，頁1022-1023。

234　〔明〕袁中道：〈寄八舅〉，《珂雪齋集》，頁1023。

235　〔明〕袁中道：《游居杮錄》，《珂雪齋集》，頁1012。

236　牟宗三：《政道與治道》（臺北：臺灣學生書局，1991年），頁225-250。

237　朱熹曾以「醇儒」標準要求陳亮，陳亮並不同意。就他看來，研窮義理，辨析古
　　　今，涵養為正，他或許對此道有虧；若就堂堂正正，推倒一世之智勇，開拓萬古
　　　之心胸，「風雨雲雷交發而並至，龍蛇虎豹變見而出沒」，則陳亮自言差可勝焉，
　　　不遜於人，因此他認為自己與所謂醇儒本就不同。如牟宗三所言，陳亮重視的是
　　　生命強度的實然狀態，與朱熹頗有差異，但此恐非英雄主義，而是由於朱熹陳亮
　　　二人對經與史、對常道與權變的認知不同所致。詳可參劉芝慶：〈陳亮經學述
　　　義〉，《東華漢學》第17期（2013年6月）。

生命的偏雜妄染，其獨特之處，往往也在這種強調與偏重之間，得以
抒發意氣才性，揮灑自我色彩。[238]對於理性修持等克己之道，早年或
有欠缺，可是人間行路難，直到中年以後，他才漸漸能正視理性的生
命實況，有所收束自制。

　　小修以奇才自命，年少時，有志於四方，亦詩亦酒亦狂亦風流。
可是科場失利，仕途受阻，他更是肆心順欲於酒色之間，欲求不滿，
欲罷不能，健康因此每況愈下，身子日漸衰弱。父兄親友的離世，友
朋凋零，知己已逝，孤獨淒涼，不能自己。這些人的死亡，特別是兩
位兄長的離去，對他打擊最大，「追思少年浪游海內，所交者皆一時

---

238 小修二十七歲時，曾有書信給伯修，信中提及自己生不逢時，懷才不遇，頗有自
　　傲自憐的心態，他提到的一些觀點，正可以用來說明生命強度的表現。信中說天
　　下有三等人，其一為聖賢，其二為豪傑，其三為庸人。如小修者，上不敢自附於
　　聖人，下不屑同於庸人，於是以豪傑自命。豪傑，就是狂狷，狂者進取，狷者有
　　所不為，卻不免為小人中傷，被庸人壓抑，「而豪傑之卓然者，人不賞其高才奇
　　氣，而反摘其微病小瑕，以擯之庸俗人之下，此古今所浩歎也。即今古今相天下
　　者，無毀無譽，小心謹慎，保持祿位，庇蔭子孫，此皆庸人作用。若豪傑者，挺
　　然任天下事，而一身之利害有所不問，即豐稜氣焰未能渾融，而要之不失為豪
　　傑，如張江陵猶是天下豪傑，未可輕也。」〔明〕袁中道：〈報伯修兄〉，《珂雪齋
　　集》，頁970。值得注意的是，中年以後，小修對張江陵（張居正）卻有不同的看
　　法，其間轉變，當然與他當下的心境有關：「即如江陵相公，少時便有氣魄，曾讀
　　《華嚴經》，悟得諸佛菩薩以身為世間床坐，經河沙劫，救度一切有情，便有實心
　　為國為民之志，刀刀見血，不作世間吐哺下士虛套子，可謂有大人相矣」，在某種
　　程度上，仍承認張居正為豪傑，為國為民之心，讓人敬佩，不過仍有未達，於是
　　接下來便說他事業不光大，縱習氣，缺乏清脫，乃未學大道所致：「卻是腳跟下帶
　　得一種無明習氣，及富貴聲色情欲甚重，所以事業不光大。緣生平不學大道，不
　　得無生知見之力，重濁而不清脫，故縱習氣情欲，而不能超拔出也，乃知世之真
　　正英雄，若不于本分事上七穿八穴之後，于夢幻泡影中，以曼殊智作徧吉事業，
　　不過只是健狗豪豬，有何足貴！」此時此刻，他並非反對狂者，而是認為狂者必
　　經過嚴密超拔之後（即前述「於本分事上七穿八穴之後」），才可能成聖，成聖之
　　後，亦能化去狂跡。否則的話，狂就只是無忌憚而已：「狂者是資質灑脫，嚴密得
　　去，可以作聖，既至于狂，則狂之跡化矣。必謂狂即是聖，此無忌憚者之所深喜
　　也。」〔明〕袁中道：〈答錢受之〉，《珂雪齋集》，頁1027。〔明〕袁中道：《珂雪齋
　　外集》，收於《續修四庫全書別集類》第1376冊，頁388。

英雄豪傑，而年皆長于我。最長者為李龍湖、梅客生、潘雪松諸公，
次之黃慎軒、伯修諸公，又次之為中郎及曾、雷諸公，而今皆先我而
去，彼時相憐相知，同稻麻竹葦，今舉目淒涼，然後知其為千載之一
時。」伯修中郎都四十出頭，英姿正茂，照理講，應正處於生命最旺
盛的年紀，然皆已謝世，人生已走入結局，可惜他們聰慧過人，正待
深修，功尚未成，人已離去，「先伯修、中郎，具正知見，而汰煉之
功未到，無生之力尚柔。天假之壽，方駸駸其未有之涯。」[239]小修從
親友的死亡，回想到自身，同樣地詩酒風流，縱情於文，劇談戲謔，
放浪不羈，習氣情緣入於骨徹，緊緊纏繞於身。即便也留心性命之
學，可是涉世多而出世少，入道不深，嗜欲卻多。年少時放肆情性，
認為酒色不礙菩提證道，聲色犬馬，好酒好文，逐心於娛樂風塵，色
空之間，一塌糊塗。[240]激情過後，小修漸漸醒悟，「追思向日流湎光
景，真同醉象，殊可布也」，[241]過往的自適，實有礙於生，不能了生
死，反會加快死亡的到來，以至於修道學道未成：「生平學道，俱屬
知解，現行無明種種，合眼恐即受報，逐世上虛華，都不曾打迭此
事，究竟果何所得？哀哉！」[242]小修與友人的對談，透露了他之所以
「發此勇猛精進心」的原因：[243]

> 予謂度門曰：「今年受生人之苦，骨肉見背，受別離苦，一
> 也。功名失意，求不得苦，二也。自歸家來，耳根正不清淨，

---

239 〔明〕袁中道：〈寄吳觀我太史〉，《珂雪齋集》，頁1075。

240 劉海濱就說袁氏兄弟、湯顯祖等人，追求的都是任情而超情的境界，只是這種追
求往往也隱藏著危險，因為遊戲人生難免假戲真唱，墮於情欲而不自知；謳歌真
情又恐入而不能出，未能超情卻反被情轉。劉海濱雖是以道與文的角度來分析，
與本文著重點不同，但頗可相互參照。見劉海濱：《焦竑與晚明會通思潮》（上
海：華東師範大學出版社，2009年），頁115。

241 〔明〕袁中道：〈送萬道士序〉，《珂雪齋集》，頁449。

242 〔明〕袁中道：《游居柿錄》，《珂雪齋集》，頁1162。

243 〔明〕袁中道：《游居柿錄》，《珂雪齋集》，頁1222。

怨憎會苦，三也。秋後一病，幾至不救，病苦，四也。生人之
趣盡矣！」度門曰：「不如是，居士肯發此勇猛精進心耶？」

別離苦、求不得苦、病苦、怨憎會苦，苦正為小修醒覺之因。為了避
苦，了脫生死，就必須要消除情習，小修於是徜徉於山水之間，探山
水之樂，尋山水之理，除了好山好水之外，也常拜訪寺廟、道觀，甚
至是孔廟大成殿等等，藉由親近宗門，緬想古今，抖落塵俗，因此參
訪勝地名勝，同時也是山水之遊的一部分。而身體與大自然的互動接
觸，化情息妄，汰煉身心，自適於山水之間，以求延年，以求無生，
以明生死。後來終於榜上有名，進士登第，出仕為官，只是早已不同
年少情性，昔日之浪骸，已是昨日黃花，年少青春已過，換來的是耽
情山水，念佛參禪的中年小修。小修最後的自適生死之道，功課日
深，矜氣漸平，就在他的懺悔與修持之中，逐漸定型。

第五章
生死之道：對生命的認識

第一節　人性的基本焦慮：死亡困惑

　　在討論伯修、中郎、小修的生平時，我們看到公安三袁不斷對死亡進行叩問與探求。他們都有共同的焦慮：怕死，伯修「不佞畏怖生死，發心參學」、[1]中郎「且夫怕死者，為怕痛也。痛可怕，死獨不可怕乎？又怕死後黑漫漫，無半個熟識也。今黑夜獨坐尚可怕，何況不怕死後無半個熟識乎？弟于怕死怕閻羅，雖不敢預期，然怕痛怕黑夜獨坐，則已甚矣。」[2]、小修「兩兄皆早世，僕隱隱有深怖」，畏怖生死、怕痛怕黑夜獨坐、隱隱有深怖，都是怕死的表現。從怕死引申出來的問題，則不外乎是：我們為什麼要死？死後會到哪裡？又會如何？因為怕死，能不能不死？如果死是必然的，該如何避免這種恐慌？如果用最簡單直接的話來就，就是──因為怕死，我們到底該怎麼辦？這些死亡困惑，深深影響了他們的思想與行事。在前三章裡，我們也分別討論了死亡經驗、向死的存在、死亡焦慮，並分析袁氏三兄弟的死生情切。如前所言，死亡經驗不止是自身的，也可以從他人身上得知。人作為向死的存在，死亡是必然的，只是要如何揭開死亡的面紗，讓我們理解死亡、接受死亡，就成了人生的重要課題。至於對死亡感到恐怖畏懼，怕死，留戀生存，這種死亡焦慮，反而促使我們努力地求生、養生，甚至修持己身，超克生死，最終的目的，當然是安身立命、了當生死。伯修、中郎與小修，還有許多求道共參的學

1　〔明〕袁宗道：〈答駱儀部〉，《白蘇齋類集》，頁225。
2　〔明〕袁宏道：〈答陶石簣〉，《袁宏道集校箋》，頁736。

友同侶們，他們努力地探究索引，學道真切，都是基於這些原因。而既悟既參，對生死的超越與克服，也愈能表現在平時處事與日常言行中，小修惋惜說他兩位兄長雖然天才一世，假以時日，或能有極大成果，可惜年壽太短，尚未修得真切，便已死去，所以對生死的理解，還不夠深刻；在人倫日用間，仍見道未篤：「先伯修、中郎，具正知見，而汰煉之功未到，無生之力尚柔。天假之壽，方駸駸其未有之涯」，[3]便是出於這個道理。其實不止是處事言行而已，在將死之際，即將離開人世，要面對的死後世界的不可知，醒悟到親友兒女、富貴名利存有留戀，卻是怎麼也留不住。這種時刻，正是表現學道者道緣是否深厚、見道是否深刻的最佳場景，一如公安三袁強調的「生死之際，可以觀人」，[4]小修就說人生總要結局，富貴能享者，亦無幾人，若能死得安然，不驚慌，不失措，才算是有好的結局。他並以孔子、曾子、邵雍（字堯夫）、龐蘊、馮楫（字濟川）、羅汝芳（字惟德，號近溪）等人為例：[5]

> 舟中，與林子木諸客語次，因論人生要結局，富貴能享者，亦無幾人。予曰：「享富貴至七十八十，固為難得，然生死到來，手忙腳亂者，等之乎無結局也。必如夫子植杖，曾子易簀，堯夫觀化，龐蘊空諸所有，楊大年藥也不曾煎，楊無為將錯就錯，馮濟川龜哥眼赤，近日羅近溪留七日而去，此方是有結局耳。」

臨死之際，手忙腳亂者，這種的結局是最不好的，無善結局，等於無結局。就生理狀態來說，死亡當然是結局，可是公安三袁的意思卻非

3　〔明〕袁中道：〈寄吳觀我太史〉，《珂雪齋集》，頁1075。
4　〔明〕袁中道：〈龔春所公傳〉，《珂雪齋集》，頁699。
5　〔明〕袁中道：《游居柿錄》，《珂雪齋集》，頁1162。

如此，死得其所，[6]死得平淡，臨死不懼，神色自適，處之自然，才是最好的結局。[7]

反過來說，若真能見道醒悟，了覺生死，那麼所謂的「死」，只是肉體的死亡，精神與思想卻是死而不亡的。李贄七十四歲時編著《陽明先生年譜》，回憶接觸陽明學之由：「余自幼倔強難化，不通道，不信仙釋，故見道人則惡，見僧則惡，見道學先生則尤惡。……不幸年逼四十，為友人李逢陽、徐用檢所誘，告我龍溪先生語，示我陽明先生書，乃知得道真人不死，實與真佛、真仙同，雖倔強，不得不信之矣。」[8]真佛，真仙，又或是得道真人之所不死，不是因為他們真的可以生存數百數千年，而是他們肉身雖死，精神卻不朽，故後人可以千載遙契，如知己相逢，又或是在死後世界裡，安祥和樂，不再如活著時，有種種無明困擾。而伯修說良知可了生死、中郎悟修並重，深信西方淨土、小修斷酒斷色以求無生，即便各有偏重，但大致上都是基於這樣的因素。

不過，這些死亡的焦慮、對性命之學的體悟，不止是「就生死談生死」這麼簡單而已，同時也牽涉到他們因此產生的行為準範、處世規則，以及對世界的認識。本章的出發點，便是抽取他們幾個重要的觀點，來分析他們如何看待這個世間——他們生於其中，究竟該如何安住？他們自適人世，修持入道的人生觀與世界觀，又是如何？本章之作，旨在回答這些問題。

6　伯修曾感歎夭死、客死的情況：「人生誰得不死？死耳，奈何夭死，客死，復如是焉死乎！」〔明〕袁宗道：〈祭蕭孺人〉，《白蘇齋類集》，頁169。
7　關於這種生死之際的分析，可見第二章。
8　〔明〕李贄：〈陽明先生年譜後序〉，收於《王陽明全集》（上海：上海古籍出版社，2006年），頁1604。

第二節　一場遊戲一場夢：人生如夢，人生如戲

　　前已言之，因為死生心切，求道了生死，尋安身立命處，往往就成了首要之務。在這個原則之下，名利、富貴、地位，當然也是很重要，值得奮鬥追尋。只是相較於生死來說，要求得最後最好的結局來講，就顯得不必強求。得之固佳，失之亦無妨，前引小修「享富貴至七十八十，固為難得，然生死到來，手忙腳亂者，等之乎無結局也」，即是此意。因為在他們的想法裡，世事無常，人間滄桑，「變滅如浮雲」、[9]「曾看滄海化紅塵，雲過飛沙閱世人」、[10]「感人世之無常，悲繁華之易歇」、[11]「富貴豪華皆黃土」、[12]「嗟夫！知今日之陵，必他日之谷，即知今日之身，他日之塵與土也。世之忙忙為千歲之憂者，見此遷換之城郭，與夫代謝之流水，憂得無少瘳與？」[13]曾有的一切，不一定留得住，自己沒有的，即便努力追求，也不一定就能得到。有才未必有命，耗盡心力在世間價值的得失中辛苦穿梭，即便擁有了，也不一定有年壽可享。才命雖未必相妨，只是世路的崎嶇不平，就算身有大才，亦不見得有表現的舞臺，故才命也未必相符（關於才與命的分析，詳下）。況且當我們投入其中，一步步地往上爬，往往也是險象環生；與人相處，在社會網路中，免不了會攀引到種種複雜的關係，不論是權力、名聲，還是財富、階級，社會規矩，[14]事

9　〔明〕袁宏道：〈李安人小祥文〉，《袁宏道集校箋》，頁1568。

10　〔明〕袁宏道：〈廿三日至蒲坼，謝中丞出迎，時年九十二，鶴髮丹容，尚能騎乘，真人中瑞也。口占二絕，以紀其盛（其二）〉，《袁宏道集校箋》，頁1371。詩文雖為紀念謝鵬舉（即詩裡的謝中丞，字仲南，號松屏）高壽，可是滄海紅塵的無常之感，仍是令閱世人多有慨歎的。

11　〔明〕袁中道：《游居柿錄》，《珂雪齋集》，頁1145。

12　〔明〕袁中道：〈同丘長孺登雨花臺〉，《珂雪齋集》，頁31。

13　〔明〕袁宗道：〈江上遊記〉，《白蘇齋類集》，頁197。

14　關於明代官場與民間的種種禮儀與規範，可見陳寶良：《明代社會生活史》（北京：中國社會科學出版社，2004年），第十一章。

物紛拏，糾纏葛藤，盤根錯節，「安與危相伏，利與害相連」，[15]安與危，利與害，是相生相倚、相連相伏的。就像中郎所說：[16]

> 過客直消一副笑嘴臉，簿書直消一副強精神，錢谷直消一副狠心腸，苦則苦矣，而不難。唯有一段沒證見的是非，無形影的風波，青岑可浪，碧海可塵，往往令人趨避不及，逃遁無地，難矣。難矣。

「一段沒證見的是風波」，世間利害，搬弄多少是非，惹出無數口舌，不管是間接的，還是直接的，又如何能防？如何能預料？我知，故我不幸，趨避不及，非，無形影的逃遁無地，更是不幸中的大不幸。正因如此，所以伯修也才會有「世情到口厭，名障入心輕」的感想，[17]中郎也才會說：「大官誰不願做？然大官累人，遠不如閒散之可以適志也。人生如此而已矣。」[18]袁氏兄弟之所以喜歡山居（但非隱居）生活，就是因為相較於喧嘩浮動的塵囂，山居就顯得清靜冷淡：「山居頗自在，舍弟（芝慶按：中郎）近亦喜把筆，閒適之時，間亦唱和，柳浪湖上，水月被搜，無復遁處。往只以精猛為工課，今始知任運亦工課」、[19]「山中清寂，甚與懶拙之人相宜」、[20]「寂寞非逃世，幽棲自寡營」，[21]就是因為相較於俗垢的熱與忙，正可以突出山水之冷，得讓他們暫脫人世，對「羅網」有所隔離。

15　〔明〕袁中道：〈由吳入越，舟中無營，偶思吳中名人，信筆為頌，為泰伯、季劄、伍員、要離、梁鴻（其二）〉，《珂雪齋集》，頁34。

16　〔明〕袁宏道：〈沈廣乘〉，《袁宏道集校箋》，頁242。

17　〔明〕袁宗道：〈月下蕭允升、顧開雍小齋賦此〉，《白蘇齋類集》，頁53。

18　〔明〕袁宏道：〈陶石簣〉，《袁宏道集校箋》，頁264。

19　〔明〕袁宏道：〈答陶周望〉，《袁宏道集校箋》，頁1244。

20　〔明〕袁中道：〈寄八舅〉，《珂雪齋集》，頁1023。

21　〔明〕袁宗道：〈幽棲〉，《白蘇齋類集》，頁36。

可是，即便是遊山玩水、遠離塵間，但生命的飄泊感、無常感，卻是無法消除的。產生這些感觸的原因，可能是如上所言的人世糾結，又或是親友逝世，友朋分散，甚至是觀今閱古，對物換星移，世界變化，感觸頗深……，如此等等。我們在前幾章時已經談到，晚明社會風氣，尚浮華，重享樂，不過我們也必須知道，在這種氛圍中，其實存著一種歎年壽不永、韶光易逝的心態。[22]更擴大一點來講，就是感歎生命無常，人生飄蕩，不知何所止，亦不知何處是歸途，中郎便有「歲月無停晷，遷流快織梭」、[23]「碌碌復碌碌，浮生如轉轂」[24]的感歎，歲月流去，年華易老，由此而觀，小修之所以發出諸如「性命如塵埃」、[25]「時光忽如電，彈指三秋易。感此霜飄零，傷彼歲華擲」[26]的心聲，良有已也。而江湖浪跡，東遊西蕩，此間或應機涉俗，或合散別離，師友往來或多，友朋相聚亦複不少，或縱口劇談，或出入酒家，卻總不無飄泊無常之感，以至於有了憂生之悲，讓人惘然：「人生會合未可期，雲開星散令人悲」、[27]「星移物換空惆悵」[28]，雲開星散、星移物換，這種無常感，倒非指具體的對象，而是對生命的悲軫，難以言說；歌哭百端，悲愴傷感，有時或明所已，卻又無可奈

---

22 這種心態，在晚明清言裡，藉由人與宇宙關係的反省，表達最為明顯，如「疾忙今日，轉眼已是明日，才到明朝，今日已成陳跡。算閒浮之壽，誰登百年？生呼吸之間，勿作久計。」「石火光中爭長競短，幾何光明；蝸牛角上雌論雄，許大世界」。宇宙天地的遼闊，提供人們思考行動的舞臺，但同時也喚醒人們無所歸屬的飄泊感，百年倏忽，年命易盡，卻是世人共同的缺憾。可見曹淑娟：〈晚明清言對人與宇宙關係之省思〉，收於氏著：《孤光自照──晚明文士的言說與實踐》，頁128-134。

23 〔明〕袁宏道：〈述懷〉，《袁宏道集校箋》，頁124。

24 〔明〕袁宏道：〈初度戲題〉，《袁宏道集校箋》，頁142。

25 〔明〕袁中道：〈由吳入越，舟中無營，偶思吳中名人，信筆為頌，為泰伯、季札、伍員、要離、梁鴻（其四）〉，《珂雪齋集》，頁35。

26 〔明〕袁中道：〈登上方和江明府〉，《珂雪齋集》，頁60。

27 〔明〕袁中道：〈大別山懷李龍潭，兼呈王子〉，《珂雪齋集》，頁16。

28 〔明〕袁中道：〈同丘長孺登雨花臺〉，《珂雪齋集》，頁31。

何，就是這種摻雜著淒涼、寂寞與橫逆，難以自拔也難以自解的愁緒，讓袁氏兄弟追問到生命本質的問題，「衰髮蕭蕭不滿梳，頭顱四十欲何如？」[29]──原來這個問題，就是生死，所以小修才認為：「行年四十餘矣，世界滋味，已嚐盡過，只是如此而已。況骨肉壽命，俱如槿華，恐生死到來，做手腳不迭。以此有志熏修，急于救頭」。[30]槿華，即木槿，錦葵科木槿屬，落葉灌木。木槿所開之花，朝榮夕萎，朝開暮謝。小修用來比喻年壽短暫。[31]正因歲月易逝，往事難再而後會無期，所以才要把握時間，探究生死，以免死亡到來之時，手腳不迭。

因為憂生，所以想到死亡，又因為學道參求性命之學，反而對生命與世間的理解，更轉一層：他們發現，原來人生如夢，人生如戲，夢就是人生，我們都在夢裡努力，都在夢中演戲，企圖扮演好自己的戲中角色。當走過塵埃，世緣已盡，在夢醒時分，人壽終結時，我們都將歸去，不帶走一片雲彩。

關於人生如夢如戲的說法，廖肇亨研究晚明以來的戲劇觀，深受合山究的啟發，[32]他們都認為宋代以後的文學作品中，開始出現「人生如戲」的思想，但若說要到形成普遍的思潮，則要到明清之際，才達於鼎盛。在此之前的類似觀念，則是「人生如夢」，如莊子、唐傳奇《枕中記》，皆可如是觀。廖肇亨以明末清初叢林為例，不論是覺浪道盛所說「傳記雖是假底，提弄恰要逼真。若不以我之精神則提弄不出古人之精神，亦不能激發今人之精神也。你還知傳記未點，鑼鼓未向，提弄未出時，是個甚麼故事？能提弄者又是誰，正當鑼鼓已

29　〔明〕袁宗道：〈花下〉，《白蘇齋類集》，頁58。

30　〔明〕袁中道：〈與劉計部〉，《珂雪齋集》，頁1002。

31　詳見第四章。

32　〔日〕合山究：〈明末清初における「人生はドラマである」の說〉，收於荒木見悟教授退休紀念會編：《荒木教授退休紀念論文集──中國哲學史研究論集》（福岡：葦書房，1981年）。

向,曲調已唱,正當提弄時,千變萬化,又是個甚麼?及乎結局曲終,聲沉戲罷,人筵俱散後,這個提弄底人又作麼生?正以你不知,所以妄自入胎出胎,被此生老病死、好惡是非所累,若能向這沒奈何處,嚗地碎、撲地折,則世界人物生死迷悟皆無可奈你何?你卻能出死入生,遊戲凡聖,奈得世界人物何矣。……」還是有人強調「人生墮地來,便上了此一戲文,……我佛說生老病死苦,總是戲場內事」(髡殘石溪〈與陳原舒居士〉),人生如戲,既然舞臺的一切,不過是因緣相生,只是短暫的離合;生老病死,也不過上臺登場、臺下退場的差別。戲中所演,就像人生於世一樣,「作戲逢場,原屬人生本色」,[33]真實的是我們確實存活其中,只是其間的種種富貴名望,生不帶來,死帶不去,只能伴隨一時,不會永遠,就像握在手中的沙,只能隨著時間不斷流去。就這個層面來看,所以又是虛幻的,就像夢一樣,真假難分,也難以釐清。或者更確切地講,我們以為是真,但就無常來看,都是假;我們以為的實在,不過只是飄零而已,鄒迪光就說:「噫!此誠戲也,然人生亦一大戲耳,大塊文章亦一大戲耳。」「此一戲也,瞿曇氏之謂幻,漆園氏之謂夢,子輿氏之謂假。夫假者,假吾是而為是者也。又安知吾是之非假乎?又安知吾是之是,非彼假之假乎?」廖肇亨分析這則資料,認為:[34]

> 其論式由人生而戲劇而宇宙而如幻如夢,雖然其亦歸結於佛教與莊子的教示,從這裡的文字可以看出,他並未強調以個人主體性以超越塵世的紛擾變化,……僅著眼客觀界繁華假象與真實的迷離交織,並未特別強調主體的超越性與積極性,旨在強調世事倏忽虛幻的情實。

---

33 〔明〕徐渭:《徐渭集》(北京:中華書局,2012年),頁1160。

34 廖肇亨:〈禪門說戲:一個佛教文化史觀點的嘗試〉,收於氏著:《中邊‧詩禪‧夢戲:明末清初佛教文化論述的呈現與開展》,頁362。

雖然鄒迪光重在說明世事倏忽離幻，空虛不實的實情。[35]但另一面，在晚明卻頗有其它的積極意義，如覺浪道盛等人，便是突出世間人生的假貌，在人生困境的難題中，引導眾生脫離觀念價值的局限，不再拘絆俗世名聲等種種社會標準。因此晚明以來的禪門戲劇觀與前代的差異，這兩種意義便交互出現，形成禪門戲劇觀的基調。[36]

　　在鄒迪光的講法中，他已將戲等同於幻、夢、假、非假，意謂這些概念都擁有類似的內涵，其中夢與戲又最常為人所提及。戲臺如夢，又或是可以這麼說，在夢中，許多人都扮著戲，生、旦、淨、末、丑，你方唱罷我登場，每個人都努力演好自己的角色，在哪個位置，就要演得入戲似真：「譬如作戲，本是尋常人，然妝生時要像生，裝丑時要像丑，唱時像個唱，走時像個走，轉身時像個轉身，下場時像個下場。所以做生要規矩行步，斯斯文文，若也鬼頭鬼腦，粗粗糙糙，便不像生了；作丑要神頭鬼面、鬼言漢語，看者發笑，若威威儀儀、死死板板，又不像丑了。乃至唱又不合腔，走又不如法，轉身又不活落。〈清江引〉是短曲，唱得長了；〈山坡羊〉是長曲，唱得短了。雖要成戲，哪得成戲？豈不徒惹得人笑。」[37]唱戲的同時，當然會遇到挫折與意外，就像人生常常也充滿了許多失望與悲傷一樣，可是愈瞭解自己，也才有可能演得愈像自己。直至戲演完了，檯子拆

---

35 有意思的是，就邏輯上來講，如果說這樣的情況是真實的，但這種「真實」，卻是充滿各種虛幻的因緣離合，假作時真亦假，反之亦然。因此人生如戲如夢，真假之難分，也有了更充分的理據。

36 廖肇亨：〈禪門說戲：一個佛教文化史觀點的嘗試〉，收於氏著：《中邊・詩禪・夢戲：明末清初佛教文化論述的呈現與開展》，頁336-364。合山究搜羅眾多明清人生如戲的言論，廖肇亨則專注於禪門戲劇觀的闡發，二人所言，洵為卓見，貢獻甚多。本節的出發點，即是以兩人的研究為重要基礎，將視野著重於袁氏兄弟。指出在這樣的氛圍之下，公安三袁藉由參研生死，來理解人生，也得出了人生如夢如戲的結論。

37 〔明〕牧雲通門：《七會語錄》，收入《明版嘉興大藏經》（臺北：新文豐出版公司，1987年），第26冊，頁545b。

了，才發現原來一切都只是夢，曾經的真實，最後也都隨著人生結束
而消散，吳廷翰便深有感慨：「歎浮生枉自奔波，一事無成，兩鬢先
皤。圖甚麼黃閣宣麻，紫塞提兵。白日揮戈。煙迷了金谷危樓草滿了
帝闕銅駝。花底鳴珂，掌上嬌歌，等閒間鶴唳東門，一霎時夢轉南
柯」。[38]反過來講，夢中的場景，我們接觸過的人事物，我們講過的
話、做過的事，這些曾經的過往，也代表了我們切切實實地走過這一
遭。就像湯顯祖所言：「因夢成戲」，[39]故其所著之「臨川四夢」（玉茗
堂四夢），既是戲，也是夢，像是在《牡丹亭》裡，杜麗娘對愛情的
勇敢追求，面對世俗禮教的壓抑，超越生死。杜麗娘生前無法與夢中
書生柳夢梅歡會，因情而死，死後回魂，反反夜夜與柳夢梅相會，複
生後竟讓旁人分不清到底是鬼，還是人，在夢幻虛實的手法中，湯顯
祖藉由夢／醒、虛／實來塑造據中的各種衝突交錯，反映了人生的面
相；在《南柯夢》裡，淳于棼則是誤打誤撞，做了螞蟻國駙馬，享盡
榮華富貴之後，才發現原來只是夢境一場。在尾聲中，淳於棼終於澈
悟，立地成佛，眾人齊唱：「笑空花眼角無根繫，夢境將人殢。長夢
不多時，短夢無碑記，普天下夢南柯人似蟻」，湯顯祖又曰：「春夢無
心只似雲，一靈今用戒香薰。不須看盡魚龍戲，浮世紛紛蟻子群」；[40]
《紫釵記》則是寫唐代詩人李益與女子霍小玉故事，本於唐霍小玉
傳，但一改悲劇結局，戲中霍小玉為李益，委曲求全，仍舊分分合
合，終於病倒，夢中見一俠客，告訴他事情終有圓滿結局，最後果然
出現黃衫俠客，挾持李益在霍小玉面前懺悔。劇情峰迴路轉，夢就人
生一樣，難以預知，永遠充滿各種意外；《邯鄲記》又名《邯鄲夢

---

38 〔明〕吳廷翰：《吳廷翰集》，頁484。

39 反過來講，就是因情成夢，所以人生才如夢如戲，眾生有情，才處處執著，所以菩
　薩教化，便是要破此情執，陶望齡就說：「眾生之情，處處執著，菩薩教化，處處
　破除。」如此才能透視人生如夢如戲的玄機真義。〔明〕陶望齡：〈永明道跡序〉，
　《歇庵集》（臺北：偉文圖書出版社公司，1976年），頁339。

40 〔明〕湯顯祖：《南柯記》，《湯顯祖戲曲集》（臺北：里仁書局，1981年），頁697。

記》，據唐小說枕中記而作，描述盧生在岳陽樓遇見呂洞賓，感歎人生不得意，懷才不遇，呂洞賓送他一枕，盧生倚枕入夢。在夢中，十數年間，經歷世間百態、人生各種滋味，風雪千山夢醒時，客棧主人所煮之黃粱，仍未熟也。而人生之聚散離合，是夢醒還是入夢，實亦難分。[41]由此可見，夢、戲、人生，三位一體，實難分彼此，鄒元江就說湯顯祖「以『夢』去經驗，去看，去聽，去懷疑，去希望，去夢思，一生夢寐以求，『知夢遊醒』……。」[42]就夢的角度而言，夢中說夢，還似夢境，就在半夢半醒之間，終究是無常的。

　　值得注意的是，此處所謂的「夢」，並非全是生理狀態的作夢之意。所謂作夢，是當我們在睡眠時，所產生各種的聲音影像（其中也包含了思維與感觸）。此處並非如此解釋，而是就人生與世間交互涉入的情景，故著重在夢與戲有著共同的因素：真假難分、倏忽變幻、繁華易逝等。只是值得注意的，這些說法卻又是由作夢所引申。首先，「𡮀」，在甲骨文是個會意字，右邊是一張床，左邊上方是一個大眼睛，左下是帶著手指的手臂。代表人睡在床上用手指指著眼睛，表示人在夢中有所見，[43]而與「夢」相關字詞的尚有「睡」、「眠」、「覺」、「寤」、「寐」等等。[44]近代西方學說多認為夢是人在睡眠狀態中的一種潛意識活動，夢與現實生活幾乎無關，少部分人更否認夢的意義，斥之以迷信或質疑夢的真實性。[45]但是自弗洛伊德（Sigmund

---

41　陳美雪：《湯顯祖的戲曲藝術》（臺北：臺灣學生書局，1997年），第五、六、七、八章。

42　鄒元江：《湯顯祖新論》（臺北：國家出版社，2005年），頁433。

43　劉文英：《夢的迷信與夢的探索》（臺北：曉園出版社公司，1993年），頁158-159。

44　劉文英：《夢的迷信與夢的探索》，頁157-161。熊道麟：《先秦夢文化探微》（臺北：學海出版社，2004年），頁62-73。

45　作為干擾睡眠的夢，其來源大致可分四種：一、外部（客觀的）感覺刺激；二、內部的（主觀的）感覺刺激；三、內部（機體的）軀體刺激；四、純精神來源的刺激。可參〔奧地利〕弗洛伊德（Sigmund Freud）著，孫名之譯：《釋夢》（北京：商務印書館，2002年），頁20-40。

Freud）以來，對夢的看法漸有不同，他將夢的來源分為四種：一個新近而且有重要意義的經驗在夢裡直接呈現；幾個新近而有意義的經驗在夢裡聯合而成為一個單獨的整體；一個或幾個新近而有意義的經驗，以一個同時發生，但無關緊要的內容在夢中呈現；一個內部而有意義的經驗，在夢中總以一種新近但又以無關緊要的印象表現。[46]簡言之，就這樣的層面上來講，夢總是取材於現實，不論如何變幻莫測，總離不開已有的經驗，夢即便帶有帶有模糊、片段和不確定性，卻往往是生命的重溫，或是另一種奇幻的人生體會。[47]

　　但是，就因為夢充滿了種種不確定，既是模糊、片段，也是虛妄真假難分，所以就更容易與自身生命，以及對世間的認識，作了緊密的聯結。於是人生處世，就像作夢一樣，要脫離世間牽扯，就必須要依靠夢醒；又或是世間種種，都跟夢一樣，是虛實真假摻雜，在這樣的夢境中，我們更應要努力進取，參究生命，以勘探夢的真諦。雲棲袾宏就認為佛陀於世間覺醒，可謂「夢醒漢」：[48]

　　　　古云：「處世若大夢。」經云：「卻來觀世間，猶如夢中事。」
　　　　云「若」云「如」者，不得已而喻言之也。究極而言，則真夢
　　　　也，非喻也。人生自少而壯，自壯而老，自老而死，俄而入一
　　　　胞胎也，俄而出一胞胎也，俄而又入又出之無窮已也。而生不

---

46 〔奧地利〕弗洛伊德（Sigmund Freud）著，孫名之譯：《釋夢》，頁177-178。

47 在中國史中，從夢衍出的各種行為，如占卜預言、文學作品、政治事件、宗教祭祀等等，多不勝數，由於本篇並非專門研究夢文化的論文，故此處只能略人所詳，詳人所略，且著墨於晚明人生如夢的思潮，以及公安三袁的解釋。關於中國文化對夢的看法，可參傅正谷：《中國夢文化》（北京：中國社會科學出版社，1993年），第一章、第三章。傅正谷：《中國夢文學史：先秦兩漢部分》（北京：光明日報出版社，1993年），第二編。劉文英：《夢的迷信與夢的探索》，上編。劉文英、曹田玉：《夢與中國文化》（北京：人民出版社，2003年），緒論。吳康：《中國古代夢幻》（臺北：萬象圖書公司，1994年）。

48 〔明〕雲棲袾宏：《竹窗隨筆》〈三筆〉，頁291-292。

知來，死不知去，濛濛然，冥冥然，千生萬劫而不自知也。俄
而沈地獄，俄而為鬼為畜，為人為天，升而沈，沈而升，皇皇
然，忙忙然，千生萬劫而不自知也。非真夢乎？古詩云：「枕
上片時春夢中，行盡江南數千里。」今被利名牽，往返于萬里
者，豈必枕上為然也。故知莊生夢蝴蝶，其未夢蝴蝶時亦夢
也。夫子夢周公，其未夢周公時亦夢也。曠大劫來，無一時一
刻而不在夢中也。破盡無明，朗然大覺，曰：「天上天下惟吾
獨尊！」夫是之謂夢醒漢。

在佛理中，「夢」本就作為世間因緣、有為法之虛幻的重要譬喻，如
《華嚴經》「深解諸世間，如夢如幻化」、[49]《金剛經》：「如夢幻泡
影」之類。[50]可是雲棲祩宏更認為人生如夢，只是譬喻權說，是「不
得已而喻言之也」，因為人生根本就是夢，他以孔子與莊子為例，孔
子說：「甚矣吾衰也！久矣吾不復夢見周公。」[51]

　　雲棲祩宏卻說夫子夢周公是夢，即便未夢周公時，也是夢；莊子
說：「昔者莊周夢為蝴蝶，栩栩然蝴蝶也，自喻適志與！不知（莊）
周也。俄然覺，則蘧蘧然周也。不知周之夢為蝴蝶與？蝴蝶之夢為周
與？周與蝴蝶，則必有分矣。此之謂物化。」[52]雲棲祩宏更說莊生夢
蝴蝶是夢，就算他未夢蝴蝶時，仍是夢。於是人從少到老，從老到
死，輪迴流轉，惶惶然，忙忙然，濛濛然，冥冥然，分不清是真是
幻。在世時，為名利所牽，去世時，又對死亡恐懼，就像作夢一樣，
長眠夢中，無法覺醒，自然也無法擺脫夢境（人世）的束縛。不止佛
教有此說，非佛教徒的呂坤也認為「人人因循昏忽，在醉夢中，過了

49　《大方廣佛華嚴經》，收入《大正藏》第10冊，頁608b。
50　傅正谷：《中國夢文學史：先秦兩漢部分》，頁367-368。
51　〔宋〕朱熹：《四書章句集注》（臺南：復文圖書出版社，1985年），頁94。
52　〔清〕郭慶藩：《莊子集釋》，頁112。

一生，壞廢天下多少事？惟憂勤惕勵之君子，常自惺惺爽覺」，同是「覺」來對比「夢」（醉夢）。[53]鍾惺也有「若夢醒觀」的說法：「今稍知於生死性命作布畏想，若夢醒觀，一念疑悔，求一善友導師不可得」。[54]可是正如廖肇亨所指出，上述夢的意義，仍以負面為多，浮塵濁泥，故夢是應該拋開、丟棄的，但如果「人生如夢」這個命題成立，捨棄夢，不啻意謂著捨棄人生，人生若不能實存，塵緣若夢，又該如何？因此晚明對夢的理解，又有另一層的解釋，湛然圓澄說：[55]

> 何則世之人徒以夢為夢，覺為覺，而不知覺即夢，夢即覺也？若覺是實，則無入夢；若夢是實，應無有覺。居覺非夢，居夢非覺，猶明暗相傾，何有自性。別有國土，夢五十日乃得一覺，彼得不為夢，是而覺非者乎？如是，則我世界中曷嘗非夢，而曷嘗非覺乎？以此而推，則彼定力所持，是名假惺惺；信力持者，是名強作主；諸佛成就夢中佛事，所謂說夢法，度夢眾生，開夢方便，坐夢道場，現夢神通，入夢涅槃，菩薩修夢萬行，獻夢供養，聲聞、緣覺，得夢解脫，入夢禪定，人天三途，夢受果報，入夢生死，爭夢人我，說夢是非，造夢惡業，轉夢輪迴。居士與夢問，山僧起夢答，縱之亦夢，制之亦夢，止之亦夢，作之亦夢。

永覺元賢也說：[56]

> 虛空世界，一夢場也。三乘四教，一夢法也。諸佛眾生，一夢

---

53 〔明〕呂坤：《呻吟語》，頁174。
54 〔明〕鍾惺：《隱秀軒集》，頁484。
55 〔清〕丁元公等編：《湛然圓澄禪師語錄》，收入《卍續藏經》第126冊，頁814b。
56 〔明〕永覺元賢，〔清〕為霖道霈重編：《永覺元賢禪師廣錄》，收入《卍續藏經》第72冊，頁560b-560c。

中人也。夢中之人，據夢場受夢法，又安保其不夢夢乎？故有
夢中而言其不夢者，正大夢者也；有夢中而知其為夢者，有夢
中而求出乎夢者，均之未離乎夢者也。忽然破夢而出，則夢場
夢法，與夢中人一切銷隕，惟此元明圓照自在，本未嘗夢，亦
未嘗覺，咄！此亦夢話也。

永覺元賢認為，世界本為夢場，佛法即是夢法，諸佛眾生，皆是夢中
人，不論是夢中而言其不夢者，還是夢中而知其為夢者，都不能離開
夢。哪怕是破夢而出，則夢場夢法，與夢中人一切銷隕，本未嘗夢，
亦不嘗有覺，這也是夢話——仍舊離不開夢；就湛然圓澄看來，若覺
是實，則無須入夢，若夢是實，又不應有覺，就因為人生如夢，則吾
人修戒、持定、開慧，也必然在人世間（夢）進行。故佛陀說法，不
離人世，就在夢中，得已說夢法、度夢眾生、開夢方便、坐夢道場、
現夢神通、入夢涅槃。聲聞、緣覺，也能得夢解脫，入夢禪定。夢與
覺是一無二，廖肇亨說得好：「此文雖然仍承繼佛教過去『覺（明）
／夢（暗）』此一基本論式。所不同的是並不將兩者視為敵對的兩
端，而是視之為相互倚靠的一組概念，如同生死之於涅槃，無生死，
則無涅槃。」[57]

　　前已言之，夢戲並談，形成人生如夢、人生如戲的思潮，在晚明
屢見不鮮。[58]這種夢戲人生，一方面貶抑或消退人間汲汲營營的名利
欲望；一方面卻又藉此消解生命的困境，化解人世的阻礙，使得人們
不再為世俗所擾。若能及時體悟，漸次修道，假以時日，便能通大

57 廖肇亨：〈僧人說夢：晚明叢林夢論試析〉，收於氏著：《中邊‧詩禪‧夢戲：明末
　清初佛教文化論述的呈現與開展》，頁436-463。引文見頁441。
58 根據廖藤葉的統計，明代戲曲中以「夢戲」為題的劇名，或是有相關劇情的，就有
　一百五十二齣。廖藤葉：《中國夢戲研究》（臺北：學思出版社，2000年），〈附錄
　二：明代夢戲表〉。

道、了生死。在這種氛圍之下，公安三袁也以夢與戲的觀點，來理解
人生、認知世界，伯修詩云：「共道夢非真，誰知醒復偽」、[59]「一夢
雜惺迷，真妄誰能剖？」[60]中郎年輕時，便已有「浮生喻泡影，何以
樂青年」、[61]「世路他如夢，浮名我失弓」[62]的感受。年長之後，感受
更深，認為人間之夢，更是充滿悲喜，而中郎因觀看影戲，有所觸
動，發出「喚醒人間石火夢，無情悲喜片時中」[63]的心聲。在《廣
莊》裡也有以生之如戲的講法，來批判俗間養生之說：「嗚乎！不知
生之如戲，故養生之說行，不知生之本不待養，故傷生之類
眾。……」[64]除此之外，尚有「夢愁詩」的唱和，以此表達世間百般
虛妄的心態：「消愁莫問弓蛇影，對境聊觀夢身。」[65]小修也說：「況
復生如夢，乘時問酒樽。」[66]「世事總來如夢幻，與君皓首話熏
修。」[67]「富貴榮華，真是幻夢。」[68]「海天墨戲在人間。」[69]「自五
馬到德城又一年餘矣，長才雖無所不宜，得無骨氣高峻，難僕僕塵土
中乎！然總之一戲局耳！」[70]……如夢、觀夢、石火夢、夢非真、夢
幻泡影、戲局、墨戲、生之如戲等等，這些看似常見的套語，[71]若能

---

59 〔明〕袁宗道：〈過黃粱夢三首（其三）〉，《白蘇齋類集》，頁66。

60 〔明〕袁宗道：〈夢花〉，《白蘇齋類集》，頁13。

61 〔明〕袁宏道：〈病起偶題〉，《袁宏道集校箋》，頁10。

62 〔明〕袁宏道：〈病起偶題（其三）〉，《袁宏道集校箋》，頁11。

63 〔明〕袁宏道：〈龍堂招提觀影戲，精絕入解，前此未有，汪師中、龍君超皆有作
   （其二）〉，《袁宏道集校箋》，頁1077。

64 〔明〕袁宏道：《廣莊》，《袁宏道集校箋》，頁803。

65 〔明〕袁宏道：〈病中和黃道元至日禪寺夢愁詩〉，《袁宏道集校箋》，頁134。

66 〔明〕袁中道：〈景升弧辰日，因攜張瑤光、劉水碧同方子公郊遊，時微雨，憩洪
   山寺〉，《珂雪齋集》，頁42。

67 〔明〕袁中道：〈書周子冊，中有中郎手跡〉，《珂雪齋集》，頁297。

68 〔明〕袁中道：〈寄蘇雲浦〉，《珂雪齋集》，頁999。

69 〔明〕袁中道：〈初至甘露夜坐〉，《珂雪齋集》，頁254。

70 〔明〕袁中道：〈答德州守謝容城〉，《珂雪齋集》，頁1099。

71 以夢來說明前事如塵，恍如隔世；或是以夢來比喻昨日種種，過眼雲煙，短暫而虛
   幻，如伯修說：「回憶疇昔，仕宦之念，都如昨夢矣。」「至今思之，便是一夢」，

放在上述明清之際的思潮之中，我們會發現，其實「夢」也好、「戲」也罷，正是他們所理解的世界觀。人處夢中，涉夢入夢，若能超脫而出，才能發現夢的虛幻，才能體會到人生原來這就是夢，就小修來看，這就是「覺」、就是「醒」，這也是生死警切者，必須留意之處：「覺者，如夢中已醒，不重作夢中事也，若重作夢中事畢竟不喚作醒，畢竟未覺，還須施功求覺，此在當人生死切者自己審量。」[72]更進一步來講，身處夢境，我們又各有自己的位置，在戲臺上，你、我、他共織成了這場夢戲，於是扮演好自己的角色，才不會虛度光陰，白走一遭，也才對得自己，才是對自己負責，小修曾引用左心源的話，深服其言，他說：「人生隨其所居之位，皆當有成章處，若進退無據，與世俯仰，碌碌奔波，則為庸人。」[73]隨時所居之位，居其位則謀其事，不貪高位，曲學阿世，也不必刻意奔波經營，逐名逐利，甚而進退無據，與世俯仰等等，都為他所不取。但是，這裡我們似乎遇到一個問題，若然如夢似幻，不可執迷不悟，世間種種，都是短暫的，辛苦一生，不過泡影而已，可是另方面卻又要我們演好角色，「人生隨其所居之位，皆當有成章處」。若然如此，兩者是否矛盾？其實伯修的回答，正可以解決這樣的疑惑：[74]

　　來教云：「乾坤是一大戲場，奈何齷齪為，繫人于苛禮。」此論甚高。不佞竊謂禮者，世界所賴安立，何可易談？且就兄所稱戲劇喻之，扮生者自宜和雅，外自宜老成，官淨自宜雄壯整肅，丑末自宜跳躂恢諧。此戲之禮，不可假借。藉令一場之

中郎也說：「紅藥如軒如夢裡，幾年塵傍馬頭生」等等，相較之下，這些話才真的是修辭上的套語。〔明〕袁宗道：《白蘇齋類集》，頁153、229。〔明〕袁宏道：《袁宏道集校箋》，頁67。

72　〔明〕袁中道：《珂雪齋外集》，收於《續修四庫全書別集類》第1376冊，頁391。

73　〔明〕袁中道：《游居柿錄》，《珂雪齋集》，頁1184。

74　〔明〕袁宗道：〈答同社（第二封）〉，《白蘇齋類集》，頁224-225。

中，皆傅墨施粉，踉蹡而叫笑，不令觀者厭嘔乎？然此作戲者
真認己為某官某夫人，而忘卻本來姓氏，則亦愚駁之甚矣。

就伯修來講，禮是世界秩序的安置，不可能沒有禮。在禮的世界中，
做好的應盡的本分，就是對自己的人生負責，像是扮生者自宜和雅，
外自宜老成，官淨自宜雄壯整肅，丑末自宜跳躂恢諧之類，社會才不
會失常脫序。若是戲中人人皆是生，人人皆是丑，戲又如何成戲？秩
序豈不崩塌？但是，若然只顧扮戲，卻忘了自家本事（即伯修所謂的
「本分事」、「惟以生死事大」、「打發生死」，詳見第二章），就是愚駁
了。因此，身處夢中，演得入戲，卻又要保持清醒的狀態，適度地抽
離其中，即中郎所謂「始得自在度入，逢場作戲矣」[75]的意思，以自
在的方式處於其間，以自適的態度作夢演戲，如此才能不被世間各種
聲色富貴迷惑。（這就牽涉到「冷」與「隔」的涉世準則，詳下。）

但是，即便是以人生如夢、人生如戲的態度，來面對人生，來判
斷世界種種價值，袁家兄弟仍不時感到困窘，不明所以──這個疑
惑，就是他們經常反思的「才」之問題。

第三節　才與命的衝突：以「冷」處世，以「隔」涉世

關於才的觀念史，頗為複雜，而且才與氣、性、命、德等概念，
常混淆牽扯，相互指涉，頗難釐清。[76]牟宗三《才性與與玄理》一

---

75 〔明〕袁宏道：〈徐阿卿〉，《袁宏道集校箋》，頁500-501。
76 龔鵬程就說：「才的問題之所以難以了解，原因之一，在於它與『性』的問題常相
　混，難以析理。反之，自古以來，對於人性善惡的爭論，之所以紛紜難定，往往也
　是因為涉及了『才』的問題。」龔鵬程：《才》（臺北：臺灣學生書局，2006年），
　頁6。

書，討論魏晉哲學重要問題，諸如才性系統、有與無、本與末、體與用、言與意、自然與名教之辯等等，洋洋灑灑，共近三十萬言，[77]他本是就才性切入，或與玄論統稱為名理，或析出材質主義與命定主義之別，又或是探究才性人格的種種姿態。以他的判斷，指出：「魏晉之玄理，其前一階段為才性，故此書即曰『才性與玄理』。才性者，自然生命之事也，此一系之來源是由先秦人性論問題」而開出，但不屬於正宗儒家如《孟子》與《中庸》之系統，而是順著『生之謂性』之『氣性』一路而開出。」[78]因此他以王充性命論為例，對才的解釋，其中一種定義是：「『才』是能，是『會恁地去做』（朱子語）。才能是個材質的觀念（Material），它可以通於氣性之善惡，亦可以通於『靈氣』之智愚。通於氣性之善惡，而會恁地去表現氣性之善的傾向，即成為清的操行，即成為賢。故賢雖以性為根，而及其成為賢也，亦可說才。如不會恁地去表現氣性之善的傾向，而只表現惡的傾向，則成為濁的操行，即為不肖或不賢。故不賢雖亦以性為根，而及其成為不肖也，亦可說才。此處說『才』，即說不才或無才。無才是無善才，雖無善才，卻有惡才或壞才。故賢不賢，性也，亦才也。」[79]此處才又與賢、不賢、氣性善惡有關，不僅如此，通過氣性善惡，才也能擴充到德性的層面，成為清的操行，即成為賢；惡的傾向，則成為濁的操行，即為不肖或不賢，故行為之清濁，正由才而來。由此可見，才的紛歧難定，實有待更進一步分析整理。

　　本節的主軸，當然不在討論才的思想發展與內涵結構，也不是論證文人才士的流衍變化。故此處的「才」，就是才能的意思，包括先天的才分與後天的學習（練才）。事實上在袁氏三兄弟的用法中，也

---

77 羅俊義：〈牟宗三與魏晉玄學研究——讀牟宗三《才性與玄理》〉，收於牟宗三著：《才性與玄理》（桂林：廣西師範大學，2006年），頁4-5。

78 牟宗三：〈自序之二〉，收於氏著：《才性與玄理》，頁2。

79 牟宗三：《才性與玄理》，頁4。

並未刻意區分各種才的殊異，因此，就廣泛內涵而言，既包括才學、才性、賢德，也包括才氣、天才。用白話來講，相較於平庸無奇，「才」就是指「有能力的人」。而上舉牟宗三先生之書，從善才、惡才，賢與不賢等說，用意在引出一個永恆的問題：聰明才智之士，最終而能得富貴名立，建立功業者，自然多有。可是有才者，命亦殊異，《裟婆館清言》第一則就說：「子房虎嘯，安期生豹隱于海濱；藥師龍驤，魏先生蠖屈于岩穴。緊豈異才？實命不同。」[80]張良（字子房）輔佐劉邦逐鹿天下，運籌帷幄之中，決勝千里之外，建功立業；安期生潔身自好，歸隱不出；李靖（本名李藥師），為李世民所用，乃唐代開國名將，後封衛國公，世稱李衛公；魏先生乃隱士，不求顯達天下，四人皆有大才，只是性情不同，際遇命運也各異，正如曹淑娟所講：「才性既受先天氣稟，加上後天學思雜染，而有紛陳殊異的個殊性，它展現在人應世接物的風姿上，也影響著個人在人世的成就作為。」[81]更再細思，若然才是難得的，則才士處於世間，為何往往又受到諸般挫敗與折磨，際遇不順，兩不對稱，以至於不能暢發才情，為社會國家貢獻自己的才能？諸如此類的探問，就讓才與命的差距，出現更深化、顯題的可能。至於命的解釋，牟宗三所論最善，他說：「『生』是個體之存在於世界，這不是命；但如何樣的個體存在就有如何樣的一些遭際（後果），如幸福不幸福，這便是命。『死』是一個有限的現實個體之不存在，這籠統的『不存在』不是命，在必然要不存在中如何樣地不存在，或夭折，或長壽，或得其天年，或不得其天年，在不得其天年中遭際什麼樣的偶然而致死，或遭水或遭火，或遭一塊降落的瓦片，這都是命。故曰：『生死有命，富貴在天』，生死是必然的，這不是命，但在必然的生死中卻有命存焉。人生中或富或

---

80 〔明〕屠隆：《娑羅館清言》，收於《娑羅館清言・續娑羅館清言》，頁9。

81 曹淑娟：〈晚明清言對人與宇宙關係之省思〉，收於氏著：《孤光自照──晚明文士的言說與實踐》，頁134。

貧，或貴或賤，這也有命存焉。『在天』即在『你個體如何樣地存在』中即涵蘊你有如何樣的遭遇。為何有這樣的遭際是無理由可說的，這是一個虛意，即此便被名曰命、因此便說為在天。」[82]生死是必然，所以不是命，但在出生與死亡之間，則是生存。或富或貧，或貴或賤，許多狀況都不可能全在自己的控制中。我們有怎樣的遭遇，是可以作為命題陳述的，但為何會有這樣的遭遇，為何是我卻不是別人、為何是別人卻不是我……，如此種種，未必有理由可說，所以這是一個虛意，就是命，命有其限制，當然也有難以解釋的遭際：「因此，一切境況不能全在你的掌握中。即使你盡心知性知天，存心養性事天，以你大人的身分與四時合其序，與鬼神合其吉凶，你也不能沒有這些順不順的遭遇，你只能隨遇而安，而安之若命，還是有命存焉，不過你能心境泰然無所怨尤而已。」[83]

　　因此，我們可以說，在可知與不可知，在順與不順的遭際中，在有理由可說與無理由可說的環境裡，不論心境泰然無所怨尤與否，還是有命存焉。可是命運不順，遭際欠佳，還是不免讓人疑惑。因此這般的人生困境，悲士不遇、哀身世淪落、歎英年早逝、有才無命，便一直存於歷來的詩文中，[84]從屈原〈離騷〉、司馬遷〈悲士不遇賦〉、到董仲舒〈士不遇賦〉一開頭就說：「嗚乎嗟乎，遐哉邈矣。時來曷遲，去之速矣。屈意從人，非吾徒矣。正身俟時，將就木矣。」[85]揚雄〈逐貧賦〉；再到左思「世胄躡高位，英俊沉下僚」、[86]杜甫：「故人

82　牟宗三：《圓善論》（臺北：臺灣學生書局，1985年），頁143。

83　牟宗三：《圓善論》，頁143-144。

84　關於士不遇的心靈主題，顏崑陽曾有文分析，不過只限於漢代。可參顏崑陽：〈論漢代文人「悲士不遇」的心靈模式〉，收於政治大學中國文學系主編：《漢代文學與思想學術研討會論文集》（臺北：文史哲出版社，1991年），頁209-253。

85　〔清〕嚴可均輯：《全漢文》（北京：商務印書館，1999年），頁328。

86　〔晉〕左思：〈詠史詩八首之二〉，收入逯欽立輯校：《先秦漢魏晉南北朝詩》（北京：中華書局，1988年），頁733。

有游子，棄擲傍天隅。他日憐才命，居然屈壯圖。」[87]「比看伯叔四十人，有才無命百寮底」、[88]白居易：「詩稱國手徒為爾，命壓人頭不奈何」、[89]李商隱「古來才命兩相妨。」[90]歐陽脩：「予聞世謂詩人少達而多窮」、「蓋愈窮愈工」、[91]納蘭性德：「有解憶長安兒女，裘敝入門空太息，信古來才命真相負。」[92]……，雖然每個人際遇各有特殊，學識性格盡皆不同，卻都有著類似的困惑：有才者，未必有能讓才性發揮的命運、機運，或英俊沉下僚、或命壓人頭、或有才無命、或詩人多窮……，在很多時候，原來才命是不相符，甚至是兩相妨的。[93]

---

87 〔唐〕杜甫：〈別蘇徯〉，《杜少陵集詳注》（北京：北京圖書館出版社，1999年），頁926。

88 〔唐〕杜甫：〈寄狄明府博濟〉，《杜少陵集詳注》，頁1002。

89 〔唐〕白居易：〈醉贈劉二十八使君〉，《白居易集》（臺北：漢京出版社，1984年），頁557。

90 〔唐〕李商隱：〈有感〉，《玉溪生詩集箋注》（上海：上海古籍出版社，1998年），頁141。

91 〔宋〕歐陽修：〈梅聖俞詩集序〉，《歐陽修詩文集校箋》（北京：上海古籍出版社，2009年），頁1092、1093。

92 〔清〕納蘭性德：《金縷曲·西溟言別，賦此贈之》，《納蘭詞箋注》（上海：上海古籍出版社，2003年），頁327。

93 當然，才命不合者，非只男性而已，紅顏薄命、才女命薄等等，同樣也存在著，馮夢龍《愛生傳》就哀悼名妓愛生早死：「然則天之縱生以慧者，適以禍生，而其嗇生以壽者，安知非憐生而脫之也，于生又何悲哉！」「嗚呼！紅顏薄命，曾有如愛生者乎？十四未知名，十九病死。中間衣錦食甘，遠勝而游，剪紅浮白，謔浪笑傲于王孫公子之場者，才三四年耳。」〔明〕馮夢龍：《愛生傳》，收於高洪鈞編著：《馮夢龍集》（天津：天津古籍出版社，2006年），頁71。此外，錢鍾書曾羅列眾多相關材料，徵引如下。可見才命之歎，由來已久：「〈柳子厚墓志銘〉：『然子厚斥不久，窮不極，其文學詞章必不能自力』；〈貞曜先生墓誌銘〉：『維卒不施，以昌其詩』；〈上兵部李侍郎書〉：『性本好文學，因困厄悲愁，無所告語，遂得……奮發乎文章』；〈荊潭唱和詩序〉：『夫和平之音淡薄，而愁思之聲要眇，歡愉之詞難工，而窮苦之言易好。』白〈讀李、杜詩集因題卷後〉：『不得高官職，仍逢苦亂離；暮年逋客恨，浮世謫仙悲。……天意君須會，人間要好詩』；〈序洛詩序〉：『予歷覽古今歌詩，……多因讒冤譴逐，征戍行旅、凍餒病老、存歿別離，……世所謂『文士

　　若然如此，處在似夢似戲的人生中，袁氏兄弟又如何看待這種問題？伯修雖少年便通過科考，事業看似一帆風順，但自家實景，卻也只有懂內情者，方才知曉。我們在第二章時便提到，小修就說世人皆知伯修得意，卻不知伯修的苦處。當他邁向成功，卻又不斷面臨親友死亡，在才情顯露的時刻，往往也面臨心痛悲苦的折磨，像是伯修十二歲入鄉校，數年之後，（生母）龔氏便逝世；十九、二十歲得秀才，自己卻大病連年，幾乎死去，然後妻子又卒；二十七歲中會試，進士登第，兩個兒子又相繼死亡；此後事業雖一帆風順，三十六歲致位宮坊，三十八歲充東宮講官，此時唯一的女兒卻又死於難產。[94]對此，小修不無感慨地說：「外之所謂榮者，浮名也；兄（芝慶按：指伯修）之所自受者，實憂也。浮名顯而實憂暗，故人皆謂兄之處亨，而不知其不盡然也。功德天，黑暗女，半步肯相離哉！」外在之榮，

多數奇，詩人尤命薄』，於斯見矣」；〈與元九書〉：『何有志于詩者，不利若此之甚耶？』孟郊〈招文士飲〉：『詩人命屬花』；徐凝〈和夜題玉泉寺〉：『風清月冷水邊宿，詩好官高能幾人！』宋祁《景文集》卷九十六〈淮海叢編集序〉：『詩為天地緼，……然造物者吝之。其取之無限，則輒窮躓其命而怫戾所為。余略記其近者』；歐陽修〈梅聖俞詩集序〉：『蓋愈窮則愈工，然則非詩之窮人，殆窮者而後工也』；王安石〈哭梅聖俞〉：『詩人況又多窮愁，李杜亦不為公侯；公窺窮阨以身投，坎坷坐老誰當尤！』晁補之《雞肋集》卷三〈海陵集序〉：『文學不足以發身，詩又文學之餘事，為之而工，不足以取世資，故世稱少達而多窮』；張耒《張右史文集》卷五一〈送秦觀從蘇杭州為學序〉：『世之文章，多出于窮人；故後之為文者，喜為窮人之詞。秦子無憂而為憂者之詞，殆出此耶？』賀鑄《慶湖遺老集》卷一〈留別僧訥〉：『詩解窮人未必工』，又卷九〈題詩卷後〉：『端慚少作老更拙，不廢汝詩吾固窮』；朱熹《朱文公集》卷五十六〈答徐載叔〉：『放翁之詩，讀之爽然，近代唯見此人為有詩人風致。……恐只是不合做此好詩，罰令不得做好官也！』莫不濫觴于馬遷『《詩》三百篇大抵發憤所作』一語。軼軒可激思力，牢騷必吐胸臆，窮士強顏自慰，進而謂己之不遇正緣多才語好詞工乃愁基窮本，文章覷天巧而抉人情，足以致天仇而招人禍……。西方十六世紀學者（Pierio Valeriano）撰《文人厄遇錄》（De Infelicitate）托為主客問對，具陳古來才士遭貧、病、夭折、刑戮種種災毒；……。」錢鍾書：《管錐編》（北京：中華書局，1999年），頁937-938。

94　〔明〕袁宗道：〈母舅遜亭先生〉，《白蘇齋類集》，頁218-219。

固然證明伯修有才，表面看來，有才方能處亨，但實際卻是「憂暗」、卻是「實憂」，才命差距之大。不止如此，以伯修如此高才賢達，竟然不能壽終，而是客死異鄉，真是情何以堪，「哀哉，痛哉！吾兄之賢，而竟客死三千里外耶！胥無嗣續耶！寡婦三人，孤燈弔影，流寓京華耶！哀哉，痛哉！嚴親在堂，大姑在室，何以死也？著書未成，何以死耶？學道未了，何以死耶？」[95]天才如伯修，四十一歲已身故。[96]可是若就年歲來講，中郎死得更早，四十歲死於疾病，小修說中郎「先生識見爽豁，機用圓妙。有知之者，謂其識如王文成，膽如張江陵，假之以年，天下事終天賴之，而不逮下壽以歿，天下惜之。」[97]有才之人，黑暗女常伴功德天，有福往往有禍，有時甚至正要人盡其才的時候，卻又無命消受，父親尚在、著書未成、學道未了，正準備貢獻己才之時，人卻已逝，下壽以歿，「人生朝露促，世福誰能兼？」[98]難道說，這是有才者都應該要經歷的痛苦嗎？為什麼上天給了某人優異的聰慧天才，卻又要他嚐盡這麼多的逆境？甚至是早死客死的？才與命的衝突，是小修難以理解的：[99]

> 嗚乎哀哉，難問蒼天！謂靜者壽徵也，而如君之鄭重老成，亦復無年；謂仁者壽徵也，而如君之溫和樂易，歲亦不延；謂清心寡欲者壽徵也，而如君不入季女之室，不登冶子之床者，亦不獲下壽，而遂棄捐。豈哲言之我欺，抑宿業之相纏？

---

95 〔明〕袁中道：〈告伯修文〉，《珂雪齋集》，頁788。

96 伯修惋惜李年伯有才卻無命，作〈祭李年伯文〉，文中說他不當死者有二，未可以死者有四，不料竟突然棄世，其實伯修自己也是如此。〔明〕袁宗道：〈祭李年伯文〉，《白蘇齋類集》，頁170-171。

97 〔明〕袁中道：〈吏部驗封司郎中郎先生行狀〉，《珂雪齋集》，頁763。

98 〔明〕袁宗道：〈詠懷李白〉，《白蘇齋類集》，頁6。

99 〔明〕袁中道：〈寄魯上林文〉，《珂雪齋集》，頁799。

就廣義來講，鄭重老成、溫和樂易、清心寡欲者，都是「才」的表現，[100]因為有此才質，所以小修前頭才說：「出游槐市，人指圭璧。升之上庠，聲名赫弈。」但是，有才者未必有命，長命者又未必才命，才命如何雙全，實是難問蒼天。說到底，畢竟是「死生大海兩茫茫」，無可奈何，也只能「四旬莫究多生願，一木橫埋未了腸」[101]了，在給亡友的詩裡，小修說得再明白不過了：「才士原無命，蕭條孰與君。」[102]

其實就連小修自己，多年考試不順，昔年青雲之志，將相之盼，建立功名事業之心。自身雅負奇氣，才華過人，隨著一再落榜，屢屢哀歎時命不濟：「人生能幾何，愁思鬱肺肝。行年二十五，慘無一日歡。生長愛豪華，長劍與危冠。寶馬黃金勒，賓從佩珊珊。時兮竟寂寞，小弟空無官。竄伏篷嵩內，妻子嘲饑寒。」[103]「弟之奇窮，世所未有……。」[104]有才者卻未比有相襯之命，小修視科舉為人生之一厄，[105]其原因亦在此。

---

100 如果用牟宗三的話來講，人性的全幅開展，一是先秦人性善惡問題，從道德上的善惡觀點來對人論人性；二是《人物志》所代表的才性名理，是從美學的觀點，對人之才性或情性的種種姿態作品鑒的論述。前者是道德的，後者是美學的，目的在於實用（知人或用人），是對生命的之滲透更有廣大的涵蘊與深遠的強度。如果我們用更簡單的語言來表達，正如曹淑娟所說，即包括才性與德性兩大範疇。文中的「才」，包括仁者、靜者、清心寡欲者，顯然是已經包括了這兩方面。牟宗三：《才性與玄理》，頁40。曹淑娟：〈晚明清言對人與宇宙關係之省思〉，收於氏著：《孤光自照──晚明文士的言說與實踐》，頁134。

101 〔明〕袁中道：〈入都迎伯修櫬，讀詩十首，效白（其四）、（其十）〉，《珂雪齋集》，頁119、121。

102 〔明〕袁中道：〈哭亡友宜都劉孝廉玄度十首（其六）〉，《珂雪齋集》，頁43。

103 〔明〕袁中道：〈下第詠懷〉，《珂雪齋集》，頁43。

104 〔明〕袁中道：〈寄長孺〉，《珂雪齋集》，頁1030。

105 「先儒有言：『舉也是人生一厄，過了此關，正好理會性命』。」「先儒云舉業是人生一厄，過了此關，正好理會性命。弟之卑卑一第，誠不足喜，喜過此關，可以專精此一事耳。」〔明〕袁中道：〈申維烈時藝序〉、〈答陶不退〉，《珂雪齋集》，頁484、1070。

　　既然才命常常衝突，伯修就要人隱才，消煞才力，杜機葆貞，凝訂於淵默之中：「夫士戒乎有意耀其才也」。[106]用意在於避免露才揚己，引人妒嫉的危險，當然這也有自身修道的原因，他認為過度依靠才力，思量解會，主觀太重，反而容易心迷目盲，眼花撩亂，誤把虛當作實，因此忘卻了自家性命所在：「方寸裡一副能思量解會的力量，所謂才也，直使得人七顛八倒，彌高彌堅，在前在後，眼見虛花。孔子沒奈何，難以本分教他，且教去博文約禮，漸漸消煞他才力。果然苦極憊極，欲休不得，湊泊到真札不入處，一副力量都消磨盡了。然後自己本來一片田地，壁立萬仞的，瞥爾現前。雖欲從之，末由也已。非親證人不解作此語也，譬如賊入室宅，鼠入牛角，無限偷心，驀地盡絕矣。」[107]而就中郎來看，要解決才命的問題，靠的是才與氣。氣是氣節，他在〈萊陽張廷尉贊〉裡，一開頭就說「氣與才有二乎哉？不可二也，猶車之有輻箱轂焉。」士之用世，是靠才，維持世則是以氣，氣不稱而才侈，是通人之所病。他說新鄭（高拱）、江陵（張居正）為相時，近稱賢相，但因性格強烈，不免以其貴驕抑天下士。士子雖有才，但宰相專橫，自己只好委屈求全，稍作奉承，以就功名。獨張公不然，「吾受性已定，豈隨人雕刻者！」[108]又說他高簡自持，與高拱、張居正等人，意見屢有不合，僵持不下，對方身居高位，也不屈服。中郎認為這就是才氣兼全：[109]

　　　　公能以其才為世之所難，而不能以其氣趨世之所易，故遲回中
　　　　外，竟亦不合而已矣。夫世之處世也，猶水之在川也，坦蕩浩
　　　　渺，所之為萬物澤，卒焉與石遇，則為驚濤，為激湍，而水未
　　　　嘗挾奇以為奇也。

106　〔明〕袁宗道：〈士先器識而後文藝〉，《白蘇齋類集》，頁91。
107　〔明〕袁宗道：〈說書類〉，《白蘇齋類集》，頁248。
108　〔明〕袁宏道：〈萊陽張廷尉贊〉，《袁宏道集校箋》，頁1562。
109　〔明〕袁宏道：〈萊陽張廷尉贊〉，《袁宏道集校箋》，頁1563。

有才者，若能機會表現，自當貢獻己才，為國為民，達則兼善天下，如水之在川也，坦蕩浩渺，澤被萬物。故能用世者，皆是有才。可是不能只有才，還要有氣節，有所堅持，有立身處世的原則標準才好。因此中郎的結論就是：「唯真氣節，乃能為真事業哉！」[110]只是若然才氣相符，可是時遇不際，命運多蹇，又或是與當朝者不合，不願屈就權威，就如文中的張公，稱病退職，回鄉養老，此時又該如何？就中郎看來，用莊子之典，就是要處於才與不才之間：[111]

> 不才之木，得子而才，故知匠石不能盡木之用。嗟夫，豈獨木哉？世有拙士，支離龍鍾，不堪世務。頭若虀杵，不中巾冠，面若灰盆，口如破盂，不工魅笑；腰挺而直，足勁而短，不善曲折，此亦天下之至不才也。而一入山林，經至人之繩削，則為龍為象，為雲為鵠，林壑堅而成輝，松桂蔭而生色，奇姿異質，不可名狀，是亦生物之類也。嗟夫，安得至人而與之，竟不才之用哉！

才與不才都是相對性的，沒有絕對的標準，找到適合自己的舞臺（也可說是命的一種），就如文中「天下至不才」（以世俗的眼光來看）的人物，也能像不才之木，一入山林，經至人之繩削，為龍為象為雲為鵠，奇姿異質，不可名狀，不才之木如此，拙士自然也可以逍遙自在，自適於世。故才能得以發揮，就是才；反之，便會遭受壓抑，懷才不遇，有才無命，況且即便是才，在錯誤的地方，也會變成不才。前引左心源的話，也有這層意思，他說：「人生隨其所居之位，皆當有成章處，若進退無據，與世俯仰，碌碌奔波，則為庸人。」[112]找到

110　〔明〕袁宏道：〈萊陽張廷尉贊〉，《袁宏道集校箋》，頁1563。

111　〔明〕袁宏道：〈識周生清秘圖後〉，《袁宏道集校箋》，頁196。

112　〔明〕袁中道：《游居柿錄》，《珂雪齋集》，頁1184。

適合自己的位置，自當有成就彰明，若只是與世俯仰，碌碌奔波，不過就是無才的庸人而已。就像中郎在〈萊陽張廷尉贊〉所讚美的：「公居官凡歷十餘遷，其至也若家，興除掃剔，不遺餘力；其去也若遺空囊敝屣，蕭然如退院之衲，故所在至今思之」，[113]隨其所居，或興除掃剔，不遺餘力，或蕭然如退院之衲，進退雍容，不疑不懼，才與命自然也能相倚相立。

也可以這麼說，就伯修、中郎、小修三人的性格與生平而言，伯修雖具狂放與穩實兩面，卻強調沉潛，不炫才，潛龍在淵（當然目的是為了有用於世，飛龍在天）。中郎與小修年少時皆才情橫逸，不免小覷天下事，也看不起許多人，中年以後，中郎再變而為苦寂，最後歸於平淡見真；小修則是懺悔前非，大病傷身，於是悠然於山水間。從這裡可以看出，並非他們不強調才，或是沒有才了，其實他們才能皆在、才性不減，但歷經世事（命）後的他們，人生智慧增長，於是修身養性，學道參佛。與前相比，漸趨於穩重，「才」經過「命」的轉化之後，經驗人生歷練的成長，已由之前的光芒四射，轉為內斂，曖曖內含光，漸漸抽離俗世的眾多議論與評判。在才與命之間，嘗試尋找兩相妥協，彼此協調的平衡，並以此深入自家性命，探索「大休歇之處」（見第二章），對生死的透悟，自然就能更深入更深刻。

可是，人生如夢如戲，夢戲人生，公安三袁在這樣的世界觀中，以自適之道，修持自身，解決才命問題，或以陽明良知了生死，或禪淨同參，又或是尋山水之樂以治病除情習。在這些義理工夫之間，又該以哪些重要的人生觀勘破此玄機呢？這些行為準則與處世方法，對世間的各種價值與追求，又是什麼？對他們的求道心態、思想內涵，又有哪些幫助？

關於這些問題——答案就是「冷」跟「隔」，冷眼觀世，隔離心

---

113 〔明〕袁宏道：〈萊陽張廷尉贊〉，《袁宏道集校箋》，頁1563。

態。就他們看來，在夢與戲的世界，以一種清醒的、超脫的方式，來涉世、處世與應世，便能體會夢戲的真諦。

　　所謂的「冷」，常常相對於「熱」。前者意謂對原本盲目追求的對象，沉默地退離，並且以一種冷淡、淡化、淡漠的方式，「冷」處理，重新看待。當不再為對象患得患失，得失心淡泊，「諸緣皆可作飛塵」，[114]便可不再為世間價值盲然追逐，失卻了自我本真。後者（熱），則是對塵世各種利益價值的獲求，例如社會地位、富貴奢華、權力身分等等，汲汲營營，奔波追捕，強取豪奪，如此爭名逐利，津津有味。而為求利益，用盡心機，裝模作樣，既得之，又患失之，故凡是看重世間聲名價值者，都可以屬於「熱」的部分。因此在紅塵滾滾，熱鬧濁世中，要能勝物而不傷，應世而不被世所障，出汙泥而不染，就有賴於對「冷」的掌握。體會愈深，境界愈高，就愈能入世即出世，保持自身清醒，冷淡以對，不被「熱」昏頭，伯修說：「竹里自燒鐺，清煙澹林月。一飲洗煩囂，再飲沁毛髮」，[115]伯修以譬喻的方式，藉由飲泉水之冷，來滌除世間之熱（煩囂）；中郎也歎息：「人間多少熱忙人」、[116]「鐵城焰裡熱忙身」、[117]「噫，今知君子能不以苦為樂，以熱鬧為清涼者，幾人哉！」[118]人世之熱，讓人迷失，讓人目盲，讓人心發狂，所以中郎要「蹤跡人間冷，生涯一世疏」、[119]「看雲諸態冷」。[120]由此可見，冷所表現的心境與態度，是針

114　〔明〕袁宏道：〈長生岩逢休糧道者〉，《袁宏道集校箋》，頁108。

115　〔明〕袁宗道：〈飲小修所攜惠泉（其二）〉，《白蘇齋類集》，頁70。

116　〔明〕袁宏道：〈蕪湖舟中同范長白、念公看月（其三）〉，《袁宏道集校箋》，頁868。

117　〔明〕袁宏道：〈戲贈死心和尚，死心以秀才出家〉，《袁宏道集校箋》，頁669。

118　此段為吳郡本、小修本有，可見錢伯城的箋校。〔明〕袁宏道：〈陰澄湖〉，《袁宏道集校箋》，頁169。

119　〔明〕袁宏道：〈曹以新〉，《袁宏道集校箋》，頁144。

120　〔明〕袁宏道：〈舟中〉，《袁宏道集校箋》，頁108。

對熱鬧浮華來說的。喧囂紛馳,攀附牽引,變化糾結,或可眩人耳
目,但是卻缺乏內斂清醒的超脫感,不夠沉穩靜態,也不夠肅穆敬
重。所以小修才說人心如火,世緣如薪,可愛可樂之境當前,不免火
上添油,火遇燥薪,愈燒愈旺。[121]至於在塵勞中修行,是火中蓮,非
有力健兒不行,一不小心,常常根毀株焦,[122]相比之下,遠離喧囂,
深山結伴,則是易且穩的水中蓮。[123]因為「蕭蕭泠泠,皆足以蕩滌塵
情,消除熱惱」、[124]「一自入情緣,棘蓬忽身墮。愁令不耐生,恨令
不顧禍。竦身出重圍,天蘿佳衣破。幸然除熱惱,清淨已心諾,既向
棘中出,不回棘里臥」,[125]身處世俗,墮入情緣,就像陷入荊棘中,
難以自拔,若能出重圍、除熱惱,自然就不需再臥回棘蔓藤生的世界
裡。我們在第四章裡,也談到小修山居的幾種原因,分別是:

　　〈寄祈年〉:「吾駙性坦直,不便忍嘿,與世人久處,必招愆尤。
不若寂居山中,友麋鹿而侶梅鶴,此其宜居山者一也。」「又復操心
不定,朱紫隨染,近繁華即易入繁華,邇清淨則易歸清淨。今繁華之
習漸消,清淨之樂方新,而青山在目,緣與心會,此其宜居山者二
也。」「兄弟俱闡無生大法,而為世緣所逼,不得究竟。今居山中,
一意理會一大事因緣,必令微細流注,蕩然不存,此其宜居山者三
也。」「骨肉受命慳薄,惟盡捐嗜欲,可望延年。業緣在前,未能盡
卻,必居山中,乃能掃除,此其宜居山者四也。」「生平愛讀書,但

---

121 〔明〕袁中道:〈苦海序〉,《珂雪齋集》,頁473。

122 當然在塵勞熱鬧中,也不是不能修行,只是往往有特定對象:「惟豪華之子,久在
　　世塵而生厭離者,其銷除在株根,而其力最大,一厭永不復生。此古人所謂火中
　　蓮也。」〔明〕袁中道:〈壽南華居士序〉,《珂雪齋集》,頁430。

123 「從塵勞中修行,火中蓮也。深山結伴,遠離喧囂,一心淨業,水中蓮也。火蓮
　　非有力健兒不能,否則並根株焦矣,不如水蓮之易且穩也。」〔明〕袁中道:〈書
　　五臺續白蓮社冊後〉,《珂雪齋集》,頁913。

124 〔明〕袁中道:〈中郎先生全集序〉,《珂雪齋集》,頁521。

125 〔明〕袁中道:〈感懷詩五十八首(其十三)〉,《珂雪齋集》,頁193。

讀書之趣，須成一片。俗客熟友，數來嬲擾，則入之不深，得趣不固。深山閉門，可遂此樂，此其宜居山者五也。」[126]

〈柴紫庵記〉：「故古人舍喧入寂，假澄波以貯慧月。吾輩豈可逐逐紛囂，妄語那伽，如醉象之無鉤，似野馬之不御，此其宜居山者一也。」「外境之為水火，亦大矣。而以燥濕之習氣與偶，政恐入焰常新，難同浣布；騰波不注，有媿蓮花。燃濡隨之，害豈有極。故知涉事難守，離境易防。此其宜居山者二也。」「吾一觸塵繆，周旋世事，若枳若焚，形神俱困。乍對迭迭之山，湛湛之水，則胸中柴棘，若疾風隕籜，春陽泮冰。……此其宜居山者三也。」「中年馳鶩名利，垂情花月，羽陵蠹集，硯北塵生。自非偶影青巒，莫酬此志。此其宜居山者四也。」「世煩我簡，簡則疑傲；世曲我直，直則近訐；同固投膠，異過按劍。夫骨體如此，世路如彼，則采藥賣石，亦足以老矣。……此其宜居山者五也。」[127]

兩者記載原因略有不同，可能是因應不同對象、環境所致。不管如何，在這些自白中，對於「周旋世事」、「世緣所逼」、「逐逐紛囂」、「外境之為水火」、「涉事難守」的熱世界，「朱紫隨染」的小修身處其中，只能形神俱困、若枳若焚，而不論是外在環境的適宜，還是內在心境的沉潛，山居生活的身心狀況，正好是以「冷」來擺脫「熱」的最好方法。關於「冷」的生活態度，鄭幸雅說得好：[128]

> 冷是一種沉默退離的姿態，主體以淡泊冷眼面對人世，拒絕伴隨政治角色、紅塵俗務而來的身心干擾。展現的觀物態度，乃是視我為一絕對獨立的個體，在不須與他人攀引、不須求知於人、不須示惠於人的意識中，棄絕營求之念，各成其本然的面

126　〔明〕袁中道：〈寄祈年〉，《珂雪齋集》，頁1017。

127　〔明〕袁中道：〈柴紫庵記〉，《珂雪齋集》，頁654。

128　鄭幸雅：《醒世癒病》，頁323。

貌。就個人與環境的對待關係而言，冷的觀物態度，是不得已
的消極呈顯，但就個人與道德清明與心境清素的維護而言，則
又是積極的自我展現。

當冷作為姿態，以冷眼面對人世，拒絕外在濁世的干擾，既有消極的
一面，也能有積極的展現，也就是小修所說的放下世間奔波之念，隨
處於間，自適自得：「偶見人死，一客曰：『看來只合快活。』予曰：
『所謂快活者，見得人世無常，將奔波世間之念放下，隨分處其間
耳，便舍此求酒色快活，是自速之死也』。」[129]快活不是縱情酒色，
是不為外在環境滋擾於心，將奔波世間之念放下。而由上述論述可
知，「冷」即是快活的重要因素。

　　接著就「隔」來說，龔鵬程研究《菜根譚》之類的清言，[130]指出
清言的特色，在於「隔」的人生藝術觀，隔離自我，又以此觀照人
生，並以「倩女離魂」之法，遙看自己，卻又指導自己。這樣的書寫
活動，乃是寫作者觀看自我，體察自我，並提出應對。因此「我」同
時是一存在者，也同時是置身局外的旁觀者。[131]「倩女離魂」之法，
出自金聖歎批《西廂記》，文曰：[132]

　　　　聖山云：美人于鏡中照影，雖云看自，實是看他。細思千載以

---

129 〔明〕袁中道：《珂雪齋外集》，收於《續修四庫全書別集類》第1376冊，頁398。
130 根據鄭幸雅的研究，明代中葉以後，「清言」的指涉，約有三種：一、沿承前人談
　　玄之意，如姚汝紹〈焦氏類林序〉：「昔漢末暨魏晉諸公，雅善清言，警欬間皆成
　　珠玉」；二、書名，如屠隆《裟婆館清言》自序就說：「雖然余之為《清言》，能使
　　愁人立喜，熱夫就涼。若披惠風，若飲甘露，即令鷺公見之，亦或為一解頤」；
　　三、專稱，指的是「清言」作為一種特殊文學樣貌，大盛於晚明，是晚明小品中
　　的清言一類。鄭幸雅：《醒世癒病》，頁15。本文所用之義，即第三種類型。
131 龔鵬程：〈位在聖凡之間的清言小品〉，收於氏著：《晚明思潮》，頁274-275。
132 〔元〕王實甫原著，〔明〕金聖歎批點：《第六才子書西廂記》（臺北：三民書局，
　　2008年），頁133。

來，只有離魂倩女一人曾看也。他日讀杜子美詩，有句詩云：
「遙憐小兒女，未解憶長安。」卻將自己腸肚移置兒女分中，
此真是自憶自。又他日讀王摩詰詩，有句云：「遙知遠林際，
不見此簷端。」亦將自己眼光，移置遠林分中，此真是自望
自。蓋二先生皆用倩女離魂法作詩也。

就文學藝術上來看，倩女離魂法，即是在創作過程中，作者與被描述
的對象，既入又出。作者將自我心境與感受投入其中，但又要跟「自
我」拉開距離，以旁觀者的模式，觀看自我的心靈狀態，並融鑄在物
象的建構裡，[133]用金聖歎的話來講就是「自憶自」或「自望自」。以
人生的觀照態度來講，「隔」強調的是個體與他人、主體與客體、自
我與他者（包括人事物等等），保留適當的距離，不遠也不近。維持
自身的虛靜空間，不過分逼近，產生厭惡與煩擾，但也不會距離太
遠，失去了欣賞理解的深刻。如果冷與隔相合，我們可以說，這就是
冷眼遙對世事的行為模式，既是觀看自己、反省自己，也是與世間名
利等價值，保持安全模式，不致於被「熱」迷失發狂。小修曾以釣魚
者為題，說明這層道理：「本非釣魚人，聊以寄瀟灑。意不在釣魚，
在看釣魚者。」[134]釣魚者，本非釣魚人，故意不在釣魚，目的只在於
觀看「釣魚」這個本身的活動。如果釣魚者就是自己，即意謂著抽離
自身，自己觀看自己；如果釣魚者也泛指他人（其它的釣魚者），則
是以旁觀者的角度，隔看世間諸態，不過分涉入；中郎也說：「對境
聊觀夢幻身」，[135]以富有佛教夢幻泡影意涵的夢幻身，對境聊觀，也
可說是「隔」。更進一步來講，我們從公山三袁行事與思想可以看

---

133 鄭幸雅：〈識趣，空靈與情膩──論晚明文人的審美意識〉，《文學新鑰》第5期（嘉
　　義：南華大學文學系，2007年6月），頁114。

134 〔明〕袁中道：〈題王弘釣魚〉，《珂雪齋集》，頁331。

135 〔明〕袁宏道：〈病中和黃道元至日禪寺夢愁詩〉，《袁宏道集校箋》，頁134。

出，藉由冷與隔的觀照，再通過學儒學佛學道，念佛參禪等修持，他
們認為如此才能夠安頓自己，在人間塵勞中，不會喪失了自我，不會
失去了自適的能力。如果用中郎的話來講，即是「世情當出不當入，
塵緣當解不當結，人我勝負心當退不當進。若只同尋常人一般知見，
一般度日，眾人所趨者，我亦趨之，如蠅之逐膻，即此便是小人行徑
矣，何貴為丈夫哉？」[136] 抽離世情（隔），解開塵緣，沉默退離
（冷），既隔且冷，就不必與尋常人般，經營奔逐，如此才能真確學
道悟道，這就是冷與隔的狀態。小修也說：「人情事變之內，真學問
出其中。調停宜，處實周。急而徐應之，囂而靜鎮之，疏而密綜之，
險而平待之，觸而虛遊之。」[137]「觸而虛遊之」，既接近，卻又不能
完全陷入，故要虛遊。「虛遊」，就是隔的最好注解；「囂而靜鎮之」，
則是冷的態度，在喧鬧中要以冷淡靜寞維持局勢。其它諸如「急而徐
應之」、「疏而密綜之」、「險而平待之」等等，都可說是從冷與隔以直
接或間接的方式，引申而出的行動因應姿態。

　　因此，處於世間嗜欲場中，煩憂苦惱，逼人而來；名利富貴，諸
般益處，確實也難以捨棄，更何況「吏情物態，日巧一日；文網機
穽，日深一日；波光電影，日幻一日」。[138] 解決之道，是以冷與隔來
處事觀世。因為冷與隔，才能在夢戲的人生中，適時地抽離，就像
《醉古堂劍掃》所說：「透得名利關，方是小休歇；透得生死關，方
是大休歇」，[139] 冷與隔是「透得名利觀」的人生態度，從名利關到生
死關，從小休歇到大休歇，正考驗著人們的處世智慧與修持工夫。如
果用伯修自己的話來講，就是「息緣」，他在〈鄒翁壽序〉說：「息緣
則靜，靜則虛，虛則通，通則智生，智生則能見無見之見，知無知之

136 〔明〕袁宏道：〈答李元善〉，《袁宏道集校箋》，頁786。

137 〔明〕袁中道：〈權荊觀工部主事趙公去思碑記〉，《珂雪齋集》，頁742。

138 〔明〕袁宏道：〈何湘潭〉，《袁宏道集校箋》，頁272-273。

139 〔明〕陸紹珩：《醉古堂劍掃》（臺北：文津出版社，1993年），頁13。

知」，[140]無見之見，無知之知，即伯修對良知的定義內涵（詳見第二章）。由此可見，息緣則靜，不受世情所束，入世而又不汲汲營營於世，在生命中求安穩，才可能談到了脫死生的問題。[141]

值得注意的是，「冷」與「隔」並非公安三袁的想法而已。在晚情思潮中，早已普遍流行，呂坤就說：「熱鬧中，空老了多少豪傑，閒淡滋味，惟聖賢嘗得出。及當熱鬧時，也只有這閒淡心應之，天下萬事萬物之理，都是閒淡中求來，熱鬧處使用。」「此心一冷，則熱鬧之景不能入；一淡，則豔冶之物不能動。」[142]在引文中，呂坤分別用熱鬧對比「閒淡」與「冷淡」，如前文所言，熱鬧往往象徵喧囂空浮，至於閒淡與冷淡則是對治熱鬧的心境，意思類同。呂坤甚至說閒淡（冷淡）滋味惟聖賢嚐得出來，可見當時人的觀念樣態。周順昌說：「最恨者，方今仕途如市，入仕者如往市中貿易，計美計惡，計大計小，計貧計富，計遲計速。弟思今日正委吏乘田，東西南北惟命之日，只宜信心做去，美惡貧富，升而遲速，何所不可？須知銀子取不盡，好官做不盡，予之角，去之齒，四其足，兩其翼，造物自有定數，安用營營為？」[143]計較太多，計算太過，計大計小，計美計惡，計貧計富，計遲計速，正可說是「熱」的最佳寫照，前已述及，熱的反面就是冷，項煜在〈冷賞序〉便說：「世人事業俱從熱處做，冷中滋味，誰及領取？必有冷人得冷趣、做冷事，仍使入冷眼、作冷語，

140　〔明〕袁宗道：〈鄒翁壽序〉，《白蘇齋類集》，頁113。

141　反過來說，若皆不能做到，不免就如屠隆所言，是「結習太多」、「舊緣太熟」：「今之譚性命者雖多，奈何其結習太多，舊緣太熟，于世間泡影無常，種種虛幻，纏縛胸中，戀不能割，甚或虛誇巧，逞其狂慧，將聖賢度世超劫大道認作是筆舌間鼓吹，淋漓璀璨，能奕奕青蓮香。而徐按具身心實際，與此道了無毛髮干涉。」〔明〕屠隆：《棲真館集》（明萬曆十八年刻本），頁57。

142　〔明〕呂坤：《呻吟語》，頁161、179。

143　〔明〕周順昌：〈第後東德升諸兄弟〉，收入朱劍心選注：《晚明小品選注》（臺北：臺灣商務印書館，1964年），頁308。

胃師其以我為個中人耶？陶隱居云：嶺上多白雲，但可自怡悅。子美詩曰：心清聞妙香。雲何所悅？香何所聞？悅不關雲，聞不在香，冷者自知之，自賞之而已。」[144]天下世人事業多從熱處，少有人能領會冷的滋味、冷的重要，而冷趣、冷事，冷眼、冷語，「冷」的關鍵，都在於自知──那份保持清醒的心境與態度。

除此之外，我們不妨再以清言來舉例。晚明清言小品的特色，並不以完整的體系、嚴密的系統見長，而是重在以格言短句的方式，既是當時文士調適其應世經驗的心得報告，也企圖描繪出某些人生指導方針，[145]列舉如下：

---

144 鄭仲夔：〈冷賞〉，《中央圖書館善本序跋集錄》，子部小說家類（中央圖書館編，1993年），頁307。轉引自鄭幸雅：〈識趣，空靈與情膩──論晚明文人的審美意識〉，《文學新鑰》第5期（嘉義：南華大學文學系，2007年6月），頁113。

145 學界論及《菜根譚》、《醉古堂劍掃》（又名《小窗幽記》）等清言時，多以惕勵心性而言，往往以教化為用，像曹淑娟就認為此屬人生體悟之書：「文句簡短，常以駢語對句出現，似歌謠複沓層進的旋律；不長篇申論道理，而重意象的塑造，呈現生活的韻趣。它既是明末士人調適其應世經驗的心得報告，並兼有教化的用意」。龔鵬程不完全同意這種說法，指出清言並非全是處世道理，而是文人感聖賢言語境界之美，心所嚮往，有以致之。是以文學趣味、遊戲的態度賞玩之、鑒賞之。就因為此種心態，所以其言說往往矛盾反覆，可愛者未必可信，反之亦然，如《菜根譚》說「心無其心，何有于觀？釋氏曰觀心者，重增其障」，另方面卻又說：「夜深人靜，獨坐觀心，始覺妄窮而真獨露」，前者要人觀心後者卻又說心不必觀，兩相比照，缺乏系統性與前後一致性，不免矛盾。當然龔鵬程也認為講求完整性與嚴謹性，並非清言編纂目的，只是他藉由分析這些常常不能相互配合，甚至時有衝突的短言佳句，認為《菜根譚》、《醉古堂劍掃》等清言的重點，在於「隔」的人生藝術觀，隔離自我，又以此觀照人生，「以『倩女離魂』之法，遙看自己、欣賞自己、甚至指導自己，成為格言或座右銘」。除此之外，這類文字既已成語言成品，不可避免的，已不只是作者內心獨白，而轉為宣傳、教化、指導的功能，從美學到人生哲學，此可謂從「隔的觀照」通往「教的言說」。龔鵬程所言甚確，確極精彩，「隔」的人生觀，也正是本文著重的主旨之一。不過，我們也必須注意，其實道理就在文采美詞中，文句造成意象，而此意象托諸於文學感性，藉由感性的引導，咨磋想慕，引領讀者走入文學與美感的境界，綺語閒思，理在情中，情由此而生。可是這些作用，是要豁顯某些人生真相，最終仍舊用於指導人生的。那麼，指導人生之「理」又該怎麼看？其實，正如龔鵬程所言，這些清

　　生長富貴叢中的，嗜欲如猛火，權勢似烈焰。若不帶些冷清味，其火焰不至于焚人，必至自爍。(《菜根譚》)

言小說本來就沒有系統、完整的體系，其目的也不在建構完整的學說與理論。但是，說它們重在修養身性的一面，也自有其理據，因為我們確實在裡頭看到了許多靈光一現的格言智慧，這種智慧，當然是隔的觀照。可是這種隔，恐怕不一定是美學式的欣賞，也未必是隔離自我觀照人生之類，而是依舊偏向於教化式的格言、應世經驗的心得報告之類。應該這麼說，這些清言小品，本身就具有指導、修身養性的單獨功能。這種功能，不能說是完備性的，也不可能照顧到人生的方方面面。它也從不措意於此——畢竟，愈簡單、精簡的文字，雖然也有清淡無味的例子，但若擅用文字的組合，配上經驗閱歷，讀者的識見愈高，接收程度也愈高，很多格言諺語往往也能顯得涵蘊深長。意味深遠的原因，還是在於它用極短的句子，透露了某些人生真相——人之所以為人，就在於他的社會性，處在人際的網路中，要用幾句話道盡一切真相，近乎奢侈，亦不免失之簡化與膚淺，如果非得樣樣俱全、面面俱到，又會瞻前顧後而顧此失彼，話就說得不痛快也不漂亮，相較之下，「諺語」、「格言」就更顯得有趣而突出。說它對，未必全對，說它真理，也確實突顯某些人生真相。在某種程度上，倒也能打進人心，不全是走馬看花、徒憑感性附會。再者，事理往往有主次之分，惟有把次要條件都剔除，才能說得精簡又爽快，就算只是驚鴻一瞥，但語言文句的濃縮與精簡，卻也往往讓人驚豔而拍手稱道：「人我得失冰消，閱盡寂寞繁華，豪傑心腸灰冷」、「冷眼觀人，冷耳聽語，冷情當感，冷心思理」……這些文句，既短又精，理與文俱備，這不就是「做人處世」的某條準則嗎？我們當然可以吹毛求疵地說哪裡怎樣怎樣、哪裡不夠好、哪裡又有語病等等。也別忘了，清言的「清」與「短」，在此就展露了它的優勢：靈光一現的智慧，正透露了片斷的真理，或許不完滿，卻可讓我們拍手叫好；儘管不整全，但精緻的語句，足以讓我們有所啟發。再者，正如龔鵬程所說，這些清言彼此間或許是衝突的，殊不知清言就是要人看到這種對立，愈對立，就愈達啟發的目的。清言根本就是要告訴我們，人生世事，本來就不是和諧而完美、更沒有什麼完整的理論或體系，愈矛盾，才愈像人生。人生，就是在自我與他人不斷衝突中成長，也惟有在此衝突矛盾中，《小窗幽記》、《菜根譚》或是其它清言小品，才能達到教人修身養性、為人處世的道理。清言的目的，其實也就是要你在矛盾的人生中，找尋片斷的準則；在衝突的人事裡，學習應對進退，而這些處世準則，不過都只是一種方法而已，在適當的時機，往往就能發揮它的啟迪作用。本文之所以引用清言對照，即是基於清言所能發揮的人生體悟原則，並顯示出晚明士人應世經驗的心得報告，都與三袁自身言論，多可互觀。可參曹淑娟：《晚明性靈小品研究》，頁205-254。引文見頁208。龔鵬程：〈位在聖凡之間的清言小品〉，收於氏著：《晚明思潮》，頁241-290。引文見頁275。

冷眼觀人，冷耳聽語，冷情當感，冷心思理。(《菜根譚》)

熱鬧中著一冷眼，便省許多苦心思。(《菜根譚》)

芳菲林圃看蜂忙，覷破幾多塵情世態；寂寞衡茆觀燕寢，發起一種冷趣幽思。(《醉古堂劍掃》)

能于熱地思冷，則一世不受淒涼。(《醉古堂劍掃》)

嗜欲場中，肝腸欲冷。(《醉古堂劍掃》)

覷破興衰究竟，人我得失冰消，閱盡寂寞繁華，豪傑心腸灰冷。(《醉古堂劍掃》)

肯謝紛華為在清平著腳，不沾擾攘因從冷澹安身。(《囈下語》)

嗜欲場中，肝腸欲冷。(《續娑羅館清言》)

晤對何如遙對，同堂未若各院。畢竟隔水閑花，礙雲阻竹，方為真正對面。一至牽衣連坐，便俗煞不可當矣。(《悅容編》)

引文裡的清言短句，反映的其實是當時人認定的某些人生真相，因此具有指導人生、教化眾人的作用。將人生（或人身），甚至世間說成火焰（熱地、熱鬧、繁華、嗜欲場，皆有類似的意思），就跟佛教的「火宅」比喻，頗有互通之處，不過佛教著重的是輪迴，火宅即代表著煩惱火焰與痛苦熾熱的輪迴世界，如《妙法蓮華經》卷二：「三界

無安，猶如火宅，眾苦充滿，甚可怖畏，常有生老病死憂患，如是等火，熾然不息」之類，但清言中此類意涵較少，不過也將世間視為煩惱與憂愁叢生之地，這點倒是頗可互通。

可以這麼說，人們當下的存在的實感，往往與外在環境相依，這是在世必然的時空性，時空常常也是一種牽絆、一種枷鎖，讓我們淪入網羅、敷衍纏冗，讓我們不自由、不自在，正如上文所講的「熱」，顯然都有這層意涵。不過人們卻又能超越困境，人能自結，也能自解，現下的時空環境是無可躲匿的，我們的心靈與精神卻可以克服這些必然，走向解放，讓身心自由、活化，讓我們自適、自由，讓我們冷靜、讓我們心冷，而就晚明人士看來，在煩惱火焰與痛苦熾熱的塵俗中，冷與隔就成了對治的重要人生觀。[146]

第四節　小結

因為害怕死亡，所以思考生死，並進而理解人生與世界。希望在複雜糾纏、福禍橫生的世事裡，安身立命，妥善地安頓自己，不會迷失，也不會盲亂，失卻了生存的空間與意義。因此，好好地活著，才可能深入探索死亡，才可能有脫離生死，了悟生死的機會。而活著／死亡，就變成了互相論證的關係，有前者才有後者，因為後者，所以更需要前者……，在生與死之間，就變成了人們追尋與叩問的過程。可是，不論是良知了生死也好，歸宗淨土、參話頭疑情也罷，甚至是置身山水間、消滅情習等等，這些為生死所做的工夫與努力，都必然

146　只是要再說明的是，包括清言在內的晚明思潮，並不是都將熱、火之類字詞，全部視為負面價值，而是須就上下文脈而定，例如《菜根譚》也說：「一段世情，全憑冷眼觀破，幾番野趣，半從熱腸換來。」《醉古堂劍掃》：「負心滿天地，幸他一片熱腸，變態自古今，懸此兩隻冷眼。」相較於引文裡的「豪傑心腸灰冷」，這裡卻強調熱腸，並與「冷眼」都視為正面的價值，是能否超越世情的重要觀念。

會逼出一些問題：我們身處的地方，究竟是怎樣的世界？這個世界，竟然充滿了各種聚散離合、光怪陸離、幸與不幸、福禍兼具、遇與不遇、才與不才、得意與失意、希望與絕望的人事物，這是正常的情況嗎？還是這是非常的異象？如果說這是正常的，又怎麼該理解這種正常？換個方式來講，因為人世多變，我們身處其間，就像身處舞臺一樣，角色性格各異，際遇得失亦難言。但當舞臺閉幕，在動作停止之後，人去樓空，回首向來蕭瑟處，自有一種嚴肅的悲涼感，以及飄泊無常的憂生之悲。原來，人生如夢，人生似戲，在夢戲的迷離惝恍之間，我們活著，我們走向死亡，我們也面臨種種塵世的負荷與複雜。

　　既然如此，又該如何涉世、處世、應機於俗，不落囂張呢？「冷」與「隔」就是他們面對問題的經驗法則。抖落名利之心，消卻富貴之氣，他們企圖與世間的俗世價值，拉開一道安全行距，既不遠離，卻也不打算過分親膩。若即若分，不遠不近。為的是維持自我，不陷絕境；為的是自適處世，禍不侵己。對誤入塵網，卻溺於其中，無可自拔的人，他們以冷凝的心境，隔空觀照，似嘲似弔似傷似悲，照覽人世的同時，也反思自己。

　　當然，夢與戲、冷與隔並非逃避，也非故意忽略、不敢面對，而是既清醒又冷澈的觀照，代表他們理解世界的某些方式。冷與隔、夢與戲，彷若看盡世間滄桑，冷暖自知，是無可奈何的醒世之哭；是明白生存的規則，卻不是自己心甘情願的選擇，只好跌跌撞撞，執拗地笑著。冷與隔，既是警世，也是自傷，既有消極的一面，卻也常常能鼓動自己走向茫然不可知的未來，這或許是他們希望圓滿自身才命的生存方式──又或者，只是殘缺，是無可奈何而安之若命的遺憾。

第六章
結論：在自適與修持之間的死生關切

　　死亡，一直是人們必定經歷的事情。死亡究竟是「結局」，還是「階段」，甚至是另一個「開始」，許多人大概都有不一樣的認知。至於怎麼解釋與觀看死亡，也一直是人類極有興趣、並付出許多心力探究的重大課題。張隆溪曾比較中西文學思想，以死亡的意象來講，他就指出以「骷髏」（髑髏）為死的象徵，並有看破紅塵，視世事如虛幻的意味。在中國思想史中，最有名的例子之一，便是《莊子》〈至樂〉：「莊子之楚，見空髑髏，髐然有形，撽以馬捶，因而問之，曰：『夫子貪生失理，而為此乎？將子有亡國之事，斧鉞之誅，而為此乎？將子有不善之行，愧遺父母妻子之醜，而為此乎？將子有凍餒之患，而為此乎？將子之春秋故及此乎』？」[1]莊子問髑髏，您變成這般模樣，是何緣故？是因為戰爭亡國嗎？還是有不善之行？莊子半夜入睡，竟然因此夢見髑髏，髑髏對他講了許多生死的道理，髑髏說：「子之談者似辯士。視子所言，皆生人之累也，死則無此矣。子欲聞死之說乎？」「死，無君于上，無臣于下；亦無四時之事，從然以天地為春秋，雖南面王樂，不能過也。」[2]生人之累多矣，死則無此累無此憂，莊子不相信，試探性地問他，如果可以重生復活，是否願意？沒想到髑髏的結論竟然是：「吾安能棄南面王樂而復為人閒之勞乎！」[3]就髑髏而言，相較於生的種種束縛麻煩，原來死才是最自由

1　〔清〕郭慶藩：《莊子集釋》，頁617。

2　〔清〕郭慶藩：《莊子集釋》，頁617-618。

3　〔清〕郭慶藩：《莊子集釋》，頁618。

自在的。類似的例子,張隆溪認為歐洲十六世紀以來,許多文學作品
就常有死神與少女的主題。死神的形象,不論是拿著鐮刀,還是頭戴
皇冠、持有長劍,骷髏的造型都是頗為常見的,例如德國詩人克勞迪
斯(M. Claudius)作《死神與少女》(*der tod und das mädchen*),後經
舒伯特(Franz Schubert)譜為名曲。少女代表人生的青春年華、美好
時光,死神找上了少女,紅顏薄命,讓人惋惜。在詩中,少女見到死
神,驚慌失措、緊張害怕,不過死神的言行卻不像外表(骷髏頭)般
駭人,他非常溫柔、和順地對著少女說:[4]

> Ich Bin Noch Jung, Geh, Lieber!
>
> Uind Ruhre Mich Nicht An, Uind Ruhre Mich Nicht An!
>
> (少女)我還年輕,走開!不要來攪擾我!

> Gib Deine Hand, Du Schon Und Zart Gebild.
>
> Bin Freund Und Komme Nicht, Zu Strafen.
>
> Sei Gutes Muts! Ich Bin Bin Nicht Wild!
>
> Sollst Sanft In Meinen Armen Schlafen.
>
> (死神)把手給我,美麗溫柔的姑娘!
>
> 我是你的朋友,不是來使你悲傷。
>
> 放心吧!我不會傷害你,
>
> 你會在我的懷裡進入夢鄉!

就生者來講,死亡讓人畏懼,誰也不願意面臨死亡。但就死者(如
《莊子》裡的髑髏、如詩中的死神)來說,死並不可怕,人們會害
怕,是因為他們並不懂死亡、不明白死亡,只有死亡(或是曾經死

---

4 張隆溪:〈髑髏的象徵〉,收於氏著:《五色韻母:從兩本書開始的神奇旅程》(臺
  北:大塊文化,2008年),頁205-206。引文見頁206,翻譯略作更動。

亡）才會懂得死亡。[5]於是「死亡」就不斷地向「活著」澄清、解釋：「我是你的朋友，不是來使你悲傷。放心吧！我不會傷害你，你會在我的懷裡進入夢鄉！」反過來講，「活著」的人，因為害怕死亡，反而會促使他們想去瞭解死亡，深入死亡，最後才能如「死亡」的宣告一般：坦然地面對死亡。而當我們探索死亡，往往也是探索存活的自身——活著的當下，我們究竟該如何想、如何做、如何安身立命、如何追尋一己之福，才可以消除死亡的恐怖？這些想法與做法，就成了我們於世間存在中，不斷援引各種思想言說與實踐行動，例如對善惡知識的判定、對工夫嚴密的調整，又或是參與各種儀式等等，都是希望藉此來妥善安置「活著」，擁有更幸福的生活，生命有意義，精神充實飽滿，然後才能超越克服「死亡」。正如約翰‧彌爾頓（John Milton）在《失樂園》吟唱的詩句：[6]

> Rather your dauntless virtue, whom the pain
> Of death denounced, whatever thing Death be,
> Deterred not from achieving what might lead
> To happier life, knowledge of Good and Evil?
> Of good, how just! of evil,if what is evil
> Be real, why not known, since easier shunned?
> God, therefore, cannot hurt ye and be just;

5　曾經死亡，即是指具有瀕死經驗的人。依據雷蒙‧穆迪的訪談，許多人經歷死亡時，常有平安寧靜的感受，他們回憶起這段經過：「我覺得孤寂安然……很美妙的感覺，我心裡很平靜」、「完全解脫。沒有痛苦，從來沒有這麼輕鬆自在，我非常放鬆，覺得一切都很好」、「我開始體驗到最美好的感受，我只覺得平安、自在、輕鬆，一片寧靜。所有煩惱都不見了，我心裡想：『真是寧靜平和啊，我一點也不痛』。」〔美〕雷蒙‧穆迪（Raymond A. Moody）著，林宏濤譯，《死後的世界》，頁59-60。

6　〔英〕約翰‧彌爾頓（John Milton）原著，張隆溪導讀：《靈魂的史詩：失樂園》（北京：文化藝術出版社，2010年），頁95-96。

Not just, not God; not feared then, nor obeyed;

Your fear itself of death removes the fear.

你們無畏的勇氣，敢於不顧

死的警告，不管死是個什麼東西，

敢於勇往直前，奮力去獲取

更幸福的生活、關於善惡的知識；

善，怎麼知道？惡，如果真有惡這東西，

為什麼不該認識？認識了才好躲避？

所以上帝要是公正，就不能傷害你們；

如果不公，就不是上帝，就不該畏懼服從，

你們對死之畏懼就正好消除畏懼。

《失樂園》的宗旨之一，是關於自由、正義與責任的永恆問題。裡頭上帝說得很清楚，人的墮落是人的過失，因為受了魔鬼的誘惑，一切都是人的自由意志所行，所以人必須為自己的墮落負責。當然墮落既是危機也是轉機，因為人們可以藉由認識惡，更加體會到善的重要，因為墮落下墜，所以更要飛揚升起，因禍得福，最終造就更美好的人間世界。[7]本文引述《失樂園》，當然不是要討論上帝的問題，而是要說明，在《失樂園》的段落中，撒旦化為蛇，潛入伊甸園，引誘夏娃吃食禁果，引誘的理由之一，就是因為夏娃對死亡存有畏懼，反而促使她去獲取認識善惡的知識，勇往直前，甚至去懷疑上帝的公正與否，這一切的前因後果，都是因為撒旦所謂「你們對死之畏懼就正好

7　《失樂園》寓意的各種解讀，當然極多，例如將《失樂園》視為史事的暗諷，是比喻英國革命的失敗等等。本文並非專門研究的著作，所以只舉其一，以求與本文論述宗旨相符，辭達意順即可。其餘可見〔英〕約翰・彌爾頓（John Milton）原著，張隆溪導讀：《靈魂的史詩：失樂園》，頁38、42-58。陳思賢：《西洋政治思想史（中世紀篇）》（臺北：五南圖書出版公司，2007年），第四、五章。

消除畏懼」。可以這麼說，因為對死亡不可知、因為對死亡的擔憂、不安與疑懼，反而加速了人們從美好之善的伊甸園，吃下知識樹上的果食（禁果）：「善，怎麼知道？惡，如果真有惡這東西，為什麼不該認識？認識了才好躲避？」結果被趕出伊甸園，背負了罪，承擔了死亡。開眼覷紅塵的結果，竟是自己也成了「可憐身是眼中人」，可見死亡的震懾力，有多麼地讓人恐懼。死亡的神秘，也讓人不明所以，所以只好想盡許多辦法，盡力來填補這個難以知曉的空白。況且人一出生，就是走向死亡，這是生理上的必然結果，所以這趟生命旅途中，我們得認識到必死的事實，才能深刻地、確切地對這趟行旅走出屬於自己的價值。就像弗蘭克・凱慕德（Frank Kermode）在 *The Sense of an Ending*（《終結的意識》）一書裡，他強調「終結」的重要，意指人從出生到死亡，是在已經確定的社會中生活，不論是歷史、環境、語言、文化等等，皆是如此。直至人離開人世，依舊繼續存在，並不因某人死亡而消散不見。人的一生總是在處在中間，望不到宇宙的開端，也見不到世界的終結，可是人又總想瞭解生命事物的意義，為了要懂得生命是怎麼一回事，就必須要有終結意識。因此人要消除迷惑、茫然，理解自己，理解他人，理解人生與生命的內涵，就必須建構一個結尾，就是死亡。人在死亡面前，才可能讓生命出現意義。[8]

　　生與死，顯然是中外古今哲人文士，不斷思索的人生大課題。我們在第一章時便已明言，相較於中國其它時期，中晚明時期對生死的相關言論，特別興盛。

　　可是正如第一章談到的，不論古今中外，生死都是永恆人類永恆

8　弗蘭克・凱慕德是以小說的理路，切入人生現實。所以他才說就像詩人敘事從中間開始一樣，人們出生世間，也是投入中間，死也是死在中間。為了弄懂生命是怎麼回事，他們就需要建構開端與結尾的故事，讓詩與生命都呈現豐富的意義。張隆溪：《比較文學入門》（上海：復旦大學出版社，2009年），頁67-72。

追尋的問題，中國思想／哲學史中，也不乏類似的討論，可是為什麼
在中晚明特別興盛呢？這個問題相當重要，但是我們先按下不表，稍
後再來嘗試提出解決的可能方式。當然，在此其間，死生情切，也是
公安三袁極為切己之事。他們念茲在茲，或儒或道或釋，或修養持戒
或吃齋念佛，都是為了妥善安置自家性命，來擺脫死亡焦慮，如果借
用《失樂園》的話講，就是「你們對死之畏懼就正好消除畏懼」。也
惟有安身立命，超然於世間的糾葛纏擾，才可能坦然面對死亡，做到
真的如《莊子》〈至樂〉裡的髑髏、《死神與少女》裡的死神所說，死
亡是自由，也是安寧的，在死亡的世界，不會讓人悲傷。正是如中郎
所說：「吾不圖樂之至此極也」，[9]原來在佛教的描述裡，因為死亡而
往生淨土，竟是如斯美妙的境地，小修曾有〈紀夢〉一文，在夢中他
見到離世已久的中郎：[10]

> 無有日月，亦無晝夜，光明照耀，無所障蔽。皆以琉璃為地，
> 內外映徹，以黃金繩雜廁間，錯界以七寶，分劑分明。地上有
> 樹，皆旃檀吉祥，行行相值，莖莖相望，數萬千重。一一葉出
> 眾妙花，作異寶色。下為寶池，波揚無量，自然妙聲，其底沙
> 純以金剛，其中生眾寶蓮，葉作五色光。池上隱隱危樓迴帶，
> 閣道傍出，棟宇相承，窗闥交映，階墀軒楹，種種滿足。皆有
> 無量樂器，演諸法音。大約與大小《阿彌陀經》所載，覺十不
> 得其一抄一忽耳。予（芝慶按：即小修）愛玩不舍已，仰而睇
> 之，見空中樓閣，皆如雲氣上浮。

---

9 〔明〕袁中道：〈紀夢〉，《珂雪齋外集》，收於《續修四庫全書別集類》第1376冊，
   頁482。

10 〔明〕袁中道：〈紀夢〉，《珂雪齋外集》，收於《續修四庫全書別集類》第1376冊，
   頁482。

這就是中郎、小修等人嚮往的死後（其實就是新生）世界。這個世界，沒有日月晝夜之非，整日光明照耀無所障蔽。琉璃為地，內外映徹，又有黃金繩雜廁間……，富麗堂皇，和諧完善，美妙至極，正如陳永革所言：「就佛教淨土往生信仰來說，在西方無有痛苦唯有極樂彌陀淨土世界，不再是有限生命的重複，不是三世間的生死輪迴，而是生命的全面新生，是對生死輪迴的徹底超越」。[11]此類對於死後的想像與期望，伯修也說：「易簀之後，超苦途，入樂趣，蓋萬萬無可疑者。此身後受享，正不在區區世福下也。」[12]超苦途，入樂趣，不在世福，而在身後受享。故在生時，企圖超克死亡所做的各種努力，可以說是由他們對死亡的憂慮所逼出來的。

　　當然，超克死亡，不能無依憑地空想，晚明盛行的三教思潮，以及難以歸類為三教的思想，就成了他們參索的資源。不過更確地說法，應該是在對死亡的疑懼與擔憂之下，與其說他們參用三教，不如說他們企圖是以三教（與其它）的內涵，來解決他們生命所面臨的問題——生死。如果說時代背景是他們身處的歷史境遇，卻往往不能完全解釋他們為什麼這麼想，那我們就必須叩問在這些人的生命中，遇到了什麼樣的難題與困境。換句話說，不只是因為某些哲學思想而促使這個人有這樣的想法，而是說在他生命中遇到什麼樣的問題，他怎麼面對這個問題？他又怎麼處理這個問題？當他帶著這樣的疑惑來叩問世界，又產生什麼樣特殊的見解？

　　這種問法，在晚明生死議題的普遍情懷中，公安三袁就因此可能有了特殊的地位。因為每個人都是特殊的個體，擁有他們獨特的才識與性格，生命歷程的不同，對生死的發言也呈現其獨特的風貌。[13]他

11　陳永革：〈論禪教歸淨與晚明佛教的普世性〉，收於氏著：《近世中國佛教思想史論》，頁80。

12　〔明〕袁宗道：〈祭太常少卿趙連城文〉，《白蘇齋類集》，頁176。

13　本文的目標，當然是挖掘這些特殊意涵，但與其說這全是特殊的、新的，不如說也

們同樣身處環境氛圍之中，卻又各有不同的際遇，如果說前者是同，後者是異，則在異與同之間，他們皆勇於對自己的生命負責，都不斷叩問這個困擾人們數千年的，卻始終難有統一答案的大哉問。因此三個人對生死的看法，既有時代的影響，也有個人不斷地反思成果，況且三人性格別有不同，對生死的理解，也就有了自己的特色。

接下來簡述本文第二章到第五章的內容，以說明本文宗旨所在：

本文第二章：〈在良知與因緣之間：袁伯修〉。就伯修的生平來講，一方面，是事業順利，功名得意；另方面，卻又面臨親人死別，悲痛難抑，這就促使早慧聰明的伯修真切地思考生命的本質。由於面臨（他人）死亡，自身所產生的眩惑、焦慮之感，這種蕭然、無常之思，或許正是伯修對「本分事」的「真實」涵蘊。藉由這種「真實」的感受，也讓伯修對生死有了更多的體會，於是他不但要理解生死，更要超脫生死，所以他發心參學，以學道者自居。為了解決性命生死的疑惑，伯修先從靜坐息心、呼吸運氣開始，又接觸林兆恩的艮背行庭法，後來領悟至寶原在家中（指儒學），於是「始復讀孔孟諸書」。再加上透過李贄的啟發，伯修更明白地發現，要解決生死問題，必有賴於自明自得，明己本心。自明自得的關鍵當然在於自己，明白自己要什麼，不要什麼；明白自己是什麼，不是什麼；明白自己可以怎麼做，不能這麼做，如此才有可能走出適合自己的求道之路。最後伯修以「三教聖人，門庭各異，本領是同」、「借禪以詮儒」的立場出發，目的是為了脫生死。他從陽明學的四句教體會良知，並從良知貫通佛

有許多是「相異」的。前者意謂獨一無二，孤明先發，但如果我們承認知識是在相互對話中建立，則本文的許多觀點，自然也是在與學界同行的參照比較中，逐漸形成。余英時就曾以西方學術界為例，雖非與本文契合，但就學術觀點上的新與異來講，其說極值得重視。余英時認為他們（西方學術界）號稱日新月異，但其實「異」遠比「新」多，而且即便是新，若非流於淺薄之新，則經得起考驗的新，往往也是在許多舊的積累中，破蛹而出。余英時：《現代儒學的回顧與展望》（北京：生活・讀書・新知三聯書店，2004年），頁4-5。

禪，伯修認為良知與佛教真知屬同個層次，可為互通。就第一個層次
來說，固然如他所言，是「試以禪詮儒，使知兩家合一之旨」。如果
再進入第二層次，會發現其實伯修並不是以禪詮儒，而是「始欣然舍
竺典，而尋求本業之妙義。」[14]本業之妙義，即是指儒學。從「以禪
詮儒」到「欣然舍竺典」，伯修以禪詮儒的作法，融會禪儒，學禪而
後知儒，最後卻是反過來，逼出了舍竺典尋儒學本義的結果，企圖由
此解決他的生死困惑，這是伯修思想裡饒富趣味的特色。當然，伯修
的想法，牽涉到儒學良知與佛教真知，到底能否同等看待。這個問
題，在當時已有許多爭論，言人人殊，未有定見。但正如前所言，伯
修的思考，重在解決生命的困惑，而非建立一個嚴密、完整的哲學理
論與思想體系。故小修說在伯修死前，滿室皆書生死警切之語，由此
可見妥善地處理生死，才是他最關切的問題。

　　第三章：〈見山又是山：袁中郎的生死之學〉。本章說明中郎學思
轉變的歷程這些轉變，與伯修類似，同樣源於他對生命的困惑——生
死問題。中郎坦承自己怕死，死後黑漫漫，無半個熟識，這些死亡印
象讓他既焦慮又緊張。於是他參禪學道，念佛修身。他最早從悟入
手，對自己的上根資質頗為得意，所以獨抒性靈，破執任性，強調悟
而較少關注修。就他看來，參禪重在悟，不全在工夫，因為參禪只是
權，開權顯實，不是為了參禪而參禪，畢竟世間哪有參得明白的禪？
「世豈有參得明白的禪？若禪可以參得明白，則現今目視耳聽發豎眉
橫，皆可參得明白矣」、「須知髮不以不參而不豎，眉不以不參而不
橫，則禪不以不參而不明，明矣。」[15]因此所謂禪者，重在悟，重在
擺脫滯礙、外在阻礙，自證本心，破除迷障。年紀漸長之後，對早前
的說法頗感不安，反思過往言行，認為自己少年盛氣時，不可一世，
不免輕視別人，看輕修行，直至中年以後，飽經世故，才漸覺昔日之

---

14 〔明〕袁宗道：〈說書類〉，《白蘇齋類集》，頁237。
15 〔明〕袁宏道：〈答陶石簣編修〉，《袁宏道集校箋》，頁733。

非,對自己過去輕狂自傲的言行心態,感到慚愧。有鑒於此,中郎轉向修持,再變為苦寂。自律甚嚴,自省甚密,斷酒斷肉斷色斷欲,棄去年少的狂放放達。希望能以嚴謹的生活,規律的作習,重新調整自己的人生步調,最後當然是希望得道脫生死。在這個階段中郎著有《西方合論》,鼓吹淨土,往生西方,得脫生死,亦不廢禪,並主以華嚴為本,判攝它教。因為在明末佛教中,以為參禪為悟,適合上根人;以淨土偏重修,念佛往生,適合中下根人。這種認知,所在多有,例如李贄就認為「參禪事大,量非根器淺弱者所能擔」,[16]這類說法充斥其時,也是中郎寫作的歷史背景。當中郎以「上根人」之資,習「下根人」行之後,對於這種上下之分,已感不滿,他主將禪淨皆重,只是世人多重禪而輕淨土,修淨土者又往往忽視禪宗:「《西方合論》一書,乃借淨土以發明宗乘,因談宗者不屑淨土,修淨者不務禪宗,故合而論之。」[17]因談宗者不屑淨土,修淨者不務禪宗,兩相比較,又以前者為多,於是他在《西方合論》才多就淨土來講。

在《西方合論》裡,中郎多談淨土,到了〈德山塵譚〉與〈珊瑚林〉,中郎則以參禪為論,當然參禪與淨土兩者本合而不必分。再加上伯修死後,中郎因病辭官,回公安調養,之後的六年,知己親友隕落,相繼死去,中郎的心境卻轉進一層,對生死的體悟,似乎更深了。他開始認識到大巧不工的道理,平淡才是道,平凡才是真佛法,於是勘破浮華,醇厚盡見。往昔以寄為樂,認為人情必有寄,然後能樂,所以色以技以文以弈,今日卻連「寄」都否定,寄是不可依憑,也不可恃,更非常態,只有平常之處,平淡之境,才是真實且又蘊孕深厚的境界,才充滿了生命的厚度。終於,平凡見真,禪淨並行,在「自適」的為學數變中,便成了中郎最後的體悟。

第四章:〈最後的「活著」:袁小修〉。本章談到小修性格的轉

---

16 〔明〕李贄:《焚書‧復澹然大士》,《李贄文集(第一卷)》,頁73。
17 〔明〕袁宏道:〈珊瑚林〉,頁11。

變，中郎曾說小修年紀愈長，自信更深，膽量愈宏廓，識見愈宏朗，以豪俠自命，亦欲交豪傑友。可是自信也常常伴隨著自傲，小修不屑與鄉里小兒並行，認為他們見識低下，不配與之交往。而膽量識見愈宏，卻也更容易任情自恣，自居豪傑，於是放肆多欲。性喜奢華，不安貧困，偏偏又一擲千金，浪費奢華；沉湎嬉戲，因此生病，不料病後仍舊，難以真心悔改，於是多愁。心中有千萬言語，發之於詩，若哭若罵，感慨荒煙漫草，哀生失路，彷若天地間只剩自己，千山萬水，踽踽獨行。其實就連小修自己，也曾為此生命型態，沾沾自喜，認定這是自適的生活表現，他說年少時，視錢如糞土，與友朋飲酒作樂，或騎射城南，或醉渡沙市，或臥胡姬壚旁。他人以為放浪形骸，但他們認為順情而行，就是自適，就是性靈，就是本真。而場屋不順，屢屢落第，更加深了小修的「胸中不平之氣」。繁華綺語，冶遊奢靡，也就成了他發洩自身心緒的方式。更有甚者，他認為酒色財氣不礙菩提，認為止欲也好、多欲也罷；貪名也好、逃名也罷，自己若能把持得定，則無處不可行，無處不可參。這種想法，固然立意甚佳，但是過於以己心為主，想藉此透過欲望的理解與省視，來了脫生死之道，殊不知更容易流於放縱、自恣，小修酒色沉溺過度，還以為此乃文人瀟灑情狀，風流雅士，更以為與修道無礙，就是出於這樣的心態。之後父親與兩位兄長（伯修、中郎）病逝，以及科考屢次失利，命運的折磨，疾病的痛楚，漸漸地消磨了小修的鬥志，「兩兄皆早世，僕隱隱有深怖」，對生死來臨時的慌張不安，正可見小修的真正心情。小修反省年少時的心態，體覺到諸如酒色財氣在內的放逸言行與心態，不但不能修道，甚至有礙修道，所以小修才說：「弟往日學禪，多是口頭三昧，近日怖生死甚，專精參求。」[18]「如弟二十年學道，只落得口滑，畢竟得力處尚少，此以深自悔恨，欲於此後打迭

---

18 〔明〕袁中道：〈答曾太史〉，《珂雪齋集》，頁1013。

精神，歸併一路，期到古人大休大歇之地乃已。」[19]「幸少而學道，近日深加探討，覺此中冰泮籜隕處不少。」[20]不止如此，小修還作〈心律〉等文，對前行感到羞愧。懺悔過往，於是他打迭精神，希望在大休大歇之地，修行學道。而在經歷波折之後，他終於找到一個可以盡量消妄滅欲、克制情習的活動，就是品嚐山水之樂。因為少年時習氣濃重，心浮志燥，內多煩火，在經歷人事變遷之後，心境已有不同，同時又經山水洗滌，看山聽泉，冷冷雲煙，可以消持名利、嗜欲、熱惱，助發道心，求養生而養生在其中。於是沉疴頓消，神氣竦健，更可助發道心。因為山水讓人遠離塵世，不近囂鬧，在自然景致之中、在寂靜空間裡，神清氣靈，不見可欲，使心不亂。身水帶給身體與心靈的舒適感，讓小修得已淨化身心：「乃知泉石之能療病也。」[21]於是，小修便徜徉於山水之間，尋山水之樂，索山水之理。藉由身體與自然的接觸，減滅情習，養生保健，自適於山水之間。當然小修並未於山居裡終老，他最後仍究出山赴考，參加會試，後來終於榜上有名，進士登第，出仕為官。只是早已不同年少情性，昔日之浪骸，已是昨日黃花，年少青春已過，換來的是耽情山水、念佛參禪的中年小修。因為水山遊居可以安頓他的生命，情欲擾人，心猿意馬，也獲得某種程度的釋放，這就是他中年以後的自適之道。小修對生死的探求，就在他的懺悔與修持之中，逐漸定型。

19　〔明〕袁中道：〈答錢受之〉，《珂雪齋集》，頁1073。

20　〔明〕袁中道：〈答秦中羅解元〉，《珂雪齋集》，頁1053。有意思的是，小修日後極力與酒色財氣不礙菩提等說畫清界線，還解釋說自己只是貪世間之樂，受不得苦而已：「弟輩學問無他病痛，不過是貪世樂之心不下，受不得苦，總輸兄一耐字耳。若毛道所云：『酒肉不礙菩提，淫嗔無防波若』者，弟深憎之惡之，惟恐其與此等意見人相親近也。」既憎也惡，又深怕與這類人混跡親近，話雖如此，就小修自己當時的言行心態來看，何止親近？他根本是自行自證，親身經歷了此道難通。〔明〕袁中道：〈與段幻然〉，《珂雪齋集》，頁1062。

21　〔明〕袁中道：〈遊桃源記〉，《珂雪齋集》，頁560。

　　第五章：〈生死之道：對生命的認識〉。前三章分別討論了伯修、中郎、小修的生平時，我們看到袁氏三兄弟不斷對死亡作出叩問與探求，他們似乎都有共同的焦慮：怕死。對死亡的困惑，確實深深影響了他們的思想與行事。也因為死生情切，為了求道了生死，故尋安身立命處，往往就成了首要之務，在這個原則之下，名利、富貴、地位，當然也是很重要。只是相較於生死來說，就顯得次等，甚至不必強求。畢竟世俗的價值，就必須在世俗中求，如此一來就會牽涉種種複雜的關係，糾纏葛藤，盤根錯節。這種人生，其實就像夢與戲一樣，他們一方面藉由夢與戲的虛幻性與真實性摻雜交錯，藉此貶抑或消退人間汲汲營營的名利欲望；一方面卻又藉此消解生命的困境，化解人世的阻礙，使得人們不再為世俗所擾。夢戲人生提示了我們：若能及時體悟，漸次修道，假以時日，便能通大道、了生死。但是，在似夢如戲的世界中，他們仍不時感歎才命的問題，才命兩相妨是必然的嗎？能不能調合兩者呢？有才亦有命，是否可能呢？因此尋求才與命的相生相倚，也是他們安身立命於世間的重要問題之一。

　　更進一步來看，人生夢戲，公安三袁在這樣的世界觀中，以自適之道，修持自身，尋覓才命問題，或以陽明良知了生死，或禪淨同參，又或是尋山水之樂以治病除情習。在這些義理工夫之間，又該以哪些重要的人生準則，來勘破此玄機呢？這些人生觀，對世間的各種價值與追求，又是什麼？對他們的求道心態，思想內涵，又有哪些幫助？於是便產了「冷」與「隔」的行為模式，這也反映了他們對自身生命與身處世界的理解。所謂的「冷」，是相對於「熱」。前者意謂對原本熱衷的地位事物、世間價值，以一種冷淡、淡化、淡漠的方式，「冷」處理，重新看待這個對象，並不再為對象執迷，得失心淡泊；後者則是指對人世間種種名利富貴的追求（包括前段所講的複雜社會關係），以人生的觀照態度來講，「隔」強調的是保留適當的距離，不遠也不近。維持自身的虛靜空間，不過分逼近，產生厭惡與煩擾，但

也不會距離太遠，失去了欣賞理解的深刻。如果冷與隔相合，我們可以說，這就是冷眼遙對世事的心態，既是觀看自己、反省自己，也是與世間名利等價值，有所間隔，不致於被「熱」迷失發狂。畢竟，處於世間嗜欲場中，煩憂苦惱，逼人而來；名利富貴，有時也難以捨棄。這時的解決之道，是以冷與隔來處事觀世，因為冷與隔，才能在夢戲的人生中，適時地抽離，不受世情所束，入世而又不汲汲營營於世，在生命中求安穩，才可能談到出生入死的問題。

略述完論文章節主旨之後，在結束本文之前，我們要回答前面提到的問題：在論文裡，我們不斷反覆陳述中晚明（特別是晚明）以來，生死言論的頻繁出現，有別於其它時代，這已是學界共識。只是這種「知其然」的背後，對「知其所以然」的探討，似仍顯模糊。也就是說，特別重視生死，為什麼是晚明而不是其它時代？生死性命之學，在晚明興盛，並廣受注意的原因，又是什麼？就當時的背景來講，君權高漲，士人地位低落，[22]甚至是中晚明的政治傾軋，明神宗二、三十年，久不上朝，閹臣與黨爭不斷。張居正當朝，壓制言論，加速士人間裂痕，繼任者申時行雖試圖調停朝間矛盾，卻又反被視為首鼠兩端、委蛇隨俗，[23]之後又有東林黨與其它士人、宦官之爭。諸黨相攻，借題發揮，吵亂不休。此外，嘉靖朝有大禮議之爭、壬寅宮

---

22 關於明代政治生態與政治文化的問題，余英時就以理學家為例，宋代理學家內聖外王兼顧，以得君行道為己任；到了明代，多從個人受用的觀點來講內聖，並不是因為明代理學家沒有平治天下的想法，而是囿於明代政治環境，只能獨善其身，實難以兼善天下，所以才在得君行道之外，重新調整外王的可能，於是走向「覺民行道」。即便如此，這條路雖有一定的成效，但仍受到皇權的猜忌，嘉靖、萬曆年間，陸續有改毀、廢禁私立書院的舉措；顏鈞、何心隱的講學活動，也相繼受到朝廷猜忌，何心隱更是死於獄中，更證明在明代，得君行道與覺民行道這兩條路，都是極為危險、困難重重的。余英時：《宋明理學與政治文化》（臺北：允晨文化實業公司，2004年），頁250-332。

23 見黃仁宇：〈第一章：萬曆皇帝〉、〈第二章：首輔申時行〉、〈第三章：世間已無張居正〉、〈第四章：活著的祖宗〉，收於氏著：《萬曆十五年》（臺北：食貨出版社，1994年）。

變，萬曆朝又相繼發生「梃擊」、「紅丸」、「移宮」[24]三案……。再加上社會風俗奢靡，經濟成長快速，商品流通發達，於是貧富差距、流民增加等各種社會問題，層出不窮；[25]而某些的陽明心學又走向末流，空說心性，遊談無根，束書不觀，至於佛道的流行，不論是重視解脫還是延年益壽，都讓人在變動不安的國家社會中，更加珍惜自己的生命……。在上述種種因素之下，政局不寧，世道不平，思想界的混雜，人心侈蕩不安，讓士子文人惶惶不可終日，對生命往往有朝不保夕之感，憂世情，歎人生，既憂生也憂世，於是開始對生死有所探究，促使他們對死亡產生思考。

這些說法，基本上是在歷史背景中，來處理議題流行的原因。可是這樣的方式，是將一些議題（如生死）安置在已知的框架裡，互相印證，我們固然可以因此從歷史環境中，更加認識議題的可能性與延伸性，發掘更多的類似材料，卻往往也容易流於因果式的過度附會，有了這個背景所以產生那個觀念，片面舉證，彷若理所當然。以印象式的引述，牽連彼此，循環論證的結果，也許增加了更多的資料，對於真正細膩處理史事（歷史背景的相關知識）與議題的關聯，恐怕幫助有其限度。因為我們可以反問，若然生死問題與背景框架的處理，是可以用這種操作方式進行論證，那麼（中）晚明大盛的情欲觀、心學、禪淨融合等哲學思想議題，是否可以依樣畫葫蘆，通通都能套在上述的歷史環境中？若然如此，這些哲學思想不過成為籠統的時代標籤而已，對它們的理解，可能只會更加模糊。因為時代的許多課題

---

24 三案經過，可參酈士元：《國史論衡（第二冊）》（臺北：里仁書局，1998年），頁937-938。

25 晚明時期，天災頻仍，人禍不止，人民流離四散，陸世儀就說：「山之東、燕之南赤地千里，流民載途，炊人以食，析骸代爨」、「（江南）蝗蝻魃鬼，屢亦相侵，縣邑之被災者，日漸見告。」〔清〕陸世儀：《論學酬答》，收於《叢書集成三編》（臺北：新文豐出版公司，1997年），頁23b。關於晚明政治社會經濟環境生態等問題，造成國勢衰弱、崩潰，汪榮祖有相當詳細的分析，可見汪榮祖：《明清史叢說》（桂林：廣西師範大學出版社，2013年），頁63-74、151-166。

（如生死、如情觀），其歷史背景都是相近的，我們只是把史學的背
景知識粗糙地結合思想哲學，彼此間不一定能產生細膩精緻的深入論
述，反而消減了這個課題的內涵與力道，在思想史上，其意義更容易
隱而不彰。

　　黃莘瑜在分析中晚明情觀在社會經濟視野下的洞見與不見時，就
說過一段發人省思的話，值得我們參照：[26]

> 中晚明論述中，與「理」相抗之「情」，便往往被當作市民意
> 識、進步思想來處理。使中晚明情觀浮上學術檯面的資本主義
> 論述，力道雖然強大，卻同時掩蓋或渲染「情」在文本中及文
> 本間的具體意涵，以致「尊情」或「主情」徒為籠統的時代標
> 誌。縱使地域經濟、城市風尚、士商關係、出版事業等研究各
> 見突破，但若以社會變動為解釋框架，則「情」作為能指，實
> 已預設了釋義範圍。戲曲、小說中飽含情欲的作品固然蔚為盛
> 觀，然而它們和所謂的「左派王學」，詩文評述中的情感論等
> 等，是否構成方向一致的浪潮？片面取證的結果，恐怕又於習
> 見說法上繼續迭床架屋。

依黃莘瑜的觀察，在近代學術發展裡，中晚明「情觀」顯題化的推手
之一，便是出自資本主義萌芽的相關討論。「情」所以成為中晚明的
文化焦點，不僅與被研究的對象有關（即中晚明社會思潮），也牽涉
到研究者自身的學術環境。自近代以來，研究晚明情觀者眾，不論是
以馬克思（Karl Marx）的唯物史觀，還是對性別、啟蒙等「近代
（現代）」（modern）或「現代性」（modernity）課題的關注，促使中
晚明「情」的各類研究，在學者的眼中愈益浮現。於是，在愈來愈多

---

26 黃莘瑜：〈論中晚明情觀於社會經濟視野下的所見與局限〉，《清華學報》新第38卷
　　第2期，頁205。

材料的「建構」下，與「理」相抗之「情」，在中晚明的學術成果中，似乎也就變成學術知識中的常識。更重要的是，使中晚明情觀浮上學術檯面的資本主義論述，不論是否將中晚明視為資本主義萌芽，藉由諸多討論所形成的共識，像是商品經濟發達、城市商業繁榮、區域經濟崛起等等，造成市民階層力量壯大，對藝術創作注入新的活力，開始注重人的情感，而且重視功利利益的商業社會，對欲求的表現直接促進了重情思想的發展……等等，[27]當經濟背景變成固定的解釋框架，於是尊情也好、主情也罷，似乎都得理所當然地出現。可是，理論與實際上的套用，事實上仍頗有差距，其間的論證關係，也讓人感到跳躍，過於想當然耳。正如引文所言，資本主義萌芽的論述，雖然也挖掘了相當程度的史料，反映某些社會現象，卻也同時掩蓋或渲染「情」本身的內涵，以致「尊情」或「主情」成為籠統的時代標誌。若仍只是繼續片面取證，以相同名詞處理不同問題，然後千篇一律地套用歷史背景，恐怕又只是在諸多說法上，繼續疊床架屋。

　　關於生死的問題，也頗為類似。當時政治的鬥爭不斷，到底是如何促使人們思考生死？為什麼在縱樂的社會風氣中，會讓他們有了生死的體悟？陽明心學的流衍、佛道的交會影響，又是怎麼樣的機緣，讓他們有了生死之學的探索興趣？中晚明以來，諸多生死言說的熱烈討論，就是由這些因素所產生的嗎？以政治經濟為主要背景來處理生死議題，是否可能掩蓋了生死的具體意涵？類似的質問，可以一直再提問下去……。歸根究柢，我們要檢視的只是歷史背景與思想哲學等議題的關係，究竟該怎麼看待？這個問法，並非否定社會背景的重要性，也非主張只能就觀念來談。因為若只注意後者，只探究觀念本身，抽離了時代脈絡，常常會導致論述失去敘事的力量。僅就抽取出來的史料中，整理裡頭的哲學論證與思想成份，也不免過於抽象，欠

---

27 黃莘瑜：〈論中晚明情觀於社會經濟視野下的所見與局限〉，《清華學報》新第38卷第2期，頁180。

缺真實感，甚至變成許多符號共組的智力遊戲；但就前者而言，若是
過度附會，反而容易讓思想與歷史的結合，更為尷尬，非驢非馬，既
不歷史，也不思想，也掩蓋或渲染了觀念的具體意涵。因此上述這些
疑問，並非要拋棄歷史背景式的架構，只是希望這樣的反思，讓我們
可以更深入探索其間的確切認知。這種關係，與其單純地用哲學的觀
念來探討，還是史學式的背景知識來處理，不如注重史料本身的豐富
意涵、注重史料敘述的脈絡與意義，找出被研究對象的思想傾向與發
言自覺，甚至由此再看出時代的特徵以及政治社會結構的問題。不必
將歷史行動者本身的言論，以及他們的思維與歷史世界，只化約為史
學或哲學類型的專題探討。

　　像是時代稍早的王陽明，從《年譜》中可以看出，當他被貶至龍
場驛時，處境極為艱困，倒是他對於得失榮辱，早已不縈於心，惟獨
生死念頭仍在，尚未超化，「生死一念尚未覺化」。終於在某天夜裡，
體會聖人之道，吾性自足，生死對他而言，已不再是橫掛在心的大問
題。之後講學宗旨為致良知，對於生死的問題，反而沒有多談。王陽
明後來為何不再多提生死，用廖俊裕的說法，他認為王陽明體悟良知
後，早已消解消逝無常的生死現象。在良知的絕對性與普遍性面前，
時間空間的局限已消散不見，我們體悟良知，即意味接觸永恆，死亡
的陰影也就隨之逝去，不必再為死亡焦慮，故良知可了生死。[28]良知
的絕對與普遍性問題，並非本文主軸，本文不多作評價，但我們可以
很清楚看到，王陽明對生死的當下了悟，是在特定的場景（被貶、環
境惡劣）以及原因（王陽明抗疏救戴銑等人，得罪劉瑾，廷杖四十，
貶謫貴州龍場驛丞）之下所產生，才開展了良知了生死的可能，許多
人追隨王陽明的說法，在各自的生命際遇中，繼續探尋生死的可能
（從這樣的歷程也可以看出，中晚明以來許多的生死言論，與陽明的

---

28 廖俊裕：〈儒學的生死學──以晚明儒學為文本〉，《成大宗教與文化學報》第4期，
　　頁229-233。

發明良知，都有頗為密切的關係）。又比如說政治傾軋引起仕途的挫折，不必然會引起生死的困惑，但某些人的性命之學、對生死的反思，確然是從他的政治生涯中產生。湯顯祖就曾在信中說：「昔人性之所不通，歸之命；命之所不通，歸之性。性命通而出入以度而無礙。」[29]這封信的對象是他的同僚李舜若，當時李舜若正歸養在家，信作於萬曆二十三年（1595），是湯顯祖被貶官三年之後所作，時為遂昌知縣，湯顯祖在遂昌任上，常流露對政績的自信，暗自靜待升遷機會。由此可見，信中的「出入以度而無礙」指的當是政治上的進退，湯顯祖思考的「性命之通」，顯然是針對這方面來講的。黃莘瑜就說性命之學對湯顯祖的意義，是追求目標（政治場域上的立功立業）受阻後，撐持自我的藥劑，裡頭不但有湯顯祖個人意義失落的問題，也與當時政治的結構環境有關。而湯顯祖許多關於性命之學的思考，都可以從這個角度來觀看。[30]又例如王玲月研究憨山德清的生死觀，便是從憨山德清對時代社會的感受，以及自己的生命困惑出發，憨山德清注解《莊子》，就是要解決從這些問題所產生的生死矛盾，諸如狂禪風潮的打罵與棒喝、修行工夫的虛浮與偏離、社會風氣的貪婪與欲求，都是憨山德清意欲整治的具體對象。[31]

　　從上述的例子中來看，對生死性命的體認，每個人在各自的生命脈絡中，都有具體的理由，不論是外部的環境（仕途不順、環境艱苦），還是他的精神狀態、性格態度等等，常常是為了解決這種內外的困惑而產生。彼此間不一定有共同的憑藉可依，也不定可在相似的背景中尋找，而中晚明生死之學廣泛流行的原因，應該要從眾多的差異中來看，政治場景、商業經濟、人事階級等等，都可以是切入的具

29　〔明〕湯顯祖：〈答李舜若觀察〉，收於氏著：《湯顯祖全集》（北京：古籍出版社，1999年），頁1344。

30　黃莘瑜：〈遂涉俳優體，將延歲月身：湯顯祖的創作巔峰及其經濟與性命之學〉，《明代研究》第12期（2009年6月），頁113。

31　王玲月：《憨山大師的生死觀》（臺北：文津出版社，2005年），頁337-341。

體線索。每個線索相應於被研究者，都有各自的歷史事件與場景可說，這就構成了行動世界與思維世界意義的豁顯。換言之，在各自的言說行動中，有特定的脈絡性，有人談論生死，是因為政治混濁、社會亂象，且經歷某些政治事件；有人關注生死，是因為對特定思想的不滿；有人關注生死，是因為自身或他人的死亡經驗……，如此等等，每個人牽涉到的情況可能類似，也可能不一樣，原因也不止一種。具體因應的事件，更是屬於他個人與相關人物遭遇所致，這就是差異的特色，就是「處境分析」。[32]反過來說，這些差異，都指向共同的目標（又或者是說他們都觸碰了人類永恆的話題）：理解生死。於是生死的情懷，就變成一種普遍的意見氛圍，是當代人共同思索的問題，甚至是流行的話語，吸引時人不斷嘗試思考，投入其中。對生死的解答，去努力，去追求，去尋找，於是中晚明才可能出現頻繁的相關言論。就後代研究者來看，中晚明生死議題的熱潮，其原因所在，必須建立在眾多的「處境分析」裡，來探索它成為流行話題的原因，而這個話題的背後，是許多人以他們生命歷程作為思考基礎，所獲取的成果。

故必須指出的，雖說學界已注意到中晚明生死情切的情況，但對於差異性的處境分析來說，仍顯不足。我們都知道當時文人士子都談生死，只是究竟怎麼談？彼此交錯影響之下，是否可分為哪些類型？不只是單純地以學派宗派來區分而已，我們是否可以再追問，類型間的影響性又是為何？自身是否又有變化？循此而往，累積了許多專題

---

32 「處境分析」為龔鵬程的用法：「所謂處境分析，不是說我們必須以同情的心境重複古人原初的經驗，是指研究者對於歷史上那些行動者，他們所身處的環境與行為，找出試驗性或推測性的解釋。這樣的歷史解釋，必須解說一個觀念的某種結構是如何形成、為何形成的。即使創造性的活動不可能有完滿的解釋，但仍然可以用推測的方式提出解釋，嘗試重建行動者身處的問題環境，並使這個行動，達到『可予瞭解』的地步。」龔鵬程：《詩史本色與妙悟》（臺北：臺灣學生書局，1992年），頁12。

成果之後，就可以回過頭來作溯源的工作，研究思潮興起的原因與過程、如何從邊緣性的議題，成為當時人普遍關心的中心……等等，都值得我們再精細化、深度化、系統化這個課題。本文的研究，即是出於這樣的想法，希望能以公安三袁為例，善用學術界已有的研究成果，對他們的處境提出解釋。因為他們身當晚明，亦有其自身際遇可說，對於生死之學，自然也作出了屬於他們自己的解讀與體認。可以這麼說，生死之學的流行，袁氏三兄弟躬逢其盛，當然也預流了這樣的問題，他們對生死的省思，更是維持與加深了議題的熱度與深度，在生死情懷的普遍流行中，他們的意見，也是不可忽視的。

除此之外，當時文人群體交流極盛，通信討論、文人結社、同行出遊等等，整個交際網路、人際關係，縱橫錯雜，環環相繫。公安三袁當然也不例外，從早期陽春社、南平社、武昌結社，入京以後的都門結社、雲中結社、居京結社、蒲桃社，伯修去世後，中郎、小修又有居鄉結社、冶城大社等等，參與交遊者，所在多有。[33]而包括公安三袁在內的文人群體，學界關注焦點在於文人社群的成立與發展，並致力探討其與文學觀念的關係，[34]又或是分析他們的政治傾向與目的。[35]對於「生死」的想法，如何在群體互動探討中逐漸成型，尚未見專論研究。就以袁氏三兄弟來講，他們尋求「怕死友」，彼此共適學道，參討生死，與李贄、陶望齡、江盈科、鍾惺、湯顯祖、屠隆、徐渭、管志道、錢謙益……等人，雖然不是跟每位對象都有深厚交情，結識之後再交惡者，亦復不少，但不論是在書信往返中，還是在參與結社裡，他們對生死的關懷，對他人的批評與建議，都值得重

33　何宗美：《公安派結社考論》，頁4-10。

34　如何宗美：《公安派結社考論》、《文人結社與明代文學的演進》。

35　如張憲博：〈東林黨、復社與晚明政治〉，收於萬明編：《晚明社會變遷問題與研究》。李京圭：《明代文人結社運動的研究——以復社為主》（臺北：政治大學中國文學所碩士論文，1989年）。亦有學者兼論政治與文學的關係，張永剛：《東林黨議與晚明文學活動》（北京：中國社會科學出版社，2009年）。

視。本文或許已約略地處理到這樣的問題,所以在各章中,皆可見到徵引許多書信的材料,例如第三章談中郎時,就曾引述中郎對陶望齡參禪的批評(中郎用意是證明自己參禪重悟的特點與優勝),但並未專門就此作出討論與結論。因此,他們對生死的意見,常常是在彼此對話中,不斷沉澱、反思,互相影響,亦不能免。如何從這個層面切入,深入探討公安三袁,或是其它參與者,甚至是其它群體的類似互動等等,都值得我們再細思、深入探討,發掘更多饒富趣味的現象。

　　最後,公安三袁的生死觀,自有其獨特之處。那麼,是否有對後世造成影響?後人又以何種角度看待他們的生死情切?從晚明到南明,甚至到清初以後,公安三袁除了「獨抒性靈」的文學主張之外,他們生死思想的內涵又被如何看待?又該如何歸類?其流風餘韻,是否被後人重視?後人又怎麼理解他們的死生情切?這些問題,都是本篇論文未及處理的地方,或者也可說是本文可再拓展、延伸的議題,都有待投入更多的心力研究。

附錄一
公安三袁年表

時間	事件行跡	年紀	備註
世宗嘉靖三十九年庚申（1560）	伯修出生	伯修一歲	唐順之卒。
嘉靖四十五年丙寅（1566）	伯修從塾師讀書	伯修七歲	明世宗死，明穆宗即位。 明年（1567），張居正入閣。
穆宗隆慶二年戊辰（1568）	中郎出生	伯修九歲 中郎一歲	嚴嵩去年（1567）卒。 謝肇淛去年（1567）生。
隆慶三年己巳（1569）	伯修已能詩	伯修十歲 中郎二歲	
隆慶四年庚午（1570）	小修出生	伯修十一歲 中郎三歲 小修一歲	李攀龍卒
隆慶五年辛未（1571）	伯修童子試	伯修十二歲 中郎四歲 小修二歲	歸有光卒。 陶奭齡生。
隆慶六年壬申（1572）	伯修入泮	伯修十三歲 中郎五歲 小修三歲	明穆宗死，明神宗繼位。
神宗萬曆二年甲戌（1574）	母親龔孺人卒，養於庶母詹氏[1]	伯修十五歲 中郎七歲	鍾惺、馮夢龍生

---

1 確切年分，三兄弟記載不一致可見周質平：《公安派的文學批評及其發展——兼論袁宏道的生平及其風格》，頁193；周群：《袁宏道評傳》，頁418。

時間	事件行跡	年紀	備註
		小修五歲	
萬曆三年 乙亥（1575）	伯修中秀才，娶妻曹氏。 中郎與小修喻家莊讀書，師承萬瑩。	伯修十六歲 中郎八歲 小修六歲	左光斗生。 謝榛卒。
萬曆四年 丙子（1576）	伯修、中郎小修在杜家莊讀書。 伯修長子袁應泰生（袁曾）	伯修十七歲 中郎九歲 小修七歲	
萬曆五年 丁丑（1577）	弟袁甯道生	伯修十八歲 中郎十歲 小修八歲	李贄中進士。 屠隆生。
萬曆六年 戊寅（1578）	伯修帶妻子與中郎、小修等弟妹入縣城斗湖堤讀書	伯修十九歲 中郎十一歲 小修九歲	沈德符生
萬曆七年 己卯（1579）	伯修中舉人 伯修次子袁應徵生（袁登）	伯修二十歲 中郎十二歲 小修十歲	何心隱死於獄中
萬曆八年 庚辰（1580）	伯修赴京會試，下第。 小修作〈黃山〉、〈雪〉二賦，凡五千餘言。 參與龔仲敏（惟學）城南結社。	伯修二十一歲 中郎十三歲 小修十一歲	舅龔仲慶禮部會試，登第。 舅龔仲敏城南結社。
萬曆九年 辛巳（1581）	伯修患奇病，幾死，回鄉養病，信沖舉養生之術。 中郎、小修仍在縣城讀書。	伯修二十二歲 中郎十四歲 小修十二歲	

時間	事件行跡	年紀	備註
萬曆十年 壬午（1582）	伯修長安里讀書養病	伯修二十三歲 中郎十五歲 小修十三歲	明光宗（朱常洛）生。 張居正卒。 錢謙益生。
萬曆十一年 癸未（1583）	伯修為父所迫，入京考試，至黃河折返。 伯修妻曹氏卒。 中郎入鄉校，結文社城南，為社長。 小修加入中郎文社。	伯修二十四歲 中郎十六歲 小修十四歲	申時行任首府輔 湯顯祖中進士
萬曆十二年 甲申（1584）	伯修娶繼室廖氏。 中郎舉秀才。	伯修二十五歲 中郎十七歲 小修十五歲	張居正被抄家
萬曆十三年 乙酉（1585）	中郎應省試，不第，娶李氏。 小修舉秀才。	伯修二十六歲 中郎十八歲 小修十六歲	四川民變
萬曆十四年 丙戌（1586）	伯修會試第一，殿試二甲第一，選庶起士，官翰林院。與同館王圖等人，皆有志於養生之學，修習林兆恩艮背法。	伯修二十七歲 中郎十九歲 小修十七歲	譚元春出生
萬曆十五年 丁亥（1587）	伯修任職翰林院	伯修二十八歲 中郎二十歲 小修十八歲	海瑞卒。 宋應星卒。
萬曆十六年 戊子（1588）	伯修與董其昌、瞿汝稷等人，參與禪悅之會，聽憨山德清說法。 小修鄉試落選。	伯修二十九歲 中郎二十一歲 小修十九歲	戚繼光卒。 羅汝芳卒。

時間	事件行跡	年紀	備註
萬曆十七年 己丑（1589）	伯修升任翰林院編修，伯修結識焦竑等人，又遍閱大慧、中峰語錄，不復談長生之事。 中郎赴京應試，不第。 伯修啟以性命之學。	伯修三十歲 中郎二十二歲 小修二十歲	焦竑、黃輝、陶望齡、董其昌中進士。 華淑生。
萬曆十八年 庚寅（1590）	伯修、中郎、小修與王以明拜訪正游公安的李贄，小修編作《柞林紀譚》。 伯修領悟至寶原在家中，何必外求，作《海蠡編》。 中郎作《金屑編》。	伯修三十一歲 中郎二十三歲 小修二十一歲	王世貞卒
萬曆十九年 辛卯（1591）	伯修中郎小修至麻城訪李贄，居停丘坦之家。 宏道赴京，準備明年應試。 小修鄉試落選。 外祖母趙太夫人卒。 伯修二子袁曾、袁登卒。 中郎長子袁開美生。	伯修三十二歲 中郎二十四歲 小修二十二歲	
萬曆二十年 壬辰（1592）	中郎中進士，殿試取為三甲九十二名。告假還鄉，結平南社。 中郎次子袁彭年生。 小修訪李贄。	伯修三十三歲 中郎二十五歲 小修二十三歲	江盈科、謝肇淛中進士

時間	事件行跡	年紀	備註
萬曆二十一年 癸巳（1593）	伯修中郎小修往武昌訪李贄。 小修長子袁祈年生。	伯修三十四歲 中郎二十六歲 小修二十四歲	河南、浙江水旱災 河南兵變 洪承疇生 談遷生 倪元璐生 徐渭卒
萬曆二十二年 甲午（1594）	中郎授吳縣令。 小修鄉試落選。	伯修三十五歲 中郎二十七歲 小修二十五歲	梁魚辰卒
萬曆二十三年 乙未年（1595）	中郎赴吳縣就職。 伯修與黃輝、楊道賓補充編纂章奏官。	伯修三十六歲 中郎二十八歲 小修二十六歲	江盈科任長洲令，與中郎來往甚密。
萬曆二十四年 丙申（1596）	中郎任吳縣令，深感為官痛苦。 中郎得子，名虎子（明年即殤）。	伯修三十七歲 中郎二十九歲 小修二十七歲	外祖父龔大器卒
萬曆二十五年 丁酉（1597）	伯修任皇子經筵講官。 中郎自吳縣令去職，遊山玩水。 小修鄉試落選，次子袁海生。	伯修三十八歲 中郎三十歲 小修二十八歲	張岱生
萬曆二十六年 戊戌（1598）	伯修、中郎、小修、黃輝、江盈科等人在北京西郊崇國寺葡萄園成立「蒲桃社」。 中郎長子袁開美卒。 中郎著《廣莊》。 小修著《導莊》。	伯修三十九歲 中郎三十一歲 小修二十九歲	

時間	事件行跡	年紀	備註
萬曆二十七年 己亥（1599）	中郎升國子監助教。 中郎著《瓶史》。 中郎著《西方合論》。	伯修四十歲 中郎三十二歲 小修三十歲	
萬曆二十八年 庚子（1600）	伯修卒。 中郎升禮部儀制清吏司主事，告假還鄉。 小修鄉試落選，後啟程至京迎櫬。 祖母余大姑去世。	伯修四十一歲 中郎三十三歲 小修三十一歲	伯修庚子夏（1600），滿室皆書生死警切之語。
萬曆二十九年 辛醜（1601）	中郎建柳浪館。 小修迎伯修靈柩回鄉。	中郎三十四歲 小修三十二歲	
萬曆三十年 壬寅（1602）		中郎三十五歲 小修三十三歲	舅龔仲敏卒。 李贄自刎於獄。 黃輝因政治鬥爭，乞假南歸。
萬曆三十一年 癸卯（1603）	中郎作《宗鏡攝錄》。 小修鄉試中舉，來年準備參加會試。	中郎三十六歲 小修三十四歲	舅龔仲慶卒 紫柏真可死於獄中
萬曆三十二年 甲辰（1604）	中郎在德山與諸僧論學，弟子張明教輯成〈德山塵譚〉。 小修會試不第，返公安，建「篔簹谷」。 伯修遺孀廖孺人卒。	中郎三十七歲 小修三十五歲	叔父袁士玉卒
萬曆三十三年 乙巳（1605）		中郎三十八歲 小修三十六歲	江盈科卒

時間	事件行跡	年紀	備註
萬曆三十四年 丙午（1606）	中郎居柳浪第六年。 中郎刻《瓶花齋集》、《瀟碧堂集》刻成。	中郎三十九歲 小修三十七歲	
萬曆三十五年 丁未（1607）	中郎妻李安人及側室某氏卒。 小修會試不第。	中郎四十歲 小修三十八歲	湖廣、黃州等府水災。 京師大水。 山東旱災。
萬曆三十六年 戊申（1608）	中郎自武昌歸，葬李安人。 中郎在吏部任上，制定考核官吏之法。	中郎四十一歲 小修三十九歲	管志道卒。
萬曆三十七年 己酉（1609）	中郎升吏部考功司員外郎。 中郎《破硯齋集》刻成。	中郎四十二歲 小修四十歲	陶望齡卒。 吳梅村生。
萬曆三十八年 庚戌（1610）	中郎病逝沙市。 中郎小兒子袁岳年生。 小修會試不第。 小修〈心律〉刻成。	中郎四十三歲 小修四十一歲	黃宗羲生。 利瑪竇卒。
萬曆三十九年 辛亥（1611）	父親袁士瑜病	小修四十二歲	崇禎皇帝（朱由檢）生。 李漁生。
萬曆四十年 壬子（1612）	袁士瑜卒	小修四十三歲	黃輝卒。 顧憲成卒。
萬曆四十一年 癸醜（1613）	小修因守制，中年本年未應試	小修四十四歲	顧炎武生
萬曆四十二年 甲寅（1614）	小修火病發。 小修始刻《珂雪齋近集》。	小修四十五歲	舅龔仲安卒 鍾惺、譚元春合編《古詩歸》、《唐詩歸》。

時間	事件行跡	年紀	備註
萬曆四十三年 乙卯（1615）	小修赴京應考 改葬中郎於刀環里白 鶴山。	小修四十六歲	
萬曆四十四年 丙辰（1616）	小修進士及第	小修四十七歲	努爾哈赤建國，國號 後金。 湯顯祖卒。 李廷機卒。
萬曆四十五年 丁巳（1617）	小修候選得徽州府學 教授	小修四十八歲	于成龍生 朱完卒
萬曆四十六年 戊午（1618）	小修至徽州府。 小修《珂雪齋近集》 刻成。 小修主持應天武舉鄉 試。	小修四十九歲	
萬曆四十七年 己未（1619）	小修在新安刻《袁中 郎先生全集》成。 小修升北京國子監博 士。	小修五十歲	時京師戒嚴，起因於 遼陽邊報戰情甚急
萬曆四十八年 庚申（1620）	小修任國子監博士	小修五十一歲	明神宗死，光宗即 位，在位一月即死， 熹宗繼位。 焦竑卒。
熹宗天啟元年 辛酉（1621）	小修升任南京禮部儀 制司主事。 小修生一子不育，母 親亦亡，將袁祈年過 出繼伯修。	小修五十二歲	朝廷命熊廷弼經略遼 東
天啟二年 壬戌（1622）		小修五十三歲	

時間	事件行跡	年紀	備註
天啟三年 癸亥（1623）		小修五十四歲	魏忠賢提督東廠
天啟四年 甲子（1624）	小修升任南京吏部郎中	小修五十五歲	謝肇淛卒。 袁祈年，袁彭年中鄉試舉人。
天啟五年 乙丑（1625）	小修辭吏部郎中	小修五十六歲	鍾惺卒
天啟六年 丙寅（1626）	小修病逝南京芝麻營	小修五十七歲	努爾哈赤死，皇太極即位。 鄒迪光卒。 趙秉忠卒。

參考資料

周　群　《袁宏道評傳》

周質平　《公安派的文學批評及其發展 —— 兼論袁宏道的生平及其風格》

黃雅雯　《袁中道溪遊生活研究 —— 以《游居柿錄》為例》

鍾林斌　《公安派研究》

孟祥榮　《公安三袁合譜》

附錄二
李贄的生死之學

一　受人注目的李贄生死之學

　　李贄學問博雜，著作多種，在他的文字中，不但有儒釋道法等思想痕跡，亦可見到他對於史著小說戲曲的評點觀察。這麼一位生命豐富且寫作能量充沛的作家與思考者，學界關心的其中一個方向，是李贄究竟有無一以貫之、並且持續注意的議題？這個議題，在他的生命占有什麼樣的地位？又以哪家哪派的思想資源為主？外部環境的變化，是否促使他產生那些想法？擴而大之，當時的人，又怎麼看待李贄與他關心的問題？

　　綜觀目前的研究，學界已有多種角度切入李贄的思想世界，諸如佛學、儒學、人性論、社會關懷等，成果頗多。眾多學者也已指出：生死，其實正是李贄關懷的核心焦點。根據這些研究，他們大多認為李贄早年讀書求仕，並未太注意生死的問題，隨著讀書漸多，涉世漸深，再加上親人逝世、宦途不順，[1]導致他從四十歲以後，開始思考所謂的「生死」。對於這種轉變，江燦騰就認為李贄的思想和作為，反映了他尋求解脫死亡恐怖的掙扎過程；[2]劉季倫也點明在中國思想史中，雖早有死後世界的說法，但以之作為思想基礎，並以脫生死、到彼岸為一貫關懷，李卓吾此種「死後世界觀」，正是其獨樹一幟的

1　江燦騰就說：「以思想的發展而言，李氏四十歲以後的變遷，可謂波瀾壯闊。」故李贄學佛與探究生死，皆由是而展開。江燦騰：〈李卓吾的生平與佛教思想〉，《明清民國佛教思想史論》（北京：中國社會科學出版社，1996年），頁195。
2　江燦騰：〈李卓吾的生平與佛教思想〉，《明清民國佛教思想史論》，頁190。

特色。[3]林其賢也有類似的看法，他分析李贄因死生心切而入道，其
修持以怕死為根本，又以淨土念佛為歸宗，生死大事可以說是李贄四
十歲以後最關心的問題，拋官職、棄家人、入空門，皆源於此，是以
李贄認為三教聖人皆同，正都是為了要解決生死大事。[4]在上述諸人之
外，袁光儀看法略有不同。如前所言，學界多認為李贄的「怕死」，
是因為對死亡有很深的焦慮與緊張，但袁光儀指出，李贄雖然屢言怕
死，卻也常說自己不怕死，兩相對照，看似矛盾，只是究其原因，李
贄說不怕死，是因為生不可欲，死不必傷，難堪的卻是人生的種種磨
難病痛，故怕死只是一個說法，他真正怕的是塵世苦海難逃。[5]

　　由此可知，大多數對於李贄生死之學的研究，與其說是生死，毋
寧是將重心放在「死」——李贄怎麼看待死亡？面對死亡的焦慮，又
該如何自處？此處的「自處」，並不只是他怎麼看待死後世界而已，
還包含在死亡的焦慮之上，他又怎麼面臨「死亡」？所謂的死後世
界，對他又造成何種影響？這些觀點，其實都是立基在「死亡」的思
考上引發而出。[6]相較於這些觀點，袁光儀的分析角度或有不同，她
指出了李贄怕死的另一層意涵，確為卓見。但是本文看法略有差異，
畢竟李贄或言怕死、不怕死，其意向都一致——他都是在「傷生」，
一方面是自傷，茫茫四顧，若慨若歎；一方面也是傷世，歎世道，哀
人事。但換個角度想，生命的不諧，痛疾悲苦，亡失憂聚，都是在思
考活著的意義——「活著」，該何去何從，又該何以自解，才是他最

3　劉季倫：《李卓吾》（臺北：東大圖書公司，1999年），頁31。

4　林其賢：《李卓吾的佛學與世變》（臺北：文津出版社，1992年），頁213-222、頁
　　238。

5　袁光儀：《李卓吾新論》（臺北：臺北大學出版社，2008年），頁25-26。

6　〔明〕李贄：《續焚書・答馬歷山》，《李贄文集（第一卷）》（北京：社會科學文獻
　　出版社，2000年），頁1。其他有關李贄生死觀的思想史研究，在一些碩博士論的文
　　獻回顧中皆可見之，可參黃繼立：《「身體」與「工夫」：明代儒學身體觀類型研究》
　　（臺北：臺灣大學中國文學所博士論文，2010年），頁325-353。鄭淑娟：《李卓吾儒
　　學思想研究》（臺中：逢甲大學中國文學研究所碩士論文，2003年），頁100-120。

關心的事，因此怕死固然是一種說法，不怕死其實也只是一種說法。而這些說法，都指出他在探究「活著」，理解了活著，才有了由生到死的可能，也才有穿透生死以至於原無生死的領悟。

這篇論文的出發點，即是在目前的研究基礎之上，更進一步指出，李贄的生死之學，固然有部分是源自於他對於死亡的焦慮感，但除此之外，李贄也認為生死之憂是來自於生命存在的實感，人世的困境更是加深了這種感受。親友死別，是促使李贄探究生死的起因之一，但這種思考並不是耽溺於「死亡」究秘，而是為了要更理解「活著」。所以問題應該反過來看，當我們說李贄因死亡的焦慮而關心生死，不如說因現世的「活著」才讓李贄對生死問題持續探究。對李贄而言，生的重要性，是遠大於死的，也因為他重生，所以他進入儒釋道，所以他談解脫、談求仙、談自家性命，是故李贄論生死之學，其實就是在談該如何「活著」，不只是談怎麼面對死亡而已。更有甚者，也惟有當生無可戀、已無生存理由的時候，李贄才可以坦然面對死亡，做到了他所謂的「死而不怕」，這也表現在他最後的自殺場景之中。我的研究進路，即是以上述思考為基礎，先論證「傷生」為何是李贄念茲在茲的問題，李贄究竟為何這麼關心這個問題？再者，李贄博覽群書，廣讀三教，在儒釋道的義理上，他又怎麼援用思想資源來處理自身生命的疑惑？李贄最後的自殺，是否可用此角度來理解？關於這些問題，都有值得梳理的必要，本文即是希望可以嘗試回答這些疑問。

在文獻方面，由北京社會科學文獻出版社出版，張建業主編的《李贄文集》，已收羅了李贄十六種著作，堪稱完善，為研究者帶來許多方便。但本文主要著眼在李贄四十歲以後的思想轉變，也就是他對生死之學的關注，以及生死之學帶給他怎麼樣的影響，所以並不泛徵資料，而是將重點聚焦在相關文獻上，即《焚書》、《續焚書》、《老子解》、《因果錄》、《九正易因》等，其中又以《焚書》、《續焚書》最

廣為學者引用。《焚書》、《續焚書》是李贄的詩文集,前者刻於萬曆十八年(1590),為李贄六十四歲之時;[7]後者成於萬曆四十六年(1618),[8]李贄已死,是由其門人搜集出版。二書皆收錄了他的書信、雜論、詩歌等等,限於主題,本文無法一一探究,因此將針對與生死有關的文獻,像是書信如〈與周友山〉、〈答京友書〉、〈與周貴卿〉、〈與耿克念〉等;雜述如〈觀音問十七條〉、〈禮誦藥師告文〉、〈傷逝〉、〈三教歸儒說〉等;自傳如〈自贊〉、〈卓吾論略〉、袁中道〈李溫陵傳〉作引用分析。本文也將分析學界較少討論的道教部分,如《道教鈔小引》、《老子解》,作為討論李贄與道教關係的佐證。《老子解》是萬曆十一年(1583),李贄五十七歲時的作品,[9]取用此書,主要是關注其中對於「身」的解釋。值得注意的是《因果錄》與《九正易因》兩種文獻,在關於李贄生死之學的討論中,幾乎少被學者提起。事實上就思想史的脈絡來看,這兩部書,尤其是《九正易因》,是李贄最後生命階段的思想代表,其中是否有論及生死的說法,頗值得留心。《因果錄》約是李贄在龍湖落髮時成書,可能是在萬曆十六年(1588)左右,[10]書中多論因果報應,有趣的是李贄談因果,卻是牽連著儒家感應之說而來,其中更涉及了生死觀;《九正易因》是《易因》的改正本,據李贄自述,《易因》完稿後,讀輒不愜,多所改正,於是而有修改成書的《九正易因》。「九正」之名,實乃夫樂必九奏而後備,丹必九轉而後成,《易》必九正而後定。宜仍舊名《易因》,而加『九正』二字,即得矣!」[11]書成以後,即因事入獄,後更

---

7 林其賢:《李卓吾事蹟繫年》(臺北:文津出版社),頁85。

8 林其賢:《李卓吾事蹟繫年》,頁287。

9 林其賢:《李卓吾事蹟繫年》,頁50。

10 「余自在秣陵時與焦弱侯同梓感應篇,後隱于龍湖精舍,複輯因果錄。」參見林其賢:《李卓吾事蹟繫年》,頁267、308。

11 〔明〕李贄:《九正易因》,《李贄文集(第七卷)》(北京:社會科學文獻出版社,2000年),頁89。

死於獄中。在第四節中，本文將使用這兩部書來嘗試替李贄之死作解釋。

二　勿傷逝，願傷生——生死之學的基調

李贄七十四歲時編著《陽明先生年譜》，回憶接觸陽明學之因由：[12]

> 余自幼倔強難化，不通道，不信仙釋，故見道人則惡，見僧則惡，見道學先生則尤惡。……不幸年逾四十，為友人李逢陽、徐用檢所誘，告我龍溪先生語，示我陽明先生書，乃知得道真人不死，實與真佛、真仙同，雖倔強，不得不信之矣。

李逢陽（翰峯）雖非王門弟子，但思想傾向陽明學，徐用檢（魯源）則是錢緒山的弟子，[13]二人引領李贄進入陽明學與陽明後學，改變李贄對三教的態度。值得注意的是，李贄認為「乃知得道真人不死，實與真佛、真仙同」，所謂的不死，意寓為何？李贄接著又指出李徐二人：[14]

> 即能委委曲曲以全活我一個既死之人，則亦真佛真仙等矣。……要以見余今者果能讀先生之書，果能次先生之譜，皆徐李二先生之力也。若知陽明先生不死，則龍溪先生不死，魯源翰峯二先生之群公與餘也皆不死矣。

12　〔明〕李贄：〈陽明先生年譜後序〉，《王陽明全集》（上海：上海古籍出版社，2006年），頁1604。

13　黃繼立：《「身體」與「工夫」：明代儒學身體觀類型研究》，頁333。

14　〔明〕李贄：〈陽明先生年譜後序〉，《王陽明全集》，頁1604。

此時王畿、李逢陽已死多年，因此他講的「不死」，當然不可能是長生
不死。李贄另外又點出「全活我一個既死之人」，這句話就其生命歷程
而言，顯然最為重要。李贄之「既死」，正如江燦騰所言，很可能與
他早前的人生困境有關（喪親、窮困、事業不順），李贄二十九歲喪
長子。三十四歲父親死去，又歷經倭亂，生活幾乎無法自存。三十八
歲祖父、次男逝世，後又因貧困，導致二女三女病死。四十歲以後，
與長官同僚相處不睦，自覺仕途已無望，而親人相繼離去，更讓他的
心境產生極大變化，他也在此時開始深入接觸三教人物與思想。[15]但
是這些惡運帶給他的衝擊，倒還不是該怎麼面對已逝的人物，而是他
該怎麼處理自己的境況。也就是說，在未遇陽明儒者之前，他只能是
「既死」，而在相遇之後，思想上的激發，讓他接觸所謂的「不死學
問」，也使得他初入生死之學，漸窺生存的意義。《明儒學案》又記徐
用檢講學，但李贄不願赴會，故手書《金剛經》以示李贄，並對他
說：「此不死學問也，若亦不講乎？」李贄方始心服向學。徐用檢以
儒者的身分使用佛教經典吸引李贄，固然有儒佛會通的可能，也或許
是為了以當時流行的議題來說服李贄。[16]但不管如何，「不死」確實成
為李贄日後關心的問題，可是不死並不是真的可以永遠不死，只是救
活了李贄，讓他不只是活在傷慟與痛苦中，而是開始思考生死，並且
「乃知得道真人不死，實與真佛、真仙同，雖倔強，不得不信之矣」。
只是從「既死」到「不死」，最重要的一個關鍵就是怎麼解釋自身生
存的意義，畢竟活著是當下的事實，既然活著，又該以怎樣的態度面
對人間塵世？又該如何面臨不可知的死亡？這些問題，顯然困擾著李

---

15 江燦騰：〈李卓吾的生平與佛教思想〉，《明清民國佛教思想史論》，頁190-199。

16 包括了李贄的交友圈在內，生死問題已是晚明士人普遍關心的議題。呂妙芬：〈儒
　　釋交融的聖人觀：從晚明儒家聖人與菩薩形象相似處及對生死議題的關注說起〉，
　　《中央研究院近代史研究所集刊》，32，頁181-203。黃繼立：《「身體」與「工夫」：
　　明代儒學身體觀類型研究》，頁334-335。

贄，是以思考「活著」，其實就是李贄說的「探討自家性命下落」。[17]

　　但是，「全活我一個既死之人」，李贄就不再痛苦了嗎？剛好相反，他根本認為人生在世，無時不哀，塵俗充滿了種種痛苦，而世人沉淪其中，無法自拔：[18]

> 今年不死，明年不死，年年等死，等不出死，反等出禍。然禍來又不即來，等死又不即死，真令人歎塵世苦海之難逃也。

苦海茫茫，在劫難逃，死亡既是人生的必然，今年不死，明年、後年又或是來年必死。話雖如此，但年年等死，卻又等不出死，等待期間雖還未死，卻也往往生出禍來。究其原由，實乃人生苦海，避無可避，彷若生命是一場苦難，死亡卻如遺失的地址，失去了最終的指引，只留下彷徨的活著，與時間的哀傷。這種痛苦，其中重要的因素之一，則是出於自身形體，李贄在〈與周友山〉中，先引《老子》「吾有大患，為吾有身」，他認為古人以有身為患，所以才講解脫，出離解困，即是為了脫離有身而患的人生難題。反過來講，也因為有身是苦，所以不但老時是苦、少時是苦，病時是苦、無病亦是苦，死時是苦、未死時也是苦。苦，是無處不在的、是伴隨著身體而存的，而身體就是苦的根源，[19]他在《老子解》也屢次明言，例如他解釋「貴大患若身」一段：[20]

> 貴身如貴大患，知身之為患本也。
> 夫身，大患之本也。

17　〔明〕李贄：《續焚書・答馬曆山》，《李贄文集（第一卷）》，頁1。
18　〔明〕李贄：《續焚書・與周友山》，《李贄文集（第一卷）》，頁10。
19　〔明〕李贄：《續焚書・與周友山》，《李贄文集（第一卷）》，頁31。
20　〔明〕李贄：《老子解》，《李贄文集（第七卷）》，頁6。

《老子》所謂貴身之意,即是指修身,也唯有無身才能貴身。此處的「身」,固然可指身體,但也可以是指自我生命的「自身」。[21]但李贄對於「身」的用法,很多時候則是指身體,因為就他的經歷來看,身體之患,其實就是病痛,疾病纏身,往往比死還不如:[22]

> 弟今秋苦痢,一疾幾廢矣。乃知有身是苦,佛祖上仙所以孜孜學道,雖百般富貴,至于上登轉輪聖王之位,終不足以易其一盼者,以為此分段之身禍患甚大……。

有身是苦,患大甚焉。有時他實在受不了病痛的折磨,甚至向神佛禱告,願脫離疾病,同時也表達自己的疑惑與不解,〈禮誦藥師告文〉:[23]

> 余兩年來,病苦甚多,通計人生大數,如我之年,已是死期。既是死期,便與以死,乃為正理。如何不賜我死,反賜我病乎?

死是死不了,但病苦卻甚多,李贄反省自己若是可死之人,早就該死,但此時卻又未死,其因何在?於是他進一步追問:「夫所之賜之病苦者,謂其數未至死,尚欲留之在世,故假病以苦之,使之不得過於自在快活也。」尚未至死,故不能死,而上天賜病厭之痛之,人生苦難,由此可見。若然如此,李贄願向藥師琉璃光王佛(藥師佛)發願,讀經拜懺道場,念誦《藥師經》以求免病,共念九次:「嗚呼!誦經至九部,不可謂不多矣;大眾之殷勤,不可謂不虔矣。如是而不

---

21 何澤恆:〈老子「寵辱若驚」章舊義新解〉,《先秦儒道舊義新知錄》(臺北:大安出版社,2004年),頁392-394。

22 〔明〕李贄:《焚書‧答京友書》,《李贄文集(第一卷)》,頁65。

23 〔明〕李贄:《焚書‧禮誦藥師告文》,《李贄文集(第一卷)》,頁139。

應焉，未之有也。但可死，不可病。苦口叮嚀，至三再三，願佛聽之！」[24]

但可死，不可病，這種痛苦，正是李贄「怕死」的原因之一，也是他「活著」的真實感受。況且不止是身體病痛而已，同時也還牽涉到人生的苦痛本質。畢竟就李贄看來，人生在世，淪於塵緣，沉於羅網，本來就是苦的，苦是根源，我們無所遁逃於其中：[25]

> 苦海有八，生其一也。即今上亦不得，下又不得，學亦不得，不學亦不得，便可以見有生之苦矣。

「有生之苦矣」，既有生，苦亦隨之。人生實難，動輒得咎，束縛纏身，進不得退亦不得，學與不學都不得，這就是生命的困境，這就是活著的難處，循環無端，莫知所底。至於要脫離痛苦，就要超越生死，恐怕只有聖人才做得到，李贄說這是因為聖人怕死，世人不怕死之故：「總無死，何必怕死乎？然此不怕死總自十分怕死中來。世人唯不怕死，故貪此血肉之身，卒至流浪生死而不歇；聖人唯萬分怕死，故窮究生死之因，直證無生而後已。」[26]就李贄看來，世人不怕死，並不是真的不畏懼，只是貪戀世間虛幻、執迷不悟，以至於流浪生死而不歇。另一方面，就因為聖人怕死，所以才要窮究生死，一旦通達了悟，便得獲大自在，而瞭解世間的種種執相，才是真的不怕死，不怕死才可以「總無死」、「直證無生而後已」，若然已無生死，自然也就不必再耽溺其中。所以在聖人眼中，是無生無死也無怕，故

24　〔明〕李贄：《焚書・禮誦藥師告文》，《李贄文集（第一卷）》，頁140。值得一提的是，禮誦佛經似乎頗有效果，在念誦過程，苦痛大減，念完九遍之後，疾病甚至已痊癒。可見〔明〕李贄：《焚書・禮誦藥師經畢告文》，《李贄文集（第一卷）》，頁141。

25　〔明〕李贄：《焚書・觀音問十七條》，《李贄文集（第一卷）》，頁158。

26　〔明〕李贄：《焚書・觀音問十七條》，《李贄文集（第一卷）》，頁160。

曰：「無生則無死，無死則無怕，非有死而強說不怕也」。但是無生無死只是一種境界上的陳述，有生有死卻是世間的必然，於是就在境界義與世俗義之中，將此理想投射到具體的人生，即由「無生無死無怕」轉為「可死不怕」，可以死而不怕死，這才是聖人由「怕死」體悟而來的道理：「怕死之大者，必朝聞而後可免于夕死之怕也，故曰：『朝聞道，夕死可矣。』曰『可』者，言可以死而不怕也。」[27]由此可知，所謂的怕死，並非恐懼死亡如此簡單，而是有感於人生的存在困境，偏執纏身，難以避免，為了要超脫這種搔擾，所以李贄才屢言三教聖人怕死、窮究生死之因。

當然，李贄性格的執拗、剛強，也是他感歎世事艱難的原因之一，他很明白自己的個性，負氣忤俗、難與人合：「子性太窄，常自見過，亦時時見他人過」、[28]「所恨僕賦性太窄，發性太急，以致乖迕難堪」、[29]「某性偏急，其色矜高」，[30]既有自知之明，所以他才能不怕死。只是不同於前面所言的世人不怕死，又或是無生無死，李贄此處所謂的不怕死，又是另一種意思，是指對權力結構的反抗：[31]

> 若要我求庇于人，雖死不為也。……可以知我不畏死矣，可以知我之不怕人矣，可以知我之不靠勢矣。蓋人生總只有一個死，無兩個死也，但世人自迷耳。

---

27 同註26。

28 〔明〕李贄：《焚書‧卓吾論略》，《李贄文集（第一卷）》，頁80-81。

29 〔明〕李贄：《續焚書‧與周貴卿》，《李贄文集（第一卷）》，頁30。

30 〔明〕李贄：《焚書‧自贊》，《李贄文集（第一卷）》，頁121。

31 〔明〕李贄：《續焚書‧與耿克念》，頁18-19。袁中道亦有類似的觀察，他說：「公為人中燠外冷，豐骨稜稜。性甚卞急，好面折人過，士非參與其神契者不與言。強力任性，不強其意之所不欲。」〔明〕袁中道：〈李溫陵傳〉，《珂雪齋集》（上海：上海古籍出版社，2007年），頁720。

不求庇於人，不靠勢，也是一種「不怕死」。但是怕死也好，不怕死也罷；從境界上談也好，從社會結構著眼也罷，李贄關心的始終是生而不是死。不怕勢不怕人，不代表不會因此自傷，畢竟人事的飄忽、環境的壓迫、疾病的折磨，走江湖，入宦途，歷生死，乖迕難堪，動輒得咎，[32]又或是落落寡歡，難與人合。這種生命的實感，促使他想的不是面臨死亡（傷逝），而是傷生：[33]

> 人莫不欲生，然卒不能使之久生；人莫不傷逝，然卒不能止之使勿逝。……故吾直謂死不必傷，唯有生乃可傷耳。勿傷逝，願傷生也！

「死不必傷，唯有生乃可傷耳」。用另一種說法來講，就是傷生比傷逝重要，因此該關心的就是「活著」的問題，所以李贄才企圖理解「生」的本質，而非探究「死」之奧秘。當然，李贄可能真有許多死亡的焦慮與壓迫感，像是親人死亡對他造成的衝擊，但更多時候，他其實偏向關注「活著」，對「生」的疑慮與擔憂，比「死」更多，所以他傷生重於傷逝，「勿傷逝，願傷生也！」只是活著固然是逐漸走向死亡，「生之必有死也」，[34]但對他而言，「活著」到底是什麼，「活著」又該何去何從，是他首先要面對並且理解的議題，唯有解決前

---

32 李贄對這種動輒得咎的情況別有感觸，他稱之為「被人管」，而且一出生就被人管，束縛於塵世的種種關係與規矩，他說：「緣我平生不愛屬人管。夫人生出世，此身便屬人管了。幼時不必言；從訓蒙師時又不必言；既長而入學，即屬師父與提學宗師管矣；入官，即為官管矣。棄官為家，即屬本府本縣公祖父母管矣。來而迎，去而送；出分金，擺酒席；出軸金，賀壽旦。一毫不謹，失其歡心，則禍患立至。其為管束，至入木埋下土未已也，管束得更故矣。」〔明〕李贄：《焚書‧豫約》，《李贄文集（第一卷）》，頁173。

33 〔明〕李贄：《焚書‧傷逝》，《李贄文集（第一卷）》，頁154。

34 同註33。

者，自然就能更坦然面對後者。更何況後者是不必太憂慮的，因為時間到了，人就會死，但在死亡來臨之前，方生未死，「生」才是無時無刻都要面對的大問題。只是生是苦，塵世是苦，身體更是痛苦的聚集處，若然如此，又該如何？李贄的解脫之道，是他認為苦不只是苦，而是物極必反，正反兩面是相隨相成的，因為極樂從苦生，福亦由禍中來，故曰：「知此極苦，故尋極樂」、[35]「若等禍者，……是吾福也，……苦海又安知不是我老者極樂之處耶！」[36]極苦與極樂相輔相依，福禍亦是相生相倚。更進一步來講，疾病之苦，眾人皆知，李贄自己亦不能免，但他又強調世人只知病之苦，卻不知病之樂，反之亦然：[37]

> 人知病之苦，不知樂之苦──樂者苦之因，樂極則苦生矣；人知病之苦，不知病之樂──苦者樂之因，苦極則樂至矣。

苦樂相生，可謂輪迴，因苦得樂，則是因緣法，[38]苦樂如此，福禍亦然，生死更是如此。因此為尋求解脫，故李贄廣參三教，[39]博覽群書，以求道的心態來思考他的生死之學。

---

35 〔明〕李贄：《續焚書‧與周友山》，《李贄文集（第一卷）》，頁31。

36 〔明〕李贄：《續焚書‧與周友山》，《李贄文集（第一卷）》，頁10。

37 〔明〕李贄：《焚書‧復丘若泰》，《李贄文集（第一卷）》，頁9。

38 「苦樂相乘，是輪迴種；因苦得樂，則是因緣法。」〔明〕李贄：《焚書‧復丘若泰》，《李贄文集（第一卷）》，頁9。

39 已有研究指出，諸如《韓非子》等法家思想對李贄影響亦頗大，但此處並不涉及本文要處理的問題，畢竟李贄未從其中探究生死之學。關於李贄與法家思想的關係，可參張再林：《車過麻城再晤李贄》（北京：中國社會科學出版社，2009年），頁94-107。

三　儒釋道之學，一也──廣參三教以悟生死

　　生死解脫，有賴於求道，所以李贄便從三教中尋求解答。基本上李贄認為三教都有助於理解這個問題，且聖人最後都能得登大道，心無罣礙而了通生死，是以對他來說，三教聖人之所為聖，正因為他們都能豁然開覺，醒悟生死。

　　三教之同，例如李贄就說道教的重要性不亞於佛教：[40]

> 凡為釋子，但知佛教而不知道教。……老子《道德經》雖日置案頭，行則攜持入手夾，以便諷誦，若關尹子《文始真經》，與譚子《化書》，皆宜隨身者，何曾一毫與釋迦差異也？

不止如此，在〈三教歸儒說〉中，他更是明言：「儒、道、釋之學，一也，以其初皆期于聞道也。必聞道然後可以死，故曰：『朝聞道，夕死可矣。』非聞道則未可以死……唯志在聞道，故其視富貴若浮雲，棄天下如敝屣然也。」[41]就李贄看來，三教都是求道之學，也唯有得道才可以做到朝聞夕死。反之，若未聞道則不可以死，不可以死並非真的不能死，而是不能明白死亡的真諦，故又引《論語》「朝聞道，夕死可矣」為證，此處與上一節所引〈觀音問十七條〉類同。因此李贄講的「然後可以死」，其實是指「死而不怕」，這又與前一節所言的聖人皆怕死可互相呼應。為了要脫離生命之苦，所以三教才都講出世，出世是求道的必要條件，是故三教雖有不同，求出世則一：「……此儒、釋、道之所以異也，然其期于聞道以出世一也。蓋必出世，然後可以免富貴之苦也。」[42]聞道以出世，又或是免去富貴之苦，

---

40 〔明〕李贄：《續焚書・道教鈔小引》，《李贄文集（第一卷）》，頁63。

41 〔明〕李贄：《續焚書・三教歸儒說》，《李贄文集（第一卷）》，頁72。

42 同註42。

基本上要解決的都是當下存在的問題，是具體的生存境遇。由此可知，所謂的怕死、可以死等等，其實都是傷生，也就是「活著」的問題。要先明白「活著」的意義，妥善處理「活著」可能面對的危機，如此一來，才能「朝聞道，夕死可矣」，才能「聞道然後可以死」。

三教都志於求道，那麼李贄親之近之，以生命來感受學問的真切，他所感受的三教，即便面目各有不同，都可謂性命之學。至於所謂的「為學」，就是探究自身生死問題。更進一步來講，由自家性命出發，更能見得學問真血脈，因為學問與生命是不可分離的：[43]

> 凡為學皆為窮究自己生死根因，探討自家性命下落。……唯三教大聖人知之，故竭平生之力以窮之……。唯真實為己性命者默默知之，此三教聖人所以同為性命之所宗也，下此，皆非性命之學矣。

「凡為學皆為窮究自己生死根因，探討自家性命下落」，這種學道深切的心態與感受，促使李贄沉浸在生命的學問裡，佇思抒感。而回首浮生蕭瑟，擬探將來欲往之塗，他時常縈記於心的就是學道求道：「彼不學道早求解脫，不必言矣」、[44]「聞師又得了道，道豈時時可得耶？然真正學者亦自然如此」、[45]「不知天下之最宜當真者唯有學道作出世之人一事而已」。[46]但是，若然儒釋道面目各有不同，那麼李贄又如何取資其間？三教的義理又給予李贄怎麼樣的思想資源，讓他得以解脫生命的痛苦？既有其異，李贄為何又作〈三教歸儒說〉？所謂的歸儒，又該作何解釋？

---

43 〔明〕李贄：《續焚書・答馬曆山》，《李贄文集（第一卷）》，頁1。
44 〔明〕李贄：《續焚書・與周友山》，《李贄文集（第一卷）》，頁31。
45 〔明〕李贄：《焚書・觀音問十七條》，《李贄文集（第一卷）》，頁158。
46 〔明〕李贄：《續焚書・與友人》，《李贄文集（第一卷）》，頁37。

　　根據目前研究，學者普遍認為李贄為學雖博，但深刻影響其生命之感受，還是以儒佛為主，[47]至於李贄論生死之學，更是如此，儒佛在他的生命中確實留下了重要足跡，斑斑可考。畢竟李贄從陽明後學得知不死學問開始，幾經體驗與苦思，後來又接觸了佛教，這就使得他的思考內涵不限於儒學。更何況，所謂的儒學，甚至是陽明學，雖然李贄自言是「全活我一個既死之人」，但真正讓他感觸甚大，深入生命苦痛實質的，還是佛學。他也從佛學中看到了世間緣起色相之理，所以他才大談清淨本原、談真空真心。而且就他看來，世間儒者大多表裡不一，亦非志於性命學問，再加上本身觀點並非聖門所能同意，所以他才自曰「異端」，他在給友人信中就坦承：「弟學佛人也，異端者流，聖門之所深闢。弟是以于孔氏之徒不敢輕易請教者，非一日矣，非恐其闢己也，謂其志不在于性命，恐其術業不同，未必能開我之眼，愈我之疾。」[48]就學而言，屬於異端，所以有隔；就行而言，則世俗儒者術業又與己不同，所以不取。只是在生命的最後階段，李贄作《九正易因》，看似回到了儒家經典、秉持儒說，但若以生死之學的角度來看，李贄之所以依然關注生死、之所以在《九正易因》談感應知止，其實還是與他之前接觸佛學義理有關，相關討論可見下節，此處不多贅述。

　　另外，道家，或是道教，都是李贄用來證明與儒釋同一的成員而已，雖非完全不重要，但相較於儒佛，其實並不深刻。話雖如此，李贄仍然認為接觸道家，又或是道教，是可以解決自家性命問題的。這在前面談到他解《老子》「貴大患若身」與《道教鈔小引》皆已可

---

47 王煜：〈李卓吾揉雜儒道法佛四家思想〉，《明清思想家論集》（臺北：聯經出版事業公司，1981年），頁6-60。關於李贄與儒釋的關係，學界已有許多研究，可參江燦騰：〈李卓吾的生平與佛教思想〉，《明清民國佛教思想史論》，頁181-206。林其賢：《李卓吾的佛學與世變》，第六、七章。劉季倫：《李卓吾》，第二章。鄭淑娟：《李卓吾儒學思想研究》，第二、三、四章。

48 〔明〕李贄：《焚書・答李如真》，《李贄文集（第一卷）》，頁246。

見。又例如李贄在《老子解》中解釋《老子》:「生之徒,十有三;死
之徒,十有三⋯⋯夫何故?以其無死地」一段,他就說天下有知生厚
生之人,也有不知畏死與全不怕死之人,這些人不過僅得一偏,都只
是知生而不知死,何況這些人也非真不畏死,所以真正得道者,是
「無死地」之人。[49]無死地,就是上述所言的「死而不怕」,只是李贄
用的是另外的講法(「死而不亡」)而已,故曰:「死而不亡,此聖人
所以朝聞而夕死也」,[50]聞道夕死,也是李贄一再重複的話。[51]

　　因此還是要從佛教上來看。但是,李贄講佛學,雖以如來藏的真
常唯心為特色,像他說:「世間有一種不明自己心地者,以為吾之真
心如太虛空,無相可得,祇緣色想交雜,昏擾不寧,是以不空耳。必
盡空諸所有,然後完吾無相之初,是為空也,夫使空而可為,又安得
謂之真空哉!」「豈知吾之色身泊外而山河,遍而大地,並所見之太
虛空等,皆是吾妙明真心中一點物相耳。是皆心相自然,誰能空之
耶?心相既總是真心中所現物,真心豈果在色身之內耶?夫諸相總是
吾真心中一點物,即浮樞總是大海中一點泡也。使大海可以空卻一點
泡,則真心可以空卻一點相矣,何自迷乎?」[52]所談者,就是以如來
藏(妙明真心)能生萬法,卻又不住不染。畢竟萬物緣相而生,雖為
空,但塵世又因緣而有,此即色相(李贄稱為「物相」、「諸相」),故
可稱為假有,是故色即是空,空即是色,兩者乃是不離不雜的關係。
於是山河大地,又或是色身諸相,皆是妙明真心所現;倒過來講,真
心既生萬物,則由萬物反推,皆可源於此妙明之心。話雖如此,只是

---

49 〔明〕李贄:《老子解》,《李贄文集(第七卷)》,頁19-20。

50 〔明〕李贄:《老子解》,《李贄文集(第七卷)》,頁14。

51 必須說明的是,李贄對於三教的深入探究雖有不同,但仍然不偏廢某方。袁光儀就
　認為李贄主張三教合一,並非將三者融為一體,而是在承認各有差異的情況之下,
　廣參三教之道。只要能夠解答他對於生命的疑惑,能了生死者,他皆信而從之。袁
　光儀:《李卓吾新論》,頁95。

52 〔明〕李贄:《焚書‧解經文》,《李贄文集(第一卷)》,頁126-127。

諸相既為假有，所以又不可以心為太虛空，無相可得，而是必須維持離垢不染的狀態，因真心即已包含色相，能生萬物，又能空卻萬物，故李贄所言：「且真心既然包卻色身，洎一切山河虛空大地諸為有相矣」[53]、「夫諸相總是吾真心中一點物，……則真心可以空卻一點相矣……」即是此意。[54]

　　「真心」，即是李贄所謂的「真空」、「本地風光」、「清淨本原」。真心顯於萬物，則清淨本原自然也顯於山河大地，「若無山河大地，不成清淨本原矣。若無山河大地，則清淨本原為頑空無用之物，為斷滅空不能生化之物，非萬物之母矣，可值半文錢乎？」「清淨本原，即所謂本地風光也。」[55]心生萬物，本地風光展於山河大地，這就是「生化」，是以萬物因緣相起，所以「空」才更顯得重要，李贄則稱為「真空」。不過值得注意的是，李贄卻又不全以「真常」為主，因為他有時連心都要質疑、都要破除，他這樣的講法是要避免世人執著於「空」，枉費精神，此時所謂的空，就不是之前所講的「真空」，而是指不明佛理者之空，即所謂的「太虛空」、「斷滅空」。在〈觀音問〉中，他先以「親（真）爺娘」（即是指「真心」）比喻在生死之中，既能脫離生死，又能生生而無生，「能生生而實無生，能死死而實無死」，彼此當不即不離；「假爺娘」則反之，流離回轉，激蕩迷失，循環不已。[56]但他又進一步講，所謂的親（真）爺娘，也都只是方便說法而已，不應執著：[57]

53　〔明〕李贄：《焚書·解經文》，《李贄文集（第一卷）》，頁127。

54　李贄有時又將「如來藏」以「真空」稱之：「真空既能生萬法，則真空亦自能生罪福矣。」李贄：《焚書·觀音問十七條》，《李贄文集（第一卷）》，頁164。亦可參江燦騰：〈李卓吾的生平與佛教思想〉，《明清民國佛教思想史論》，頁209-218。林其賢：《李卓吾的佛學與世變》，頁215-216。

55　〔明〕李贄：《焚書·觀音問十七條》，《李贄文集（第一卷）》，頁160-161。

56　〔明〕李贄：《焚書·觀音問十七條》，《李贄文集（第一卷）》，頁162-163。

57　〔明〕李贄：《焚書·答明因》，《李贄文集（第一卷）》，頁163。

> 「父母未生前」，則我身尚無有，我身既無有，則我心亦無有，我心尚無有，如何又說有佛？苟有佛，即便有魔，即便有生有死矣，又安得謂之父母未生前乎？然則所謂真爺娘者，亦是假立名字耳，莫太認真也！

前已言之，心生萬物，萬物又是假緣而生，但心本身也是假說，亦不可滯。這是藉由不斷地否定，層層撥遮，避免拗著於心，以破除執障，「然則所謂真爺娘者，亦是假立名字耳，莫太認真也！」所以他在《心經題提綱》才說：「乃知此真空妙智，是大神呪，是大明呪，真實不虛也，然則空之難言也久矣。執色者泥色，說空者滯空，及至兩無所依，則又一切撥無因果。」執色者與滯空者一樣，皆不可取，所以才要空依兩邊，輾轉相破。[58]再者，空之難言，正因世人不明空之究理，以為空可去有，是以反而苦執於空，殊不知此舉與「有」一樣，都是昧於偏執，當非李贄所取。這在李贄與明因的問答中便可見之，李贄說：「棄有著空，即能頑空矣，即所謂斷滅空也，即今人所共見太虛空是也。此太虛空不能生萬有。即不能生萬有，安得不謂之斷滅空？安不得謂之頑空？……然則今人所共見之空，亦物也，與萬物同矣，安足貴乎！……。其實我之真空豈若是耶？」[59]世人所見之空，當非李贄所謂的真空。真空，又或是真心、清淨本原等等，都是萬物之母，是化生山河大地的起始，是兩無所依，也是一切撥無因果的真空妙智。

　　李贄談這些，是為了什麼呢？仍在於他要解決自家生死的問題：「佛之心法，盡載之經，經中一字透不得，即是自家生死透不

---

58 這種藉由否定再否定的悟道方法，事實上正是禪宗的一種。畢竟眾生悟法，根器不同、遲疾亦異，禪師自然要隨機接引，有時為破除執障，不免以言行曲折或直指道破，但又恐後人執著於此，故又再須以其它言行戳穿，輾轉相破。可參巴壺天：《藝海微瀾》（臺北：廣文書局，1987年），頁45-96。
59 〔明〕李贄：《焚書・答明因》，《李贄文集（第一卷）》，頁164。

得……。」[60]更具體地講，他要瞭解的是人生苦海的真實感受——活著為什麼會這麼苦？「既以妄色妄想相交雜而為身，于是攀緣搖動之妄心日夕屯聚于身內，望塵奔逸之妄相日夕奔趣於身外，……如衝破逐浪，無有停止……」，[61]我觀我生，我以親行自證，但惑業無明，紅塵滾滾，淪入俗網中，妄色妄想交雜，此身雖在堪驚，又該如何自處？他說得很明白：「尋常亦會說得此身是苦，其實只是一句說話耳，非真真見得此身在陷阱坑坎之中，不能一朝居者也，試驗之自見。」[62]正因為親身體驗，所以他才要求道，明白生存的本質。更進一步來講，藉由對於佛學的理解，他所體驗的塵世之苦才有了著落：萬物諸相，世間皆苦，故此身常在陷阱坑坎之中，緣起相生。究其實理，一切都是真心（真空）所化，真心能生苦，自然就能滅苦，諸相如此，生死亦然。只是這還不夠，因為這麼說仍是有跡可循，依然有執：「放不下是生，放下是死；信不及是死，信得及是生；信不信，放下不放下，總屬生死。總屬生死，則總屬自也，非人能使之不信不放下，又信又放下也。」[63]放不下是生，放下是死，信得及是生，不及是死，信與不信，及與不及，總歸生死，顯然仍有一間未達，因此李贄才要做到「原無生死」，用前面引文來講，就是「父母未生前」，父母未生前，又何來身？何來心？是故身是空，心亦是空，既然如此，又有何所執？至於生死亦可依此類推：[64]

> 故知原無生者，則雖千生總不妨也。何者？雖千生終不能生，此原無生也。……。故知原無死者，則雖萬死總無礙也，何者？雖萬死終不能死，此原無死也。

60　〔明〕李贄：《焚書·觀音問十七條》，《李贄文集（第一卷）》，頁157。

61　〔明〕李贄：《焚書·解經文》，《李贄文集（第一卷）》，頁127。

62　〔明〕李贄：《焚書·觀音問十七條》，《李贄文集（第一卷）》，頁158。

63　〔明〕李贄：《焚書·觀音問十七條》，《李贄文集（第一卷）》，頁159。

64　〔明〕李贄：《焚書·觀音問十七條》，《李贄文集（第一卷）》，頁160。

原無生者，生亦不妨，亦不能生；原無死者，死亦無礙，終不能死。
已無生死，所以既不怕生也不懼死。如此一來，伴隨著人身而來的世
間之苦，皮之不存，毛將焉附？自然亦無須掛懷，不必再執，正如他
在〈哭耿子庸〉所言：[65]

> 反照未生前，我心不動移。仰天一長嘯，茲事何太奇！
> 從此一聲雷，平地任所施。開口向人難，誰是心相知？

最後一句為感念知己，故不必論。而綜觀詩意，顯然，正如劉季倫所
言，在「父母未生前」的標準之下，所有「父母已生後」的標準都是
偏執的、片面的妄相，[66]能明白這點，自然就是「從此一聲雷，平地
任所施」了。

相不可執，心亦不可執，更擴大來看，儒釋道三教之名亦不可
執。因為三教也只是聖人為引導眾生，設道以教化，聖人以教法悟道
救世，是權宜、是方便，是故後人不可執著於此。這在李贄給耿定向
的書信中便可得知，他認為耿定向講道學、論修身、說工夫，看似宗
師孔子，其實矛盾甚多，「又欲清，又欲任，又欲和」。更何況其病在
多欲，執迷不悟，「既于聖人之所以繼往開來者，無日夜而不發揮，
又于世人之所光前裕後者，無時刻而不繫念」，[67]且過於執著儒學，未
能參照其它。李贄接著指出，不論是道也好、釋也罷，都重在求道，
非止儒而已：[68]

> 夫所謂仙佛與儒，皆其名耳。孔子知人之好名，故以名教誘

---

65 〔明〕李贄：《焚書·哭耿子庸》，《李贄文集（第一卷）》，頁218。
66 劉季倫：〈李卓吾〉，頁74-75。
67 〔明〕李贄：《焚書·答耿司寇》，《李贄文集（第一卷）》，頁33。
68 〔明〕李贄：《焚書·答耿司寇》，《李贄文集（第一卷）》，頁30。

之；大雄氏知人之怕死，故以死懼之；老氏知人之貪生，故以
長生引之。皆知不得已權立名色有化誘後人，非真實也。

李贄批評耿定向的觀點，固非允當。[69]但此處所言，卻透露了李贄博
取三教的原因，原來所謂的三教，都不過是聖人權立名色以化誘的手
段而已。況且，不論是知人好名／以名教誘之、知人怕死／以死懼
之、知人貪生／以長生引之等等，都牽涉到怎麼面對自身生命的何去
何從。就李贄看來，其實正是聖人為了要處理「活著」，尋求生命的
著落，覓得生存的答案，因此學習三教，就是要瞭解這個問題。用他
自己的話來講，即是「凡為學皆窮究自己生死根因，探討自家性命下
落」。

　　前已言之，李贄論三教，雖以佛教最為深刻，對他生命處境的理
解也最有幫助。但他為何又要寫〈三教歸儒說〉？他究竟是歸宗何家
何教？關於這個問題，首先要說明的，在思想史的分析上，我們固然
可說李贄的生死之學，是泛取三教博覽群書，也可以說是起於儒家、
佛教等等。可是若就李贄行為的生活世界來看，他可以說是亦儒亦佛
亦道，又或是非儒非佛非道，既不絕對，更不純粹。因此他既要當真
儒者，也可以作剃頭和尚，更可以隨身攜帶如《化書》之類的道教書
籍。因此，我們儘管可以分析他的思想傾向，大致歸為某派某類，但
就現實行為層面來講，他更像是一個三教皆采，「儒釋道，一也」的
求道者。

　　這樣的認知，對於分析〈三教歸儒說〉至為重要。因為李贄本篇
所談者，重在行為層面著眼，畢竟〈三教歸儒說〉一開頭就說儒釋道

---

69 李贄與耿定向，一向是辯難的論敵。關於二人的結識經過與思想差異，學界研究頗
　　多。可參許蘇民：《李贄評傳》（南京：南京大學出版社，2006年），頁114-122；王
　　均江：《衝突與和諧──李贄思想研究》（武漢：華中科技大學出版社，2007年），
　　頁35-40。

之學，皆重出世，唯有出世才可避免人世窮達之苦。而要免求富貴之故，就不可執於塵世權位，堯、舜、孔子、顏淵，正是此中代表。但現今許多儒者，卻以講道學為取得功名富貴的手段：「陽為道學，陰為富貴，被服儒雅，行若狗彘然也。」[70]世儒既如此不堪，[71]那麼反觀自身，講道學，又不以貧賤孤獨為恥者，就只有李贄自己了。這是他刻意著眼於行為處世，針對沉淪塵世以取富貴的儒者，故有強烈的指涉性。[72]不同於這些假儒者，因此李贄才要作剃頭和尚，剃頭，即是象徵割斷俗世的種種因緣關係，包括俗儒最看重的富貴權位，這才是求道者該做的事，所以他以孔子飯疏食、顏淵居陋巷為例，這都是李贄對自身生存境遇的說明。

因此，就處世而言，李贄認為自己才是真儒者，其餘都是虛偽的、造假的，真儒者就是要窮居人間，不為名利折腰。這種真儒者，與道釋兩家一樣，都是以出世為重，三教歸儒之意，即是在此。換言之，三教歸儒的儒，並不是指以儒攝釋、道的思想史解釋，而是說明李贄的處境情況，意謂有志於學道出世的三教人士，都必須做到像李贄這樣的真儒，既感人世之苦，又哀有身為患，所以他才傷生、所以他志於學道，求得自家性下落，這當非世間的假儒俗儒所能明瞭，假儒是不需傷生也不會傷生的，唯有李贄這樣的人才會。故此處的儒，並非嚴格思想史定義的「儒」，大多是指李贄的自況。因此他所謂

---

70 〔明〕李贄：《續焚書‧三教歸儒說》，《李贄文集（第一卷）》，頁72。

71 李贄批判道學言論甚多，諸如「然則六經、語、孟，乃道學之口實，假人之淵藪也」等等，都說明李贄對這些人的不滿。〔明〕李贄：《焚書‧童心說》，《李贄文集（第一卷）》，頁93。

72 李贄也常批判此等人是「陽為道學，陰為富貴」，名為學道，實為求官，故真正可談道學者，反而不是這些人。張再林也有類似的意思，他就指出：「也即李贄宣稱今天真正有資格去談論所謂『道學』的，並非是那些口不離道卻貪戀人生大富大貴的道學家們，而是惟有寄希望於那些看破世道並萬念俱灰的和尚之流。」張再林：《車過麻城再晤李贄》，頁67-68。

「今之欲真實講道學以儒、道、釋出世之旨，免貴富之苦者，斷斷乎不可以不剃頭做和尚矣」，三教歸儒，卻又要做剃頭和尚，[73]講道學卻又要以三教出世為宗，他在《初潭集》自序更說：「夫卓吾夫子之落髮也有故，故雖落髮為僧，而實儒也。」[74]話雖如此，卻又詩云：「空潭之老醜，薙髮便為僧，願度恆沙眾，長明日月燈」、「為儒已半世，食祿又多年，欲證無生忍，盡拋妻子緣」，[75]似僧實儒，為儒半世卻又欲證無生法忍。上述所言看似矛盾，但其實內有一貫脈絡可循，李贄〈三教歸儒說〉一文，正該以此理解。[76]

四　七十老翁何所求──李贄之死

在分析完李贄如何面對「傷生」之後，可知他對生死問題實已有自己的看法，怕死、又或是不怕死，對他而言都只是一種說法而已，他真正擔心害怕的是人世之苦，他真正嚮往的是「清淨本原」的「本地風光」。可是人世之苦，是緊緊纏繞自身，無處可躲的，所以他才要在尋求自解，要為這種「活著之苦」作妥善的處理。只是在他生命

---

73 李贄剃度的原因，除內文所言之外，亦與他不與人交、遠離塵世、甚至因天氣炎熱而尋求「身體淨化」的個性行為有關，這跟他出世的想法，是符合的。黃繼立：《「身體」與「工夫」：明代儒學身體觀類型研究》，頁380-382。

74 〔明〕李贄：《初潭集》，《李贄文集（第五卷）》，頁1。

75 〔明〕李贄：《焚書・薙髮》，《李贄文集（第一卷）》，頁220。

76 林海權推測〈三教歸儒〉可能成於萬曆十六年（1588），李贄六十二歲時。他認為是因兩年前耿定向著《譯異編》，主張佛統於儒，引起李贄的批判，所以才有〈三教歸儒說〉之作，在沒有其他證據的支持下，單從這個說法恐怕很難證明其說為是（同樣也難證明其為非），是以本文並不採用。這也說明了李贄詩文繫年的困難，如林海權推測〈自贊〉同樣寫於此年，但也只說「可能寫於本年遭耿定向等人的誹謗攻擊。中有『動與物遷，口與心違』和『其人如此，鄉人皆惡之矣』之語」，因資料不足，大概也是很難證明對錯。但不管如何，〈三教歸儒說〉抨擊道學家，並且指出道學的流弊，則是林海權也同意的。林海權：《李贄年譜考略》（福州：福建人民出版社，1992年），頁195-196、201、203。

的最後階段，他竟又面臨了另外一種苦境，就是他被張問達參劾，最後以「亂道」罪名逮補。張問達所持的理由，是李贄落髮、言論不軌、不守戒律，其中還包括可能是誇大或捏造的罪名，諸如狎妓同遊，白晝同浴，勾引士人妻女，入寺而宿等等。[77]這些罪名，不管是真實的，又或是某部分有誣詆、荒謬不實的可能，[78]但李贄因此入獄卻是事實。此次事件，似乎又再次自證他所謂的塵世之苦，是躲也躲不掉的。根據袁中道的說法，李贄對入獄一事早有準備，甚至是已有死志：[79]

> 初，公（李贄）病。病中復定所作《易因》，其名曰《九正易因》。常曰：「我得《九正易因》成，死快矣！」《易因》成，病轉甚。至是逮者至邸舍……。公力疾起，行數步，大聲曰：「是為我也！為我取門片來！」遂臥其上……。
> 明日，大金吾寔訊。侍者掖而入，臥于階上。金吾曰：「若何以妄著書？」公曰：「罪人著書甚多，具在，于聖教有益無損。」大金吾笑其崛強，獄竟無所寔詞，大略止回籍耳。久之，旨不下，公于獄舍中作詩讀書自如。一日，呼侍者薙髮，侍者，遂持刀自割其喉，氣不絕者兩日。侍者問：「和尚痛否？」以指書其手曰：「不痛。」又問曰：「和尚何自割？」書曰：「七十老翁何所求？」遂絕。

---

77 黃繼立：《「身體」與「工夫」：明代儒學身體觀類型研究》，頁388。許蘇民：《李贄評傳》，頁169-170。

78 不管是李贄自己或是他人的觀察，李贄都是有一個嚴重潔癖的人，不太近女色。袁中道說李贄有五不可學，其中一項就是「公不入季女之室，不登冶童之床。而吾輩斷情欲，未絕嬖寵」。因此是否真如張問達所言，又或是張問達的指控究竟何所依憑？實難考證。〔明〕袁中道：〈李溫陵傳〉，《珂雪齋集》，頁725。

79 〔明〕袁中道：〈李溫陵傳〉，《珂雪齋集》，頁721-722。

袁中道所言，是否屬實，已難查證，但從這個記載我們可以得知幾點訊息：李贄此時已是既老且病，存有死意，還有就是李贄最後自殺的死法。袁宗道說李贄已有死志，並非誣言，李贄在〈李卓吾先生遺言〉早就自訴甚明，他先說：「春來多病，急欲辭世，幸於此辭，落在好朋友之手，此最難事，此余最幸事，爾等不可不知重也。」[80]老且病，是以急欲辭世，但有幸還有遺書可作，還不算太壞，於是接下來李贄便談該如何處理後事，諸如選擇墓地、入坑程序、墓誌碑文該怎麼寫等等。

　　值得注意的是，袁中道轉述李贄的說法：「我得《九正易因》成，快死矣！」、「《易因》成，病轉甚。」在〈前言〉中，我們已提過《九正易因》與《易因》的成書原由。那麼，這本著作又反映了李贄怎麼樣的思想狀況？與他的生死之學是不是有關聯？答案是肯定的，李贄在《九正易因》中，先以〈咸卦〉說明感應之理，「天下之道，感應而已」。[81]感應，就卦辭來看，即是指二氣相感，又或是天地感萬物生，聖人感心而天下和平，是一種萬物相知互起的原理，李贄據此推衍，說：「山澤通氣，二氣感應以相與也」、「又孰知萬物之所以化生，天下之所以和平，皆此感應者為之乎！」[82]相感，其實也就是一種因果關係，李贄昔年曾與焦竑共同出版《感應篇》，後來落髮為僧時又成書《因果錄》，在他看來，感應因果，都是一樣的，名同而實不同：「釋氏因果之說，即儒者感應之說。」「昔以此序敘《感應篇》，夫感應因果，名殊理一，是故不妨重出也。」[83]他在《因果錄》的序言中就說：[84]

80　〔明〕李贄：《續焚書‧李卓吾先生遺言》，《李贄文集（第一卷）》，頁96-97。

81　〔明〕李贄：《九正易因》，《李贄文集（第七卷）》，頁169。

82　〔明〕李贄：《九正易因》，《李贄文集（第七卷）》，頁170。

83　〔明〕李贄：《因果錄》，《李贄文集（第七卷）》，頁263。

84　〔明〕李贄：《因果錄》，《李贄文集（第七卷）》，頁263。

天下之理，感應而已。感則必應，應複為感，儒者蓋極言之。

有感有應，兩者互生相起，正如李贄在《九正易因》所說：「嗚乎！感為真理，何待于言；感為真心，安能不動！天地如此，萬物如此。」[85]感應如此，因果亦如是，李贄認為因果就像種子與果實的關係，《因果錄》：「因者，種種也；果者，種穀種，得穀食也。」所以李贄才大談惡有惡報善有善報之理，現世陽報，如劉建德之妻、道士章齊一；善人果報，如孫泰、章太傅妻練氏等等，這些「報應」，有因有果，自然也是有感有應，如他記載楊思達為西陽郡守，派遣下屬看守農田，以防盜麥，果然抓到犯人，於是斷其手腕，下屬後來生了小孩，竟然一出生就無手，這就是因果，也是感應的一種表現。[86]至於因果感應最重要的部分，則是生死，「因果之大，莫大于生死」，[87]生死繫於因果者，在於任憑己意來掌握他物生死，所以李贄反對殺生，主張放生，「蓋眾生所重也，生命也。所以日夜惶惶然不止者，亦為其生耳。是故錄因果，而以殺生垂其後焉。」[88]是以李贄收錄了〈雲棲寺沙門袾宏放生文〉、〈普庵祖師戒殺文〉、〈真歇禪師戒殺文〉、〈佛印禪師戒殺文〉，又記載動物放生殺生的果報之事。

既明果報感應之說，反觀《九正易因》，李贄之所以在〈咸卦〉中特地標出：「一篇大議論，學者宜細思」，[89]其中原由，固然是從正面的立場上，看出萬物生生不息，互相感通之理；反過來講，若存惡念做惡行，則依感應果報的原則，禍事也會隨著而來，「夫感應乃天下之常理，而悔害亦常在感應之中」。[90]因此最好的方法是秉持「自然

---

85 〔明〕李贄：《九正易因》，《李贄文集（第七卷）》，頁170。

86 〔明〕李贄：《因果錄》，《李贄文集（第七卷）》，頁292。

87 〔明〕李贄：《因果錄》，《李贄文集（第七卷）》，頁297。

88 〔明〕李贄：《因果錄》，《李贄文集（第七卷）》，頁297。

89 〔明〕李贄：《九正易因》，《李贄文集（第七卷）》，頁171。

90 〔明〕李贄：《九正易因》，《李贄文集（第七卷）》，頁170。

之道」，所以他引王畿的話為證：「世之學者，執于途而不知其歸，溺於慮而不知其致，則為憧憧之感，而非自然之道矣。」憧憧之感，即是來往不定、搖擺不停，不曉感通真義，自然之道則反是。至於什麼又是自然之道呢？以李贄論生死之學的角度來看，他在《九正易因》舉〈艮卦〉為說，艮卦所重者，就是「止」，他說：「余謂止亦人所難，但能艮止，自未失正。或因止而遂能得所止，亦未可知。」可是止又非完全靜止，而是兼有趾與止二義，既是前進（趾），也是達到、安住（止），所以才要不偏於一方，動時該動，止時該止：「蓋吉凶悔吝，皆生于動，趾而遂止，不動何咎」，明白到「動」不是世間唯一正理，反而是必須視「止」而行：「世間未有好動不止者，而能止其所止也」，如此才能夠明白《大學》之所以標出「止于至善」的道理。[91]能知止，故無往而不自得，無處而不可止，「夫唯能止其所者，無往而非所也，無所而非止也」。止，就像是降伏其心，而不是心浮氣躁、發念妄動，他用〈艮卦〉六二：「艮其腓，不拯其隨，其心不快」為例，說「六二當腓之處，腓不自動，象二之止；腓不能不隨足以動，象二之未得所止。夫腓本不欲動者也，及其隨足以動，而又無由以拯之，此六二所以時時不快于心，而恨不能自降伏其心也與！」[92]時時不快於心，即由此引申。更進一步來講，止，就是擺脫人世聞見，抖落塵緣俗理，藉由「止」而解脫，若以第三節李贄論佛學的講法，則是從萬物緣起山河大地中直探本來風光，回到清淨本原的真心，所以李贄才說：「凡為學者，學問日博，則聞見日廣；聞見日廣，則道理日積；道理日積，則寶惜日深。日積日深，日蔽日錮，雖有豪傑，不能自解脫矣，曾不止學貴知止，止必有所。」[93]是以知

91　「《學》、《庸》慎獨之獨，虞廷惟微之微，所謂當止之至善是也。」〔明〕李贄：《九正易因》，《李贄文集（第七卷）》，頁226。

92　〔明〕李贄：《九正易因》，《李贄文集（第七卷）》，頁226。

93　〔明〕李贄：《九正易因》，《李贄文集（第七卷）》，頁225。

止而後能定，得其所止，止必有所。若明白這個道理，則可為厚終之學，《大學》之道，即是此意，亦可知生死之說：[94]

> 至善之止也比知，所以定靜安慮，而為《大學》之道；艮之止也以思，所以其道光明，而為厚終之學。厚終與「夕死可矣」意同，《繫辭上傳》曰：「原始反終。」故知死生之說。

就李贄看來，厚終即是「夕死可矣」，他又明言此可知死生之說，這種講法，又再回到了第二節「可死」、「死而不怕」的意涵，同時也是李贄屢屢以朝聞夕死論證的觀點。畢竟就李贄論生死的角度來說，由《大學》定靜安慮發展而來，「至善之止」，其道之所以光明，正因「艮之止」為厚終之學的緣故。[95]厚終，便是知死生，從生到死，原始反終；知止，是建立在明瞭「蓋吉凶悔吝，皆生於動」的意義上，明白了因為生存而衍生的種種世事狀況，吉凶悔吝，皆源於此，所以才要撥開層層聞見道理，尋求解脫。因而在感通因果的流衍之中，厚終知止，即是能「可死」、「死而不怕」。

　　由此可知，李贄生命的最後階段，他將精力灌注在《易》之中。從四十歲接觸陽明學，開始他對於生命之學的思考，其後學佛參道，轉了一圈，他又回到了儒家經典。在《九正易因》裡，不可避免與他之前論佛的思路有些類似，觀其原由，或許是儒佛在生命中留下深刻思想痕跡所致，是以此書雖然甚少引用佛道言論或是著作，但思維方式依舊頗有類似，但引不引用，其實也無太大關係，因為他考慮的始

---

94 〔明〕李贄：《九正易因》，《李贄文集（第七卷）》，頁226。

95 李贄講止，難免會讓人聯想到佛教天臺「止觀」之說，但李贄此處由動靜著手，既有生生不息，亦有收拾內心之意，同時又兼攝震、艮二卦，「震、艮二卦，聖人道問學之事也」，最後再回到《大學》止於至善，顯然已非天臺講法。〔明〕李贄：《九正易因》，《李贄文集（第七卷）》，頁225。

終只是他關注的問題而已。生死之學就是他自四十歲以後最關心的大問題，所以他並不排斥三教，反過來講，只要是有益於他對生死之學的深入瞭解，他都願意花時間花氣力去學習體悟。對他而言，三教，特別是儒佛，是他實踐生死之學最好的資源，所以他談道教、道家，也講真常唯心、講因果報應，甚至深入《易》理，說感應、論知止，都是在這樣的基礎上發揮。

在本節一開頭引到李贄的自殺，林其賢曾將其解釋為佛教式的生死階段類型，認為死亡只是另一階段生命的開始，生命是不斷生而死，死而生的歷程。[96]這樣的觀察頗有道理。但從另一個角度來講，我們也可以發現李贄不斷探索活著的本質，但當他發現活著就是不斷面臨人生困境的時候——老病貧窮、權力結構、人事困擾、與世乖迕，乃至於流言蜚語等等，一次又一次，斬不斷理還亂。這種生，已可謂傷生的極致，若然如此，當他明白這個道理時，他就必須面對下一階段的考慮：死亡。這並不是因為死亡焦慮才開始思考死亡，而是當他了悟「生」，自然而然地就要面對「死」，用前述所言，即是「知止」。知止，即是知道原無生死，故能死而不怕；知止，即是原始反終，尋得自家性命下落。在感通因果的世界現象中，得明知止，所以他才真正可以死，就像他總是引《論語・里仁》的話：「怕死之大者，必朝聞而後可免于夕死之怕也，故曰：『朝聞道，夕死可矣。』曰『可』者，言可以死而不怕也。」[97]怕死之大者，不是要長生不死，剛好相反，而是當他了悟其生，知生知死，才可以「朝聞道，夕死可矣」。既已聞道，尋得自家性命下落，所以重點才可能放在這個「可」字。也因為傷生而知生，所以才可以死——「可以死而不怕也。」這個觀點，也正如他在獄中所作〈繫中八絕〉的最後一首：[98]

96　林其賢：《李卓吾的佛學與世變》，頁98-100。

97　〔明〕李贄：《焚書・觀音問十七條》，《李贄文集（第一卷）》，頁160。

98　〔明〕李贄：《續焚書・系中八絕》，《李贄文集（第一卷）》，頁117。

> 志士不忘在溝壑，勇士不忘喪其元。
>
> 我今不死更何待，願早一命歸黃泉！

「我今不死更何待，願早一命歸黃泉」，李贄之死，至此已可能有了思想史上的解釋。[99]

五　結論

　　本文的研究，即是奠基在李贄生死之學的眾多研究上，更進一步指出，李贄談生死，首重「傷生」。傷生，就是思考活著的意義、生存的真諦，當死去的親友已不在，而我們未死時，「活著」，便成為李贄關心的問題。對於「活著」，這些塵世之苦，他確實有許多感觸，包括身體病痛、人事之不堪、社會結構與政治權力的迫害，都是他傷生的原因。除此之外，他的思考不止是針對自己，同時也還指向別人的「活著」，他批判某些人的信仰價值與意義，原來世間太多的虛偽不實、謊言造假，是他不能忍受的，有些人以儒者自命，卻溺於富貴，排斥他說，沉淪塵網而不自知，甚至還洋洋自得，既不能令又不受命。他之所以說自己是「真儒」，認為真正求道者應該像他一樣，這些都是他在「活著」、在「傷生」所面臨的現實處境。

　　最後，從思想史上的脈絡上，本文嘗試替李贄的自殺描繪出可能的脈絡。意即，李贄談生死，雖然最關懷的是「活著」，但不可避免地，活著最後仍是要通向死亡的，所以李贄要如何從「生」到「死」，要如何傷生而知生，然後可以死，就成了本文最注意的問

---

99 要說明的是，自殺很可能是多種因素所造成的。自殺的原因很多，或許是事先計畫，也可能是臨時起意，牽涉緣故甚多，必然與偶然、生理與心理、外部環境與內心想法或兼有之。我們當然不可能起李贄於地下而問，是故本文的作法，主要是以歷史研究的角度，揆諸文獻，來為李贄的舉動找尋一條思想史的可能線索。

題。事實上，在李贄探討「活著」的時候，他雖然感歎病體之苦、與世不諧，但也漸漸發現了由生到死的可能，這在他以真常唯心的如來藏思想出發，探討山河大地萬物起滅中可見。萬物由心緣起，相生相續，幻成大千世界，生生不息。可是逆推回去，事物相依相續，其實都是從清淨本原中漸染漸生，真空生萬有，是以返歸本來風光，無住亦無染，就成了李贄擺脫塵世俗務，收攝馳蕩的思想痕跡。此外，也表現在他以《易》的「咸卦」、「艮卦」中探討感應、知止的說法裡。有因就有果，有感就有應，因果互生，感應相起，構成了一幕幕的人生戲碼，諸事叢脞，盤根錯節，悲歡離合，福報厄運，屢見不鮮。若然如此，世事感應因果，此起彼和，人處其間，就要知「止」，不能一味地動而不靜，也不能受限於聞見道理，執於其間，無法解脫，是以知「止」才可謂厚終之學、才可謂「知死生之說」。這些都是李贄對於生死的思考說法，顯示了他怎麼解釋「生」，又怎麼面對「死」。

　　換言之，明白了生，才可以坦然地面對死，有生有死的更深一層境界，其實就是原無生死。畢竟就他看來，生與死都只是一種說法而已，未生之前，又何來生？已死之後，無知無覺，又何來死？所以生死問題，都是在「活著」的時候，才可能產生的困擾與困惑。但是當「活著」是一個事實，生跟死就顯得非常重要，因此李贄才努力探討生死之學，尋求自家生命下落。從這樣的角度出發，他企圖從三教裡找出答案，尋求生命意義的認同感，或反身觀照，理解生命，或冷眼觀世，看透人情，他看到了三教聖人都是「凡為學皆為窮究自己生死根因，探討自家性命下落。……唯三教大聖人知之，故竭平生之力以窮之……」。三教聖人既然都是生死學的大家，李贄於是從三教中求道，在感應因果的世界中，窮究生死之路。順著這樣說法，由生到死，既知生，也知死，生死之學，從「傷生」到「死而不怕」，便成了進入李贄思想的一條重要線索。

引用文獻及書目

一　傳統文獻（按作者或注釋者時代排列，近代以後則以筆劃）

〔姚秦〕鳩摩羅什譯　《大智度論》　收入《大正藏》　第25冊　臺北　新文豐出版公司　1983-1988年

〔姚秦〕鳩摩羅什譯　《諸法無行經》　收入《大正藏》　第15冊　臺北　新文豐出版公司　1983-1988年

〔姚秦〕鳩摩羅什譯　《維摩詰所說經》　收入《大正藏》　第14冊　臺北　新文豐出版公司　1983-1988年

〔隋〕智顗　《摩訶止觀》　收入《大正藏》　第46冊　臺北　新文豐出版公司　1983-1988年

〔唐〕玄奘譯　《攝大乘論本》　收入《大正藏》　第31冊　臺北　新文豐出版公司　1983-1988年

〔唐〕玄奘譯　《成唯識論》　收入《大正藏》　第31冊　臺北　新文豐出版公司　1983-1988年

〔唐〕牛僧儒、李復言（編）　《玄怪錄・續玄怪錄》　北京　中華書局　2006年

〔唐〕白居易　《白居易集》　臺北　漢京出版社　1984年

〔唐〕李商隱　《玉溪生詩集箋注》　上海　上海古籍出版社　1998年

〔唐〕杜甫　《杜少陵集詳注》　北京　北京圖書館出版社　1999年

〔唐〕宗密　《注華嚴法界觀門》　收入《大正藏》　第45冊　臺北　新文豐出版公司　1983-1988年

〔唐〕宗密 《禪源諸詮集都序》 收入《大正藏》 第48冊 臺北 新文豐出版公司 1983-1988年

〔唐〕宗密著，閻韜譯 《禪源諸詮集都序》 高雄：佛光出版社 1996年

〔唐〕慧然集 《鎮州臨濟慧照禪師語錄》 收入《大正藏》 第四 十七冊 臺北 新文豐出版公司 1983-1988年

〔唐〕澄觀 《大方廣佛華嚴經疏》 收入《大正藏》 第10冊 臺 北 新文豐出版公司 1983-1988年

〔宋〕本嵩述 《華嚴七字經題法界觀三十門頌》 收入《大正藏》 第45冊 臺北 新文豐出版公司 1983-1988年

〔宋〕朱熹 《四書章句集注》 臺南 復文圖書出版社 1985年 頁94

〔宋〕延壽 《萬善同歸集》 收入《大正藏》 第48冊 臺北 新 文豐出版公司 1983-1988年

〔宋〕法雲編 《翻譯名義集》 收入《大正藏》 第25冊 臺北 新文豐出版公司 1983-1988年

〔宋〕程顥、程頤 《二程集》 北京 中華書局 2004年

〔宋〕歐陽修 《歐陽修詩文集校箋》 上海 上海古籍出版社 2009年

〔宋〕蘊聞編 《大慧普覺禪師語錄》 收入《大正藏》 第47冊 臺北 新文豐出版公司 1983-1988年

〔元〕王實甫原著，〔明〕金聖歎批點 《第六才子書西廂記》 臺 北 三民書局 2008年

〔元〕智徹 《禪宗決疑集》 收入《大正藏》 第48冊 臺北 新 文豐出版公司 1983-1988年

〔明〕元賢編 《繼燈錄》 收入《大正藏》 第86冊 臺北 新文 豐出版公司 1983-1988年

〔明〕王思任　《王季重十種》　杭州　浙江古籍出版社　2010年

〔明〕王陽明　《王陽明全集》　上海　上海古籍出版社　2006年

〔明〕王畿　《王畿集》　南京　鳳凰出版社　2007年

〔明〕永覺元賢，〔清〕釋道霈重編　《永覺元賢禪師廣錄》　收入
　　《卍續藏經》　第72冊　臺北　新文豐出版公司　1997年

〔明〕朱時恩輯　《居士分燈錄》　收入《卍續藏經》　臺北　新文
　　豐出版公司　1997年

〔明〕江盈科　《江盈科集》　湖南　岳麓書社　2008年

〔明〕李詡　《戒庵老人漫筆》　北京　中華書局　1997年

〔明〕李贄　《李贄文集》　北京　社會科學文獻出版社　2000年

〔明〕沈德符　《萬曆野獲編》　北京　中華書局　2004年

〔明〕呂坤　《呻吟語》　臺北　志一出版社　1994年

〔明〕吳廷翰　《吳廷翰集》　北京　中華書局　1984年

〔明〕牧雲通門　《七會語錄》　收入《明版嘉興大藏經》　第26冊
　　臺北　新文豐出版公司　1987年

〔明〕林兆恩　《林子三教正宗統論》　出版地不詳　現藏於臺灣大
　　學圖書館　1970年

〔明〕林兆恩　《林子全集》　北京　書目文獻出版社　1988年

〔明〕周汝登　《東越證學錄》　臺北　文海出版社　1970年

〔明〕徐渭　《徐渭集》　北京　中華書局　2012年

〔明〕袁中道　《珂雪齋集》　上海　上海古籍出版社　2007年

〔明〕袁中道　《珂雪齋外集》　收於《續修四庫全書別集類》　第
　　1376冊　中國科學院館藏萬曆四十六年刻本影印原書版

〔明〕袁宗道　《白蘇齋類集》　上海　上海古籍出版社　1989年

〔明〕袁宏道　〈珊瑚林〉　明清響齋刻本年

〔明〕袁宏道　《袁宏道集校箋》　上海　上海古籍出版社　2008年

〔明〕耿定向　《耿天臺先生文集》　明萬曆二十六年刻本年

〔明〕屠隆　《白瑜集》　臺北　偉文圖書出版社公司　1977年

〔明〕屠隆　《棲真館集》　明萬曆十八年刻本年

〔明〕陸紹珩　《醉古堂劍掃》　又名《小窗幽記》　臺北　文津出版社　1993年

〔明〕雲棲袾宏　《蓮池大師全集》　上海　上海古籍出版社　2011年

〔明〕湛然圓澄　《宗門或問》　收入《卍續藏經》　臺北　新文豐出版公司　1997　第126冊

〔明〕屠隆　《娑羅館清言‧續娑羅館清言》　北京　中華書局　2008年

〔明〕張岱　《陶庵夢憶／西湖夢尋》　臺北縣　頂淵文化事業公司　2004年

〔明〕張翰　《松窗夢語》　北京　中華書局　1997年

〔明〕許元釗錄　《雲門麥浪懷禪師宗門設難》　收入《卍續藏經》第73冊　臺北　中國佛教會影印卍續藏經委員會　1968年

〔明〕湯顯祖　《湯顯祖全集》　北京　古籍出版社　1999年

〔明〕湯顯祖　《湯顯祖戲曲集》　臺北　里仁書局　1981年

〔明〕陶望齡　《歇庵集》　臺北　偉文圖書出版社公司　1976年

〔明〕陶奭齡　《小柴桑喃喃錄》　國家圖書館藏　明崇禎間吳甯李為芝校刊本年

〔明〕焦竑　《焦氏筆乘（續集）》　北京　中華書局　2008年

〔明〕馮夢龍　《馮夢龍集》　天津　天津古籍出版社　2006年

〔明〕雲棲袾宏　《竹窗隨筆》　臺北　新文豐出版公司　1997年

〔明〕無念　《黃蘗無念禪師復問》　收入《中華大藏經》　第2輯第40冊　臺北　修訂中華藏經會　1968年

〔明〕楊起元　《太史楊復所先生證學編》　東京　高橋情報　1991年

〔明〕談遷　《棗林雜俎》　北京　中華書局　2006年

〔明〕蕅益智旭選編　《淨土十要》　高雄　佛光出版社　1980年

〔明〕蕅益智旭　《蕅益智旭大師全集》　臺北　佛教書局　1989年

〔明〕憨山德清　《憨山老人夢游集》　北京　北京圖書館出版社　2005年

〔明〕憨山德清　《性相通說》　臺北　大千出版社　1999年

〔明〕鍾惺　《隱秀軒集》　上海　上海古籍出版社　1992年

〔明〕聶豹　《聶豹集》　南京　鳳凰出版社　2007年

〔明〕羅汝芳　《羅汝芳集》　南京　鳳凰出版社　2007年

〔明〕譚元春　《譚元春集》　上海　上海古籍出版社　1998年

〔清〕丁元公等編　《湛然圓澄禪師語錄》　收入《卍續藏經》　第126冊　臺北　中國佛教會影印卍續藏經委員會　1968年

〔清〕丁宿章編輯　《湖北詩征傳略》　收入《續修四庫全書（第1707冊集部詩文評類）》　上海　上海古籍出版社　2002年

〔清〕王弘撰　《山志》　北京　中華書局　1999年

〔清〕自融撰，〔清〕性磊輯補　《南宋元明禪林僧寶傳》　收入《大正藏》　第79冊　臺北　新文豐出版公司　1983-1988年

〔清〕李漁　《李漁隨筆全集》　成都　巴蜀書社　2002年

〔清〕周承弼等編修　《公安縣志》　臺北　臺灣學生書局　1969年

〔清〕納蘭性德　《納蘭詞箋注》　上海　上海古籍出版社　2003年

〔清〕陸世儀　《論學酬答》　收於《叢書集成三編》　臺北　新文豐出版公司　1997年

〔清〕黃宗羲　《黃黎洲文集》　北京　中華書局　2009年

〔清〕張廷玉等編　《明史》　北京　中華書局　2003年

〔清〕郭慶藩　《莊子集釋》　北京　中華書局　2004年

〔清〕黃宗羲　《明儒學案》　北京　中華書局　2008年

〔清〕嚴可均輯　《全漢文》　北京　商務印書館　1999年

〔清〕嚴可均輯　《全宋文》　北京　商務印書館　1999年

〔清〕錢謙益 《列朝詩集小傳》 上海 上海古籍出版社 2008年

《大般涅槃經》 收入《大正藏》 第12冊 臺北 新文豐出版公司
　　　1983-1988年

《中華大藏經》 臺北 修訂中華藏經會 1968年

《禮記‧中庸》 《重刊宋本十三經注疏》 臺北 藝文印書館
　　　1965年

朱劍心選注 《晚明小品選注》 臺北 臺灣商務印書館 1964年

任巧珍譯注 董治安審閱 《三袁詩文選譯》 南京 鳳凰出版社
　　　2011年

袁行霈撰 《陶淵明集箋注》 北京 中華書局 2003年

逯欽立輯校 《先秦漢魏晉南北朝詩》 北京 中華書局 1988年

楊明照校注拾遺 《文心雕龍校注》 北京 中華書局 2005年

二　專書與專書論文

毛文芳 《晚明閑賞美學》 臺北 臺灣學生書局 2000年

王尚義 《從異鄉人到失落的一代》 臺北 水牛出版社 2004年

巴壺天 《藝海微瀾》 臺北 廣文書局 1987年

王泛森 《晚明清初思想十論》 上海 復旦大學出版社 2004年

王泛森 《權力的毛細管作用：清代的思想、學術與心態》 臺北
　　　聯經出版事業公司 2013年

王均江 《衝突與和諧——李贄思想研究》 武漢 華中科技大學出
　　　版社 2007年

王春瑜 《明朝酒文化》 臺北 東大圖書公司 1990年

王鴻泰 《品味奢華：晚明的消費社會與士大夫》 臺北 聯經出版
　　　事業公司 2007年

左東嶺 《王學與中晚明士人心態》 北京 人民文學出版社 2000年

左東嶺　《李贄與晚明文學思想》　北京　人民文學出版社　2010年

任訪秋　《袁中郎研究》　上海　上海古籍出版社　1983年

印　順　《大乘起信論講記》　新竹　正聞出版社　2004年

印　順　《佛法概論》　新竹　正聞出版社　2003年

印　順　《淨土與禪》　新竹　正聞出版社　2003年

印　順　《無諍之辯》　新竹　正聞出版社　1985年

江政寬　〈歷史、虛構與敘事論述〉　收於盧建榮編　《文化與權力——臺灣新文化史》　臺北　麥田出版社　2001年

江燦騰　《明清民國佛教思想史論》　北京　中國社會科學出版社　1996年

江燦騰　《晚明佛教叢林改革與佛學諍辯之研究——以憨山德清的改革稱涯為中心》　臺北　新文豐出版公司　1990年

牟宗三　《才性與玄理》　桂林　廣西師範大學　2006年

牟宗三　《政道與治道》　臺北　臺灣學生書局　1991年

牟宗三　《圓善論》　臺北　臺灣學生書局　1985年

何宗美　《文人結社與明代文學的演進》　北京　人民出版社　2011年

何宗美　《公安派結社考論》　重慶　重慶出版社　2005年

何善蒙　《三一教研究》　杭州　浙江大學出版社　2011年

何澤恆　《先秦儒道舊義新知錄》　臺北　大安出版社　2004年

余光中　《從徐霞客到梵谷》　臺北　九歌出版社公司　1994年

余英時　《中國近世宗教倫理與商人精神》　臺北　聯經出版事業公司　1987年

余英時　《宋明理學與政治文化》　臺北　允晨文化實業公司　2004年

余英時　《現代儒學的回顧與展望》　北京　生活・讀書・新知三聯書店　2004年

余英時著　侯旭東等譯　《東漢生死觀》　上海　上海古籍出版社　2005年

汪榮祖 《史傳通說》 臺北 聯經出版事業公司 1997年

汪榮祖 《史學九章》 臺北 麥田出版社 2002年

汪榮祖 《明清史叢說》 桂林 廣西師範大學出版社 2013年

吳兆路 《中國性靈文學思想研究》 臺北 文津出版社 1994年

吳汝鈞 《佛教的概念與方法》 臺北 臺灣商務印書館 2000年

吳　康 《中國古代夢幻》 臺北 萬象圖書公司 1994年

吳　震 《明末清初勸善運動思想研究》 臺北 臺灣大學出版中心 2009年

吳　震 《泰州學派研究》 北京 中國人民大學 2009年

巫仁恕、狄雅斯（Imma Di Biase）合著 《遊道：明清旅遊文化》 臺北 三民書局 2010年

李孝悌 《戀戀紅塵：中國的城市、欲望與生活》 臺北 一方出版 2002年

李興源 《晚明心學思潮與世風變異研究》 臺北 花木蘭文化出版社 2009年

周作人 《中國新文學的源流》 收於《周作人全集（五）》 臺北 藍燈文化事業公司 1992年

周志文 《晚明學術與知識分子論叢》 臺北 大安出版社 1999年

周明初 《晚明士人心態及文學個案》 北京 東方出版社 1997年

周　群 〈論袁宗道的《四書》詮釋〉 收於黃俊傑編 《中日《四書》詮釋傳統初探》 臺北 臺灣大學出版中心 2008年

周　群 《袁宏道評傳》 南京 南京大學出版社 2007年

周質平 《公安派的文學批評及其發──兼論袁宏道的生平及其風格》 臺北 臺灣商務印書館 1986年

易聞曉 《公安派的文化闡釋》 濟南 齊魯書社 2003年

林月惠 《良知學的轉折：聶雙江與羅整庵思想之研究》 臺北 臺灣大學出版中心 2005年

林其賢　《李卓吾事蹟繫年》　臺北　文津出版社　1988年

林其賢　《李卓吾的佛學與世變》　臺北　文津出版社　1992年

林美惠　《朱子學與死亡倫理現象學》　臺南　復文圖書出版社　2010年

林海權　《李贄年譜考略》　福州　福建人民出版社　1992年

林鎮國　《空性與現代性：從京都學派、新儒家到多音的佛教詮釋學》　臺北　立緒文化事業公司　1999年

林鎮國　《空性與方法：跨文化佛教哲學十四論》　臺北　政大出版社　2012年

邱敏捷　《修持與參禪：晚明袁宏道的佛教思想》　臺北　商鼎數位出版　1993年

范宜如　《行旅・地志・社會記憶：王士性紀遊書寫探討》　臺北　萬卷樓圖書公司　2011年

范嘉晨、段慧冬　《晚明公安派性靈文學思想研究》　北京　中國社會科學出版社　2009年

徐聖心　《青天無處不同霞：明末清初三教會通管窺》　臺北　臺灣大學出版中心　2010年

袁光儀　《李卓吾新論》　臺北　臺北大學出版社　2008年

馬定波　《中國佛教心性說之研究》　臺北　正中書局　1980年

張永剛　《東林黨議與晚明文學活動》　北京　中國社會科學出版社　2009年

張再林　《車過麻城再晤李贄》　北京　中國社會科學出版社　2009年

張祥龍　《海德格爾思想與中國天道：終極視域的開啟與交融》　北京　中國人民大學出版社　2011年

張隆溪　《比較文學入門》　上海　復旦大學出版社　2009年

張隆溪　《五色韻母：從兩本書開始的神奇旅程》　臺北　大塊文化出版公司　2008年

張維昭　《悖離與回歸──晚明士人美學態度的現代觀照》　南京　鳳凰出版社　2009年

張衛紅　《羅念庵的生命歷程與思想世界》　北京　生活・讀書・新知三聯書店　2009年

曹淑娟　《孤光自照──晚明文士的言說與實踐》　天津　天津教育出版社　2012年

曹淑娟　《晚明性靈小品研究》　臺北　文津出版社　1988年

許　敏　〈商業與社會變遷〉　收於萬明編　《晚明社會變遷問題與研究》　北京　商務出版社　2005年

許蘇民　《李贄評傳》　南京　南京大學出版社　2006年

郭于華　《死的困惑與生的執著》　臺北　洪葉文化事業公司　1994年

陳永革　《晚明佛教思想研究》　北京　宗教文化出版社　2007年

陳永革　《近世中國佛教思想史論》　北京　宗教文化出版社　2012年

陳　來　《有無之境──王陽明的哲學精神》　北京　北京大學出版社　2006年

陳思賢　《西洋政治思想史（中世紀篇）》　臺北　五南圖書出版公司　2007年

陳俊輝　《海德格論存有與死亡》　臺北　臺灣學生書局　1994年

陳美雪　《湯顯祖的戲曲藝術》　臺北　臺灣學生書局　1997年

陳　堅　《中國佛教學術論典（15）：煩惱即菩提》　高雄　佛光山文教基金會出版　2001年

陳國球　《明代復古派唐詩論研究》　北京　北京大學出版社　2007年

陳弱水　《唐代文士與中國思想轉型》　桂林　廣西師範大學　2009年

陳萬益　《晚明小品與明季文人生活》　臺北　大安出版社　1988年

陳廣宏　《竟陵派研究》　上海　復旦大學出版社　2006年

陳寶良　《明代社會生活史》　北京　中國社會科學出版社　2004年

黃仁宇　《萬曆十五年》　臺北　食貨出版社　1994年

黃明理　《「晚明文人」型態之研究》　臺北　花木蘭文化出版社　2011年

黃卓越　《明中後期文學思想研究》　北京　北京大學出版社　2005年

黃卓越　《佛教與晚明文學思潮》　北京　東方出版社　1997年

傅正谷　《中國夢文化》　北京　中國社會科學出版社　1993年

傅正谷　《中國夢文學史：先秦兩漢部分》　北京　光明日報出版社　1993年

傅偉勳　《死亡的尊嚴與生命的尊嚴──從臨終精神醫學到現代生死學》　臺北　正中書局　2004年

勞思光　《新編中國哲學史（一）》　臺北　三民書局　2001年

彭國翔　《良知學的展開──王龍溪與中晚明的陽明學》　北京　生活‧讀書‧新知三聯書店　2005年

彭國翔　《儒家傳統：宗教與人文主義之間》　北京　北京大學出版社　2007年

彭國翔編　《學思答問──余英時訪談集》　北京　北京大學出版社　2013年

楊正顯　《陶望齡與晚明思想》　臺北　花木蘭文化出版社　2010年

楊惠南　《禪史與禪思》　臺北　東大圖書公司　1995年

楊儒賓　《從《五經》到《新五經》》　臺北　臺灣大學出版中心　2013年

楊儒賓　《異議的意義：近世東亞的反理學思潮》　臺北　臺灣大學出版中心　2012年

楊儒賓　〈導論〉　收入楊儒賓編　《中國古代思想史中的氣論及身體觀》　臺北　巨流圖書公司　1993年

聖嚴法師　《明末佛教之研究》　北京　宗教文化出版社　2006年

聖嚴法師著　釋會靖譯　《明末中國佛教之研究》　臺北　法鼓文化　2009年

鄒元江　《湯顯祖新論》　臺北　國家出版社　2005年

葉舒憲　《詩可以興——神話思維與詩國文化》　武漢　湖北人民出版社　1994年

葉嘉瑩　《南宋名家詞講錄》　天津　天津古籍出版社　2005年

葛兆光　《中國禪思想史——從六世紀到九世紀》　北京　北京大學　2006年

詹石窗　《道教文化十五講》　北京　北京大學出版社　2003年

廖藤葉　《中國夢戲研究》　臺北　學思出版社　2000年

賈宗普　《公安派文學思想研究》　北京　中國社會科學出版社　2011年

廖肇亨　《中邊・詩禪・夢戲：明末清初佛教文化論述的呈現與開展》　臺北　允晨文化實業公司　2008年

趙　偉　《林兆恩與《三教開迷歸正演義》研究》　北京　中國社會科學出版社　2012年

趙　偉　《晚明狂禪思潮與文學思想研究》　成都　巴蜀書社　2007年

熊道麟　《先秦夢文化探微》　臺北　學海出版社　2004年

鄧克銘　《華嚴思想之心與法界》　臺北　文津出版社　1997年

劉大傑　《中國文學發展史》　臺北　華正書局　2008年

劉文英　《夢的迷信與夢的探索》　臺北　曉園出版社公司　1993年

劉文英、曹田玉　《夢與中國文化》　北京　人民出版社　2003年

劉季倫　《李卓吾》　臺北　東大圖書公司　1999年

劉海濱　《焦竑與晚明會通思潮》　上海　華東師範大學出版社　2009年

劉貴傑　《佛教哲學》　臺北　五南圖書出版公司　2006年

蔡仁厚　《王陽明哲學》　臺北　三民書局　2009年

鄭志明　《民俗生死學》　臺北　文津出版社　2008年

鄭志明　《佛教生死學》　臺北　文津出版社　2006年

鄭志明　《明代三一教主研究》　臺北　臺灣學生書局　1988年

鄭志明　《道教生死學》　臺北　文津出版社　2006年

鄭幸雅　《晚明清言研究：醒世癒病，自覺自解》　臺北　文津出版社　2012年

鄭毓瑜　《文本風景——自我與空間的相互定義》　臺北　麥田出版社　2005年

鄭毓瑜　《引譬連類：文學研究的關鍵字》　臺北　聯經出版事業公司　2012年

蕭國亮　《中國娼妓史》　北京　團結出版社　2004年

賴賢宗　《如來藏說與唯識思想的交涉》　臺北　新文豐出版公司　2006年

賴錫三　《莊子靈光的當代詮釋》　新竹　清大出版社　2008年

錢鍾書　《管錐編》　北京　中華書局　1999年

錢鍾書　《談藝錄》　臺北　書林出版公司　1988年

錢　穆　《中國學術思想史論叢（第七冊）》　合肥　安徽教育出版社　2004年

錢　穆　《晚學盲言（下）》　臺北　東大圖書公司　1996年

錢　穆　《論語新解》　臺北　東大圖書公司　1991年

鄺士元　《國史論衡（第二冊）》　臺北　里仁書局　1998年

鍾林斌　《公安派研究》　瀋陽　遼寧大學出版社　2010年

鍾彩鈞　《王陽明思想之進展》　臺北　文史哲出版社　1993年

韓廷傑　《唯識學概論》　臺北　文津出版社　1994年

戴紅賢　《袁宏道與晚明性靈文學思潮研究》　武漢　武漢大學出版社　2012年

羅宗強　《當代名家學術思想文庫・羅宗強卷》　北京　萬卷出版公司　2010年

譚　佳　《敘事的神話：晚明敘事的現代性話語建構》　北京　中國社會科學出版社　2009年

龔鵬程 《才》 臺北 臺灣學生書局 2006年
龔鵬程 《佛學新解》 北京 北京大學出版社 2009年
龔鵬程 《晚明思潮》 宜蘭 佛光人文社會學院 2001年
龔鵬程 《詩史本色與妙悟》 臺北 臺灣學生書局 1992年
龔鵬程 《異議分子》 臺北 印刻出版社 2004年

三　期刊與碩博士論文

毛文芳 〈晚明「狂禪」探論〉 《漢學研究》第19卷第2期 2001
年12月
毛興貴 〈死亡、此在與存在──論死亡問題對海德格哲學的意義〉
《湖北大學學報（哲學社會科學版）》第34卷第5期 2007年
9月
左東嶺 〈陽明心學與湯顯祖的言情說〉 《文藝研究》 2000年5月
呂妙芬 〈儒釋交融的聖人觀：從晚明儒家聖人與菩薩形象相似處及
對生死議題的關注談起〉 《中央研究院近代史研究所集
刊》第32期 1999年12月
宋明宏 《《維摩詰經》思想之研究》 嘉義 南華大學宗教學研究
所碩士論文 2009年
李京圭 《明代文人結社運動的研究──以復社為主》 臺北 政治
大學中國文學所碩士論文 1989年
李函真、陳繼權 〈《中陰大聞解脫》卷與死亡研究內容之探討〉
《新世紀宗教研究》第5卷第3期 2007年3月
周 群 〈論袁宏道的佛學思想〉 《中華佛學研究》第6期 臺北
中華佛學研究所 2002年3月
徐 泓 〈明末社會風氣的變遷〉 《明末社會變化與文化新傾向研
討會論文》 第五屆東洋學學術演講會 漢城 漢城大學主
辦 1986年

張祥龍　〈「Dasein」的含義與譯名（「緣在」）──理解海德格爾
　　　　《存在與時間》的線索〉　《普門學報》　臺北　佛光山文
　　　　教基會會　第7期　2002年1月

陳立勝　〈王陽明「四句教」的三次辯難及其詮釋學義蘊〉　《臺大
　　　　歷史學報》第29期　2002年6月

陳萬益　《晚明性靈文學思想研究》　臺北　臺灣大學中國文學研究
　　　　所博士論文　1977年

梅　廣　〈錢新祖教授與焦竑的再發現〉　《臺灣社會研究季刊》第
　　　　29期　1998年3月

游淙祺　〈舒茲論處境與行動〉　《揭諦》第4期　2002年7月

黃莘瑜　〈論中晚明情觀於社會經濟視野下的所見與局限〉　《清華
　　　　學報》新第38卷第2期　新竹　清華大學　2008年

黃莘瑜　〈遂涉俳優體，將延歲月身：湯顯祖的創作巔峰及其經濟與
　　　　性命之學〉　《明代研究》第12期　2009年6月　頁113

黃雅雯　《袁中道溪遊生活研究──以《游居柿錄》為例》　臺北
　　　　淡江大學中國文學所碩士論文　2004年

黃繼立　《「身體」與「工夫」：明代儒學身體觀類型研究》。臺北
　　　　臺灣大學中國文學研究所博士論文，2010年

楊儒賓　〈山水是怎麼發現的──「玄化山水」析論〉　《臺大中文
　　　　學報》第30期　2009年6月

楊儒賓　〈論「觀喜怒哀樂未發前氣象」〉　《中國文哲研究通訊》
　　　　第15卷第3期　2005年9月

鄭文惠　〈公共園林與人文建構：明代中期虎丘地景的文化書寫〉
　　　　《政大中文學報》第11期　2009年6月

鄭淑娟　《李卓吾儒學思想研究》　臺中　逢甲大學中國文學研究所
　　　　碩士論文　2003年

鄧克銘　〈借禪詮儒：袁宗道之四書說解──以「性體」、「致知格

物」為中心〉 《文與哲》第16期 高雄 中山大學中國文學系 2010年

廖俊裕 〈儒學的生死學──以晚明儒學為文本〉 《成大宗教與文化學報》第4期 2004年12月 頁230-233

劉芝慶 〈北宋理學「天人之道」溯源：以唐中葉「氣、天、易」為線索〉 《思與言：人文與社會科學雜誌》第48卷第4期 2010年12月

劉芝慶 〈白話文學與文學革命──重探胡適《白話文學史〉 《長庚人文社會學報》第4卷第1期 2011年4月

劉芝慶 〈李贄的生死之學〉 《新世紀宗教研究》第10卷第1期 2011年9月

劉芝慶 〈林希逸莊子學發微〉 《九州學林》 2011年夏季 上海 上海人民出版社 2012年

劉芝慶 〈陳亮經學述義〉 《東華漢學》第17期 2013年6月

劉芝慶 《修身與治國──從先秦諸子到西漢前期身體政治論的嬗變》 臺北 臺灣大學歷史學研究所碩士論文 2009年

鄭幸雅 〈識趣，空靈與情膩──論晚明文人的審美意識〉 《文學新鑰》第5期 嘉義 南華大學文學系 2007年6月

鄭鈞瑋 《莊子生死觀研究》 臺北 臺灣大學哲學研究所碩士論文 2005年

賴位政 《轉型視域下之錢鍾書《談藝錄（增訂本)》「通」義及其實踐研究》 嘉義 中正大學中國文學系碩士論文 2011年

顏昆陽 《論漢代文人「悲士不遇」的心靈模式》 收於政治大學中國文學系主編 《漢代文學與思想學術研討會論文集》 臺北 文史哲出版社 1991年

四 外語文獻（包括翻譯、國外學者使用中文書寫之著作）

Arnold Joseph Toynbee, "The Relation Between Life and Death," *Man's Concern with Death* (St. Louis : McGraw-Hill).

Ch'ien, Edward T（錢新祖）, *Chiao Hung and the Resturing of Neo-Confucianism in the Late Ming*, New York: Coloumbia University Press, 1986.

Ch'ien, Edward T., "Neither Structuralism Nor Lovejoy's History of Ideas: A Disidentification with Professor Yü Ying-shih's Review as a Dis-course," *Ming Studies* 31(1991).

Elizabeth Shove, *Comfort, Cleanliness and Convenience: The Social Organization of Normality* (Oxford, England; New York: Berg, 2003).

Georg Lukacs, *The Historical Novel,* tr. Hannah and Stanley Mitchell, N. J., (Altantic Highlands: Humanities Press, 1978).

Havi Carel, *Life and death in Freud and Heidegger* (Amsterdam; New York: Rodopi, 2006).

Yü, Ying-Shihm（余英時）, "The Intellectual World of Chiao Hung Revisited: A Review Article," *Ming Studies* 25(1988)（中譯本可見余英時著，程嫩生譯：《重訪焦竑的思想世界》，收於氏著，羅群等譯：《人文與理性的中國》 上海：上海古籍出版社，2010年）

〔日〕迦納喜光 〈醫書中所見的氣論——中國傳統醫學中的疾病觀〉 收入小野澤精一等編 《氣的思想——中國自然觀和人的觀念的發展》 上海 上海人民出版社 1992年

〔日〕合山究 〈明末清初における「人生はドラマである」の說〉 收於荒木見悟教授退休紀念會編 《荒木教授退休紀念論文集——中國哲學史研究論集》 福岡 葦書房 1981年

〔日〕荒木見悟 《明代思想研究──明代における儒教と仏教の交流》 東京 創文社 1972年

〔日〕荒木見悟 〈公安派の佛教思想〉 《明末宗教思想研究》 東京 創文社 1979年

〔日〕荒木見悟 《佛教と儒教：中國思想を形成するもの》 東京 平樂寺 昭和41年（1966年）

〔日〕荒木見悟著，廖肇亨譯 《明末清初的思想與佛教》 臺北 聯經出版事業公司 2006年

〔日〕馬昌淵也著，史甄陶譯 〈宋明時期儒學對靜坐的看法以及三教合一思想的興起〉 收於楊儒賓等編 《東亞的靜坐傳統》 臺北 臺灣大學出版中心 2012年

〔日〕溝口雄三 〈公安派の道〉 《入矢教授小川教授退休紀念中國文學語學論集》 京都 京都大學文學部 1974年

〔日〕溝口雄三著，龔穎譯 《中國前近代思想的屈折與展開》 北京 生活・讀書・新知三聯書店 2011年

〔加〕卜正民著，方駿等譯 《縱樂的困惑：明代的商業與文化》 北京 生活・讀書・新知三聯書店 2004年

〔加〕高夫曼（Goffman）著，徐江敏、李姚軍譯 《日常生活中的自我表演》 臺北 桂冠圖書公司 2004年

〔法〕卡繆（Albert Camus）著，張一喬譯 《異鄉人》 臺北 麥田出版社 2013年

〔法〕梅洛龐蒂（Maurice Merleau-Ponty）著，姜志輝譯 《知覺現象學》 北京 商務印書館 2001年

〔俄〕托爾斯泰（Лев Николаевич Толстой）著，許海燕譯 《伊凡・伊里奇之死》 臺北 志文出版社 1997年

〔美〕米奇・艾爾邦（Mitch Albom）著，白裕承譯 《最後十四堂星期二的課》 臺北 大塊文化出版公司 1998年

〔美〕保羅・田利克（Paul Tillich）著，陳俊輝譯　《新存有》　臺北　水牛出版社　2008年

〔美〕雷蒙・穆迪（Raymond A. Moody）著，林宏濤譯　《死後的世界》　臺北　商周出版社　2012年

〔英〕約翰・彌爾頓（John Milton）原著，張隆溪導讀　《靈魂的史詩：失樂園》　北京　文化藝術出版社　2010年

〔英〕齊格蒙・包曼（Zygmunt Bauman）著，陳正國譯　《生與死的雙重變奏——人類生命的社會學詮釋》　臺北　東大圖書公司　1997年

〔德〕貝克勒（Franz Boekle）編，張念東等譯　《向死而生》　北京　生活・讀書・新知三聯書店　1995年

〔德〕海德格（Martin Heidegger）著，陳嘉映、王慶節合譯　《存在與時間》　北京　生活・讀書・新知三聯書店　2012年

〔挪威〕艾皓德（Halvor Eifring）著，呂春憙譯　〈東亞靜坐傳統的特點〉　收於楊儒賓等編　《東亞的靜坐傳統》　臺北　臺灣大學出版中心　2012年

〔奧地利〕弗洛伊德（Sigmund Freud）著，孫名之譯　《釋夢》　北京　商務印書館　2002年

〔奧地利〕舒茲（Alfred Schutz）著，盧嵐蘭譯　《舒茲論文集（第一冊）》　臺北　桂冠圖書公司　1992年

哲學研究叢書·學術思想叢刊 0701023

自適與修持——公安三袁的死生情切

作　　者　劉芝慶	
責任編輯　呂玉姍	
特約校對　林秋芬	

發 行 人　林慶彰

總 經 理　梁錦興

總 編 輯　張晏瑞

編 輯 所　萬卷樓圖書股份有限公司

　　　　　臺北市羅斯福路二段 41 號 6 樓之 3

　　　　　電話 (02)23216565

　　　　　傳真 (02)23218698

發　　行　萬卷樓圖書股份有限公司

　　　　　臺北市羅斯福路二段 41 號 6 樓之 3

　　　　　電話 (02)23216565

　　　　　傳真 (02)23218698

　　　　　電郵 SERVICE@WANJUAN.COM.TW

香港經銷　香港聯合書刊物流有限公司

　　　　　電話 (852)21502100

　　　　　傳真 (852)23560735

ISBN 978-986-478-453-0

2021 年 7 月初版

定價：新臺幣 560 元

如何購買本書：

1. 劃撥購書，請透過以下郵政劃撥帳號：

　　帳號：15624015

　　戶名：萬卷樓圖書股份有限公司

2. 轉帳購書，請透過以下帳戶

　　合作金庫銀行 古亭分行

　　戶名：萬卷樓圖書股份有限公司

　　帳號：0877717092596

3. 網路購書，請透過萬卷樓網站

　　網址 WWW.WANJUAN.COM.TW

大量購書，請直接聯繫我們，將有專人為

您服務。客服：(02)23216565 分機 610

國家圖書館出版品預行編目資料

自適與修持——公安三袁的死生情切/劉芝慶

著. -- 初版. -- 臺北市 ： 萬卷樓圖書股份有限

公司, 2021.07

　　面 ；　　公分. -- (哲學研究叢書. 學術思想叢

刊 ；701023)

ISBN 978-986-478-453-0(平裝)

1.(明)袁宗道 2.(明)袁宏道 3.(明)袁中道 4.生

死觀 5.生命哲學

197　　　　　　　　　　　　　　110002980